"十二五"职业教育国家规划教材
经全国职业教育教材审定委员会审定

道路桥梁工程技术专业系列规划教材

公路工程定额与造价

（第三版）

俞素平　万铜岭　主　编
宁金成　陈艳琼　副主编

科学出版社
北　京

内 容 简 介

本书为"十二五"职业教育国家规划教材,以交通运输部颁布的、现行的计价文件为依据,主要介绍公路工程建设项目在建设各阶段的造价编制。

本书以公路工程造价编制流程为主线,以实际工程项目为载体,结合课程目标的需要和教学的特点,设计了"公路工程概(预)算文件的编制"、"公路工程施工投标报价的编制"两个学习性项目。全书共分为8章,内容包括:公路工程造价基础知识,概(预)算项目划分与工程量的复核,公路工程预算定额的套用,人工、材料、施工机械台班预算单价的确定,公路工程概(预)算文件的编制,公路工程施工投标报价的编制,公路工程施工结算,人工、材料、施工机械台班消耗量标准的确定。

本书另配有《公路工程施工图设计与招标文件示例(第二版)》供组织项目教学使用。

本书可作为高等职业院校道路桥梁工程技术、建筑工程管理(公路工程方向)、工程监理及工程造价等专业的教学用书,也可供从事公路工程设计、施工管理、监理等的工程技术人员参考。

图书在版编目(CIP)数据

公路工程定额与造价/俞素平,万铜岭主编. —3 版. —北京:科学出版社,2015

("十二五"职业教育国家规划教材·经全国职业教育教材审定委员会审定·道路桥梁工程技术专业系列规划教材)

ISBN 978-7-03-042681-9

Ⅰ.①公… Ⅱ.①俞…②万… Ⅲ.①道路工程-预算定额-高等职业教育-教材②道路工程-概算定额-高等职业教育-教材③道路工程-工程造价-估价-高等职业教育-教材 Ⅳ.①U415.13

中国版本图书馆 CIP 数据核字(2014)第 284558 号

责任编辑:杜 晓 / 责任校对:刘玉靖
责任印制:吕春珉 / 封面设计:曹 来

科 学 出 版 社 出版
北京东黄城根北街 16 号
邮政编码:100717
http://www.sciencep.com

百 善 印 刷 厂 印刷
科学出版社发行 各地新华书店经销

*

2004 年 9 月第 一 版 2016 年11月第十二次印刷
2010 年 12 月第 二 版 开本:787×1092 1/16
2015 年 1 月第 三 版 印张:22
字数:521 000

定价:45.00 元
(如有印装质量问题,我社负责调换〈百善〉)
销售部电话 010-62134988 编辑部电话 010-62132124(VA03)

第三版前言

本书第三版在第二版的基础上,依据国家和交通运输部最新的政策法规、技术标准、规范和计价文件的内容进行了调整和修订,并结合编者近年来在"校企合作、工学结合"人才培养模式改革、课程教学改革取得的一些经验与成果做了进一步的充实和完善。本书第三版主要的改进和新增内容如下:

(1) 依据实际工程项目,结合课程目标的需要和教学的特点,设计了"公路工程概(预)算文件的编制"、"公路工程施工投标报价的编制"两个学习性项目,包括项目背景、项目任务书及任务实施示范等内容,以体现"行动导向"的教学原则,让学生在编制具体工程项目的预算文件及投标报价文件过程中掌握相关的技能与基础理论知识,实现"教、学、做"合一。

(2) 按照《建设工程工程量清单计价规范》(GB 50500—2013)对工程造价、工程量清单计价、招标控制价的基本概念及基本方法进行了修编和完善。

(3) 结合交通运输部公路造价工程师考试大纲要求修订了相关内容,并更新了部分案例。

(4) 在"公路工程概(预)算文件的编制"章中增加了"应用造价软件编制概(预)算文件"内容。

(5) 在"公路工程施工投标报价的编制"章中增加了工程量清单计量规则、造价软件编制报价文件的内容。

(6) 根据工程造价领域的最新研究与实践成果,改写和更新了工程量清单编制、基础标价的计算和工程索赔费用计算等内容。

(7) 删除了第二版"同望 WECOST 系统编制公路工程造示例"一章,将预算编制示例部分重新编写后调整至第三版第五章中。

(8) 在体系结构上做了一些调整,力求使本书的结构更能适应"工程造价编制流程"。

本书具有以下两大特色:

(1) "一个突出",即教材内容突出"职业性、实用性、适用性"。本书基于学生毕业后从事公路工程造价的工作内容和工作过程,并结合企业、行业调研成果,精心选择和编排教学内容。公路工程造价涵盖内容非常广泛,包括估算、概算、预算、招标控制价或施工投标报价、结算、决算等。根据高职学生培养目标,本书重点介绍施工图预算文件的编制、施工投标报价的编制、工程结算三大内容。

(2) "两个适应",即适应"工学结合"培养模式的需要,适应"能力目标先行,以教师为主导,以学生为主体,以工程项目为载体,以造价编制流程为导向,以综合训练为手段,理论实践一体化"教学执行模式的需要。教材力求深入浅出,加强其实用性,以应用为重点,做到理论联系实际,列举了具有代表性的工程案例,使学生通过工程案例的学习,较容易掌握造价文件的编制方法，同时使学生达到"实际操作能力强、工程意识强、工作适应性强"的培养目标，努力实现"零距离"上岗。

为适应"能力目标先行，以教师为主导，以学生为主体，以工程项目为载体，以造价编制流程为导向，以综合训练为手段，理论实践一体化"教学执行模式的需要，本书配有配套教学用书——《公路工程施工图设计与招标文件示例（第二版）》，供组织项目教学使用。可将该配套教学用书提供的工程项目作为载体，以完成工程项目的施工图预算编制和投标报价编制任务为主线来组织和安排教学。

本书具体编写分工如下：福建船政交通职业学院俞素平编写第一部分任务书、第一章、第二章、第三章、第四章、第一部分任务实施 1-1~1-4、第二部分任务书、第六章的 6.3~6.5 节、第二部分任务实施 2-1~2-3 及附录，河南省交通运输厅高速公路濮阳至鹤壁管理处万铜岭编写第五章的 5.1~5.4 节、第六章的 6.1 节和 6.2 节、第七章的 7.3 节和 7.4 节，河南交通职业技术学院宁金成编写第八章，四川建筑职业技术学院袁芳编写第七章的 7.1 节和 7.2 节，福建船政交通职业学院陈艳琼编写第五章的 5.5 节、第一部分任务实施 1-5 和 1-6。全书由俞素平、万铜岭担任主编，宁金成、陈艳琼担任副主编，俞素平负责统稿，陕西交通职业技术学院薛安顺担任主审。

本书在编写过程中，参阅和引用了不少专家、学者论著中的有关资料，在此对原作者致谢。由于编者水平有限，加之编写"工学结合"教材经验不足，书中还有不少值得改进、深化之处，恳请广大读者批评指正，以便今后进一步修改完善。

第二版前言

本书以交通运输部（原交通部）颁发的现行《公路工程基本建设项目概算预算编制办法》（JTG B06—2007）、《公路工程预算定额》（JTG/T B06－02—2007）、《公路工程机械台班费用定额》（JTG/T B06－02—2003）、《公路工程标准施工招标文件》（2009 版）（交公路发〔2009〕221 号）等计价文件为依据，在阐述工程造价基本概念的基础上，以公路工程预算定额的应用及施工图预算的编制为重点内容，同时介绍了工程造价的计价依据、招投标阶段与施工阶段的造价编制等内容。

本书按照"以就业为导向、以培养综合职业能力为本位、以岗位需要为依据"的思路，强化"职业性、实用性、可操作性"，着力体现当前高等职业教育教学改革的精神。

本书具体编写分工如下：福建交通职业技术学院俞素平编写第 1 章、第 3～5 章、第 7 章的 7.4 节和附录一～附录六，河南交通职业技术学院宁金成编写第 2 章、第 8 章的 8.3 节和 8.4 节，昆明冶金高等专科学校金晶编写第 6 章，河南城建学院王小召编写第 7 章的 7.1～7.3 节，四川建筑职业技术学院袁芳编写第 8 章的 8.1 和 8.2 节，福建交通职业技术学院陈艳琼编写第 9 章。俞素平负责统稿。

本书在编写过程中参考了有关教材与著作，在此向相关作者表示感谢。由于编者水平有限，可能还存在疏漏，恳请读者批评指正。

第一版前言

随着我国对道路交通基础设施投资力度的加大，道路建设迅速发展。为了提高道路建设投资效益，严格控制成本，就需要在工程建设的各个阶段合理地确定工程造价，有效地控制工程造价，因此工程造价管理已成为建设项目管理的重要内容之一。

本书以公路工程为背景，兼顾城市道路，在阐述工程造价基本概念的基础上，以定额的应用、预算的编制为重点介绍内容，同时也介绍了工程招标标底、投标报价、工程变更、工程索赔、计量与支付（工程结算）、竣工决算等工程造价的确定与管理问题，并通过示例解析了用 WCOST 软件编制公路工程施工图预算的全过程。

鉴于道路工程造价内容技术性、实践性、综合性和政策性很强，以及高职高专教学改革的要求，所以本书在编写过程中，本着实用、简明扼要、坚持理论与实际相结合的原则，并注重增加新知识、强化能力培养、突出实际应用。

本书具体编写分工如下：福建交通职业技术学院俞素平编写第一章、第三章、第五章、第六章的6.8节，平顶山工学院赵全振编写第二章、第六章的6.1～6.7节，平顶山工学院王小召编写第七章、第八章，深圳职业技术学院刘万忠编写第九章，宁波高等专科学校周小春编写第四章及附录。全书由俞素平统稿，西南林学院张兰芳主审。

由于编者水平有限，书中的疏漏或不足在所难免，恳请读者批评指正。

目　　录

第三版前言

第二版前言

第一版前言

第一部分　公路工程概（预）算文件的编制

第一章　公路工程造价基础知识 ·· 4

1.1　认知公路工程造价 ·· 4

1.2　认知公路工程计价依据与公路工程定额 ···························· 19

思考题 ·· 25

第二章　概（预）算项目划分与工程量的复核 ·························· 27

2.1　划分概（预）算项目 ·· 27

2.2　核对工程量 ·· 30

任务实施 1-1　划分工程项目 ··· 32

思考题 ·· 37

第三章　公路工程预算定额的套用 ·· 38

3.1　认知公路工程预算定额 ·· 38

3.2　公路工程预算定额的内容及套用 ··· 44

任务实施 1-2　公路工程预算定额的确定 ·································· 77

任务实施 1-3　预算定额的套用 ·· 78

思考题 ·· 81

习题 ··· 81

案例练习题 ·· 82

第四章　人工、材料、施工机械台班预算单价的确定 ·················· 85

4.1　人工、施工机械台班预算单价的确定 ··································· 85

4.2　材料预算单价的确定 ·· 87

任务实施 1-4　材料预算单价的确定 ··· 95

思考题 ·· 97

习题 ··· 97

案例练习题 ·· 97

第五章　公路工程概（预）算文件的编制 ·································· 98

5.1　认知概（预）算文件、费用组成及工程类别 ··························· 98

5.2　计算直接费 ·· 102

5.3　计算间接费、利润、税金和建筑安装工程费 ·························· 112

5.4　第二、三部分等公路施工图预算其他费用的计算 ···················· 118

5.5　应用造价软件编制概（预）算文件 ······································ 129

任务实施 1-5　建筑安装工程费的计算 ····································· 139

任务实施 1-6　应用造价软价编制预算文件 ···················· 145
思考题 ·················· 166
习题 ·················· 166
案例练习题 ·················· 166

第二部分　公路工程施工投标报价的编制

第六章　公路工程施工投标报价的编制 ·················· 169
6.1　认知工程招投标 ·················· 169
6.2　认知工程量清单计量规则 ·················· 175
6.3　编制工程量清单与招标控制价 ·················· 186
6.4　计算基础标价 ·················· 198
6.5　确定最终报价，形成报价文件 ·················· 209
任务实施 2-1　编制工程量清单 ·················· 217
任务实施 2-2　工程量清单分解 ·················· 217
任务实施 2-3　计算基础标价、确定最终报价，形成报价文件 ·················· 219
思考题 ·················· 226
案例练习题 ·················· 226

第七章　公路工程施工结算 ·················· 229
7.1　工程变更单价的确定 ·················· 229
7.2　工程索赔费用的计算 ·················· 237
7.3　公路工程施工结算的编制 ·················· 251
7.4　公路工程竣工决算 ·················· 263
思考题 ·················· 267
习题 ·················· 268
案例练习题 ·················· 268

第八章　人工、材料、施工机械台班消耗量标准的确定 ·················· 272
8.1　施工定额人工、材料、施工机械台班消耗量的确定 ·················· 272
8.2　企业定额的编制 ·················· 298
8.3　预算定额人工、机械台班、材料消耗量的确定 ·················· 301
思考题 ·················· 309
案例练习题 ·················· 309

附录一　概（预）算项目表 ·················· 311
附录二　概（预）算表格样 ·················· 329
附录三　全国冬季施工气温区划分表 ·················· 334
附录四　全国雨季施工雨量区及雨季期划分表 ·················· 338
主要参考文献 ·················· 342

第一部分　公路工程概（预）算文件的编制

学习目标

- 完成公路工程的项目划分和主要工程量复核工作；
- 根据公路工程预算定额确定各分项工程所需人工、材料、机械消耗数量；
- 确定人工、材料、机械的预算价格；
- 计算建筑安装工程费用；
- 编制施工图预算文件。

工程项目名称：碧里至将军帽港区疏港交通战备公路（以下简称"将军帽港区疏港公路"）。

项目概况：路线起于碧里村，顺接狮岐港疏港公路（起点桩号为 K8＋897.992），终于将军帽港区（终点桩号为 K19＋555.630），全长 10.659 505km（断链 1.867m，长链），并在桩号 K11＋917～K12＋180 处修建长 263m 的龟屿隧道，按设计速度为 60km/h 的二级公路标准进行设计。本项目主要工程量：

1) 路基土石方：土方 213 267m³，石方 544 328m³，平均每公里土石方 71 068.949m³。
2) 防护砌体：40 657.96m³。
3) 喷锚挂网：38 533m²。
4) 排水砌体：11 397.7m³。
5) 路面：水泥混凝土路面 140 582.5m²，硬路肩 35 385.6m²。
6) 涵洞：钢筋混凝土盖板涵 1109.8m/36 道，石拱涵 45.78m/1 道。
7) 平面交叉：2 处。
8) 隧道：1 处，长 263m。

项目施工图设计文件：见本书配套用书《公路工程施工图设计文件与招标文件示例（第二版）》。

项目任务：根据交通运输部现行计价办法及本省补充规定编制该项目的施工图预算文件（具体见项目任务书）。

任务书：公路工程概（预）算文件的编制

一、有关资料

1. 工程项目基本信息

工程项目名称：碧里至将军帽港区疏港交通战备公路。

项目施工图设计文件：见本书配套用书《公路工程施工图设计文件与招标文件示例》项目1。

2. 相关费用信息

其他工程费、间接费、第二部分费用、第三部分费用等取费信息：由教师给出。

3. 人工、机械价格

由教师给出。

4. 材料价格

外购材料：由教师给出。

自采材料：片石、块石利用路基开炸石方捡清，碎石（含路用碎石）由人工开采的片石用机械轧制，片石、块石、碎石平均运距为2.5km；砂砾为采堆，平均运距5km。上述材料均用10t自卸汽车运输，用装载机装车。

5. 施工组织设计

1）全线设水泥混凝土搅拌站2座（生产能力40m³/h以内），主要供应路面面层及隧道工程，搅拌站具体设置地点及供应范围见表1，路面用混凝土平均运输距离按表中所提供资料计算。

表1 水泥混凝土搅拌站及供应范围

序号	位置地点或桩号	支线距离/km	供应范围
1	K10+400	0	K8+897.992～K13+000
2	K16+500	0.2	K13+000～K19+555.630

2）除路面面层及隧道工程外，其他结构物用混凝土均采用混凝土搅拌机（容量350L以内）拌和，现浇混凝土平均运距100m。

3）路面水泥稳定碎石基层采用厂拌法或路拌法(稳定土拌和机拌和)，由学生自行选择一种。

4）临时工程数量：平整场地40 000m²，临时通信线路3km，临时电力线路3km，施工便道按设计文件。

二、具体任务

表2 项目具体任务

任务编号	任务名称	任务工作内容	提交成果	备注
任务1-1	划分工程项目	根据项目施工图设计文件和概(预)算项目表完成项目的划分	项目划分表（样式见表3）	1）由小组共同完成，组员承担的具体内容由组长在教师指导下安排确定
任务1-2	认知公路工程预算定额	确定项目排水工程的人工、材料、机械预算定额消耗量	工、料、机消耗量计算书	2）任务1-1、任务1-3是任务1-6的基础

续表

任务编号	任务名称	任务工作内容	提交成果	备注
任务1-3	预算定额的套用	根据项目施工图设计文件和《公路工程预算定额》确定各项工程的定额表号、工程量、定额调整情况	预算数据准备表（样式见表4）	
任务1-4	材料预算单价的确定	确定自采材料（片石、碎（4cm）的预算单价	09表、10表（样式见附录二）	由学生个人独立完成，不得使用造价软件
任务1-5	建筑安装工程费计算	1）确定其他工程费、间接费各单项费率，计算综合费率；2）计算建筑安装工程费	04表、08-2表、03表（样式见附录二）	1）由学生个人独立完成，不得使用造价软件；2）可选做某一分项工程（相当于概预算项目中的细目或节），如挖路基土方、利用土填方、浆砌片石边沟等
任务1-6	应用造价软件编制预算文件	完成项目施工图预算的编制，并输出打印报表，装订成册	按以下顺序装订成册形成小组成果：1）封面；2）小组成员任务分工说明；3）目录；4）编制说明；5）01表、02表、03表、04表、06表、07表、（08-1、08-2）表、09表、10表	1）由小组共同用造价软件完成，个人承担的具体内容应与任务1-1、任务1-3基本一致；2）除08-2表外，全部成果打印装订成册；3）08-2表只需打印部分，具体由教师确定

表3 项目划分表

第 页 共 页

项	目	节	细目	工程或费用名称	单位
⋮	⋮	⋮	⋮	⋮	

编制： 　　　　　　　　　　　　　　　　　　　　　　　　时间：

表4 预算数据准备表（原始数据表）

项	目	节	细目（定额表号）	名 称	单 位	工程量	定额调整情况
				⋮	⋮	⋮	⋮

编制： 　　　　　　　　　　　　　　　　　　　　　　　　时间：

第一章　公路工程造价基础知识

1.1　认知公路工程造价

1.1.1　基本建设

1. 基本建设的含义及内容

基本建设是添置新增固定资产的投资活动，包括固定资产的新建、扩建和改建等，属于固定资产的扩大再生产。具体来讲，就是把一定的建筑材料、设备等，通过购置、建造和安装等活动，转化为固定资产的过程。

公路基本建设活动的内容应包括以下内容。

（1）建筑安装工程

建筑安装工程含建筑工程和设备安装工程。建筑工程，如路基、路面、桥梁、隧道、防护、交通安全设施、机电、房建工程等工程构造物的建设；设备安装工程，如高速公路、大型桥梁所需要的各种机械、设备、仪器的安装和调试等工作。

（2）设备、工具、器具的购置

设备、工具、器具的购置，即为满足公路的营运、管理及养护所必须购置的设备、工具和器具，如通信、照明、养护设备等。

（3）其他基本建设工作

其他基本建设工作主要有勘察、设计及与之有关的调查和技术研究工作，如征用土地、青苗补偿和安置补助等。

2. 公路建设项目的划分

基本建设项目按性质划分为新建、扩建、改建、迁建和恢复项目，其中新建和改建是最主要的形式；按建设规模（计划总投资、设计生产能力或工程效益）划分为大、中、小型项目。

公路建设项目属于基本建设项目的一种，按划分的标准不同，有以下不同的分类方法。

（1）按投资的再生产性质划分

按投资的再生产性质划分可分为基本建设项目和更新改造项目。属于基本建设项目的有新建、扩建、改建、迁建和重建等；属于更新改造项目的有技术改造项目、技术引进项目和设备技术更新项目等。

（2）按建设规模划分

依据国家颁布的《基本建设项目大中小型划分标准》，对于公路建设项目，新建、扩建的国防、边防和跨省干线长度大于 200km 及独立公路大桥大于 1000m 的，为大、中型项目。对于公路更新改造项目，总投资大于 5000 万元的，为限额以上项目；总投资在 100～5000 万元的，为限额以下项目；总投资小于 100 万元的，为小型项目。

（3）按建设阶段划分

按建设阶段划分可分为预备项目（投资前期项目）或筹建项目、新开工项目、施工项目、续建项目、投产项目、收尾项目、停建项目。

（4）按投资建设的用途划分

按投资建设的用途划分可分为生产性建设项目和非生产性建设项目。

1）生产性建设项目，即用于物质产品生产的建设项目，如工业项目、运输项目等。交通运输项目是为生产和流通服务的，是国民经济的重要基础设施，是生产性建设项目。

2）非生产性建设项目，是指为满足人们物质文化生活需要的项目。非生产性项目还可分为经营性项目和非经营性项目。

（5）按资金来源划分

按资金来源划分可分为国家预算拨款项目、国家拨改贷项目、银行贷款项目、企业联合投资项目、企业自有资金项目、利用外资项目、外资项目等。

（6）基础性和公益性项目

1）基础性项目。是指建设周期长、投资量较大的基础设施和部分基础工业项目，如交通、通信、能源、水利、城市公用设施等。

2）公益性项目。是指那些主要为社会发展服务、难以产生直接回报的建设项目，如科研、教育、医疗保健、文化等社会事业，也包括某些公路建设项目。

3. 基本建设程序

基本建设程序，是指基本建设项目从设想、选择、评估、决策、设计、施工到竣工投产交付使用的整个建设过程中各项工作必须遵循的先后顺序。它是基本建设全过程及其客观规律的反映，是建设项目科学决策和顺利实施的重要保证。按照建设项目发展的内在联系和发展过程，将建设程序分为若干阶段，这些发展阶段是有严格的先后次序，不能任意颠倒。

我国现行的基本建设程序可概括为 4 个阶段和 8 个程序，如图 1.1 所示。

公路基本建设应当按照国家规定的建设程序和有关规定进行。《公路建设监督管理办法》（原交通部 2006 年第 6 号令）对政府投资的公路建设程序和企业投资的公路建设程序做了明确规定。

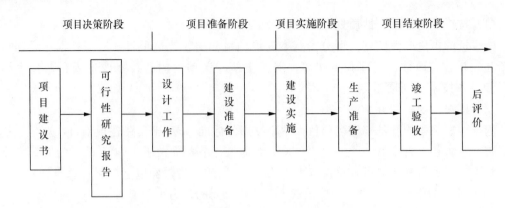

图 1.1　我国现行基本建设程序示意图

（1）我国政府投资的公路建设程序

① 根据规划，编制项目建议书。

② 根据批准的项目建议书，进行工程可行性研究，编制可行性研究报告。

③ 根据批准的可行性研究报告，编制初步设计文件。

④ 根据批准的初步设计文件，编制施工图设计文件。

⑤ 根据批准的施工图设计文件，组织项目招标。

⑥ 根据国家有关规定，进行征地拆迁等施工前准备工作，并向交通主管部门申报施工许可。

⑦ 根据批准的项目施工许可，组织项目实施。

⑧ 项目完工后，编制竣工图表、工程决算和竣工财务决算，办理项目交、竣工验收和财产移交手续。

⑨ 竣工验收合格后，组织项目后评价。

（2）我国企业投资的公路建设程序

① 根据规划，编制工程可行性研究报告。

② 组织投资人招标工作，依法确定投资人。

③ 投资人编制项目申请报告，按规定报项目审批部门核准。

④ 根据核准的项目申请报告，编制初步设计文件，其中涉及公共利益、公众安全、工程建设强制性标准的内容应当按项目隶属关系报交通主管部门审查。

⑤ 根据初步设计文件编制施工图设计文件。

⑥ 根据批准的施工图设计文件组织项目招标。

⑦ 根据国家有关规定，进行征地拆迁等施工前准备工作，并向交通主管部门申报施工许可。

⑧ 根据批准的项目施工许可，组织项目实施。

⑨ 项目完工后，编制竣工图表、工程决算和竣工财务决算，办理项目交、竣工验收。

⑩ 竣工验收合格后，组织项目后评价。

所有新建及改建的大、中型项目都必须严格按照上述程序进行。对于小型项目，可根据具体情况适当合并或删去部分程序。

1.1.2 工程造价

1. 工程造价的含义

在与市场经济适应的建设项目管理体制下，建设工程造价针对建设市场的需求主体和供给主体具有如下两种含义。

第一种：从投资者（业主）角度分析，工程造价是指建设一项工程预期开支或实际开支的全部固定资产投资费用。建设工程造价，一般是指建设项目或单项工程造价，即该建设项目有计划地进行固定资产投资的一次性费用总和；是指从项目业主角度，为获得一项具有生产能力的固定资产所需的全部建设成本。根据我国现行的制度规定，包括建筑工程、安装工程、设备工（器）具购置、其他费用、预留费用。

第二种：从市场交易的角度分析，工程造价是为建成一项工程，预计或实际在土地市场、设备市场、技术劳务市场及承包市场等交易活动中所形成的建筑安装工程的价格和建设工程总价格。它强调的是在工程的建造过程中而形成的价格，与招投标阶段的控制价、报价、合同价、结算价口径大体一致。从建设工程市场交易的角度，它反映的是不同层次的工程、设备或其他标的物的交易价格，最为典型的是公路的土建工程。工程交易价格包括的费用主要是工程施工成本、利润、税金等费用，与公路概、预算中的建筑工程费用相当。

2. 公路工程造价

公路工程造价是指公路工程交通基本建设项目、养护项目从筹建到竣工验收交付使用所需的全部费用，即建筑安装工程费、设备及工具（器具）购置费、工程建设其他费用和预备费的总和。

（1）建筑安装工程费

建筑安装工程费指建筑物的建造费用和设备安装费用两部分。在公路建设项目中，建筑工程包括：临时工程、路基工程、路面工程、桥梁涵洞工程、交叉工程、隧道工程、公路设施及预埋管线工程、绿化及环境保护工程、管理养护及服务房屋工程等；设备安装工程主要指高等级公路中的管理设施的安装，如收费站的收费设施安装、通信系统的设施安装、监控系统的设施安装、供电系统的设备安装，以及某些隧道的通风设备、供电设备的安装等。但桥涵工程及其他混凝土工程中的预制构件的安装，不属于设备安装工程，而是建筑工程中混凝土工程施工的一种方法。

（2）设备及工具（器具）购置费

设备购置费系指为满足公路营运、管理、养护需要，购置的达到固定资产标准的设备和虽低于固定资产标准但属于设计明确列入设备清单的设备的费用。包括渡口设备，隧道照明、消防、通风的动力设备，高等级公路的收费、监控、通信、供电设备，养护用的机械设备和工具、器具等的购置费用。

工具、器具购置费系指建设项目交付使用后为满足初期正常生产营运必须购置的第一套不构成固定资产的设备、仪器、仪表、工卡模具、器具、工作台等的费用。不包括：构成固定资产的设备、工器具和备品、备件；已列入设备购置费中的专用工具和备品、备件。

办公和生活用家具购置费系指为保证新建、改建项目初期正常生产、使用和管理所必须购置的办公和生活用具的费用。

（3）工程建设其他费用

工程建设其他相关费用，是指除建筑安装工程费用和设备、工具、器具及办公和生活用家具购置费用以外的一些费用，是根据国家有关规定应在基本建设投资中支付，并且构成工程造价的一个组成部分。

（4）预备费

预备费由价差预备费和基本预备费两部分组成。价差预备费系指设计文件编制年至工程竣工年期间，第一部分费用的人工费、材料费、机械使用费、其他工程费、间接费等，以及第二、三部分费用由于政策、价格变化可能发生上浮而预留的费用及外资贷款汇率变动部分的费用。基本预备费系指在初步设计和概算中难以预料的工程和费用。

3. 工程造价的特点

1）工程造价的大额性。建筑产品不仅实物形体庞大，而且其造价高昂。一个工程项目的造价少则数十万、数百万，多则数千万、数亿、数十亿，特大的工程项目造价可达百亿、千亿元人民币。工程造价的这种大额性使它关系到有关各方面的重大经济利益，不管是投资者还是建设者都无法承担由于项目的失败而造成的巨大损失。同时工程造价的大额性也会对宏观经济产生重大影响。这就决定了工程造价的特殊地位，也说明了造价管理的重要性。

2）工程造价的个别性、差异性。每一项工程都有其特定的用途、功能和规模，所以也就有不同的结构、造型、空间分割、设备配置，不同的体积和面积，建筑时采用不同的工艺设备和材料，还要适应工程所在地气候、地质、水文等自然条件。各工程之间存在的个别性、差异性，决定了工程造价的个别性差异。

3）工程造价的动态性。任何一项工程从决策到竣工交付使用，都有一个较长的建设期间，存在许多影响工程造价的不确定因素，如工程变更、设备材料价格、工资标准及费率；利率、汇率等发生变化，这种变化必然会影响到造价的变动。所以，工程造价在整个建设期中处于不确定状态，直至竣工决算后才能最终确定工程的实际造价。

4）工程造价的层次性。造价的层次性取决于工程的层次性。一个建设项目往往含有多个单项工程，一个单项工程又是由多个单位工程组成。单位工程可进一步细分解为分部工程，分部工程进一步划分为分项工程。与其相适应，工程造价有多个层次：建设项目总造价—单项工程造价—单位工程造价—分部工程造价—分项工程造价。从造价的计算和工程管理的角度看，工程造价的层次性是非常突出的。

5）工程造价的兼容性。工程造价的兼容性表现在它具有两种含义和在造价构成因素的广泛性和复杂性上。首先构成工程造价的成本因素非常复杂。其中为获得建设工程用地支出的费用、项目可行性研究和规划设计费用、与政府一定时期政策（特别是产业政策和税收政策）相关的费用占有相当的份额。再者，盈利的构成也较为复杂，资金成本较大。

4. 公路基本建设各阶段工程造价的确定

工程造价包括建设程序的各阶段所编制的各种造价文件。为满足建设各阶段的不同需要，适应工程造价控制的要求，需在建设全过程进行多次的工程造价确定，即在公路基本建设程序的各个阶段，需要编制估算、概算、预算、标底（或招标控制价）、报价、工程结算、竣工决算等工程造价文件。

（1）投资估算

投资估算，一般是指在投资前期（规划、项目建议书，可行性研究报告）阶段，建设单位向国家申请拟定建设项目或国家对拟定项目进行决策时，确定建设项目在规划、项目建议书、可行性研究报告等不同阶段的相应投资总额而编制的经济文件。

根据前期工作内容，公路工程投资估算可分为两类：一类是项目建议书投资估算，一类是工程可行性研究投资估算。交通运输部在 2011 年 11 月颁布了《公路工程基本建设项目投资估算编制办法》和《公路工程估算指标》，在编制公路工程投资估算时，应按其规定执行，并应满足预可行性研究和工程可行性研究的深度要求。

（2）概算

概算又为初步设计概算和技术设计修正概算两种。初步设计概算是指在初步设计阶段，由设计单位根据设计图样、概算定额、各类费用定额、建设地区的自然条件和技术经济条件等资料，预先计算和确定建设项目从筹建至竣工验收的全部建设费用的经济文件。

技术设计修正概算是在批准的初步设计概算文件基础上，对初步设计所定的技术方案和施工方案进一步研究修改，并补充必要的地质、水文和地质钻探资料，以提出的修正工程量为依据来进行编制的。

概算或修正概算是初步设计或技术设计文件的重要组成部分。概算应控制在批准的建设项目可行性研究投资估算允许的幅度范围内，概算经批准后是基本建设投资最高限额，是编制建设项目投资计划、确定和控制建设项目投资的依据，是控制施工图设计和施工图预算的依据，是衡量设计方案经济合理性和选择最佳设计方案的依据，是考核建设项目投资效果的依据。设计单位应按不同的设计阶段编制概算和修正概算。以批准的初步设计进行招标的工程，其标底或造价控制值应在批准的总概算范围内。

（3）施工图预算

公路基本建设工程不论采用几个阶段设计，设计单位在施工图设计阶段均应编制施工图预算。施工图预算是根据施工图设计的工程量和施工方法，按照预算定额和各类费用定额，所编制的反映工程造价的经济文件。

施工图预算是施工图设计文件的重要组成的部分，是设计阶段控制工程造价的重要环节，是控制施工图设计不突破批准的初步设计概算的重要措施。施工图预算经审定后，是确定工程造价、编制或调整固定资产投资计划和考核工程成本的依据。以施工图设计进行施工招标的工程，经审定后的施工图预算是编制工程标底或造价控制值的依据，也是施工企业投标报价的基础；对不宜实行招标而采用施工图加调整价结算的工程，经审定后的施工图预算可作为确定合同价的基础或作为审查施工企业提出的施工预算的依据。施工图预算是考核施工图设计经济合理性的依据。施工图设计应控制在批准的初步设计及其概算范围内。

（4）标底（或招标控制价）

标底是建筑产品在建筑市场交易中的一种预期价格，实行招标的工程项目，一般由招标单位对发包的工程，按发包工程的工程内容（通常由工程量清单来明确）、设计文件、合同条件及技术规范和有关定额等资料进行编制。标底是一项重要的投资额测算，是评标的一个基本尺度，也是衡量投标人报价水平高低的基本指标，在招投标工作中起着关键作用。其编制一方面应遵守国家的有关规定和要求，另一方面应力求准确。标底一般以设计概算和施工图预算为基础编制，以其中的建筑安装工程费为主，且不准超过批准的概算或施工图预算。

在《建设工程工程量清单计价规范》（GB 50500—2013）中指出"招标控制价"是招标人根据国家或省级、行业建设主管部门颁发的有关计价依据和办法，以及拟定的招标文件和招标工程量清单，编制的招标工程的最高限价，其作用是招标人用于对招标工程发包的最高限价。招标控制价的作用决定了招标控制价不同于标底，无需保密。为体现招标的公平、公正，防止招标人有意抬高或压低工程造价，招标人应在招标文件中（或开标前在指定的媒体上）如实公布招标控制价。同时，招标人应将招标控制价报工程所在地的工程造价管理机构备案。在《建设工程工程量清单计价规范》中，对标底设置与否无要求。取消标底、实行无标底招标可有效防止串标、围标等违法活动的产生。

（5）报价

报价是由投标单位根据招标文件及有关定额和招标项目所在地区的自然、社会和经济及施工组织方案和投标单位自身条件，计算完成招标工程所需各项费用的经济文件。报价是投标文件最重要的组成部分和主要内容，是投标工作的关键和核心，也是决定能否中标的主要依据。报价过高，中标率就会降低；报价过低，尽管中标率增加，但可能无利可图，甚至承担工程亏本的风险。因此，能否合理确定工程报价，是施工企业在投标竞争中能否获胜的前提条件、中标单位的报价，将直接成为工程承包合同价的主要基础，并对将来的施工过程起着严格的制约作用。承包单位和业主均不能随意更改报价。

（6）工程结算

工程结算是指在合同实施阶段，在工程结算时按合同调价范围和调价方法，对实际发生的工程量增减、设备和材料价差等进行调整后计算和确定的价格。结算价是该结算工程的实际价格。

（7）竣工决算

竣工决算是以实物数量和货币指标为计量单位，综合反映竣工项目从筹建开始到项目竣工交付使用为止的全部建设费用、投资效果和财务情况的总结性文件，是竣工验收报告的重要组成部分。竣工决算是正确核定新增固定资产价值，考核分析投资效果，建立健全经济责任制的依据，是反映建设项目实际造价和投资效果的文件。竣工决算由发包人负责编制。

以上的估算、概算、预算、标底（招标控制价）、报价是在不同建设阶段对建设项目做出的预期工程造价。结算价是建设项目各分部分项工程的实际造价，竣工决算价才是整个建设项目的实际造价。

总之，一个建设项目各个阶段的计价是相互衔接、由粗到细、由浅到深、由预期到实际、前者制约后者、后者修正和补充前者的发展过程。

从以上可知，公路工程造价的编制泛指估算、概算、预算、标底（或招标控制价）、报价、工程结算和竣工决算等造价文件的编审工作。工程建设不论其投资来源和隶属关系如何，都必须按基本建设程序办事，进行工程建设各阶段的工程造价文件的编制。

1.1.3　工程造价计价

1. 工程造价计价的概念与基本原理

工程造价计价就是计算和确定建设工程项目的工程造价，简称工程计价，也称之为工程估价。工程计价有不同的内容、方法及表现形式，业主或其委托的咨询单位编制的工程项目投资估算、设计概算，咨询单位编制的控制价，承包商及分包商提出的报价，都是工程计价的不同表现形式。

工程造价计价的基本原理就是确定"量"（基本构造要素的工程数量）和"价"（基本构造要素的工程单价）并通过一定的计算将"量"、"价"结合的过程，可用以式（1.1）表达为

$$工程造价 = \sum_{i=1}^{n}(基本构造要素工程 \times 相应工程单价)_i \qquad (1.1)$$

式中，i——第 i 个基本构造要素；

n——工程结构分解得到的基本构造要素数目。

在计价时，基本构造要素的工程量和工程单价与项目分解的深度、粗细直接关联。一般来说，分解结构层次越多，基本子项越细，计算也更精确。一个建设项目往往含有多个单项工程，一个单项工程又是由多个单位工程组成。单位工程可进一步细分解为分部工程，分部工程进一步分解为分项工程。我国工程造价计价的主要思路是将建设项目细分至最基本的构成单位（基本构造要素，如分项工程），用其工程量与相应单价相乘后汇总，即为整个建设项目的工程造价。因此，工程造价计价的顺序是：分项工程造价→分部工程造价→单位工程造价→单项工程造价→建设项目总造价。

2. 工程计价的模式

影响工程造价的主要因素有两个，即基本构造要素的工程单价和工程量。基本构造要素的工程量可以通过工程量计算规则和设计图样计算而得，它可以直接反映工程项目的规模和内容。

对基本构造要素的工程单价分析，依据其价格包含内容的不同，可以将工程单价分为两种形式：直接工程费单价和综合单价。

1）直接工程费单价。如果分部分项工程单位价格仅仅考虑人工、材料、机械资源要素的消耗量和价格形成，即单位价格＝$\sum$（分部分项工程的资源要素消耗量×资源要素的价格），该单位价格是直接工程费单价。

2）综合单价。如果在单位价格中除包括直接工程费以外，还包括其他工程费、间接费、利润、税金和合同约定的风险费用等，则构成的是综合单价，它是一种完全价格形式。不同的单价形式形成不同的计价模式。

（1）直接工程费单价——定额计价模式

建设工程定额计价是我国长期以来在工程价格形成中采用的计价模式，又称工料单价

法计价，是国家通过颁布统一的估算指标、概算定额、预算定额和相应的费用定额，对建筑产品价格有计划管理的一种方式，建设工程概预算的编制一般采用定额计价模式。公路工程概（预）算的编制目前采用的也是定额计价模式，其基本流程见式（1.2）～式（1.4）。

$$某分项工程直接工程费 =$$

$$\sum_{i=1}^{M}\left[分项工程量_i \times \sum_{j=1}^{N}(完成单位分项工程工料机数量_{ij} \times 工料机单价_{ij})\right] \quad (1.2)$$

$$其他工程费 = \sum_{i=1}^{N}(某公项工程直接工程费_i \times 综合费率_i) \quad (1.3)$$

$$某分项工程建安费 = 直接费 + 其他工程费和间接费 + 利润 + 税金 \quad (1.4)$$

（2）综合单价——工程量清单计价模式

工程量清单计价模式，又称综合单价法。它是建设工程招投标中，按照国家统一的工程量计价规范，招标人或其委托的有资质的咨询机构编制反映工程实体消耗和措施消耗的工程量清单，并作为招标文件的一部分提供给投标人；由投标人依据工程量清单，根据各种渠道所获得的信息和经验数据，结合企业定额自主报价的计价方式。

在我国的一般建设工程的工程量清单计价模式中，分部分项工程量清单计价表中的综合单价仅包含人工费、材料费、机械费、管理费、利润和一般风险费，不含措施费、规费和税金，后三种费用另行计列。而公路工程量清单中工程细目表中的综合单价是全费用单价或完全价格，是指完成本计价工程细目所需的全部工程内容和费用内容的费用，包括完成该细目下所有工程内容所需的成本、利润、税金和一般风险费。以清单所给的工程量与该综合单价相乘，得到"合价"，见式（1.5）。

$$投标价 = \sum_{i=1}^{N}(清单中某计价工程细目工程量_i \times 某计价工程细目综合单价_i)$$

$$+ 单项包干项目总额价 + 计日工 + 暂定金额 \quad (1.5)$$

由于工程量清单计价模式需要比较完善的企业定额体系以及较高的市场化环境，短期内难以全面铺开。因此，目前我国建设工程造价实行"双轨制"计价管理办法，即定额计价法和工程量清单计价法同时实行。工程量清单计价作为一种市场价格的形成机制，主要工程招投标和结算阶段使用。

3. 工程造价的计价特征

工程造价的特点，决定了工程造价的计价特征。

1）计价的单件性。产品的个体差别性决定每项工程都必须单独计算造价。建设工程都有其指定的专门用途，也有不同的形态和结构，如道路的用途是供汽车行驶，因而其形态和结构就不同于厂房、住宅、港口等。建设工程都是固定在一定地点的，其结构、造型必须适应工程所在地的气候、地质、水文等自然客观条件，因而形成在形态上的千差万别。在建设不同的工程时，由于采取不同的工艺、设备和建筑材料，因而所消耗的劳动量也必定不同，再加上不同地区社会发展的不同，致使构成价格和费用的各种价值要素的差异，最终导致工程造价各不相同，任何两个道路建设项目其工程造价不可能是完全相同的。因此，对建设工程就不能像对工业产品那样，按品种、规格、质量成批量生产和定价，只能是单件性计价。也就是说，只能根据建设工程项目的具体设计资料和当地的实际情况单独计算工程造价。

2）计价的多次性。建设工程一般规模大、建设期长、造价高，受建设所在地的自然条件影响大，消耗的人力、物力和资金巨大，一旦决策失误，将造成巨大的损失。因此，按建设程序要分阶段进行，相应地也要在不同阶段多次计价，以保证工程造价计算的准确性和控制的有效性。多次性计价是个逐步深化、逐步细化和逐步接近实际造价的过程。

公路工程造价多次性计价过程图如图1.2所示。

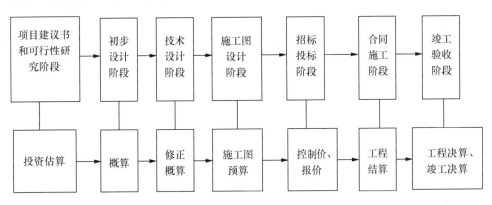

图1.2　公路工程造价多次性计价过程图

3）计价的组合性。工程造价的计算是分部组合而成的，这一特征和建设项目的组合性有关。一个建设项目是一个工程综合体，它可以分解为多个单项工程，单项工程可分解为多个单位工程，单位工程可解为多个分部工程，分部工程可分解为多个分项工程。从计价和工程管理的角度，分部分项工程还可以分解。由上可以看出，建设项目的这种组合性决定了计价的过程是一个逐步组合的过程。这一特征在计算概算造价和预算造价时尤为是明显，同时也反映到合同价格和结算价格上。其计算过程和计算顺序是：分部分项工程造价→单位工程造价→单项工程造价→建设项目总造价。

4）方法的多样性特征。由于多次计价有各不相同的计价依据，且对多次计价的精确度要求不同，因而计价方法有多样性特征。计算和确定概、预算造价有两种基本方法，即单价法和实物量法；计算和确定投资估算的方法有设备系数法、生产能力指数估算法等。不同的方法各有利弊，适应条件也不同，计价时要加以选择。

5）依据的复杂性特征。影响造价的因素多，计价依据复杂、种类繁多，主要可分为七类：①计算设备和工程量依据，包括项目建议书、可行性研究报告、设计文件等；②计算人工、材料、机械等实物消耗量依据，包括投资估算指标、概算定额、预算定额等；③计算工程单价的价格依据，包括人工单价、材料价格、材料运杂费、机械台班费等；④计算设备单价的依据，包括设备原价、设备运杂费、进口设备关税等；⑤计算其他工程费、间接费和工程建设其他费用依据，主要是相关的费用定额和指标；⑥政府规定的税、费；⑦物价指数和工程造价指数。计价依据的复杂性不仅使计算过程复杂，而且要求计价人员熟悉各类依据，并加以正确利用。

4. 公路工程造价计价的基本要素

根据现行公路工程计价与控制的基本流程，公路建安工程费计算见式（1.6），即

$$建安费 = \sum_{j=1}^{M}[分项工程量_i \times \sum_{j=1}^{N}(完成单位分项工程工料机数量_{ij} \\ \times 工料机单价_{ij}) \times (1+综合费率_i)] \quad (1.6)$$

公路工程造价计价包括以下五个要素。

（1）预算工程量

预算工程量包括两部分：①工程实体数量（设计文件中的设计工程量）；②施工措施工程量，包括施工方案确定的辅助工程量（在设计图样中不出现，取决于施工组织设计）和临时工程量。

（2）完成单位数量的分项工程消耗的工、料、机数量标准（定额水平）

在正常条件下完成合格的单位数量分项工程消耗的工、料、机数量标准，决定了消耗的资源实物量，是确定工程成本的重要因素。作为承包商投标估价用的定额必须以反映其个别成本的企业定额为基础，适当参考行业统一定额。作为业主编制招标控制价（标底）时，因为不是业主亲自施工，无法确定未来施工承包商的个别成本，只能以反映行业平均水平的部颁预算定额为基础，估测所需工、料、机资源数量。

（3）工、料、机的预算价格

作为预算价格，是用于计算工程的直接费，应具备以下两个条件：①尽可能反映工、料、机的市场供应价，要求做好充分的工、料、机市场价格调查；②预算价格中必须包括分摊至该工料机要素的全部成本或费用，如材料预算价格必须包括出厂价（原价）、自供应地到工地的运杂费、场外运输损耗费及材料仓储保管损耗费用。但在工、料、机预算价格中不应包含须单列的综合取费和利润因素。

（4）综合费率

承包商在确定工程成本或标价时，对于除了直接工程费之外的其他工程费用、间接费、利润以本单位的费用定额为依据，确定竞争性的各项费率，对于税金的计算则必须执行国家税法。业主确定招标控制价（标底）时，对于综合取费一般执行原交通部颁布的《公路工程基本建设项目概算预算编制办法》（JTG B06—2007）和地方上的《公路工程概预算编制补充办法》中规定的费率标准或略有降低。

（5）计价规则或计价程序

一般按照原交通部颁布的《公路工程基本建设项目概算预算编制办法》（JTG B06—2007）中规定的计价规则或计价程序计算建安工程造价，反映的是以上五种要素的整合方式。

1.1.4　工程造价管理

1. 工程造价管理的含义

（1）工程造价管理的两种含义

工程造价有两种含义，相应地工程造价管理也包括建设工程投资费用管理和工程价格管理两种含义。

工程建设投资费用管理是指为实现投资预期目标，在拟定的规划、设计方案条件下，预测、计算、确定和监控工程造价及其变动的系统活动。工程建设投资费用管理属于工程建设投资管理范畴，它既涵盖了微观层次的项目投资费用的管理，又涵盖了宏观层次的投资费用管理。

工程价格管理，属于价格管理范畴。在社会主义市场经济条件下，价格管理分两个层次。在微观层次上，是生产企业在掌握市场价格信息的基础上，为实现管理目标而进行的成本控制、计价、定价和竞价的系统活动。在宏观层次上，是政府根据社会经济发展的要求，利用法律手段、经济手段和行政手段对价格进行管理和调控，以及通过市场管理规范市场主体价格行为的系统活动。

（2）全面造价管理

全面造价管理就是有效地使用专业知识和专门技术去计划和控制资源、造价、盈利和风险。建设工程全面造价管理包括全寿命造价管理、全过程造价管理、全要素造价管理、全方位造价管理和全风险造价管理。

1）全寿命造价管理。建设工程全寿命期造价是指建设工程初始建造成本和建成后的日常使用成本之和，它包括建设前期、建设期、使用期及拆除期各个阶段的成本。由于在工程建设及使用的不同阶段，工程造价存在诸多不确定性，使得工程造价管理者管理建设工程全寿命期造价比较困难，因此，全寿命造价管理至今只能作为一种实现建设工程全寿命周期造价最小化的指导思想，指导建设工程投资决策及设计方案的选择。

2）全过程造价管理。建设工程造价管理覆盖建设工程前期决策及实施的各个阶段，包括前期决策阶段的项目策划、投资估算、项目经济评价、项目融资方案分析；设计阶段的限额设计、方案比选、概预算编制；招投标阶段的标段划分、承包发包模式及合同形式的选择、招标控制价（标底）的编制；施工阶段的工程计量与结算、工程变更控制、索赔管理；竣工验收阶段的竣工结算与决算等。

3）全要素造价管理。控制建设工程造价不仅仅是控制建设工程的成本（即成本要素），还应同时考虑工期、质量、安全、环境等要素，从而实现工程造价、工期、质量、安全、环境的集成管理。

4）全方位造价管理。建设工程造价管理不仅仅是业主或承包单位的任务，而应该是政府建设行政主管部门、行业协会、业主方、设计方、承包方及有关咨询机构的共同任务。尽管各方的地位、利益、角度等有所不同，但必须建立完善的协同工作机制，才能实现建设工程造价的有效控制。

2．工程造价管理的基本内容

工程造价管理的基本内容，就是合理确定和有效控制工程造价。

（1）工程造价的合理确定

工程造价的合理确定，就是在建设程序的各个阶段，合理确定投资估算、概算造价、预算造价、承包合同价、结算价、竣工决算价。

（2）工程造价的有效控制

工程造价的有效控制，就是在优化建设方案、设计方案的基础上，在建设程序的各个阶段，采用一定的方法和措施把建设项目投资的发生控制在合理的范围和核定的造价限额以内。具体来说，就是要用投资估算价控制设计方案的选择和初步设计概算造价；用概算造价控制技术设计和修正概算造价；用概算造价或修正概算造价控制施工图设计和预算价。有效地控制工程造价应体现以下三项原则：

1）以设计阶段为重点的建设全过程造价控制。建设工程全寿命费用包括工程造价和工程交付使用后的经常开支费用（含经营费用、日常维护修理费用、使用期内大修理和局部更新费用）及该项目使用期满后的报废拆除费用等。据西方一些国家分析，设计费一般不足建设工程全寿命费用的1%，但正是这少于1%的费用对工程造价的影响度占75%以上。由此可见，设计质量对整个工程建设的效益是至关重要的。

2）主动控制。造价工程师的基本任务是合理确定并采取有效措施控制建设工程造价。为此，应根据业主的要求及工程建设的客观条件进行综合研究，实事求是地确定一套切合实际的衡量准则，将"控制"立足于事先，主动地采取措施，积极地影响投资决策、设计、发包和施工，主动地控制工程造价。

3）技术与经济相结合是控制工程造价最有效的手段。工程建设过程中把技术与经济有机结合，通过技术比较、经济分析和效果评价，正确处理技术先进与经济合理两者之间的对立统一关系，力求在技术先进条件下的经济合理，在经济合理基础上的技术先进，把控制工程造价观念渗透到各项设计和施工技术措施之中。

3．注册造价工程师执业资格制度

（1）注册造价工程师

注册造价工程师是指通过全国造价工程师执业资格统一考试或者资格认定、资格互认，取得中华人民共和国造价工程师执业资格，并按照规定注册，取得中华人民共和国造价工程师注册执业证书和执业印章，从事工程造价活动的专业人员。未取得注册证书和执业印章的人员，不得以注册造价工程师的名义从事工程造价活动。

注册造价工程师的素质包括思想品德、专业、身体等方面，这些只是造价工程师工作能力的基础。造价工程师在实际岗位上应能独立完成建设方案、设计方案的经济比较工作，项目可行性研究的投资估算、设计概算和施工图预算、招标标底和投标报价、补充定额和造价指数等编制与管理工作，应能进行合同价结算和竣工决算的管理，以及对造价变动规律和趋势应具分析预测能力。

造价工程师只能在一个单位执业。注册造价工程师执业范围包括：①建设项目建议书、可行性研究投资估算的编制和审核，项目经济评价，工程概、预、结算、竣工结（决）算的编制和审核；②工程量清单、标底（或者控制价）、投标报价的编制和审核，工程合同价款的签订及变更、调整，工程款支付与工程索赔费用的计算；③建设项目管理过程中设计方案的优化、限额设计等工程造价分析与控制，工程保险理赔的核查；④工程经济纠纷的鉴定。

注册造价工程师享有下列权利：①称谓权，即使用注册造价工程师名称；②执业权，即依法独立执行工程造价业务；③签章权，即在本人执业活动中形成的工程造价成果文件上签字并加盖执业印章；④立业权，即申发设立工程造价咨询企业；⑤保管和使用本人的注册证书和执业印章；⑥参加继续教育。

注册造价工程师应履行下列义务：①遵守法律、法规、有关管理规定，恪守职业道德；

②保证执业活动成果的质量；③接受继续教育，提高执业水平；④执行工程造价计价标准和计价方法；⑤与当事人有利害关系的，应当主动回避；⑥保守在执业中知悉的国家秘密和他人的商业、技术秘密。

注册造价工程师不得有下列行为：①不履行注册造价工程师义务；②在执业过程中，索贿、受贿或者谋取合同约定费用外的其他利益；③在执业过程中实施商业贿赂；④签署有虚假记载、误导性陈述的工程造价成果文件；⑤以个人名义承接工程造价业务；⑥允许他人以自己名义从事工程造价业务；⑦同时在两个或者两个以上单位执业；⑧涂改、倒卖、出租、出借或者以其他形式非法转让注册证书或者执业印章；⑨法律、法规、规章禁止的其他行为。

（2）我国注册造价工程师执业资格制度

造价工程师的执业资格，是履行工程造价管理岗位职责与业务的准入资格。凡从事工程建设活动的建设、设计、施工、工程造价咨询、工程造价管理等单位和部门，必须在计价、评估、审查（核）、控制及管理等岗位配备有造价工程师执业资格的专业技术人员。造价工程师执业资格制度属于国家统一规划的专业技术人员执业资格的制度范围，是工程造价管理的一项基本制度。

注册造价工程师执业资格制度是指国家建设行政主管部门或其授权的行业协会，依据国家法律法规制定的规范造价工程师执业行为的系统化的规章制度。它主要包括：①考试制度和资格标准；②注册制度和执业范围与规程、规范体系；③继续教育制度；④纪律检查与行业监督制度；⑤行业服务质量管理制度；⑥风险管理与保险制度；⑦造价工程师道德规范。

从1996年开始，我国有关部门出台了造价工程师执业资格制度许多配套的管理办法、规章制度。如原建设部颁布了《注册造价工程师管理办法》（建设部令第150号），中国建设工程造价管理协会制订了《造价工程师继续教育实施办法》和《造价工程师职业道德行为准则》，使造价工程师执业资格制度得到逐步完善。

凡中华人民共和国公民，遵纪守法并具备《造价工程师执业资格制度暂行规定》中要求的条件者，均可申请造价工程执业资格考试。造价工程师执业资格考试目前分为四个科目：《工程造价管理基础理论与相关法规》、《工程造价计价与控制》、《建设工程技术与计量》（土建或安装）和《工程造价案例分析》。

造价工程师的注册分为初始注册、续期注册及变更注册，具体按《注册造价工程师管理办法》规定执行。

（3）公路工程造价人员资格认证

为加强公路建设市场管理，规范公路工程计价行为，提高公路工程造价人员的素质，保证公路工程造价工作质量，合理确定和有效控制工程造价，原交通部颁发了《公路工程造价人员资格认证管理办法》（交公路发〔1995〕1235号）。现简要介绍如下：

1）公路工程造价资格证书。凡从事公路工程造价计价（包括估算、概算、预算的编审），经济评价，编制招标标底（招标控制价）、投标报价，造价监理，招标代理，办理工程结算、决算，承担工程造价咨询和调解工程造价纠纷等工程造价业务的专业人员，必须按本办法规定，经交通部统一资格考试合格，通过资格认证，取得资格证书，持证上岗。

否则，不得独立承担公路工程造价业务。

公路工程造价资格证书分甲、乙两个资格等级。持有甲级资格证书的公路工程造价人员可以在全国范围内从事高速公路及以下各等级公路和独立特大桥梁、长大隧道建设项目的工程造价业务。持有乙级资格证书的公路工程造价人员可以在本省、自治区、直辖市范围内从事一般二级公路及以下各等级公路和独立大桥建设项目的工程造价业务。

2）公路工程造价资格考试及申请条件。凡申请资格证书的公路工程造价人员，均应参加资格考试。公路工程造价人员资格考试，在资格认证领导小组的统一组织指导下进行，实行全国统一考试大纲，统一命题，统一组织考试制度，每年举行一次。资格考试采取全国统一考试大纲，统一命题，统一组织考试的形式进行。资格考试分甲、乙两类试题，申报甲级资格的考甲类试题，申报乙级资格的考乙类试题。

报考甲级资格的人员应符合下列条件之一：①工程造价专业大专毕业，从事公路工程造价业务工作满5年；工程或工程经济类大专毕业，从事公路工程造价业务工作满6年；②工程造价专业本科毕业，从事公路工程造价业务工作满4年；工程或工程经济类本科毕业，从事公路工程造价业务工作满5年；③获上述专业第二学士学位或硕士学位，从事公路工程造价业务工作满3年；④获上述专业博士学位，从事公路工程造价业务工作满2年。

报考乙级资格的人员应符合下列条件之一：①具有工程造价或公路工程专业，中专及以上学历，且具有二年以上公路工程造价从业经历；②具有工程造价或公路工程相关专业大学专科学历；③相近土木、经济专业大学专科及以上学历，应具有一年以上公路工程造价从业经历。

公路工程造价考试目前为四个科目："公路工程造价基础理论及相关法规"、"公路工程造价的计价与控制"、"公路工程技术与计量"、"公路工程造价案例分析"。考试成绩两年有效，参加前年度考试且成绩合格的科目不需要重新参加本年度的考试。已取得人力资源和社会保障部统一印制的造价工程师执业资格证书者，可免试"公路工程造价基础理论及相关法规"和"公路工程造价的计价与控制"科目，只参加"公路工程造价案例分析"和"公路工程技术与计量"两个科目的考试。

4. 工程造价咨询

（1）工程造价咨询的概念

工程造价咨询是指面向社会接受委托，承担建设项目的可行性研究投资估算、项目经济评价、工程概算、预算、工程结算、竣工决算、工程招标标底（招标控制价）、投标报价的编制和审核，对工程造价进行监控及提供有关工程造价信息资料等业务工作。

（2）工程造价咨询企业

工程造价咨询企业是指取得"工程造价咨询单位资质证书"，接受业主或施工企业的委托，对建设工程造价的确定与控制提供专业咨询服务的企业。工程造价咨询企业从事工程造价咨询活动，应当遵循独立、客观、公正、诚实信用的原则，不得损害社会公共利益和他人的合法权益。对工程造价咨询企业进行资质管理是规范其执业行为并保障他们合法经营活动的客观需要。

我国工程造价咨询企业资质等级分为甲、乙两级，并规定了相应资质标准和业务承接范围。

2006 年 3 月 22 日公布，并自 2006 年 7 月 1 日起实行的《工程造价咨询企业管理办法》（中华人民共和国建设令第 149 号）中对工程造价咨询企业及其管理制度做出了明确规定。

1.2　认知公路工程计价依据与公路工程定额

—— 学习目标 ——

1. 掌握公路工程造价计价依据；
2. 了解工程定额的概念；
3. 掌握公路工程定额分类。

1.2.1　工程造价计价依据的概念和种类

1. 工程造价计价依据的概念

所谓工程造价计价依据，是用以计算工程造价的基础资料总称，包括工程定额，人工、材料、机械台班及设备单价，工程量清单，工程造价指数，工程量计算规则，以及政府主管部门发布的有关工程造价的经济法规、政策等。由于影响工程造价的因素很多，每一项工程的造价都要根据工程的用途、类别、规模尺寸、结构特征、建设标准、所在地区、建设地点、市场造价信息及政府的有关政策进行具体计算。因此，需要确定与上述各项因素有关的各种量化的基本资料，作为计算和确定工程造价的计价基础。

2. 工程造价计价依据的种类

工程造价计价依据有很多，概括起来有以下几大类。

（1）计算工程量的依据

计算工程量的依据包括：建设工程项目可行性研究资料；初步设计、扩大初步设计（技术设计）、施工图设计等设计图样和资料；工程量计算规则。

（2）计算分部分项人工、材料、机械台班消耗量及费用的依据

计算分部分项人工、材料、机械台班消耗量及费用的依据包括：企业定额、预算定额、概算定额、概算指标和估算指标等各种工程定额；人工、材料、机械台班等资源要素价格。

（3）计算建筑安装工程费用的依据

包括：措施费费率、间接费费率、利润率、税率、工程造价指数、计价程序。

（4）计算设备费的依据

设备价格和运杂费率等。

（5）计算工程建设其他费用的依据

包括：建设工程项目用地指标、各项工程建设其他费用定额。

（6）与计算造价相关的法规和政策依据

包括：包含在工程造价内的税费等相关税率；与产业政策、能源政策、技术政策和土

地等资源利用政策有关的取费标准；利率和汇率。

（7）其他计价依据

如施工组织设计资料等。

1.2.2 公路工程造价计价依据

在公路基本建设程序的各个阶段，需要编制估算、概算、预算、标底（招标控制价）、报价、工程结算、竣工决算价等工程造价成果。针对不同造价编制阶段或不同成果要求的主要计价依据，见表1.1。

表1.1 公路工程造价计价依据一览表

序号	造价类型	主要计价依据
1	估算	《公路工程估算指标》、《公路工程基本建设项目投资估算编制办法》、建设项目初步方案和现场踏勘资料、基础单价（人工、材料、机械、设备等单位价格）
2	概算	《公路工程概算定额》、《公路工程机械台班费用定额》、《公路工程基本建设项目概算预算编制办法》、设计文件、基础单价
3	施工图预算	《公路工程预算定额》、《公路工程机械台班费用定额》、《公路工程基本建设项目概算预算编制办法》、设计文件、基础单价
4	标底（招标控制价）	项目招标文件、《公路工程预算定额》、《公路工程机械台班费用定额》、《公路工程基本建设项目概算预算编制办法》、设计文件、基础单价、施工组织方案
5	报价	项目招标文件、企业定额、项目有关调查资料（项目所在地的自然、社会、经济等情况的调查资料）、设计文件、施工组织设计
6	工程结算	合同文件、结算资料（工程量清单、监理工程师签署的各类证书、日常施工记录）、结算规定（时间、内容、程序）
7	竣工决算	设计文件、概（预）算文件、招标文件、标底（或控制价）、合同文件、支付凭证、竣工图样、其他有关文件及资料

1.2.3 公路工程定额体系

1. 工程定额的概念

工程定额是在合理的劳动组织和合理使用材料与机械的条件下，完成一定计量单位合格建筑产品所消耗人工、材料、施工机械台班（时）等资源的数量标准。

在理解工程定额的概念时，应注意以下三点：

1）定额中的人工、材料、施工机械消耗量系指在正常施工条件下的消耗量，即对施工对象进行合理组织、合理拟定工作组成、合理拟定施工人员编制条件下的工、料、机等消耗量。

2）定额中的人工、材料、施工机械消耗量系指符合国家技术标准、技术规范和质量检验评定标准等要求下的工、料、机等消耗量。

3）定额中的人工、材料、施工机械消耗量系指在完成定额中规定的相应工作内容和要达到的质量标准及安全要求下的工、料、机等消耗量。

2. 工程定额的特点

工程定额作为工程建设管理和工程造价计价的重要依据，具有科学性、系统性、统一性、指导性、稳定性与时效性等特点。

3. 工程定额的作用

（1）工程定额是确定工程造价的重要依据

建筑产品的生产过程包含三个要素，即人的劳动、劳动对象和劳动资料。人的劳动是活劳动，凝结着过去劳动的生产资料是物化劳动。工程定额规定的就是完成一定计量单位的合格的建筑产品所必须的物化劳动和活劳动的消耗标准。根据建设工程的设计图样和工程定额就可以得到该工程的人工、材料、机械的消耗量，再结合相应的单价就可以得到该工程项目工程造价中的直接工程费，即工程的直接成本。而工程的直接成本是建设产品价格中最为重要的组成部分，因此，工程定额是确定建筑产品价格的重要依据。

（2）工程定额有利于推进我国建设市场的发展与完善

1）工程定额有利于建设市场公平竞争环境的形成。定额所提供的信息客观上能够反映建筑产品的供给和需求相关信息，这些信息为市场上需求主体和供给主体之间的公平竞争、需求主体之间的公平竞争、供给主体之间的公平竞争提供了有利的条件。

2）工程定额有利于建设市场主体行为的规范。对投资者而言，定额是投资决策的依据。投资者可以利用定额提供的信息有效地提高项目决策的科学性，优化其投资行为；对于建设施工企业而言，定额是价格决策的依据。施工企业在投标报价时，只有充分考虑定额的要求，才能在投标报价时做出正确的价格决策，才能占有市场竞争优势，才能获得更多的工程合同。

3）工程定额有利于完善市场的信息系统。工程定额是对大量市场信息的加工、处理和传递，同时也是市场信息的反馈。信息是市场体系中的不可缺少的要素，它的可靠性、完备性和灵敏性是市场成熟和市场效率的标志。定额作为我国建设市场信息系统的组成部分，是我国长期以来实行定额计价体系的结果，也是我国社会主义市场经济的特色之一。

4. 工程定额的分类

工程定额反映了工程建设与各种资源消耗之间的客观规律，它是一个综合的概念，是工程建设中各类定额的总称。工程建设定额包括许多种类，可以按照不同的原则和方法对它们进行分类。

（1）按定额反映的生产要素内容分类

按定额反映的生产要素内容分类，工程定额可分为劳动消耗定额、机械消耗定额和材料消耗定额三种。

1）劳动消耗定额。简称劳动定额（也称人工定额），是指在一定的生产（施工）组织和生产（施工）技术条件下，为完成单位合格产品所必需的劳动消耗标准。劳动定额的主要表现形式是时间定额，但同时也表现为产量定额。时间定额与产量定额互为倒数。

2）机械消耗定额。机械消耗定额是以一台机械一个工作班为计量单位，所以又称为机械台班定额。机械消耗定额是指在合理使用机械和合理的施工组织条件下，生产工人使用机械完成单位合格产品必须消耗的机械作业时间标准。机械消耗定额的主要表现形式是时间定额，但同时也以产量定额表现。

3）材料消耗定额。简称材料定额，是指在节约与合理使用材料的条件下，规定生产单位合格产品所必须消耗的原材料、成品、半成品、构配件、燃料及水、电等动力资源的数量标准。

（2）按定额的用途分类

按定额的用途分类，工程定额可分为施工定额、预算定额、概算定额、投资估算指标四种。

1）施工定额。施工定额是施工企业（建工安装企业）组织生产和加强管理在企业内部使用的一种定额，属于企业定额的性质。施工定额是以同一性质的施工过程——工序作为对象编制，表示生产产品数量与生产要素消耗综合关系的定额。为了适应组织生产和管理的需要，施工定额的项目划分很细，是工程定额中分项最细、定额子目最多的一种定额，也是工程定额中的基础性定额。

2）预算定额。预算定额是在编制施工图预算阶段，以工程中的分项工程和结构构件为对象编制，用来计算工程造价和计算工程中的劳动、机械台班、材料需要量的定额。预算定额是一种计价性定额。从编制程序上看，预算定额是以施工定额为基础综合扩大编制的，同时它也是编制概算定额的基础。

3）概算定额。概算定额是以扩大分项工程或扩大结构构件为对象编制的，计算和确定劳动、机械台班、材料消耗量所使用的定额，也是一种计价性定额。概算定额是编制扩大初步设计概算、确定建设项目投资额的依据。概算定额的项目划分粗细，与扩大初步设计的深度相适应，一般是在预算定额的基础上综合扩大而成的，每一综合分项概算定额都包含了数项预算定额。

4）投资估算指标。它是在项目建议书和可行性确定阶段编制投资估算、计算投资需要量时使用的一种定额。它非常概略，往往以独立的单项工程或完整的工程项目为计算对象，编制内容是所有项目费用之和。它的概略程度与可行性研究阶段相适应。投资估算指标往往根据历史的预、决算资料和价格变动等资料编制，但其编制基础仍然离不开预算定额、概算定额。

上述各种定额的相互联系可参见表1.2。

表 1.2　各种定额间关系比较

项目	施工定额	预算定额	概算定额	投资估算指标
对象	工序	分项工程	扩大的分项工程	独立的单项工程或完整的工程项目
用途	编制施工预算	编制施工图预算	编制扩大初步设计概算	编制投资估算
项目划分	最细	细	较粗	很粗
定额水平	平均先进	平均	平均	平均
定额性质	生产性定额	计价性定额		

（3）按适用范围分类

按适用范围分类，工程定额可分为全国通用定额、行业通用定额和专业专用定额三种。全国通用定额是指在部门间和地区间都可以使用的定额；行业通用定额是指具有专业特点在行业部门内可以通用的定额；专业专用定额是特殊专业的定额，只能在指定的范围内使用。

（4）按主编单位和管理权限分类

按主编单位和管理权限，工程定额可分为全国统一定额、行业统一定额、地区统一定额、企业定额和补充定额五种。

1）全国统一定额，是由国家建设行政主管部门综合全国工程建设中技术和施工组织管理的情况编制，并在全国范围内执行的定额。

2）行业统一定额，是考虑到各行业部门专业工程技术特点，以及施工生产和管理水平编制的。一般只在本行业和相同专业性质的范围内使用，如交通部的《公路工程预算定额》。

3）地区统一定额，包括省、自治区、直辖市定额。地区统一定额主要是考虑地区性特点对全国统一定额水平做适当调整和补充编制的。

4）企业定额，是施工企业考虑本企业具体情况，参照国家、部门或地区定额的水平制定的定额。企业定额只在企业内部使用，是企业素质的一个标志。企业定额水平一般应高于国家现行定额，才能满足生产技术发展、企业管理和市场竞争的需要。在工程量清单计价方式下，企业定额作为施工企业进行建设工程投标报价的计价依据，正发挥越来越大的作用。

5）补充定额，是指随着设计、施工技术的发展，现行定额不能满足需要的情况下，为了补充缺陷所编制的定额，补充定额只能在指定的范围内使用，可作为以后修订定额的基础。

上述各种定额虽然适用于不同的情况和用途，但是它们是一个互相联系的、有机的整体，在实际工作中需要配合使用。

5. 公路工程定额

公路工程定额分两大类：工程定额、指标和费用定额，如图 1.3 所示。

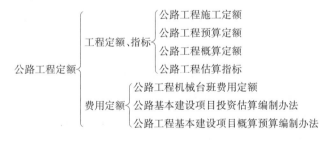

图 1.3　公路工程定额分类

（1）施工定额

现行《公路工程施工定额》（2009 年 7 月第 1 版）是原交通部 2007 年公布的《公路工程概算定额》（JTG/T B06—01—2007）劳动、机械定额水平确定的基础依据，是在原交通部 1997 年公布的《公路工程施工定额》的基础上，通过调查研究及综合分析各省、自治区、直辖市交通厅（局、委员会）及部分大型公路施工企业提供的公路工程施工定额资料，并参照其他有关部门的劳动定额，由权威机构——交通公路工程定额站组织编制的。

现行公路工程施工定额共有18章，分别为：准备工作；路基工程；路面工程；隧道工程；基础工程；打桩工程；灌注桩造孔工程；砌筑工程；模板、架子及木作工程；钢筋及钢丝束工程；混凝土及钢筋混凝土工程；预制构件工程运输工程；安装工程；钢结构工程；杂项工程；临时工程；备料；材料运输。另外，还有附录等。其内容包括文字说明、分节定额和附录三部分。

（2）预算定额

现行《公路工程预算定额》（JTG/T B06—02—2007）共分路基工程、路面工程、隧道工程、桥涵工程、防护工程、交通工程及沿线设施、临时工程、材料采集及加工、材料运输等九章及附录，分上下、两册。主要内容包括说明（含总说明、章说明、节说明）、定额表及附注和附录。

（3）概算定额

现行《公路工程概算定额》共分七章，主要内容包括总说明、章说明、节说明和定额表。

总说明是针对全套定额而言，其主要内容应包括：定额的使用范围、定额内容；定额的编制原则、主要依据；定额的水平标准、定额的使用及抽换规定；各章（节）的统一规定；概算定额与预算定额间的关系及统一规定；定额包括的内容及未包括的内容需编制补充定额的规定等。

章（节）说明是针对本章（节）的规定及说明，其主要内容应包括：各章（节）工程项目的统一规定；各章（节）的工作内容及工作范围；各章（节）的使用规定及工程量计算规则等。

以上各项说明是为了正确使用概算定额而做出的规定和解释，是正确运用概算定额所应遵循的条件和保证。

现行《公路工程概算定额》分为路基工程、路面工程、隧道工程、涵洞工程、桥梁工程、交通工程及沿线设施、临时工程等七章，以定额项目表的形式给出相应各部分的工、料、机消耗的定额标准。

概算定额项目表的主要内容包括：定额项目的名称及定额单位；定额项目包括的工作内容；完成定额单位工程的人工、材料、机械的名称、单位、代号、数量；完成定额单位工程的定额基价。有些定额项目表下还列有章（节）说明中没有包括而仅供本项目使用的注释。

（4）估算指标

公路工程估算指标以独立的建设项目、单项工程或单位工程为对象，在各有关单位总结全国公路建设项目的设计文件和竣工文件的基础上，选用合理的工程量，以现行的公路技术标准、技术规范、概算定额、预算定额、费用定额等有关规定，由国家公路建设行政主管部门会同地方各有关单位编制的，它综合项目全过程投资和建设中各类成本和费用，它既是定额的一种表现形式，又不同于其他的计价定额。

《公路工程估算指标》作为公路建设项目前期服务的一种扩大的技术经济指标，具有较强的综合性、概括性。估算指标在编制项目建议书和可行性研究报告过程中，是多方案比较、优化设计方案、正确编制投资估算、合理确定项目投资的重要基础。在建设项目评价、决策过程中，是评价建设项目投资可行性、分析投资效益的重要经济指标。在实施阶段，是限额设计和工程造价确定与控制的依据。

现行《公路工程估算指标》分为综合指标和分项指标，并编制有总说明和附录。总说明阐述了《公路工程估算指标》的适应范围、编制的主要特点及使用的有关规定。综合指标是编制建设项目建议书投资估算的依据，它是按公路等级和地形条件分别编制，分项指标是编制项目建设可行性研究报告投资估算的依据，它是按路基、路面、隧道、涵洞、小桥及标准跨径小于20m的中桥及大桥、交叉工程、安全设施等主要项目分别编制，在项目划分上要比综合指标详细。附录则是供补充或抽换指标使用的。

（5）施工机械台班费用定额

机械台班费用定额是指某种机械在完成一个标准台班作业时，所消耗的人工、燃料数量和费用构成情况。其费用项目由不变费用和可变费用两部分组成。

不变费用 = 折旧费 + 大修费 + 经常维修费 + 安装拆卸及辅助设施费

可变费用 = 人工费 + 动力燃料费 + 养路费及车船使用税

机械台班费用定额是目前编制公路建设工程概（预）算，进行经济核算与结算的重要依据，同时也可进行分析计算台班单价，计算台班消耗的人工、燃料等实物量、供编制施工组织设计时科学合理地选择施工方案。

现行《公路工程机械台班费用定额》的主要内容包括说明和台班费用定额表两部分。机械台班费用定额表是《公路工程机械台班费用定额》的主要组成部分，表中给出折旧费、大修理费、经常修理费、安装拆卸及辅助设施费、人工费、燃料动力费等。在定额表前面，用文字对编制《公路工程机械台班费用定额》的作用、机械分类、费用组成、依据和某些规定做了说明。

（6）公路工程费用定额

公路基本建设工程费用定额是公路工程建设项目在编制工程造价中除人工、材料、机械消耗以外的其他费用需要量计算的标准，即工程造价计价依据除工程定额以外各项费用计算的主要内容。《公路工程投资估算编制办法》、《公路工程基本建设项目概算预算编制办法》和各省、市、自治区颁发的《公路工程基本建设项目概算预算编制办法补充规定》中规定的费用指标和一系列费用的取费率，都属于费用定额的范围，因此，从这个角度来看，《公路工程基本建设项目投资估算编制办法》、《公路工程基本建设项目概算预算编制办法》和各省、自治区、直辖市颁发的《公路工程基本建设项目概算预算编制办法补充规定》就是费用定额。其主要内容包括：总则、概预算编制的方法、概预算费用标准和计算方法及有关附录。

思 考 题

1. 公路基本建设包括哪些内容？
2. 简述我国政府投资的公路建设程序。
3. 工程造价的含义是什么？
4. 什么是公路工程造价，公路工程造价由哪几部分组成？
5. 公路基本建设程序的各阶段相应要编制的造价文件有哪些？
6. 公路工程造价计价模式有哪几种？各适用于什么情况？
7. 公路工程造价的计价特征有哪些？

8. 分析影响公路工程造价计价的基本要素有哪些？

9. 什么是工程造价管理？其基本内容是什么？

10. 如何有效控制工程造价。

11. 工程造价计价依据的含义是什么？公路工程预算和施工投标报价的主要计价依据有哪些？

12. 工程定额的含义是什么？它有哪些特点？

13. 按工程定额反映的生产要素内容和用途来分类，定额可分为哪几种？

14. 公路工程定额是如何分类的。

第二章 概（预）算项目划分与工程量的复核

2.1 划分概（预）算项目

学习目标

1. 分析公路工程施工图设计文件的组成；
2. 完成施工图设计文件的项目划分工作。

2.1.1 基本建设项目组成

每项基本建设工程，就其实物形态来说，都由许多部分组成。为了加强对基本建设工作的管理，便于编制施工组织设计文件和概（预）算文件，便于工程招投标工作和施工管理，必须对基本建设工程进行项目划分。基本建设工程可依次划分为建设项目、单项工程、单位工程、分部工程和分项工程。

（1）建设项目

建设项目，又称基本建设项目，一般指符合国家总体建设规划，能独立发挥生产功能或满足生活需要，其项目建议书经批准立项，可行性研究报告经过批准的建设任务。如一座工厂、一个矿山、一条公路，均可称为一个建设项目。

（2）单项工程

单项工程，又称为工程项目，它是建设项目的组成部分，是具有独立的设计文件，在竣工后能独立发挥设计规定的生产能力或效益的工程。单项工程是建设项目的组成部分，一个建设项目有时可以仅包括一个单项工程，也可以包括多个单项工程。如高速公路的独立特大桥和特长隧道等。

（3）单位工程

单位工程是单项工程的组成部分，一般是指具有独立施工条件，可以单独作为成本核算对象的工程。根据《公路工程质量检验评定标准》（JTG F80/1—2004）的规定，一般建设项目划分为路基工程（每10km或每标段）、路面工程（每10km或每标段）、桥梁工程（特大、大中桥）、互通立交工程、隧道工程、环保工程、交通安全设施（每20km或每标段）、机电工程和房屋建筑工程等九个单位工程。

（4）分部工程

在单位工程中，按结构部位、路段长度及施工特点或施工任务划分为若干个分部工程。如在路基工程中，又划分为路基土石方工程（1～3km路段）、排水工程（1～3km路段）、小桥和符合小桥标准的通道及人行天桥、涵洞及通道（1～3km路段）、砌筑防护工程（1～

3km 路段）、大型挡土墙等分部工程。

（5）分项工程

在分部工程中，按不同结构、不同材料和不同施工方法等因素划分为若干个分项工程。如路基土石方工程又划分为土方路基、石方路基、软土地基、土工合成材料处置层等分项工程。在概（预）算编制中，分项工程是概、预算定额的基本计量单位，故也称为工程定额子目或称工程细目，如路基土石方分为松土、软石等各类土石成分，基础砌石分为片石、块石等。

2.1.2 公路基本建设项目设计文件

公路工程设计文件是安排建设项目、控制造价、编制招标文件、组织施工和竣工验收的重要依据。设计文件由封面、扉页、目录、工程说明书、设计图样、工程数量表及其他成果表、基础资料等组成。设计图纸是计算工程量的主要依据。所谓计算工程量，就是指按照设计图纸上的尺寸计算实物工程数量，而所计算的工程量是编制工程造价的基础资料。设计图纸资料，除了表示各种构造、大小尺寸外，作为计价的基础资料的各种工程量，基本上都反映在图表上，而有些又是隐含在图纸内，如混凝土和砂浆的强度等级、石砌工程的规格种类以及施工要求等，凡难以在图纸上表示的项目内容，往往多在文字说明内加以规定。通常用图形表现的设计图样和用文字叙述的工程说明书，确定了工程的数量和施工方法。所以，深入熟悉设计文件中的设计图表和设计说明等设计图纸资料，做好工程量的核对工作，是准、快、全地编制工程造价的首要前提。

（1）设计阶段

公路工程基本建设项目一般采用两阶段设计，即初步设计和施工图设计。高速公路、一级公路必须采用两阶段设计；对于技术简单、方案明确的小型建设项目，可采用一阶段设计，即施工图设计；对于技术复杂、基础资料缺乏和不足的建设项目或建设项目中的特大桥、长隧道、大型地质灾害治理等，必要时采用三阶段设计，即初步设计、技术设计和施工图设计。

采用一阶段设计的建设项目，施工图设计应根据批复的可行性研究报告、测设合同和定测、详勘资料编制。编制施工图预算。

采用两阶段设计的建设项目，施工图设计应根据批复的初步设计、测设合同和定测、详勘（含补充定测、详勘）资料编制。初步设计编制设计概算；施工图设计编制施工图预算。

采用三阶段设计的建设项目，初步设计应根据批复的可行性研究报告、测设合同和初测、初勘资料编制；技术设计应根据批复的初步设计、测设合同和定测、详勘资料编制；施工图设计应根据批复的技术设计、测设合同和补充定测、补充详勘资料编制。初步设计编制设计概算；技术设计编制修正概算；施工图设计编制施工图预算。

（2）施工图设计文件的组成

施工图设计文件由下列十二篇和附件组成。

第一篇 总体设计

第二篇 路线

第三篇 路基、路面

第四篇 桥梁、涵洞

第五篇 隧道

第六篇 路线交叉

第七篇 交通工程及沿线设施

第八篇 环境保护与景观设计

第九篇 其他工程

第十篇 筑路材料

第十一篇 施工组织计划

第十二篇 施工图预算

附件 基础资料

2.1.3 概算预算项目划分的规定

为使公路工程预算编制规范化，依照《公路工程基本建设项目设计文件编制办法》，在《公路工程基本建设项目概算预算编制办法》（JTG B06—2007）（以下简称《概算预算编制办法》）中对费用项目的名称、层次做了统一的规定，从而可以防止列项时出现混乱、漏列、错列的现象。因此，预算项目划分时必须严格按照《概算预算编制办法》中"概、预算项目表"划分规定，结合设计图样及施工组织设计对工程项目进行分项。

（1）项目表

概、预算项目主要包括以下内容：

第一部分 建筑安装工程费

第一项 临时工程

第二项 路基工程

第三项 路面工程

第四项 桥梁涵洞工程

第五项 交叉工程

第六项 隧道工程

第七项 公路设施及预埋管线工程

第八项 绿化及环境保护工程

第九项 管理、养护及服务房屋

第二部分 设备及工具、器具购置费

第三部分 工程建设其他费用

公路工程概预算项目表，实际上是反映了公路基本建设项目的全部工程和全部费用的一种分类情况。在《概算预算编制办法》中公路工程概预算项目表的表现形式和详细内容做了规定，其详细内容见附录一"概（预）算项目表"。

（2）运用项目表列项要求

熟悉运用项目表，对于概预算编制十分重要。概预算项目应按项目表规定的"项"、

"目"、"节"、"细目"序列及内容编制，不得随意划分。如实际出现的工程和费用项目与项目表的内容不完全相符时，应按以下规定办理：

"部分"和"项"的序号应保留不变。即一、二、三部分和"项"的序号应保留不变，如第二部分，"设备及工具、器具购置费"在该项工程中不发生时，第三部分"工程建设其他费用"仍为第三部分。又如第一部分第六项为"隧道工程"，第七项为"公路设施及预埋管线工程"，若无隧道工程项目，但其序号"六"仍保留，而"公路设施及预埋管线工程"则仍为第七项。

"目"、"节"、"细目"可随需要增减，并按项目表的顺序以实际出现的"目"、"节"、"细目"依次排列，不保留缺少的"目"、"节"、"细目"的序号。即依次递补，改变序号。如第一部分第二项路基工程中1目为场地清理、2目为挖方、3目为填方、4目为特殊路基处理、5目为排水工程、6目为防护与加固工程，若该工程项目中没有特殊路基处理，则1目为场地清理、2目为挖方、3目为填方、4目应为排水工程、5目应为防护与加固工程。

路线建设项目中的互通式立体交叉、辅道、支线，如工程规模较大时，也可按概预算项目表单独编制建筑安装工程，然后将其概预算建筑安装工程总金额列入路线的总概预算表中相应的项目内。

2.2 核对工程量

学习目标

完成主要工程量的复核。

2.2.1 工程量的概念

1. 工程量

工程量是以物理计量单位或自然计量单位所表示的建筑安装工程各个分项工程或结构构件的实物数量。物理计量单位是指需要度量的具有物理性质的单位，如长度、面积、体积和质量的计量单位分别是米（m）、平方米（m^2）、立方米（m^3）、千克（kg）、吨（t）；自然计量单位是指不需要度量的具有自然属性的单位，如建筑成品或结构构件在自然状态下所表示的个、条、块、座等单位，但需要明确该成品或结构构件的结构尺寸。

2. 设计工程量

设计工程量是在公路工程设计文件中列出的各分项工程的工程数量。各分项工程数量一般由列在设计图样前面的工程数量表和设计图纸中的文字说明共同定义。

3. 概、预算工程量

概、预算工程量是概、预算编制人员根据设计文件中的设计工程量、概（预）算工程量计算规则、施工组织方案确定的施工措施工程量（又称辅助工程量）及临时工程量和概（预）算定额子目的口径大小四个要素，以概预算定额子目为编制单元所确定的工程量。

因此概、预算工程量不仅包括设计的永久工程量（设计工程量），还包括因施工工艺不同、自然因素影响等原因导致的施工措施工程量（辅助工程量）和临时工程量。

2.2.2　概（预）算工程量的计算与核对

1. 概、预算工程量计算

概、预算工程量计算是根据设计图样、拟定的施工方案、概（预）算工程量计算规则、预算定额划分的项目，列出分部分项工程名称和工程量计算式，然后计算其结果的过程。概、预算工程量计算包括永久工程量（设计工程量）的计算、施工措施工程量（辅助工程量）和临时工程量计算三个方面的内容。

2. 概、预算工程量计算规则

概、预算工程量计算规则是确定概、预算工程量的依据，其规则一般是推荐性的，而非强制性的。如房屋建筑工程的预算工程量是依据《全国统一建筑工程预算工程量计算规则》（土建工程部分）（GJD GZ—101—95）进行计算。公路工程没有专门的概、预算工程量计算规则，计算规则分散在概、预算定额手册的章节说明中，它是在套用定额时确定概、预算工程量的依据。可以说，公路工程概、预算定额中的工程量计算规则，是指按分部分项工程界定的定额单位所包含的施工工艺内容，更确切地说，是从设计图表资料上去摘取工程量（设计工程量）的规则。

3. 工程量的核对方法示例

永久工程量（设计工程量）的计算，是指按照设计图样上的尺寸计算实物工程数量的过程。在公路工程不同设计阶段的设计图表中，实际上已经由设计人员计算出了工程量（主要是设计工程量），并用表格的形式在设计文件中给出；在设计结构图中，也给出了相应的工程数量。而施工措施工程量（辅助工程量）和临时工程量主要由施工组织设计或施工方案所确定。

所以，深入熟悉设计文件中的设计图表和设计说明等设计图样资料，对工程项目进行分项，并做好工程量（主要是设计工程量）的核对工作，是准、快、全地编制工程概、预算的必要前提。而如何正确地从设计图表中摘取作为概、预算编制基础资料的工程量，却是概、预算编制人员必须具备的基本技能与业务知识之一。摘取计价工程量实际上是根据定额规定的工程量计算规则，将设计图表中提供的工程量进行分类、统计、汇总后，得出符合定额表要求的计价工程量。为了正确摘取工程量，做到不重不漏，编制人员必须明确定额规定的工程内容、适用范围，清楚定额的各章、节说明及定额表附注。

摘取概、预算工程量的方法是由定额项目所决定的，此内容将在本书的"第三章公路工程预算定额的套用"部分中叙述。现就"路基土石方工程"和"路面工程"两个项目，扼要介绍其核对方法。

（1）路基土、石方工程

"路基土石方数量表"合计栏中的压实方校核条件：

$$填方 ＝ 本桩利用 ＋ 填缺$$

挖方 = 本桩利用 + 挖余

"路基每公里土石方数量表"每公里天然方校核条件（填方为压实方）：

挖方总量 = 利用方 + 废方

利用方 = 本桩利用方 + 远运利用方

土石运输方 = 远运利用运输方 + 借方运输方 + 废方运输方

填方总量（设计断面数量 + 清表土回填方 + 软基预压沉降增填方
+ 路基加宽填筑增填方）= 利用方 + 借方

（2）路面工程

对于各种类型路面以及路槽、路肩、垫层、基层等，除沥青混合料路面、厂拌基层稳定土混合料运输以 $1000m^3$ 路面实体为计算单位外，其余路面均以 $1000m^2$ 为计算单位。

路面铺筑面积(m^2) = 铺筑长度(m) × 铺筑宽度(m)

路面铺筑体积(m^3) = 铺筑面积(m^2) × 铺筑厚度(m)

注意事项：

① 铺筑长度应考虑长短链影响。

② 桥梁工程、隧道工程的工程数量表中如已单列了桥长、隧道长相应的路面工程数量，则此处不应再列入（铺筑长度应扣除桥长、隧道长）。

③ 工程数量含平曲线加宽的数量，如为四级公路还应包括错车道路面的数量。

④ 路面钢筋数量是否包括涵洞顶钢筋。

⑤ 不同的结构层应分开计算。

▌任务实施1-1 划分工程项目

1. 识读项目设计文件

"将军帽港区疏港公路"两阶段施工图设计文件由总体设计、路线、路基及路面、桥梁及涵洞、隧道、路线交叉、其他工程、筑路材料、施工组织计划、施工图预算等十篇和附件组成，共装订成六册。工程数量表和设计图的主要内容如下：

（1）工程数量表

1）路线。

① 公路用地表：列出了用地起讫桩号、长度，所属县、乡、村，土地类别及数量等。

② 赔偿树木、青苗表：列出了桩号，树木、青苗类别及数量等。

③ 拆迁建筑物表：列出了建筑物所在路线的桩号，所属单位或个人、建筑物种类及数量等。

④ 拆迁电力、电讯及其他管线设施表：列出了各项设施所在桩号、设备种类和数量等。

⑤ 砍树、挖根、除草、清除表土数量表：列出了桩号、长度，以及除草、砍灌木林、砍树挖根、挖竹根、清除表土的数量等。

⑥ 交通安全设施数量表：列出了标志牌、里程碑、公路标线、轮廓标、护栏的数量等，并单列了钢筋混凝土防撞护栏的数量。

2）路基及路面。

① 耕地填前夯（压）实数量表：列出了夯（压）实段起讫桩号、长度，夯实面积等。

② 不良地基处理工程数量表：列出了桩号，抛石体积、清除淤泥、换填透水性材料、换填石数量等。

③ 软基处理工程数理表：列出了起讫桩号、工程名称（挤密砂桩）、长度、砂垫层、土工布、沉降土方、超载预压、挤密砂桩数量等。

④ 路基土石方数量表：列出了桩号、断面积、挖方（包括总数量、土类，石类，分天然方和压实方）、填方（总体积、填土及填石，为压实方）、本桩利用方、余方、欠方等。

⑤ 路基每公里土石方数量表：列出了起讫桩号、挖方（总体积、土类、石类，为天然方）、填方（设计断面数量、填土及填石，为压实方）、本桩利用方及远运利用方、借方、废方、运量（分土石、不同运输方式）等。除注明外，均分天然方、压实方。

⑥ 路基防护工程数量表：列出路基支挡、防护工程起讫桩号、工程名称、主要尺寸及说明、长度、分项工程数量（包含上边坡挂网喷混凝土防护、路堑拱形骨架防护、下边坡挂网喷混凝土防护、路堤边坡防护、下边坡护面墙防护、护脚、护肩等）。

⑦ 路面工程数量表：列出了起讫桩号、铺筑长度、结构类型、各结构层次名称及厚度、宽度、面积（分行车道、路肩加固等计列）、钢筋、路缘石等。

⑧ 路基排水工程数量表：列出了起讫桩号、工程名称、单位、断面形式和主要尺寸说明、长度、分项工程及材料数量（包括路堑边沟、排水沟、截水沟、急流槽等）。

⑨ 路基零星工程数量表：包括路基整修工程数量表（整修路拱、整修边坡）、路基填挖交界处路基处理工程数量表（盲沟、开挖土方、填土、回填碾压）、挖土质台阶表等。

3）桥梁及涵洞。

① 钢筋混凝土盖板涵数量汇总表：列出了中心桩号、交角、孔数及孔径、涵长、进出口型式，分项工程及材料数量等。

② 石拱涵工程数量表：列出了中心桩号、交角、孔数及孔径、涵长、进出口型式，分项工程及材料数量等。

4）路线交叉。平面交叉设置及工程数量一览表：列出了沿线各平面交叉的中心桩号、起讫点桩号、被交叉路名称及等级、交叉形式、交角、引道纵坡、改建长度及工程数量（包括行车道路面、硬路肩、路面钢筋、路基填挖方等）。

5）其他工程。

① 施工便道工程数量表：列出了桩号、位置、便道长度，路基填挖方、行车道路面数量等。

② 改沟工程数量表：列出了桩号、位置、主要尺寸及说明、单位、长度，分项工程数量等。

6）筑路材料。

① 沿线筑路材料料场表：列出了材料名称、料场编号、位置、桩号、上路桩号及

运距、材料及料场状况、储藏量、覆盖层种类及厚度、成料率、开采运输方式，所需便道、便桥长度等。

②沿线筑路材料供应示意图：列出了路线的桩号、拌和场及路线两侧主要料场的位置，材料名称、供应地点、上路桩号及平均运距。

7）施工组织计划。

①临时工程数量表：包括平整场地、临时电力线、临时通信线路、水泥混凝土拌和站等。列出了地点或桩号、工程数量等。

②公路临时用地表：列出了起讫桩号、位置、隶属（县、乡、个人）、土地类别及数量。

（2）设计图

编制公路工程施工图预算文件，除了要详细阅读设计文件的工程数量表和对其主要数量进行复核外，还应详细阅读设计文件的总说明书、各设计图中的说明及设计图，理解设计图及其他表格所表达的内容。现对设计图举例说明如下：

1）路基标准横断面图。路中心线、行车道、路肩、路拱横坡、边坡、护坡道、边沟、碎落台、截水沟、用地界碑等各部分组成及其尺寸。

2）一般路基设计图。包括一般路堤、路堑、半填半挖路基，穿越村庄地段、陡坡路基、水田内路堤及沿海、河（江）或水塘（库）等不同形式的代表性路基设计图，相应的路基、边沟、碎落台、截水沟、护坡道、排水沟、边坡坡率、护脚墙、护肩、护坡、挡土墙等结构类型及防护加固结构形式及主要尺寸。

3）路基支挡、防护工程设计图。包括各项支挡、防护工程的立面、断面及详细结构设计图。按不同情况列出的每延米或每处工程及材料数量表。挡土墙设计的平、纵面图、逐桩及墙高变化处的横断面图、挡土墙断面大样图、挡墙顶部护栏基础设计图，以及不同墙高对应尺寸和每延米数量、每处（段）工程及材料数量表。

3）路面结构图。示出的路面结构材料的设计参数表，行车道、路肩加固以及隧道、桥面铺装、桥头路基的路面结构与厚度，路面边缘大样图。水泥混凝土路面的分块布置图（拉杆及传力杆的布置图）、接缝构造和补强设计（角偶钢筋及涵顶路面补强钢筋）。

2. 填写项目划分表

现将第一部分建筑安装工程费中的第一项临时工程和第二项路基工程的"目"、"节"和"细目"进行划分，填入"项目划分表"中（表2.1）。

表2.1 项目划分表（节选）

项	目	节	细目	工程或费用名称	单位	备注
				第一部分 建筑安装工程费	公路公里	
				临时工程	公路公里	
	1			临时道路	km	
		1		临时便道的修建与维护	km	
一	2			临时电力线路	km	
	3			临时电信线路	km	
	4			混凝土拌和站	座	

续表

项	目	节	细目	工程或费用名称	单位	备注
				路基工程	km	
	1			场地清理	km	
		1		清理与掘除	m²	
			1	清除表土	m³	
			2	伐树、挖根、除草	m²	
		2		挖除水泥混凝土路面	m³	
	2			挖方	m³	
		1		挖土方	m³	
			1	挖路基土方	m³	
		2		挖石方	m³	
			1	挖路基石方	m³	
			2	石方控制爆破	m³	
		3		挖非适用材料（清淤泥）	m³	
		4		弃方运输	m³	
				……		
二	6			防护与加固工程	km	
		1		坡面植物防护	m²	
			1	液压喷播植草	m²	
		2		坡面圬工防护	m³	
			1	预制块混凝土护坡	m³/m²	
			2	浆砌片石方格护坡	m³	
			3	浆砌片石骨架护坡	m³	
			4	浆砌片石护面墙	m³	
			5	干砌块石护坡	m³	
		3		坡面喷浆防护	m²	
			1	边坡挂网喷射混凝土防护（含上、下边坡）	m²	
		4		挡土墙	m³	
			1	浆砌片石挡土墙	m³/m	
			2	浆砌片石护肩	m³/m	
			3	浆砌片石护脚	m³/m	
		5		其他防护	m³	
	7			路基零星工程	km	
三				路面工程	km	
				……		

3. 复核路基土石方工程量

1）挖土方总量。

(3)＋(4)＝[(13)＋(16)＋(26)]天然方－(11)－(12)，即

65 752＋147 515＝0＋189 246＋24 021－0－0(m³)；

213 267＝213 267(m³)。

2）挖次坚石、坚石总量。

(6)＋(7)＝[(15)＋(18)＋(28)]天然方，即

139 545＋296 464＝0＋222 652＋213 357（m³）；

436 009＝436 009（m³）。

3）挖软石总量。

（5）＝［（14）＋（17）＋（27）］天然方，即

108 319＝0＋91 612＋16 707（m³）；

108 319＝108 319（m³）。

4）填方总量。

（8）＋（9）＋（10）＋（11）＋（12）＝利用方总量：［（16）＋（17）＋（18）＋（19）＋（20）＋（21）＋（22）＋（23）＋（24）＋（25）］压实方，即

483 998＋52 420＋0＋0＋0＝169 682＋99 579＋242 015＋0＋0＋0＋24＋25 118 （m³）；

536 418＝536 418（m³）。

5）土方运输方。

［（38）＋（39）＋（40）＋（41）＋（42）＋（43）＋（44）］分子项＝远运利用土方 ［（34）＋（35）］天然方＋借天然土方（24）＋废天然土方（26）＋利用洞渣天然土方（22），即

12 597＋26 831＋16 870＋37 946＋4549＋17 862＋75 829＝46 586＋121 851＋0＋24 021＋26（m³）；

192 484＝192 484（m³）。

6）利用主线土方。

（13）＋（16）＝本桩利用 ［（30）＋（31）］ ＋远运利用 ［（34）＋（35）］，即

0＋189 246＝8683＋12 126＋46 586＋121 851（m³）；

189 246＝189 246（m³）。

7）利用主线软石。

（14）＋（17）＝本桩利用（32）＋远运利用（36），即

0＋91 612＝4488＋87 124（m³）；

91 612＝91 612（m³）。

8）利用主线石方。

（15）＋（18）＝本桩利用（33）＋远运利用（37），即

0＋222 652＝8246＋214 406（m³）；

222 652＝222 652（m³）。

9）软石运输方。

［（45）＋（46）＋（47）＋（48）］分子项＝远运利用软石（36）天然方＋废天然软石（27），即

131 56＋19 781＋12 592＋58 302＝87 124＋16 707（m³）；

103 831＝103 831（m³）。

10）石方运输方。

［（49）＋（50）＋（51）＋（52）］分子项＝远运利用石方（37）天然方＋借天然石方（25）＋废天然石方（28）＋利用洞渣天然石方（23），即

$32\,947+53\,335+69\,189+295\,401=214\,406+0+213\,357+23\,109(\mathrm{m^3})$；

$450\,872=450\,872(\mathrm{m^3})$。

4. 复核路面工程量

1）24cm 厚 C35 水泥混凝土面层。

宽度为 13.5m 的铺筑长度：路线长度－隧道长－隧道进出口过渡段长，即

$10\,659.505-263-140=10\,256.505$（m）；

宽度为 13.5m 的铺筑面积＝铺筑长度×铺筑宽度＝$10\,256.505×13.5=138\,462.82$

（$\mathrm{m^2}$）；

铺筑面积＝宽度为 13.5m 的铺筑面积＋平曲线加宽面积＋隧道进出口过渡段面积

$$=138\,462.82+(101.1+34.9+443.7)+(770+770)$$
$$=140\,582.52(\mathrm{m^2})。$$

2）18cm 厚 5％水泥稳定碎石基层。

因铺筑长度、铺筑宽度与水泥混凝土面层相同，故铺筑面积与水泥混凝土面层相同，即 $140\,582.52$（$\mathrm{m^2}$）。

3）15cm 厚填隙碎石底基层（填方或土质挖方地段）。

宽度为 13.5m 的铺筑长度：$1102.008+719.437+170+787+7011.87+215.63=10\,005.945$（m）；

铺筑面积＝宽度为 13.5m 的铺筑面积＋平曲线加宽面积＋隧道进出口过渡段面积

$$=10\,005.945×13.5+(101.1+34.9+443.7)+(770+770)$$
$$=137\,199.96（\mathrm{m^2}）。$$

4）10cm 厚填隙碎石底基层（石质挖方地段）。

宽度为 13.5m 的铺筑长度：$50.56+120+80=250.56$（m）；

铺筑面积＝$250.56×13.5=3382.56$（$\mathrm{m^2}$）。

思 考 题

1. 基本建设项目是如何划分的？
2. 简述公路工程施工图设计文件的文件组成。
3. 公路概预算项目表的主要内容有哪些？
4. 公路工程项目划分有何要求？
5. 何谓设计工程量、概预算工程量？概预算工程量计算包括哪些内容？
6. 说明土石方工程数量、路面工程数量的复核方法。

第三章　公路工程预算定额的套用

3.1　认知公路工程预算定额

3.1.1　公路工程预算定额的内容组成

现行《公路工程预算定额》（JTG/TB 06—02—2007）（以下简称《预算定额》）共分路基工程、路面工程、隧道工程、桥涵工程、防护工程、交通工程及沿线设施、临时工程、材料采集及加工、材料运输等九章及附录，分上、下两册。主要内容包括说明（含总说明、章说明、节说明）、定额表及附注和附录。

总说明是针对全套定额而言，其主要内容包括：定额的使用范围、主要作用；定额的编制原则、主要依据；定额的编制顺序、定额内容；定额的结构形式、计算方法；定额的水平标准、资源消耗含义；定额的使用及抽换规定；定额包括的内容及未包括的内容需编制补充定额的规定等。

章说明是针对本章的规定及说明，其主要内容包括：各章定额子目的划分依据；各章工程项综合的内容及抽换规定；各章定额的使用规定及工程量计算规则。

节说明是针对本节的工作内容、主要施工方法、施工工艺、施工机具、本节工程项目的工程量计算规则的简要说明。

附注是针对某一项定额的补充说明或规定，有些定额项目下列有在章、节说明中没有包括的，仅供本定额项目使用的注释。附注一般在定额表的左下方。

附录是配合定额使用不可缺少的一个重要组成部分，包括"路面材料计算基础数据表"、"基本定额"、"材料的周转及摊销"、"定额基价人工、料单位质量、单价表"四部分内容。定额附录的作用包括：定额编制时采用的各种统一规定，如路面材料计算基础数据，预制构件混凝土与模板的接触面积，每 $10m^2$ 接触面积的模板所需的人工、机械及材料的周转使用量；供抽换定额中混凝土强度等级、砂浆标号时使用的混凝土、砂浆配合比表；编制补充预算定额所需的统一规定，如材料的周转次数、规格、单位重、代号、基价等。

1. 预算定额总说明

在预算定额中编有"总说明"、"章说明"、"节说明"。定额的总说明是涉及定额使用方面的全面性的规定和解释。它是非常重要的，需要真正理解、切实掌握，而且应当记住，稍有疏忽便会产生错误。预算定额的总说明共有 22 条，现就其内容重点介绍如下：

1）在使用定额时要注意总说明中的第四条的规定，即"除定额中规定允许换算者外，均不得因具体工程的施工组织、操作方法和材料消耗与定额的规定不同而变更定额"。

2）定额的"工程内容"已包括定额操作的全部施工进程。编预算时不得再另列材料工地小搬运等项目。

3）编预算时不得另行增加材料及半成品等的场内运输损耗及操作损耗。其场外损耗、仓库保管损耗应在材料预算单价中考虑，与定额无关。

4）对于工程中使用的周转性材料，允许根据具体情况（达不到周转次数者）进行换算并按规定计算回收的，只限于：①就地浇筑混凝土梁用的支架；②拱圈用的拱盔、支架。其余工程一般不予抽换，只能套用定额规定值。

5）当设计采用的混凝土、砂浆强度等级或水泥强度等级与定额所列强度等级不同时，可按《预算定额》附录二中"配合比表"（见《预算定额》的 1009 页和 1010 页）进行换算，以替换定额表中相应的材料消耗定额值。但实际施工配合比材料用量与定额配合比材料用量不同时，除配合比表说明中允许换算外，均不得调整。

6）定额中各类混凝土均按施工现场拌和进行编制，当采用商品混凝土时，可将相关定额中的水泥、中（粗）砂、碎石的消耗量扣除，并按定额中所列的混凝土消耗量增加商品混凝土的消耗。

7）《预算定额》中未包括机械台班单价，编制预算时应按交通部 2007 年颁布的《公路工程机械台班费用定额》（JTG/T B06—03—2007）分析计算机械台班单价。

8）定额中只列工程所需的主要材料和主要台班数量。次要、零星材料和小型机具均未一一列出，分别列入"其他材料费"及"小型机具使用费"内，以元计，编制预算时即按此计算。

9）对于工程中的房屋工程，应执行地区的建筑安装工程预算定额。

10）定额表中注明"某某数以内、以下"者均包括某某数本身，反之则不包括某某数本身。

在编制预算时除应特别注意上述各项之外，还必须注意全面阅读和遵循总说明的规定。

2. 预算定额项目表

定额表是定额手册的主要组成部分，它规定完成一定计量单位的某合格分项工程或结构构件所需的人工消耗量指标，各种原材料、半成品、构配件的消耗量指标，各种型号的机械台班消耗量指标，以及根据定额手册所取定的人工、材料、构配件、机械台班预算价计算的该定额单位分项工程或结构构件的基价。

《预算定额》以定额项目表的形式给出相应的工、料、机消耗的额定标准。

定额表是各类定额的最基本的组成部分，是定额指标数额的具体表示。概、预算定额的定额表格式基本相同。定额表由以下内容组成：

1）表号及定额表名称。

2）工程内容。

3）工程项目计量单位。

4）顺序号。

5）项目。

6）代号。

7）工程细目。

8）栏号。

9）定额值：各种资源的消耗量数值。

① 主要材料以实际使用量或周转使用量的消耗数量表示。例如，1-2-3-1 浆砌片石边沟预算定额项目的片石消耗量为 11.5m³，代号为 931，中粗砂消耗量为 4.27m³，代号为 899，材料消耗量包括施工过程中的场内运输及操作损耗。

② 次要材料及消耗量很少的材料以其他材料费的形式表示。为避免材料项目过多引起的计算复杂、成果表量大，因此将占费用比重很少的材料，如麻绳、木柴、胶布等列入其他材料费。例如，1-2-3-1 浆砌片石边沟预算定额项目的其他材料费消耗量为 2.4 元，代号为 996。

③ 不以材料数量表示，而以使用时间来进行折旧的金属构件，以设备摊销费的形式表示。

④ 主要机械以实际使用台班数量表示，定额的台班数量包括由施工定额综合为预算定额项目的机械幅度差。

⑤ 次要机械及消耗量很少的机械以小型机具使用费的形式表示，如手动葫芦、滑车、电钻等。

⑥ 其中括号内的数值，一般是指半成品的数量定额值。例如，1-2-3-1 浆砌片石边沟预算定额项目中 M5 水泥砂浆（3.5m³）是指砌筑 10m³ 浆砌片石边沟实体消耗 3.5m³ 水泥砂浆。

10）基价（定额基价）。是指该工程细目的工程价格，即定额人工费、材料费、机械使用费的合计价值，其中人工费、材料费基本上是按北京市 2007 年的人工、材料预算价格计算的（详见《预算定额》附录四），机械使用费是按交通部 2007 年颁布的《公路工程机械台班费用定额》（JTG/T B06—03—2007）计算的。

11）注：使用时，应仔细阅读，以免发生错误。

3.1.2　查用公路工程概预算定额的基本方法

查用定额是根据编制概、预算的具体条件和目的，查得需要的、正确的定额的过程。公路工程概预算定额项目多，内容复杂，查用定额的工作不仅量大，而且要十分细致。为了能够正确地运用定额，首先必须反复学习定额，熟练地掌握定额。

1. 查用概预算定额的步骤

下面以《预算定额》为例说明其查用步骤。

（1）确定定额种类

在查用定额时，应根据运用定额的目的，确定所用定额的种类。

（2）确定定额表号（或称定额编号）

定额表号一般采用 ［章-节-表-栏］ 的编号方法。如《预算定额》中的 ［1-2-3-1］，是指引用第一章路基工程第二节排水工程第 3 表中的第 1 栏，即浆砌片石边沟的预算定额。在编制预算时，必须保证定额表号的准确性。

确定定额表号，首先应根据概、预算项目表依次按目、节确定欲查定额的项目名称。再据此在《预算定额》目录中找到其所在的页次，并找到所需定额表，从而确定定额的表号。

（3）查定额表

对照该分项工程量实际工程内容（如土方运距、路面混合料运距、混凝土强度等级等）与定额工作内容判断：直接套用定额，或组合定额，或抽换定额，或补充定额，以确定该分项工程的预算定额工料机消耗量。

（4）查另一项目的定额

该项目的该细目定额查完后，再查定该项目的另外细目的定额，依次完成后，再查另一项目的定额。

2. 运用定额确定资源消耗量

当已知工程数量值，则可按式（3.1）计算定额所包含的各种资源（工、料、机、费用等）的数量：

$$M_i = Q \times S_i \tag{3.1}$$

式中，M_i——某种资源的数量（如 t、m^3 等）；

$\quad$ Q——工程数量（如 m^2、m^3 等）；

$\quad$ S_i——项目定额中某种资源（如人工、料、机、费用等）数量（如 kg、m^3 等）。

【例 3.1】 某预制圆管涵工程（管径 1.5m），工程量 25.5m^3，试求所需人工和 32.5 级水泥、中（粗）砂及碎石（2cm）的数量。

【解】 由预算定额表 4-7-4-2 所示定额表的定额值和工程量求得：

人工：$M_人 = QS_人 = (25.5 \times 54.6) \div 10 = 139.23$（工日）；

32.5 级水泥：$M_泥 = QS_泥 = (25.5 \times 4.101) \div 10 \approx 10.46$（t）；

中（粗）砂：$M_砂 = QS_砂 = (25.5 \times 4.65) \div 10 \approx 11.86$（$m^3$）；

碎石（2cm）：$M_石 = QS_石 = (25.5 \times 7.98) \div 10 \approx 20.35$（$m^3$）。

3.1.3 定额抽换、基本定额、材料周转及摊销

1. 定额抽换（定额换算）

所谓定额抽换，就是当设计所规定的内容与定额中的工作内容、子目或表中某序号所列的规格（如混凝土标号）不符时，则应查用相应定额或基本定额予以替换。在抽换前应仔细阅读定额的总说明和章节说明与注解，确定是否需要抽换，以及怎样抽换。

由于定额是按一般正常合理的施工组织和正常的施工条件编制的，定额中所采用的施工方法和工程质量标准，主要是根据国家现行公路工程施工技术及验收规范、质量评定标准及安全操作规程取定的，因此在使用时不得因具体工程的施工组织、操作方法和材料消耗与定额的规定不同而变更定额。允许对定额进行抽换的主要情况有：

1）就地浇筑钢筋混凝土梁用的支架及拱圈用的拱盔、支架，如确因施工安排达不到规定的周转次数时，可根据具体情况进行换算并按规定计算回收。

2）当设计采用的混凝土、砂浆强度等级或水泥强度等级与定额所列强度等级不同时，

可按《预算定额》附录二基本定额中"混凝土、砂浆配合比表"（见《预算定额》的 1009 页和 1010 页）进行换算，以替换定额表中相应的材料消耗定额值。

2. 基本定额

（1）基本定额及其分类

在《预算定额》中编有"基本定额"，它是公路工程预算定额的组成部分。基本定额，是指在合理的条件下，为生产单位数量半成品、中间产品所规定的各种资源（工、料、机、费用等）消耗量标准。其组成如下：

① 桥涵模板工作：含定型钢模板工作、现浇组合钢模板工作、预制组合钢模板工作、预制木模板工作、预制木模钉铁皮和地模工作、现浇木模板工作等内容。

② 砂浆及混凝土材料消耗：含砂浆配合比表、混凝土配合比表、砌筑工程石料及砂浆消耗等内容。

③ 脚手架、踏步、井字架工料消耗：含轻型上下架材料消耗、门式钢支架材料消耗、钢管脚手架及井字架工料消耗、木脚手架及井字架工料消耗、踏步工料消耗、脚手架和轻型上下架的配备等内容。

④ 基本定额材料规格与质量。

（2）基本定额的用途

1）进行定额抽换。当定额需要抽换时，可利用基本定额表进行抽换计算。

2）分析分项工程或半成品所需人工、材料、机械消耗量。当设计中出现定额表中查不到的个别分项工程、工作时，应根据其具体工程数量通过基本定额表，分析计算所需工、料、机等数量。例如，新型结构桥梁中的某混凝土构件在定额中查不到，此时即可通过基本定额来计算其所需人工、机械、材料数量；若需模板，尚应按"桥涵模板工作"来分析人工、材料消耗。

【例 3.2】 某跨径 20m 以内的石拱桥，其浆砌块石拱圈工程，设计采用 M10 水泥砂浆砌筑。试确定砂浆组成材料的预算定额。

【解】 该项目的定额表号为 [4-5-3-8]，设计采用 M10 水泥砂浆砌筑，与定额表中砌筑砂浆（M7.5）不一致，故其组成材料：水泥和中（粗）砂的定额值应予抽换。

抽换方法如下：

1）由拱圈定额 [4-5-3-8] 查得每 $10m^3$ 砌体需：

M7.5 水泥砌筑砂浆：$2.7m^3$；

32.5 级水泥：0.751t；

砂：$3.06m^3$。

注意：32.5 级水泥和砂的定额值含砌筑砂浆和勾缝砂浆的用量。

2）由基本定额（砂浆配合比表，1009 页）查得每 $1m^3$ 砂浆需：

砂浆为 M10 时：32.5 级水泥 311kg，砂 $1.07m^3$；

砂浆为 M7.5 时：32.5 级水泥 266kg，砂 $1.09m^3$。

3）每 $10m^3$ 拱圈砌筑砂浆的材料定额。

用 M10 水泥砂浆砌筑时，

32.5 级水泥：$2.7 \times 0.311 \approx 0.840$（t）；

砂：$2.7 \times 1.07 \approx 2.89$（m³）。

用 M7.5 水泥砂浆砌筑时，

32.5 级水泥：$2.7 \times 0.266 \approx 0.718$（t）；

砂：$2.7 \times 1.09 \approx 2.94$（m³）。

4）每 10m³ 拱圈砂浆的材料定额（抽换值）。

32.5 级水泥：$0.751 - 0.718 + 0.840 = 0.873$（t）（替换 0.751t）；

砂：$3.06 - 2.94 + 2.89 = 3.01$（m³）（替换 3.06m³）。

注意：当项目中定额值被调整时，其基价值也应做相应的调整。

3. 材料周转及摊销

工程中使用的材料，按其使用次数可分为只能一次性使用的材料（如水泥、砂、石等）和能够多次使用的材料（如模板、支架、拱盔等）。能够多次使用的材料，称其为周转性材料。在《公路工程预算定额》附录中编有"材料的周转及摊销"定额。它的用途主要是：

1）规定各种周转性材料的周转、摊销次数。

2）对达不到规定周转次数的材料定额进行抽换。《预算定额》的总说明八指出：定额中的周转性材料、模板等的数量，已考虑了正常周转次数，计算在定额内，其中就地浇筑钢筋混凝土梁用的支架及拱圈用的拱盔、支架，如确因施工安排达不到规定周转次数时，可根据具体情况进行换算，并按规定计算回收，其余工程一般不予抽换。按此规定，对于达不到周转次数的周转性材料定额（即按实际周转次数确定的备料定额），可按式（3.2）进行换算。

$$E' = E \cdot k \tag{3.2}$$

式中，E'——实际周转次数的周转性材料定额；

E——定额规定的周转性材料定额；

k——换算系数，$k = n/n'$；

n——定额规定的材料周转次数；

n'——实际的材料周转次数。

混凝土和钢筋混凝土构件、块件、模板材料周转及摊销次数的规定见预算定额附录三。

【例 3.3】 某 6 孔净跨径 30m 混凝土拱桥，拱盔宽 18m，拱矢比为 1：4，起拱线至地面高度 10m，设计允许一次可浇筑二孔，故制备 2 孔满堂式木拱盔及支架。试计算该桥的拱盔立面积、支架立面积，并确定其满堂式木拱盔预算定额，以及木拱盔实际周转次数的周转性材料预算定额。

【解】 1）拱盔立面积（2 孔）。

由《预算定额》第 628 页"拱盔、支架工程"节说明 9 可知，拱盔立面积工程量：

$$F = 2 \times K \times (净跨)^2 = 2 \times 0.172 \times 30^2 = 309.6 \, (m^2)$$

2）支架立面积（2 孔）。

由节说明 10 可知，支架立面积工程量：

$$F = 2 \times 30 \times 10 = 600 \, (m^2)$$

3）满堂式木拱盔预算定额。

该工程定额表号为［4-9-2-3］。由节说明 1 可知，定额中拱盔的有效宽度是按 8.5m 计算的，而该工程拱盔的实际宽度为 18m，故其定额值应按比例换算，即每 $10m^2$ 立面积木拱盔的定额值为

人工：$37.9\times18/8.5\approx80.3$（工日）。

材料：

原木 $0.954\times18/8.5\approx2.020$（$m^3$）；

锯材 $0.566\times18/8.5\approx1.198$（$m^3$）；

铁件 $35.0\times18/8.5\approx74.11$（kg）；

铁钉 $0.9\times18/8.5\approx1.9$（kg）；

机械：

木工圆锯机 $1.03\times18/8.5\approx2.18$（台班）；

小型机具使用费 $13.2\times18/8.5\approx28.0$（元）。

基价：（略）。

4）木拱盔实际周转次数的周转性材料预算定额。

由《预算定额》1024 页附录三"材料周转及摊销"定额查得拱盔的周转次数定额 n 为：木料 5、铁件 5、铁钉 4，实际周转次数为 $n'=3$。

按式（3.2）计算周转性材料实际周转次数的定额 E'：

原木：$2.020\times5/3\approx3.367$（$m^3$）；

锯材：$1.198\times5/3\approx1.997$（$m^3$）；

铁件：$74.11\times5/3\approx123.52$（kg）；

铁钉：$1.9\times4/3\approx2.53$（kg）。

回收按《概算预算编制办法》计算（本例略）。

3.2　公路工程预算定额的内容及套用

学习目标

1．完成路基工程、路面工程定额的套用和工程量的摘取；

2．完成路面工程定额的套用和工程量的摘取；

3．完成隧道洞身工程定额的套用和工程量的摘取；

4．完成涵洞、常规桥梁定额的套用和工程量的摘取；

5．完成防护工程、安全设施及临时工程定额的套用和工程量的摘取。

3.2.1　路基工程

路基工程章定额包括路基土、石方工程，排水工程和软基处理工程等项目。对于路基工程的土壤岩石类别，定额按开挖难易程度将其分为六类。土壤分松土、普通土、硬土三类；岩石分为软石、次坚石、坚石三类。土石六类分类与十六级土、石分类的对照表见表 3.1。

表 3.1 土壤、岩石的分类

公路定额分类	松土	普通土	硬土	软石	次坚石	坚石
六级分类	I	II	III	IV	V	VI
十六级分类	I～II	III	IV	V～VI	VII～IX	X～XVI

1. 路基土石方工程

(1) 说明

本节定额说明共 8 条，这里仅介绍其主要内容：

1)"人工挖运土方"、"人工开炸石方"、"机械打眼开炸石方"、"抛坍爆破石方"等定额中，已包括开挖边沟消耗的人工、材料和机械台班消耗量，因此，开挖边沟的数量应合并在路基土、石方数量内计算。

2) 自卸汽车运输路基土、石方定额项目和洒水汽车洒水定额项目，仅适用于平均运距在 15km 以内的土、石方或水的运输。当平均运距超过 15km 时，应按社会运输的有关规定计算其运输费用。当运距超过第一个定额运距单位时，其运距尾数不足一个增运定额单位的半数时不计，等于或超过半数时按一个增运定额运距单位计算。

例如，平均运距为 10.2km，套用第一个 1km 和运距 15km 以内的增运定额 18 个单位后尾数为 0.2km，不足一个增运定额单位（0.5km）的半数（0.25km），因此不计；如平均运距为 10.3km，套用第一个 1km 和运距 15km 以内的增运定额 18 个单位后尾数为 0.3km，已超过一个增运定额单位（0.5km）的半数（0.25km），因此应计，增运单位则合计为 19 个。同时使用增运定额套用时候要注意两点：①平均运距不扣减第一个 1km；②平均运距为整个距离内直接套用，不是分段套用。例如，平均运距为 10.2km，增运定额应直接套用 15km 内的增运定额，而不是分段套用 5km 以内、10km 以内、15km 以内的定额。以上计算方法同样适用于路面及桥涵的运距规定。

3) 路基加宽填筑部分如需清除时，按刷坡定额中普通土子目计算；清除的土方如需远运，按土方运输定额计算。

4) 应由施工组织设计提出，并计入填方数量内的几种土石方数量。

下列各种土石方数量的发生，在编制预算定额时没有考虑在定额内，必须以计量方式计入预算之中：

① 清除表土或零填方地段的基底压实、耕地填前夯（压）实后，回填至原地面标高所需的土方、石数量。

② 因路基沉陷需增加填筑的土、石方数量。

③ 为保证路基边缘的压实度须加宽填筑时，所需的土、石方数量。

清除表土或零填方地段的基底压实、耕地填前夯（压）实后，回填至原地面标高所需的土方、石数量和因路基沉陷需增加填筑的土、石方数量，由设计人员在设计时根据不同情况提出，这部分数量应计入计价方数量内。

为保证填方路基边缘的压实度，施工时一般采取填方区边缘处加宽填筑的方式，但这样就要增加土方用量。采用机械碾压时，其每边加宽的宽度通常在 20～50cm，需由设计根据具体情况确定加宽宽度，计算加宽填筑数量。这部分数量不应计入计价方数量内，但其费用应摊入计价方的单价内。加宽填筑数量一般可用公式（3.3）计算：

$$宽填土方量 = 填方区边缘全长 \times 边坡平均坡长 \times 宽填厚度 \qquad (3.3)$$

5）土石方体积计算。天然密实方是指土体在自然状态下的体积。压实方是指将天然密实方压（夯）实之后的体积。在路基施工中，路基土、石方的开挖、装卸、运输是按天然密实方体积计算的，而填方是按压（夯）实以后的几何尺寸计算的，即填方是压实方。天然密实方与压实方必然存在一定的数量差。它直接影响到土石方数量计算、调配及土石方工程定额的确定（有的土石方调配表中已考虑了换算系数）。因此，定额中明确规定：除定额中另有说明者外，土方挖方按天然密实体积计算，填方按压（夯）实后的体积计算；石方爆破按天然密实体积计算。当以填方压实体积为工程量，采用以天然密实方为计量单位的定额时，所采用的定额应乘以压实方与天然密实方的换算系数（表3.2）。

表 3.2 压实方与天然密实方间的换算系数

土的类别 公路等级	土方			石方
	松土	普通土	硬土	
二级及二级以上公路	1.23	1.16	1.09	0.92
三、四级公路	1.11	1.05	1.00	0.84

其中：推土机、铲运机施工土方的增运定额按普通土栏目的系数计算；人工挖运土方的增运定额和机械翻斗车、手扶拖拉机运输土方、自卸汽车运输土方的运输定额在表3.2系数的基础上增加0.03的土方运输损耗，但弃方运输不应计算运输损耗。

增加0.03的土方运输损耗指套用运输土方定额时才增加，而套挖、装定额时则不予增加。例如，某高速公路工程压实方为10 000m³，全为借土（普通土），则挖、装的工程量为11 600m³，汽车运土的工程量为11 900m³。

由此可见，换算系数的含义指多少单位天密实方相当于1个单位的压实方。

【例3.4】 某二级公路路基土、石方工程，计有挖土方30 000m³（其中松土5000m³，普通土15 000m³，硬土10 000m³），开炸石方计10 000m³（挖方均为天然方）。本断面挖方可利用方量为19 000m³（松土3000m³、普通土8000m³、硬土5000m³、石方3000m³，均为天然方），远运利用方量为普通土2000m³（天然方）。需填方数量为40 000m³，不足部分借土填方。试计算：①路基设计断面方数量；②利用方数量（压实方）；③借方数量（借硬土，压实方）；④计价方数量；⑤弃方数量；⑥当计算借方的开挖费用和运输费用时，其工程数量应为多少？

【解】 ① 路基设计断面数量。

$$设计断面方 = 挖方（天然密实方）+填方（压实方）$$
$$= 30\,000 + 10\,000 + 40\,000 = 80\,000（m^3）$$

② 利用方数量。

$$利用方 = 本桩利用方（压实方）+远运利用（压实方）$$
$$= （3000÷1.23+8000÷1.16+5000÷1.09+3000÷0.92）+2000÷1.16≈18\,907（m^3）$$

③ 借方（压实方）数量。

$$借方 = 填方（压实方）-利用方（压实方）= 40\,000-18\,907 = 21\,093（m^3）$$

④ 计价方数量。

$$计价方 = 挖方(天然密实方) + 借方(压实方)$$
$$= 30\ 000 + 10\ 000 + 21\ 093 = 61\ 093(m^3)$$

⑤ 弃方。

$$弃方 = 挖方(天然密实方) - 利用方(天然密实方)$$
$$= (30\ 000 + 10\ 000) - (3000 + 8000 + 5000 + 3000 + 2000)$$
$$= 19\ 000(m^3)$$

⑥ 计算借方的开挖费用和运输费用时的工程数量。

当计算借方的开挖费用时,其工程数量应为:$21\ 093 \times 1.09 \approx 22\ 991$($m^3$)或其开挖定额应乘 1.09 的系数。

当计算借方的运输费用时,其工程数量应为:$21\ 093 \times (1.09 + 0.03) \approx 23\ 624$($m^3$)或其运输定额应乘 1.12 的系数。

上列的挖方、填方、本桩利用方、远运利用方、借方、弃方均引自施工图设计"路基土石方数量计算表"。

(2)各种土石方量套用的定额、计量单位及计价内容

1)挖方。按土质分类分别套用相应的定额,定额单位为天然密实方。

2)填方。套用相应的压实定额,定额单位为压实方。

3)本桩利用。这一数量不参与费用的计算,其挖已在"挖方"内计算,其填已在"填方"内计算。

4)远运利用。只计算其调配运输费用。其挖已在其他断面的"挖方"内计算,其填已在"填方"内计算。

5)借方。计算其挖、装、运的费用,其填已在"填方"内计算。

6)弃方。只计算其运输费用,其挖已在"挖方"内计算。

套用定额时应注意:当以压实方量为工程数量,在采用以天然密实方为定额计量单位的定额表时,应将其定额值乘以表 3.2 的换算系数。如上例中的借方 21 136m³,若套用预算定额表"1-1-10 装载机装土、石方"定额时,则应对定额表所列定额值乘以 1.09 的系数(或其工程数量乘以 1.09 的系数);若套用预算定额表"1-1-11 自卸汽车运土、石方"定额时,则应对定额表所列定额值乘以 1.12(即 1.09+0.03)的系数(或其工程数量乘以 1.12 的系数)。此外,应注意施工图设计文件中的路基土石方数量计算表中的相关数量是否已考虑了表 3.2 的系数,如已考虑则套用预算定额时不再重复。

(3)定额表的附注及工程内容

选用定额时应注意定额有无附注,还要注意其工程内容,防止重复计算及漏项。在定额表中只有允许调整的部分方可调整,否则,不得任意调整与变更。例如:

1)"伐树、挖根、除草、清除表土"定额:清除表土和除草定额不同时套用。清除的表土如需远运,按土方运输定额另行计算。

2)"填前夯(压)实及填前挖松"定额:二级及二级以上等级公路的填前压实应采用压路机压实。

3）"机动翻斗车、手扶拖拉机配合人工运土、石方定额"附注：定额中不包括人工挖土，开炸石方及装、卸车的工料消耗，需要时按"人工挖运土方"和"人工开炸石方定额"附注的有关规定计算；不适用运距超过 1000m 的情况。

4）"挖掘机挖装土、石方"定额：土方不需装车时，应乘以 0.87 的系数。

5）"装载机装土、石方"定额：装载机装土如需推土机配合推松、集土时，其人工、推土机台班的数量按"推土机推运土方"第一个 20m 定额乘以 0.8 的系数计算。

6）"铲运机铲运土方"定额是按拖式铲运机编制的，当采用自行式铲运机时，应按附注规定乘以 0.7 系数。

7）"控制爆破石方"定额：定额仅包括爆破石方第一个 20m 的清运，如需超运时，可按机械打眼开炸石方定额中的增运定额计算。

8）"机械碾压路基Ⅱ零填及挖方路基"定额：定额按自行式平地机整平土方编列，如采用推土机整平土方时，可采用括号内数字并扣除定额中平地机的全部台班数量；对铺设沥青混凝土或水泥混凝土路面的三级公路，零填及挖方地段的基底压实应采用二级公路定额。

（4）施工方法的选择

路基工程中，土石方工程量很大，采用何种施工方法，人工、机械消耗数量差异很大。目前，高等级公路为了满足施工质量和工期要求一般都是采用机械施工，而低等级公路多采用人工机械组合施工。在机械施工中，主要是就作业种类和机械经济运距选择机械的问题。选择时可参考表 3.3 和表 3.4 进行。

表 3.3　作业类型与筑路机械选择表

作业种类	供选择的机械种类	作业种类	供选择的机械种类
伐树、挖根	推土机	运输	推土机、自卸汽车、手扶拖拉机、翻斗车
挖掘	挖掘机、推土机、松土机	摊铺	推土机、平地机
装载	挖掘机、装载机	压实	轮胎式压路机、振动压路机、推土机、羊足碾
挖掘、运输	推土机、铲运机	洒水	洒水汽车

表 3.4　根据运输距离选择机械表

机械类型	经济运距/m	机械类型	经济运距/m
推土机	0～60	自行式铲运机	70～500
拖式铲运机	80～400	自行式平地机	500～3000
装载机＋自卸汽车	＞500	手扶拖拉机、翻斗车	50～500
挖掘机＋自卸汽车	＞500		

此外，还应根据工程规模、土质条件及现场施工条件来选择施工机械；同时还应注意机械间的相互配套，如装载机械的容量与自卸汽车的车厢容积（或吨位）相配套，大容量配大吨位，小容量配小吨位。

2．排水工程

排水工程应注意以下几个方面：

1）边沟、排水沟、截水沟的挖基费用按人工挖截水沟、排水沟定额计算，其他排水工程的挖基费用按第一节土石方工程的相关定额计算。

2）边沟、排水沟、截水沟、急流槽定额均未包括垫层的费用，需要时按有关定额另行计算。

3）工程量计算规则。

① 预制混凝土构件的工程量为预制构件的实际体积，不包括预制构件中空心部分的体积。

② 挖截水沟、排水沟的工程量为设计水沟断面积乘以水沟长度与水沟圬工体积之和。

③ 路基盲沟的工程量为设计设置盲沟的长度。

4）在使用"人工挖截水沟、排水沟"定额时，由于边沟净空断面部分的土、石方开挖已在路基土、石方数量计算，边沟的工程量仅应计算圬工体积部分，而截水沟、排水沟的工程量应为水沟的净空断面的体积与圬工体积之和。

5）在使用"混凝土边沟、排（截）水沟、急流槽"定额时，应注意混凝土预制块件（含水沟盖板）损耗引起的预制工程量与铺砌工程量的差异，即

预制块件预制工程量＝铺砌工程量×（1＋预制块的铺砌操作损耗）

例如：每安装 10m³ 实体的水沟盖板（定额表号为［1-2-4-11］），预制构件的消耗量为10.10m³，其中的 0.10m³ 即为每安装 10m³ 实体的水沟盖板的操作损耗量。

3. 软基处理工程

软基处理工程应注意以下几个方面：

1）袋装砂井及塑料排水板处理软土地基，工程量为设计深度，定额材料消耗中已包括砂袋或塑料排水板的预留长度。

2）振冲碎石定额中不包括污泥排放处理的费用，需要时另行计算。

3）挤密砂桩和石灰砂桩处理软土地基定额的工程量为设计桩断面积乘以设计桩长。

4）堆载预压定额中包括了堆载四面的放坡，沉降观测，修坡道增加的工、料、机消耗，以及施工中测量放线、定位的工、料消耗，使用定额时均不得另行计算。另外，在使用时还应注意定额表的附注，在此不一一列出。

> **案例3.1**
>
> **背景材料：** 某高速公路第二合同段共长 16.76km，路基宽度为 26m，两端分别为2.46km 和 3.40km，穿越丘陵地带，土壤为普通土；中间 10.90km，穿越农田、果林，绝大部分为填方地段。
>
> 1）路基土、石方工程量。
>
> 挖方（天然密实方）：开挖土方（普通土）262 826m³；开炸石方（次坚石）1 444 007m³；石方弃方计 400 000m³（远运 3km）。
>
> 填方（压实方）：利用土填方 226 574m³（远运 4.0km）；利用石填方 1 135 109m³（远运 4.5km）；借土填方 210 576m³（普通土远运 5km）。
>
> 2）其他零星工程的工程量。
>
> 耕地填前压实 260 000m²；整修路拱 435 760m²；整修边坡 16.76km；填方地段为

保证路基边缘压实度每边加宽的填方，完工后应刷坡计 80 000m³。

问题：

1）简要叙述该段路基土、石方工程的施工方法。

2）列出上列项目的预算定额工程细目名称、工程量、定额代号及调整系数。

答案：

1）施工方法的选用。

该高速公路路基土、石方工程，挖方和填方都比较集中，利用方和借方运距达 4～5km，因此，施工方法采用大型土、石方机械施工较为合适；路基土、石方挖运宜采用 165kW 以内推土机推运和集料，3m³ 装载机装料，15t 自卸汽车运输。填方选用平地机平整、重型振动压路机碾压，符合高速公路施工进度和质量要求。

2）预算定额工程细目名称、工程量、定额表号及调整情况见表3.5。

表3.5 预算定额工程细目表

序号	工程细目		单位	定额表号	工程量	定额调整情况	备注
1	165kW 以内推土机推土方	第一个 20m	1000m³	1-1-12-18	262.826		开挖路基土方
		每增运 10m	1000m³	1-1-12-20	262.826		
2	165kW 以内推土机推石方	第一个 20m	1000m³	1-1-15-31	1444.007		开挖路基石方
		每增运 10m	1000m³	1-1-15-34	1444.007		
3	3m³ 装载机装石（弃方）		1000m³	1-1-10-9	400		
4	15t 以内自卸汽车运石方	第一个 1km	1000m³	1-1-11-49	400		
		每增运 0.5km	1000m³	1-1-11-50	400	定额×4	
5	3m³ 装载机装土		1000m³	1-1-10-3	226.574	定额×1.16	利用土方填方
6	15t 以内自卸汽车运土方	第一个 1km	1000m³	1-1-11-21	226.574	定额×(1.16+0.03)	
		每增运 0.5km	1000m³	1-1-11-22	226.574	定额×6×(1.16+0.03)	
7	土方碾压		1000m³	1-1-18-5	226.574		
8	3m³ 装载机装石		1000m³	1-1-10-9	1135.109	定额×0.92	利用石方填方
9	15t 以内自卸汽车运石方	第一个 1km	1000m³	1-1-11-49	1135.109	定额×0.92	
		每增运 0.5km	1000m³	1-1-11-50	1135.109	定额×7×0.92	
10	石方碾压		1000m³	1-1-18-18	1135.109		
11	165kW 以内推土机推集土方		1000m³	1-1-12-18	210.576	定额×1.16×0.8	借土方填方
12	3m³ 装载机装土		1000m³	1-1-10-3	210.576	定额×1.16	
13	15t 以内自卸汽车运土方	第一个 1km	1000m³	1-1-11-21	210.576	定额×(1.16+0.03)	
		每增运 0.5km	1000m³	1-1-11-22	210.576	定额×8×(1.16+0.03)	
14	土方碾压		1000m³	1-1-18-5	210.576		
15	耕地填前压实		1000m²	1-1-5-4	260		路基零星工程
16	刷坡		1000m³	1-1-21-2	80		
17	整修边坡		km	1-1-20-3	16.76		
18	整修路拱		1000m²	1-1-20-1	435.76		

3.2.2 路面工程

1. 路面工程构造与施工方法

（1）路面工程主要构造

路面工程主要包括垫层、底基层、基层、面层、路肩、路缘石、分隔带等。路面工程预算定额，包括路面基层及垫层、路面面层、路面附属工程三节。

（2）主要施工方法

在定额中，路面工程按照不同构造内容，其主要施工方法如图3.1所示。

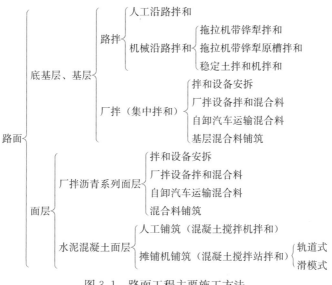

图 3.1　路面工程主要施工方法

2. 路面工程章说明

路面工程章说明共 7 条，要正确使用路面工程预算定额，应注意以下各点：

1）路面实体计算单位。

对于各种类型路面及路槽、路肩、垫层、基层等，除沥青混合料路面、厂拌基层稳定土混合料运输以 1000m³ 路面实体为计算单位外，其余路面均以 1000m² 为计算单位。

2）路面、路肩厚度。

路面厚度按压实厚度计算，培路肩厚度按净培路肩的夯实厚度计算。

3）本章定额中，凡列有洒水汽车的子目，均按 5km 范围内洒水汽车在水源处自吸水编制，不计水费。如工地附近无天然水源可利用，必须采用供水部门供水（如自来水）时，可根据定额子目中洒水汽车的台班数量，按每台班 35m³ 计算定额用水量，乘以供水部门规定的水价增列水费。洒水汽车取水的平均运距超过 5km 时，可按路基工程的洒水汽车洒水定额中的增运定额，增加洒水汽车的台班消耗，但增加的洒水汽车台班不得再计水费。

4）本章定额中水泥混凝土均已包括其拌和费用，使用定额时不得再另行计算。

5）在进行单车道路面施工时，由于路面宽度的限制，压路机不能按施工规范要求进行错轮碾压，导致效率降低，因此，当设计为单车道路面宽度时，两轮光轮压路机乘以1.14系数、三轮光轮压路机乘以1.33系数、轮胎式压路机和振动压路机乘以1.29系数。

6）自卸汽车运输稳定土混合料、沥青混合料和水泥混凝土定额项目，仅适用于平均运距在15km以内的混合料运输，当平均运距超过15km时，应按社会运输的有关规定计算其运输费用。当运距超过第一个定额运距单位时，其运距尾数不足一个增运定额单位的半数时不计，超过半数时按一个增运定额运距单位计算。例如，运距为2.2km时，应按2km计算，即增运按两个0.5km计算；运距为2.3km时，应按2.5km计算，即增运按三个0.5km计算。

此外，路面工程章定额中工程量以1000m²为计算单位的，其计价工程量一般按设计需要铺设的路面各层的顶面面积进行计算。

3. 路面基层及垫层

路面基层及垫层主要内容有：

1）压实厚度及分层铺筑时压实机械的计算规定。

①各类稳定土基层压实厚度在15cm以内；②级配碎石、级配砾石基层的压实厚度在15cm以内；③填隙碎石基层的压实厚度在12cm以内；④垫层和其他种类的基层和底基层压实厚度在20cm以内。当压实厚度超过上述规定厚度进行分层拌和、碾压时，拖拉机、平地机和压路机台班应按定额数量加倍，且1000m²每增加3.0工日。

【例3.5】 某水泥稳定碎石基层，水泥含量5%，采用稳定土拌和机拌和，压实厚度18cm，试确定其预算定额。

【解】 该工程的定额表号为[2-1-2-23＋24]。由于路面压实厚度为18cm，根据节说明第1条规定：当压实厚度超过15cm，进行分层拌和碾压时，平地机和压路机台班按定额数量加倍，每1000m²增加3.0工日，得

① 人工：

人工：13.3＋0.60×3＋3＝18.10（工日）。

② 材料：

32.5级水泥：16.590＋1.106×3＝19.908（t）；

碎石：218.14＋14.54×3＝261.76（m³）。

③ 机械：

120kW以内自行式平地机：0.37×2＝0.74（台班）；

6～8t光轮压路机：0.27×2＝0.54（台班）；

12～15t光轮压路机：1.27×2＝2.54（台班）；

235kW以内稳定土拌和机：0.29＋0.02×3＝0.35（台班）；

6000L以内洒水汽车：0.76＋0.03×3＝0.85（台班）。

2）设计配合比与定额标明的配合比不同时，有关材料的换算方法。

当各类稳定土基层材料消耗的设计配合比与定额标明的配合比不同时，有关材料可分别按式(3.4)计算：

$$C_i = [C_d + B_d \times (H_1 - H_0)] \times L_i/L_d \tag{3.4}$$

式中，C_i——按设计配合比换算后的材料数量；

C_d——定额中基本压实厚度的材料数量；

B_d——定额中压实厚度每增减 1cm 的材料数量；

H_0——定额的基本压实厚度；

H_1——设计的压实厚度；

L_d——定额标明的该种材料的百分率；

L_i——设计配合比的该种材料的百分率。

【例 3.6】　某水泥、石灰稳定土基层工程（稳定土拌和机拌和），定额标明的配合比为：水泥：石灰：土＝6：4：90，设计配比合为：水泥：石灰：土＝5：4：91，设计压实厚度14cm，试确定水泥、石灰、土调整后的定额值。

【解】　根据该节说明 2 的规定；并根据定额表［2-1-6-21＋22］的定额值，按式 1 换算水泥、石灰、土调整后的定额值。

32.5 级水泥：［15.147＋1.010×（14−15）］×5/6≈11.781（t）；

生石灰：［10.393＋0.693×（14−15）］×4/4=9.700（t）；

土：［195.29＋13.02×（14−15）］×91/90≈184.295（m³）。

3）路面用土的预算价格的计算规定。定额中土的预算价格，按材料采集及加工和材料运输定额中的有关项目计算。

4）路面底基层采用基层定额时压路机消耗量的计算规定。各类稳定土底基层采用稳定土基层定额时，每 1000m² 路面减少 12～15t 光轮压路机 0.18 台班。

5）"基层稳定土厂拌设备安装、拆除"定额中已综合考虑了厂拌设备的基座、上料台的修建和拆除，使用定额时不应再重复计算，但未包括拌和厂内的场地清理、平整、垫层、碾压、围栏等内容，需要时应按有关定额另行计算。本定额的计价工程量按施工组织设计确定的拌和设备的设置数量进行计算。

4. 路面面层

路面面层主要内容有：

1）压实厚度及分层铺筑时压实机械的计算规定。泥结碎石、级配碎石、级配砾石、天然砂砾、粒料改善土壤路面面层的压实厚度在 15cm 以内。当压实厚度超过上述规定厚度进行分层拌和、碾压时，拖拉机、平地机和压路机台班应按定额数量加倍，且 1000m² 每增加3.0 工日。

2）有关透层、黏层和封层的计算规定。沥青路面未包括透层、黏层和封层，需要时可按有关定额另行计算。

3）乳化沥青和改性沥青材料的计算规定。沥青路面定额中的乳化沥青和改性沥青材料，如在现场自行配制时，其配制费用应在材料预算价格中。

4）沥青玛蹄脂碎石混合料中有关纤维填加料的计算规定。纤维稳定剂的掺加比例与定额不同时，可根据设计用量调整纤维稳定剂的消耗。

5）在冬五区、冬六区，沥青路面采用层铺法施工时，定额中沥青用量调整系数的计算规定。在冬五区、冬六区，沥青路面采用层铺法施工时，其用油量可按定额用油量乘以下列系数：沥青表面处治 1.05；沥青灌入式基层 1.02；面层 1.028；沥青上拌下灌式下灌部分 1.043。

6）当设计油石比与定额采用的油石比不同时的计算规定。当设计采用的油石比与定额不同时，可按设计油石比调整定额中的沥青用量。换算公式（3.5）如下：

$$S_i = S_d \times \frac{L_i}{L_d} \tag{3.5}$$

式中，S_i——按设计油石比换算后的沥青数量；

$\quad\quad S_d$——定额中的沥青数量；

$\quad\quad L_d$——定额中标明的油石比；

$\quad\quad L_i$——设计采用的油石比。

7）"沥青上拌下灌式路面"定额中的压实厚度系指上拌下灌式路面的入层的压实厚度；定额中仅包括沥青上拌下灌式路面的下灌部分消耗量，其上拌部分实际用量可按压实厚度范围 2～4cm 计算工程量，按有关定额另行计算；当拌和层与灌入部分不能连续施工，又要在短期内通行施工车辆时，每 1000m² 路面增加人工 1.5 工日、石屑 2.5m³、6～8t 光轮压路机 0.14 台班。

8）"沥青混合料拌和设备安装、拆除"定额中已综合考虑了沥青混合料拌和设备的基座、上料台的修建和拆除、加热炉、输油管线等的消耗，使用定额时不应再重复计算。但未包括拌和厂内的场地清理、平整、垫层、碾压、围栏等内容，需要时应按有关定额另行计算。本定额的计价工程量按施工组织设计确定的拌和设备的设置数量进行计算。

9）"透层、黏层和封层"定额附注：粒料基层浇洒沥青后，不能及时铺筑面层并需要开放施工车辆通行时，每 1000m² 路面增加粗耗 0.83m³、6～8t 光轮压路机 0.12 台班，沥青用乘以 1.1 的系数。

10）"水泥混凝土路面"定额不包括混凝土拌和站的安、拆，需要时按有关定额另行计算；人工铺筑定额仅适用于一般数量不大的水泥钢筋混凝土路面。二级及二级以上水泥混凝土路面工程应套用摊铺机铺筑定额。摊铺机铺筑定额中仅包括第 1km 的水泥混凝土运输，如需要增运时，按有关定额另行增加。

11）"自卸汽车运输水泥混凝土"定额的计价工程量按设计水泥混凝土路面混合料的实体体积进行计算。定额中的 5km 以内、10km 以内、15km 以内每增运 0.5km，均指从运输起点至终点在第一个 1km 的基础上每增加 0.5km。以 10t 内自卸汽车运输水泥混凝土为例，假设平均运距分别为 4km、9km、13km，则每运输 1000m³ 混凝土的自卸汽车台班消耗为

平均运距为 4km 时：8.20＋0.99×（4－1）÷0.5＝14.14（台班）；

平均运距为 9km 时：8.20＋0.90×（9－1）÷0.5＝22.60（台班）；

平均运距为 13km 时：8.20＋0.85×（13－1）÷0.5＝28.60（台班）。

5. 路面附属工程

路面附属工程主要内容有：

1）整修旧路面中各类路面的整修厚度。砂石路面按整修厚度 6.5cm 计算，沥青表处路

面按整修厚度 2cm 计算，沥青混凝土面面层按整修厚度 4cm 计算，黑色路面基层的整修厚度均按 6.5cm 计算。

2）硬路肩的计算规定。硬路肩工程项目，根据其不同设计层次结构，分别采用不同的路面定额项目进行计算。

3）各类铺砌水泥混凝土预制块定额的计算规定。铺砌水泥混凝土预制块人行道、路缘石、沥青路面镶边和土硬路肩加固定额中，均已包括水泥混凝土预制块的预制，使用定额时不得另行计算。

4）"全部挖除旧路面"定额附注。挖除的废渣如远运时，另按路基土石运输定额计算；废渣清除后，底层如需碾压，每 1000m² 可增加 15t 以内振动压路机 0.18 台班。

5）"挖路槽、培路肩、修筑泄水槽"定额中挖路槽项目按全挖路槽断面编制，当设计为半填半挖路槽时，人工工日乘以 0.8 系数。挖除的土、石需远运时，另按路基土、石方运输定额计算。培路肩的填方数量已在路基填方内计算，在使用本定额时不应再另行计算培路肩土方的开挖、运输等费用。定额表中的培路肩只是培筑、压实、修整路槽等工作内容。

案例3.2

背景材料： 某高速公路沥青混凝土路面，其面层设计为上面层：5cm 厚细粒式；中面层：6cm 厚中粒式；下面层：7cm 厚粗粒式。某标段路线长 24km（起点桩号 K32＋000），上、中、下面层数量均为 624 000m²。在该标段 K40＋000 处有一块比较平坦的场地，且与路线相邻，可设置拌和站。施工工期为 6 个月，采用集中拌和自卸汽车运输、机械摊铺，拌和站场地建设不考虑。

问题： 请根据上述材料列出本标段中路面工程造价所涉及的相关定额的名称、单位、定额表号、数量等内容，并填入表格，需要时应列式计算或文字说明。

答案：

1）工程数量的计算。

各面层体积计算：

下层（粗粒式）：$624\,000 \times 0.07 = 43\,680$（m³）；

中层（中粒式）：$624\,000 \times 0.06 = 37\,440$（m³）；

上层（细粒式）：$624\,000 \times 0.05 = 31\,200$（m³）。

合计：$43\,680 + 37\,440 + 31\,200 = 112\,320$（m³）。

沥青混合料重量：$43\,680 \times 2.365 + 37\,440 \times 2.358 + 31\,200 \times 2.351 \approx 264\,937.9$（t）。

2）面层混合料拌和设备数量计算。

假定设置的拌和设备型号为 320t/h，设备利用率为 0.85，每天施工 8h。考虑到拌和设备安拆等因素，工作时间按 5 个月考虑。则混合料拌和设备的需要量为

$$264\,937.9 \div (320 \times 30 \times 5 \times 8 \times 0.85) \approx 0.8(台)$$

应设置一台拌和设备。

3）面层混合料综合平均运距。

设每 1km 沥青混合料为 y，其混合料综合平均运距为

$$L = [8 \times y \times 4 + 16 \times y \times 8] \div (24 \times y) = 6.7 \text{km}.$$ 根据定额中关于运距的规定，本项目应按 6.5km 计算。

4）预算定额工程细目名称、工程量、定额表号及调整情况见表 3.6。

表 3.6　预算定额工程细目

序号	工程细目		单位	定额表号	数量	定额调整情况
1	透层沥青		1000m²	2-2-16-3	624	
2	黏层沥青		1000m²	2-2-16-5	624	
3	沥青混凝土拌和	粗粒式	1000m³	2-2-11-6	43.680	
4		中粒式	1000m³	2-2-11-12	37.440	
5		细粒式	1000m³	2-2-11-18	31.220	
6	15t 自卸汽车运混合料	第一个 1km	1000m³	2-2-13-21	112.320	
7		每增运 0.5km	1000m³	2-2-13-23	112.320	定额×11
8	沥青混合料铺筑	粗粒式	1000m³	2-2-14-50	43.680	
9		中粒式	1000m³	2-2-14-51	37.440	
10		细粒式	1000m³	2-2-14-52	31.200	
11	沥青混合料拌和设备安拆（320t/h）		1座	2-2-15-6	1	

注：透层沥青数量按面层数量增加 5% 以内均为正确，自卸汽车用 12t、20t 以内均可。

案例3.3

背景材料： 某一级公路，路面结构型及数量见表 3.7。运距为 2km，混凝土采用商品混凝土并由供应单位运至施工现场。

表 3.7　路面结构形式及数量

路面结构形式	单位	数量
4% 水泥稳定碎石底基层 20cm 厚	m²	12 977
5% 水泥稳定碎石基层 22cm 厚	m²	12 977
C25 水泥混凝土面层 25cm 厚	m²	12 977

问题： 分别列出路面工程造价所涉及的相关定额的名称、单位、定额表号及数量等内容，并填入表格中。

答案： 本项目在计价时，应注意商品混凝土取费的规定，即商品混凝土本身不参与其他工程费及间接费的计算，只计取利润和税金；而商品混凝土的铺筑则应按构造物Ⅲ的费率计费，而不是按高级路面的费率计费。

预算定额工程细目名称、工程量、定额表号及调整情况见表 3.8。

表 3.8 预算定额工程细目

序号	工程细目			单位	定额表号	数量	定额调整情况
1	4%水泥稳定碎石底基层（20cm厚）	拌和	压实厚度20cm	1000m²	2-1-7-5	12.977	换算水泥碎石比例为4：96
2			每增减1cm	1000m²	2-1-7-6	12.977	定额×5
3		10t以内自卸汽车运2km	第一个1km	1000m³	2-1-8-13	2.595	
4			每增运0.5km	1000m³	2-1-8-14	2.595	定额×2
5		摊铺机铺筑		1000m²	2-1-9-10	12.977	
6	5%水泥稳定5%水泥稳定碎石基层（22cm厚）	拌和	压实厚度15cm	1000m²	2-1-7-5	12.977	
7			每增减1cm	1000m²	2-1-7-6	12.977	定额×7
8		10t以内自卸汽车运2km	第一个1km	1000m³	2-1-8-13	2.855	
9			每增运0.5km	1000m³	2-1-8-14	2.855	定额×2
10		摊铺机铺筑		1000m²	2-1-9-10	12.977	
11	基层稳定土厂拌设备安装、拆除(300t/h以内)			1座	2-1-10-4	1	
12	C25水泥混凝土面层(25cm厚)		2-2-17-3	1000m³	2-2-17-3	12.977	普通混凝土换成商品混凝土，相关的材料消耗量调整为0；搅拌站和搅拌运输车量调整为0；实际厚度(cm)：+[2-2-17-4]×5

3.2.3 隧道工程

1. 隧道工程章说明

预算定额的隧道工程说明共 8 条，其中要特别注意：

1）隧道围岩分级的规定：定额采用与现行隧道技术规范一致的围岩划分标准将围岩分为六级，即 Ⅰ～Ⅵ级。

2）定额中混凝土工程拌和费用的规定：定额中混凝土工程均未考虑拌和的费用，应按桥涵工程相关定额另行计算。

3）洞内弃渣洞外运输的规定：洞内出渣运输定额已综合洞门外 500m 运距，当洞门外运距超过此运距时，可按照路基工程自卸汽车运输土石方的增运定额加计增运部分的费用。

4）混凝土及预制块运输费用的计算规定：定额均未包括混凝土及预制块的运输，需要时应按有关定额另行计算。

5）隧道监控量测及超前地质预报费用的计算规定：定额未考虑施工时所需进行的监控量测及超前地质预报的费用，监控量测的费用已在《公路工程基本建设项目概算预算编制办法》（JTG B06—2007）的施工辅助费中综合考虑，使用定额时不得另行计算，超前地质预报的费用可根据需要另行计算。

6）隧道工程项目采用其他章节定额的规定：

① 洞门挖基、仰坡及天沟开挖、明洞明挖土石方及明洞顶防水层等，应使用其他章节有关定额。

② 洞内工程项目如需采用其他章节的有关项目时，所采用定额的人工工日应乘以 1.26 系数。

2. 洞身工程

定额中所指隧道长度均是指隧道进出洞门端墙墙面之间的距离，即两端端墙面与路面的交线同路线中线交点间的距离。但注意当隧道连接有明洞时，应扣除明洞的长度。

（1）开挖

1）人工开挖、机械开挖轻轨斗车运输项目定额编制采用的开挖方法，以及支撑和出渣、通风及临时管线等的计算规定：人工开挖、机械开挖轻轨斗车运输项目系按上导洞、扩大、马口开挖编制的，也综合了下导洞扇形扩大开挖方法，并综合了木支撑和出渣、通风及临时管线的工料机消耗。

2）正洞机械开挖自卸汽车运输定额的编制情况和使用规定：正洞机械开挖自卸汽车运输定额系按开挖、出渣运输分别编制，不分工程部位（即拱部、边墙、仰拱、底板、沟槽、洞室）均使用本定额。施工通风及高压风水管和照明电线路单独编制定额项目。

3）连拱隧道的计算规定：连拱隧道中导洞、侧导洞开挖和中隔墙衬砌是按连拱隧道施工方法编制的，除此以外的其他部位的开挖、衬砌、支护可套用本节其他定额。

4）正洞内开挖、出渣运输、通风管线路等与隧长相关的项目，按隧长≤1000m、≤2000m、≤3000m、≤4000m 编制。

① 当隧长＞4000m 时：正洞开挖，以隧长≤4000m 定额为基础，与隧长＞4000m 增加定额叠加使用。

② 正洞出渣运输。通过隧道进出口开挖正洞，以换算隧长套用相应的出渣定额。换算隧长计算公式为

$$换算隧长 = 全隧长度 - 通过辅助坑道开挖正洞的长度$$

当换算隧长＞4000m 时，以隧长≤4000m 定额为基础，与隧长＞4000m 每增 1000m 定额叠加使用。

通过斜井开挖正洞，出渣运输按正洞和斜井两段分别计算，二者叠加使用。

③ 正洞出渣运输按围岩级别编制，洞外出渣距离按 500m 以内编制，若超过时，超过部分可按路基工程中"自卸汽车配合装载机运土、石方"项目的增运定额计算。

5）工程量计算规则：开挖、出渣工程量按设计断面数量（成洞断面加衬砌断面）计算，定额中已考虑超挖因素，不得将超挖数量计入工程量。

（2）支护

支护定额按超前支护、喷射混凝土、锚杆、钢筋网、格栅钢架、型钢钢架分别编制。其中喷射混凝土定额消耗中已计入混凝土的回弹量；钢纤维混凝土中钢纤维掺入量按 35kg/m³ 喷射混凝土体积掺入。当设计采用的钢纤维比例与本定额不符或采用其他材料时，可以抽换。

1）钢支撑。格栅钢架、型钢钢架均按永久性支护编制，如作为临时支护使用时，应按规定计取回收。定额中已综合连接钢筋的数量。格栅钢架、型钢钢架工程数量按钢架的设

计重量计算；连接钢筋的数量不得作为工程量计算。

2）锚杆。锚杆增列了中空注浆锚杆和自进式锚杆。砂浆锚杆工程量为锚杆、垫板及螺母等材料重量之和；中空注浆锚杆、自进式锚杆的工程量按锚杆设计长度计算。

3）管棚、小导管。管棚按套拱、管棚分别编制，管棚按管径划分子目，当设计管径与定额不同时，可调整定额中钢管的消耗量。管棚、小导管的工程量按设计钢管长度计算，当管径与定额不同时，可调整定额中钢管的消耗量。

4）喷射混凝土。喷射混凝土按混凝土、钢纤维混凝土分别编制。施工工艺按湿射编制，定额中已包含岩面不平及回弹损耗。喷射混凝土工程量按设计厚度乘以喷射面积计算，喷射面积按设计外轮廓线计算。

5）衬砌。

① 衬砌项目按现浇混凝土衬砌，石料、混凝土预制块衬砌分别编制。衬砌项目不分工程部位（即拱部、边墙、仰拱、底板、沟槽、洞室）均使用本定额。定额中已综合考虑超挖回填因素；当设计采用的混凝土强度等级与本定额不符时或采用特殊混凝土时，可根据具体情况对混凝土配合比进行抽换。

② 现浇混凝土衬砌中浇筑、运输的工程数量均按设计断面衬砌数量计算；包含洞身及所有附属洞室衬砌数量。定额中已综合因超挖及预留变形需回填的混凝土数量，不得将上述因素的工程量计入设计数量中。

6）混凝土运输。混凝土运输单独编制，混凝土运输按工程现场平均运距计算。混凝土运输定额仅适用于洞内混凝土运输，洞外运输应按桥涵工程有关定额计算。

（3）防排水

1）防排水项目中当设计采用的防水板、止水带、透水管材料规格与防排水定额中采用的规格不符时，可以抽换。

2）防水板、明洞防水层、止水带（条）、盲沟、透水管的工程数量，均按设计数量计算。

3）横向塑料排水管每处为单洞两侧的工程数量；纵向弹簧管按隧道纵向每侧铺设长度之和计算；环向盲沟以隧道横断面敷设长度计算。

4）洞内施工排水。洞内排水定额仅适用于反坡排水，排水量按≤10m³/h编制，超过此排水量时，抽水机台班按表3.9中的系数调整。

表 3.9 抽水机台班调整系数

涌水量/(m³/h)	≤10	≤15	≤20
调整系数	1.00	1.20	1.35

注：当排水量超过20m³/h时，根据采取治水措施后的排水量采用上表系数调整。

正洞内排水系按全隧道长度综合编制，当隧长＞4000m时，以隧长≤4000m为基础，与隧长＞4000m每增1000m定额叠加使用。洞内施工中一般排水已综合在定额中。

（4）通风、照明

1）通风、管线路定额，按正洞隧道长度综合编制，当隧长＞4000m时，以隧长≤4000m为基础，与隧长＞4000m每增1000m定额叠加使用。

2）照明设施为隧道营运所需的洞内永久性设施。定额中的洞口段包括引入段、适应段、过渡段和出口段，其他段均为基本段。定额中不包括洞外线中，需要时应另行计算。属于设备的变压器、发电设备等，其购置费应列入预算第二部分"设备及工具、器具购置费"中。

3）"正洞通风"定额的计价工程量按隧道的设计长度进行计算（如连接有明洞时，应扣除明洞的长度）。使用本定额时应注意，对于长度在500m以内的短隧道不计正洞通风费用。

3. 洞门工程和辅助坑道

（1）洞门工程

1）本节定额的适用范围：隧道和明洞洞门，均采用本定额。

2）洞门墙的计算规定：洞门墙工程量为主墙和翼墙等圬工体积之和。仰坡、截水沟等应按有关定额另行计算。

（2）辅助坑道

辅助坑道中含斜井、竖井项目。斜井按开挖、出渣、通风及管线路分别编制；竖井项目定额中已综合了出渣、通风及管线路。斜井相关定额项目系按斜井长度800m以内综合编制。斜井出渣定额适用于自卸汽车出渣；斜井支护按正洞相关定额计算。辅助坑道工程量计算规则如下：

1）开挖、出渣工程量按设计断面数量（成洞断面加衬砌断面）计算，定额中已考虑超挖因素，不得将超挖数量计入工程量。

2）现浇混凝土衬砌工程数量均按设计断面衬砌数量计算。

3）喷射混凝土工程量按设计厚度乘以喷射面积计算，喷射面积按设计外轮廓线计算。

4）锚杆工程量为锚杆、垫板及螺母等材料重量之和。

5）斜井洞内通风、风水管照明及管线路的工程量按斜井设计长度计算。

案例3.4

背景材料：某分离式山区高速公路隧道，全长1462m，主要工程量：

1）洞门部分：浆砌片石墙体1028m³，浆砌片石截水沟69.8m³。

2）洞身部分：设计开挖断面为162m²，开挖土石方247 180m³，其中Ⅴ级围岩10%、Ⅳ级围岩70%、Ⅲ级围岩20%；钢支撑445t；喷射混凝土10 050m³，钢筋网138t，锚杆387.539t；拱墙混凝土25 259m³，光圆钢筋16t，带肋钢筋145t。

3）洞内路面：21 930m²，水泥混凝土面层厚26cm。

4）洞外出渣运距为1200m。

5）隧道防排水、洞内管沟、装饰、照明、通风、消防等不考虑。

问题：请列出该隧道工程施工图预算所涉及的相关定额的名称、单位、定额表号、数量、定额调整等内容，并填入表格中，需要时应列式计算或作文字说明。

答案：

1）洞身开挖数量计算。

由于162×1462＝236 844（m³）小于题目中给定的开挖数量247 180m³，说明在题目中给定的洞身开挖数量中包含有超挖数量，按定额规定，超挖数量是不能计价的。

按定额中的工程量计算规则为

$$开挖数量＝设计开挖断面×隧道长度$$

则计价工程量应为

开挖Ⅴ级围岩：162×1462×0.1＝23 684.4（m³）；

开挖Ⅳ级围岩：162×1462×0.7＝165 790.8（m³）；

开挖Ⅲ级围岩：162×1462×0.2＝47 368.8（m³）。

2）隧道工程施工图预算所涉及的相关定额的名称、单位、定额表号、数量、定额调整等内容见表3.10。

表3.10　预算定额工程细目

序号	工程细目			定额编号	单位	数量	定额调整情况
1	洞门	浆砌片石墙体（装修另计）		3-2-1-4	10m³	102.8	
2		浆砌片石截水沟		1-2-3-1	10m³	6.98	
3	洞身	开挖	Ⅴ级围岩	3-1-3-11	100m³	236.844	
4			Ⅳ级围岩	3-1-3-10	100m³	1657.908	
5			Ⅲ级围岩	3-1-3-9	100m³	473.688	
6		洞内出渣	Ⅳ、Ⅴ级围岩	3-1-3-41	100m³	1894.752	
7			Ⅲ级围岩	3-1-3-40	100m³	473.688	
8		洞外出渣	土	1-1-11-18	1000m³	23.6844	定额×1（注：增运700m）
9			石	1-1-11-46	1000m³	213.1596	定额×1（注：增运700m）
10		支护	钢支撑	3-1-5-1	1t	445	
11			锚杆	3-1-6-1	1t	387.539	
12			钢筋网	3-1-6-4	1t	138	
13			喷射混凝土	3-1-8-1	10m³	1005	
14			混凝土拌和	4-11-11-10	100m³	100.5	定额×1.2
15			混凝土运输	4-11-11-20	100m³	100.5	定额×1.2
16			混凝土洞内运输	3-1-9-10	100m³	100.5	定额×1.2
17		衬砌	现浇拱墙混凝土	3-1-9-1	10m³	2525.9	
18			混凝土拌和	4-11-11-10	100m³	252.59	定额×1.17
19			混凝土运输	4-11-11-20	100m³	252.59	定额×1.17
20			混凝土洞内运输	3-1-9-10	100m³	252.59	定额×1.17
21			钢筋 光圆	3-1-9-6	1t	16	光圆：1.025；带肋：0
22			钢筋 带肋	3-1-9-6	1t	145	带肋：1.025；光圆：0
23	水泥混凝土路面	厚度20cm		2-2-17-3	1000m²	21.93	人工、机械×1.26
24		厚度增加6cm		2-2-17-4	1000m²	21.93×6	人工、机械×1.26
25		混凝土洞内运输		3-1-9-10	100m³	57.108	定额×1.02
26	混凝土搅拌站安拆			4-11-11-6	1座	1	

3.2.4　桥涵工程

桥涵工程结构复杂，类型多，施工方法多样，是预算定额中内容最多的一章，共包括：开挖基坑；筑岛、围堰及沉井工程；打桩工程；灌注桩工程；砌筑工程；现浇混凝土及钢筋混凝土；预制、安装混凝土及钢筋混凝土构件；构件运输；拱盔、支架工程、钢结构工程；杂项工程等 11 节。由于内容很多，受篇幅限制，不能进行全面介绍，只能重点介绍说明的主要内容和工程量的计算规则与方法。为了正确地使用桥涵工程各节的定额，必须耐心反复地阅读并理解其全部的内容。

1. 桥涵工程章说明

桥涵工程预算定额的章说明共 8 条，其中要特别注意如下几点。

（1）混凝土工程

1）定额中混凝土强度等级的确定原则和混凝土的施工方法：混凝土强度等级均按一般图样选用，其施工方法除小型构件采用人拌人捣外，其他均按机拌机捣计算。

2）混凝土拌和费用的计算规定：定额中混凝土工程除大型预制构件底座、混凝土搅拌站安拆和钢桁架桥式码头项目中已考虑混凝土的拌和费用外，其他混凝土项目中均未考虑混凝土的拌和费用，应按有关规定另行计算。

3）现浇混凝土运输费用的计算规定：定额中混凝土工程均已包括操作范围内的混凝土运输。现浇混凝土工程的混凝土平均运距超过 50m 时，可根据施工组织设计的混凝土平均运距，按杂项工程中混凝土运输定额增列混凝土运输。

4）泵送混凝土水平泵送运距离超过定额中综合范围时的计算规定：定额中采用泵送混凝土的项目，均已包括水平和向上垂直泵送所消耗的人工、机械，当水平泵送距离超过定额综合范围时，可按表 3.11 增列人工及机械消耗量。向上垂直泵送不得调整。

表 3.11　水平泵送距离超过定额时的人工及机械消耗增加量

项目		定额综合的水平泵送距离/m	每 100m³ 混凝土每增加水平距离 50m 增列数量	
			人工/工日	混凝土输送泵（台）班
基础工程	灌注桩	100	1.55	0.27
	其他	100	1.27	0.18
上、下构造		50	2.82	0.36
桥面铺装		250	2.82	0.36

【例 3.7】　某灌注桩工程（桩径 250cm 的回旋钻），施工组织设计的混凝土水平泵送运距离为 200m，套用灌注桩混凝土定额时，其人工和混凝土输送泵的消耗量如何调整？

【解】　查定额编号 [4-4-7-18]，每 10m³ 混凝土实体人工和混凝土输送泵消耗量为人工 1.8 工日，混凝土输送泵 0.09 台班（定额综合的水平泵送运距离为 100m）。

当水平泵送运距离为 200m 时，其人工和混凝土输送泵的消耗量应调整为

人工：$1.8+1.55÷10×（200-100）÷50=2.11$（工日/10m³）；

混凝土输送泵：$0.09+0.27\div10\times(200-100)\div50=0.144$（工日/10m³）。

（2）钢筋工程

1）钢筋种类的规定：定额中的钢筋，按选用图样分为光圆钢筋、带肋钢筋，如设计图样的钢筋比例与定额有出入时，可以调整钢筋品种的比例关系。

2）定额中机械连接接头钢套筒消耗的调整规定：定额中的钢筋是按一般定尺长度计算的，当设计提供的钢筋连接用套筒数量与定额又出入时，可按设计数量调整定额中钢套筒消耗，其他消耗不调整。

（3）模板工程

1）混凝土模板费用的计算规定：模板不单列项目，在混凝土工程中所需的模板包括钢模板、组合钢模板、木模板均按其周转摊销量计入现浇混凝土或预制混凝土定额中。

2）混凝土结构的外观有特殊要求时模板费用的计算规定：定额中的模板均为常规模板，当设计或施工对混凝土结构的外观有特殊要求时，可根据定额中所列的混凝土模板接触面积增列相应的特殊模板材料的费用。

如某工程的混凝土连续箱梁，为增加箱梁的外观，设计中要求箱梁的外模增加衬板，衬板可周转使用10次，衬板为80元/m²，则10m³混凝土增加的特殊模板材料费用为$22.50\times80/10=180.0$（元）（注：22.50m²为每10m³现浇箱梁混凝土的外模模板接触面积，定额P451）。但需注意以下几点：①此规定仅为考虑混凝土结构的外观的特殊要求，不能因为使用的模板与定额中模板的不同而增加费用，如某项目使用钢模板，定额中为组合钢模板，这种情况不允许对定额进行抽换和增加费用；②不能因为模板达不到定额规定的周转次数而增加费用；③定额中已含脱模剂，不能因为脱模剂而增加费用。

3）定额中均已包括各种模板的维修、保养所需的工、料及费用。

（4）工程量计算一般规则

1）混凝土圬工的工程量计算规定：现浇混凝土、预制混凝土、构件安装的工程量为构筑物或预制构件的实际体积，不包括其中空心部分的体积，钢筋混凝土项目的工程量不扣除钢筋（钢丝、钢绞线）、预埋件和预留孔道所占的体积。

如先张法预应力空心板的体积为实体体积，不包括空心体积，也不扣除先张钢绞线所占的体积。

2）构件安装定额中预制构件用量的规定：构件安装定额中在括号内所列的构件体积数量，表示安装时需要备制的构件数量。

3）钢筋工程量的计算规定：钢筋工程量为钢筋的设计重量，定额中已计入施工操作损耗，一般钢筋因接长所需增加的钢筋重量已包括在定额中，不得将这部分重量计入钢筋设计重量内。但对于某些特殊的工程，必须在施工现场分段施工采用搭接接长时，其搭接长度的钢筋重量未包括在定额中，应在钢筋的设计重量内计算。

如钻孔灌注桩的钢筋笼，需在现场搭接接长，其接长的长度应含在设计提供的数量内。

2. 开挖基坑

开挖基坑主要规定有：

1）开挖基坑土、石方运输，当坑上水平运距超过10m时，另按路基土、石增运定额计算。

2）基坑开挖工程量，按基坑容积计算。

3）开挖基坑用挡土板工程量，按坑内需支挡的实际侧面积计算。

4）挖基及基础、墩台砌筑所需的水泵台班，按《预算定额》中的"基坑水泵台班消耗表"的规定计算，并计入挖基项目中。

3. 筑岛、围堰工程

筑岛、围堰工程主要规定有：

1）围堰定额中"土"的消耗量作用：草土、草（麻袋）、竹笼、木笼铁丝围堰定额中已包括50m以内人工挖运土方的工日数量，定额中括号内所列"土"的数量不计价，仅限于取土运距超过50m时，按人工挖运土方的增运定额，增加运输用工。

2）草土、草（麻）袋、竹笼围堰长度按围堰中心长度计算，高度按施工水深加0.5m计算。木笼铁丝围堰实体为木笼所包围的体积。

3）套箱围堰的工程量套箱金属结构的重量。套箱整体下沉时的悬吊平台的重量及套箱内支撑的钢结构均已综合在定额中，不得作为套箱工程量计算。

4. 灌注桩工程

灌注桩工程主要规定有：

1）灌注桩造孔根据造孔的难易程度，将土质分为砂土、黏土、砂砾、砾石、卵石、软石、次坚石、坚石八种。

2）不同设计桩径成孔定额的调整系数。当设计桩径与定额采用桩径不同时，按表3.12系数调整。

表 3.12　桩径调整系数

设计桩径/cm	130	140	160	170	180	190	210	220	230	240
调整系数	0.94	0.97	0.70	0.79	0.89	0.95	0.93	0.94	0.96	0.98
定额桩径/cm	桩径150以内		桩径200以内				桩径250以内			

3）灌注桩成孔工程量。按设计入土深度计算。定额中的孔深指护筒顶至桩底（设计标高）的深度。造孔定额中同一孔内的不同土质，不论其所在的深度如何，均采用总孔深定额。

4）人工挖孔的工程量。按护筒外缘包围的面积乘以设计孔深计算。

5）灌注桩混凝土工程量。"灌注桩混凝土"混凝土定额中已综合考虑了混凝土的扩孔数量和超灌数量（包括超灌部分及钻孔超钻部分），使用定额时其计价工程量应以设计桩长乘以设计桩径横断面面积进行计算，不应将扩孔数量和超灌数量计入灌注桩混凝土的工程数量内；桩基检测管定额的计价工程量按设计需要安装的检测管重量进行计算，工程内容包括制作、安装。桩的检测费含在编制办法的施工辅助费中，无需单独计算。

6）灌注桩工作平台工程量。按施工组织设计需要的面积计算。

7）钢护筒的工程量。按护筒的设计重量计算。设计重量为加工后的成品重量，包括加劲肋及连接用法兰盘等全部钢材重量。当设计提供不出钢护筒的重量时，可按表 3.13 中的重量计算，桩径不同时可以内插计算。

表 3.13　每米护筒参考重量表

桩径/cm	100	120	150	200	250	300	350
护筒单位质量/(kg/m)	170.2	238.2	289.3	499.1	612.6	907.5	1259.2

另外，注意以下几点：

① 钢护筒定额中，干处埋设按护筒设计质量的周转摊销量计入定额中，使用定额时，不得另行计算。水中埋设则按全部设计重量计入定额中，可根据设计确定的回收量按规定计算回收金额。所以必须根据实地调查的水位，计算出钢护筒在干处和水中的数量及重量。

② 护筒的内径一般比桩的设计直径稍大，可参照桥梁施工规范的有关规定确定。护筒直径与钻机类型、地质情况有关，一般情况下，按桩径加 0.4m 左右即可。

③ 护筒顶面应高于地下水位或施工最高水位 1.5～2.0m，在旱地时还应高出地面0.3m。护筒底面应低于施工最低水位，且应下沉至稳定土层中一定深度：黏性土应达到0.5～1.0m，砂性土应达到 3～4.0m。护筒的长度应按实际情况计算。

5. 砌筑工程

1) 砌筑工程定额中不同强度等级砂浆的用途：定额中的 M5、M7.5 水泥砂浆为砌筑用砂浆，M10 水泥砂浆为勾缝用砂浆。套用砌筑工程定额后不得再套用砌体勾缝的工程内容。

2) 脚手架、踏步和井字架的计算规定：定额中已按砌体的总高度配置了脚手架，高度在 10m 以内的配踏步，高度大于 10m 的配井字架，并计入搭拆用工，其材料用量均以摊销方式计入定额中。编制项目预算时，不得单算脚手架的工程内容。

3) 砌筑混凝土预制块时预制块预制费用的计算规定：浆砌混凝土预制块定额中，未包括预制块的预制，应按定额中括号内所列预制块数量，另按预制混凝土构件的有关定额计算。

4) 砌筑工程有镶面时其内部砌体的计算规定：浆砌料石或混凝土预制块做镶面时其内部应按填腹石定额计算。

5) 桥涵拱圈定额中，未包括拱盔和支架，需要时应按第九节拱盔、支架工程中有关定额另行计算。

6. 现浇混凝土及钢筋混凝土

1) 现浇混凝土及钢筋混凝土上部构造所需的拱盔、支架的计算规定：定额中未包括所需的拱盔、支架，需要时按有关规定另行计算。

2) 片石混凝土中片石含量的说明：定额中片石混凝土中片石含量均按 15% 计算。

3) 有底模承台定额的适用范围：有底模承台适用于高桩承台施工。

4) 套箱围堰定额与承台定额配合使用的计算规定：使用套箱围堰浇筑承台混凝土时，应采用无底模承台的定额。

5）墩台高度的计算规定：墩台高度为基础顶、承台顶或系梁底到盖梁顶、墩台帽或0号块件底的高度。

6）"现浇预应力箱梁上部构造"定额中未包括现浇支架、移动模架的安拆费用，应按相关定额另行计算，但移动模架的逐孔推移费用含在现浇混凝土箱梁定额中。

7）"现浇混凝土桥头搭板"定额中未包括垫层费用，需要时可按有关定额另行计算。

7. 预制、安装混凝土及钢筋混凝土构件

1）构件安装的含义及预制安装工程中现浇混凝土的计算规定：构件安装系指从架设孔起吊至安装就位，整体化完成的全部施工工序。本节定额中除安装矩形板、空心板及连续板等项目的现浇混凝土可套用桥面铺装定额计算外，其他安装上部构造定额中均单独列有现浇混凝土子目。

2）预应力钢筋、钢丝束定额的抽换规定和定额中束长的含义：制作、张拉预应力钢筋、钢丝束定额，是按不同的锚头形式分别编制的，当每吨钢丝的束数或每吨钢筋的根数有变化时，可根据定额进行抽换。定额中的束长为一次张拉的长度。

3）当工程项目钢绞线锚具与定额中锚具型号不同时，可按表3.14规定进行抽换。

表 3.14　锚具型号不同时定额抽换规定表

设计采用型号（孔）	1	4	5	6	8	9	10	14	15	16	17	24
客用定额型号（孔）		3		7				12			19	22

4）预制场用龙门架、悬浇箱梁用的墩顶拐脚门架的计算规定：预制场用龙门架、悬浇箱梁用的墩顶拐脚门架的计算规定，可套用高度9m以内的跨墩门架定额，但重量应根据实际计算。

5）工程量计算规则。

① 预制构件的工程量为构件的实际（不包括空心部分）数量，但是预应力构件的工程量为构件预制体积与构件端头封锚混凝土的数量之和。预制空心板的空心堵头混凝土工程量已综合在预制定额内，在计算工程量时，不应再计入这部分混凝土的工程量。

② 使用定额时，构件的预制数量应为安装定额中括号内所列的构件备制数量。

③ 构件安装时的现浇混凝土，其工程量为现浇混凝土和砂浆的数量之和。但如在安装定额中已计列砂浆消耗的项目，则在工程量中不应再计列砂浆的数量。

④ 预应力钢绞线、预应力精轧螺纹粗钢筋及配锥形（弗氏）锚的预应力钢丝，其工程量为锚固长度与工作长度的质量之和。

⑤ 配镦头锚的预应力钢丝，其工程量为锚固长度的质量。

⑥ 先张钢绞线质量为设计图样质量，定额中已包括钢绞线损耗及预制场构件间的工作长度及张拉工作长度。

6）其他。①预制场、拌和站用地、平整、碾压、简易地面、路面等工程量，根据施工组织设计计算；②大型预制、张拉工作台、底座、蒸汽养生池等工程量，根据施工组织设计计算；③拌和站规模、数量，根据施工组织设计计算。

8. 构件运输

1）各种运输工具运输混凝土预制构件时运距的计算规定：本节中的运输距离以 10m、50m、1km 为计算单位，不足第一个 10m、50m、1km 者，均按 10m、50m、1km 计，超过第一个定额运距单位时，其运距尾数不足一个定额单位的半数时不计，等于或超过半数时按一个定额运距单位计算。

2）预制构件出坑堆放的计算规定：本节定额中未单列构件出坑堆放的定额，如需出坑堆放，可按相应构件运输第一个运距单位定额计列。

9. 拱盔、支架工程

1）拱盔、支架实际宽度与定额采用的有效宽度不同时的计算规定：桥梁拱盔、木支架及简单支架，均按有效宽度 8.5m 计，钢支架按有效宽度 12m 计，当实际宽度与定额宽度不同时，可按比例换算。应当注意，支架的有效宽度不是指桥面的宽度，应当正确理解为支架制作安装的有效宽度。

2）涵洞拱盔支架及板涵支架工程量的计算规定：涵洞拱盔支架、板涵支架的计量单位为涵洞长度乘以净跨径的水平投影面积。

3）桥梁拱盔工程量的计算规定：桥梁拱盔定额单位的立面积，系指起拱线以上的弓形侧面积，其工程量按式（3.6）及表 3.15 计算。

$$F = K \times (净跨)^2 \qquad (3.6)$$

表 3.15　系数 K 表

拱矢度	K	拱矢度	K
1/2	0.393	1/6	0.113
1/2.5	0.298	1/6.5	0.104
1/3	0.241	1/7	0.096
1/3.5	0.203	1/7.5	0.090
1/4	0.172	1/8	0.084
1/4.5	0.154	1/9	0.076
1.5	0.138	1/10	0.067
1/5.5	0.125		

4）桥梁支架工程量和支架高度的计算规定：梁支架定额单位的立面积为桥梁净跨径乘以高度；拱桥高度为起拱线以下至地面的高度，梁式桥高度为墩、台帽至地面的高度，这里的地面指支架地梁的底面。

5）钢拱架工程量的计算规定和设备摊销费的调整规定：钢拱架的工程量为钢拱架及支座金属构件的重量之和，其设备摊销费按 4 个月计算，若实际使用期与定额不符时可予以调整。

6）钢管支架的含义，支架中上部、下部的划分规定，以及支架工程量的计算规定：钢管支架定额指采用直径大于 30cm 的钢管作为立柱，在立柱上采用金属构件搭设水平支撑平台的支架，其中下部指立柱顶面以下部分，上部指立柱顶面以上部分。下部工程量按立柱重量计算，上部工程按支架水平投影面积计算。上部定额中每 100m^2 综合的金属设备重量为 18.4t，设备摊销费按 90 元/(t·月)，并按使用四个月编制，如施工工期不同时，可以调整。下部定额中钢管桩消耗量为陆地上搭设管桩支架的消耗，若为水中搭设钢管桩支架或用于索塔横梁的现浇支架时，应将定额中的钢管桩消耗量调整为 3.467t，其余消耗量不变。如果钢管桩支架的地基需要处理，定额中未包括，需要另行计算。

7）支架预压工程量的计算规定：支架预压的工程量按支架上现浇混凝土的体积进行计算。

10. 杂项工程

1）大型预制构件底座面积的计算规定。

① 平面底座。适用于 T 形梁、I 形梁等截面箱梁，每根梁底座面积的工程量按式（3.7）计算：

$$底座面积 = (梁长 + 2.00\text{m}) \times (梁宽 + 1.00\text{m}) \tag{3.7}$$

② 曲面底座。适用于梁底为曲面的箱梁（如 T 形钢构等），每根梁底面积的工程量按式（3.8）计算：

$$底座面积 = 构件下弧长 \times 底座实际修建宽度 \tag{3.8}$$

2）模数式伸缩缝预留槽钢纤维混凝土含量的计算规定：预留槽钢纤维混凝土中钢纤维的含量是按水泥用量的 1% 计算，当设计钢纤维含量与定额不一致时，可按设计用量调整钢纤维的消耗。

3）蒸汽养生室面积的计算规定及定额综合的内容：蒸汽养生室面积按有效面积计算，其工程量按每一养生室安置两片梁，其梁间距为 0.8m，并按长度每端增加 1.5m，宽度每边各增加 1.0m 考虑。定额中已将附属工程及设备，按摊销量计入，编制预算时不得另行计入。

4）施工塔式起重机和施工电梯费用的计算规定：施工塔式起重机和施工电梯所需的安拆数量和使用时间按施工组织设计的进度安排进行计算。

5）"冷却管定额"。大体积混凝土，如承台和锚碇，定额中已包括冷却水管的安装、定位、通水（含更换通水方向）、混凝土浇注完成后通水管内灌浆封孔。上述工程内容，不得另行计算。

【例 3.8】 某分离立交工程上部构造采用 25m 预应力混凝土 T 形梁 936 片，梁肋底宽 0.54m，梁顶宽 1.6m。根据施工进度安排，制梁工期 8 个月，每月按 25 个工作日计算，根据施工工艺要求，每片梁在平面预制底座上的周转时间平均为 7 天。试确定预制构件底座工程量。

【解】

1）根据 T 梁总数量、制梁总工期、每片梁在底座上的平均周转时间，可确定平面底座的数量：

$$\frac{936}{8 \times 25/7} = 32.76 \approx 33（个）$$

2）每个底座的面积。

由预算定额"第十一节 杂项工程"节说明 2 可知：

$$每个底座的面积 = (梁长 + 2.00) \times (梁宽 + 1.00)$$
$$= (25.00 + 2.00) \times (1.6 + 1.00) = 70.2(m^2)$$

3) 预制构件底座工程量：

$$33 \times 70.2 = 2316.6(m^2)$$

案例3.5

背景材料： 某高速公路有一直径为 $\Phi150cm$ 的钢筋混凝土圆管涵，涵管壁厚为 15cm，涵长为 32.5m（$13 \times 2.5 = 32.5$）。其施工图设计的工程量见表 3.16。

表 3.16　圆管涵主要工程量表

序号	项目	单位	工程量
1	挖基土方	m^3	1800
2	基础碎砾石垫层	m^3	6.24
3	M7.5 浆砌块石管身基础	m^3	8.85
4	预制 C25 号混凝土圆管	m^3	4.99
5	圆管钢筋	t	0.41
6	M7.5 浆砌粗料石帽石	m^3	0.44
7	M7.5 浆砌块石八字墙	m^3	6.04
8	M7.5 浆砌块石跌水井	m^3	5.49
9	M7.5 浆砌片石急流槽	m^3	40.5
10	M7.5 浆砌片石铺底及隔水墙	m^3	2.41

注：土方运距为 1km，混凝土构件运距为 2km。预制场设施不考虑。

问题：

1) 简要叙述编制该圆管涵施工图预算采用的合理施工方法。

2) 列出编制施工图预算所需的全部工程细目名称、定额表号及数量等内容。

答案：

1) 施工方法。该圆管涵挖基土方达 1800m³，数量较大，因此，这部分土方应按路基土方施工考虑。至于圆管涵预制安装方法，考虑高速公路小型预制构件较多，采用集中预制、汽车运输、起重机安装的机械化施工方法，符合高速公路实际施工情况。预制场应平整碾压，并铺设砂砾垫层和用水泥砂浆抹平。

2) 施工图预算所涉及的工程细目名称、定额表号、工程量等见表 3.17。

表 3.17　预算定额工程细目

序号	项目	单位	定额表号	工程量	定额调整情况
1	挖基土方	1000m³	1-1-9-8	1.8	
2	挖基土方运输	1000m³	1-1-11-13	1.8	
3	基础碎砾石垫层	10m³	4-11-5-2	0.624	
4	M7.5 号浆砌块石管身基础	10m³	4-5-3-1	0.885	
5	C25 号预制混凝土圆管	10m³	4-7-4-1	0.499	定额×1.01 C30 混凝土调整为 C25

续表

序号	项目	单位	定额表号	工程量	定额调整情况
6	混凝土拌和	10m³	4-11-11-1	0.499	定额×1.01×1.01
7	圆管钢筋	t	4-7-4-3	0.41	定额×1.01
8	汽车运预制构件第一个1km	100m³	4-8-3-9	0.0499	定额×1.01
9	汽车运预制构件每增运0.5km	100m³	4-8-3-13	0.0499	定额×1.01×2
10	安装圆管涵	10m³	4-7-5-3	0.499	
11	M7.5浆砌粗料石帽石	10m³	4-5-4-6	0.044	
12	M7.5浆砌块石八字墙	10m³	4-5-3-5	0.604	
13	M7.5浆砌块石跌水井	10m³	4-5-3-10	0.549	M5砂浆调整为M7.5
14	M7.5浆砌片石急流槽	10m³	4-5-2-9	4.05	M5砂浆调整为M7.5
15	M7.5浆砌片石铺底及隔水墙	10m³	4-5-2-1	0.241	

案例3.6

背景材料： 某预应力混凝土连续梁桥，桥跨组合为50m+3×80m+50m，桥梁全长345.50m，桥梁宽度为25.00m。基础为钻孔灌注桩，采用回旋钻机施工，每个桥墩为每排三根共6根2.50m的桩，每个桥台为8根2.50m的桩。承台尺寸为8.00m×20.00m×3.00m，除桥台为干处施工外，其余均为水中施工（水深4～5m）。混凝土均要求采用集中拌和、泵送施工，水上混凝土施工考虑搭便桥的方法，便桥费用不计。本工程计划工期为18个月。其施工图设计的主要工程数量见表3.18。

表3.18 桥梁下部主要工程数量表

项目		钻孔深度/m				钢筋/t
		砂土	砂砾	软石	次坚石	
灌注桩	桥墩	87	862	176	27	329
	桥台	67	333	160	—	
承台		封底混凝土/m³		承台混凝土/m³		钢筋/t
		640		1920		91

问题： 请列出该桥梁基础工程造价所涉及的相关定额的名称、单位、定额表号、数量等内容，并填入表格中，需要时应列式计算。

答案：

1）钻孔灌注桩护筒数量的确定。

根据钻孔土质情况，拟定桥台钻孔桩的护筒长度平均为2.0m。其重量为

$$8×2×2×0.6126≈19.603（t）$$

根据钻孔土质情况，拟定桥墩钻孔桩的护筒长度平均为8.0m。其重量为

$$6×4×8×0.6126≈117.619（t）$$

2）水中施工钻孔工作平台数量的确定。

根据承台平面尺寸，拟定工作平台尺寸为10m×25m，其面积为

$$10 \times 25 \times 4 = 1000 \ (m^2)$$

3）钻孔灌注桩混凝土数量的确定。

$$(67+333+160+87+862+176+27) \times 2.5^2 \times \pi \div 4 \approx 8403.76 \ (m^3)$$

4）承台采用钢套箱施工，按低桩承台考虑，钢套箱按高出水面 0.5m 计算，其重量按 150kg/m² 计算，为

$$(8+20) \times 2 \times 5.5 \times 4 \times 0.15 = 184.8 \ (t)$$

5）施工图预算所涉及的工程细目名称、定额表号、工程量等见表 3.19。

表 3.19　预算定额工程细目

序号	工程细目		定额表号	单位	数量	定额调整情况
1	桩径 2.5m 内孔深 40m 内砂土		4-4-5-97	10m	6.7	
2	桩径 2.5m 内孔深 40m 内砂砾		4-4-5-99	10m	33.3	
3	桩径 2.5m 内孔深 40m 内软石		4-4-5-102	10m	16	
4	桩径 2.5m 孔深 60m 内砂土		4-4-5-313	10m	8.7	
5	桩径 2.5m 孔深 60m 内砂砾		4-4-5-315	10m	86.2	
6	桩径 2.5m 孔深 60m 内软石		4-4-5-318	10m	17.6	
7	桩径 2.5m 孔深 60m 内次坚石		4-4-5-319	10m	2.7	
8	灌注桩混凝土	浇筑	4-4-7-18	10m³	840.376	水平泵送距离增列：人工 x，机械 x
9		拌和	4-11-11-10	100m³	84.0376	定额×1.197
10	护筒	桥台	4-4-8-7	1t	19.603	
11		桥墩	4-4-8-8	1t	117.619	
12	水中施工工作平台		4-4-9-1	1000m²	10	
13	灌注桩钢筋		4-4-7-23	t	329	
14	承台封底混凝土		4-6-1-11	10m³	64	水平泵送距离增列：人工 x，机械 x
15	承台混凝土		4-6-1-10	10m³	192	水平泵送距离增列：人工 x，机械 x
16	承台及封底混凝土拌和		4-11-11-10	100m³	25.6	定额×1.04
17	承台钢筋		4-6-1-13	1t	91	
18	钢套箱		4-2-6-2	10t	18.48	

注：1）桥台钻孔桩平均每根孔深为：$(67+333+160) / (8 \times 2) = 35 \ (m)$；
　　桥墩钻孔桩平均每根孔深为：$(87+862+176+27) / (4 \times 6) = 48 \ (m)$。
　　2）本案例答案中的"x"均指由造价编制人员根据施工组织确定的数量。

案例3.7

背景材料：某大桥桥宽 26m，与路基同宽。桥长 1216m，两岸各接线 500m，地势较为平坦（土石方填挖计入路基工程，预制场建设不考虑土石方的填挖）。桥梁跨径为 $12 \times 30m + 6 \times 40m + 20 \times 30m$ 先简支后连续预应力混凝土 T 形梁结构，每跨布置预制 T 形梁 14 片。其中 30m 预应力 T 形梁梁高 180cm、底宽 40cm、顶宽 160cm，40m 预应力 T 形梁梁高 240cm、底宽 50cm、顶宽 160cm。T 形梁预制、安装工期均按 8 个月计算，预制安装存在时间差，按 1 个月考虑。吊装设备考虑 1 个月安拆时间，每片梁预制周

期按 10 天计算。上部结构的主要工程量见表 3.20。

表 3.20　上部结构主要工程数量

工程细目		单位	数量	备注
40m 预制 T 形梁	C50 混凝土	m³	2520	
	光圆钢筋	t	50.4	
	带肋钢筋	t	403.2	
	钢绞线	t	92.4	OVM 锚 15-7：672 套
30m 预制 T 形梁	C50 混凝土	m³	8960	
	光圆钢筋	t	179.2	
	带肋钢筋	t	1433.6	
	钢绞线	t	289.9	OVM 锚 15-7：3136 套
湿接缝	C50 混凝土	m³	784	
	光圆钢筋	t	23.52	
	带肋钢筋	t	141.12	
	钢绞线	t	137.9	长度 20m 内，BM 锚 15-5：3920 套

问题：请列出该桥梁工程上部结构的施工图预算所涉及的相关定额的名称、单位、定额表号、数量、定额调整等内容，并填入表格中，需要时请列式计算或文字说明。

答案：

1）预制底座计算。

预制 30m 预应力 T 形梁数量：（12＋20）×14＝448（片）；

预制 40m 预应力 T 形梁数量：6×14＝84（片）。

T 形梁的预制工期为 8 个月，每片梁预制需用 10 天时间，所以需要底座的数量为

30m T 形梁底座：448×10÷8÷30≈18.7，取 19 个；

40m T 形梁底座：84×10÷8÷30＝3.5，取 4 个。

底座面积：19×（30＋2）×（1.6＋1）＋4×（40＋2）×（1.6＋1）＝2017.6（m²）。

2）吊装设备。

桥梁两端地势较为平坦，可做预制场，因此考虑就近建设预制场。考虑运梁及安装，底座方向按顺桥向布置，每排 4 个，净间距 2.5m，排列宽度为 4×2.6＋3×2.5＝17.9（m）。

预制场龙门架：龙门架应配备配备 2 套（即预制、存梁各 1 套），重量参考预算定额的参考重量按跨径 20、高 9m 计算，即 29.7×2＝59.4（t）。

双导梁架桥机：按 40m 梁考虑，全桥配备 1 套，重量参考预算定额的参考重量 165t 计算。

因预制、安装存在 1 个月的时间差，再考虑 1 个月安拆时间，龙门架的设备摊销时间按 10 个月计算，定额中设备摊销费调整为 9000 元；架桥机的设备摊销时间按 9 个月计算，定额中设备摊销费调整为 8100 元。

3）临时轨道及其他。

存梁区长度考虑80m，因此预制场的长度为132×5+42+7×2.5+80+200＝299.5，取300m。

考虑到运输的方便，预制场与桥头直接相连，同时考虑架桥机拼装长度，按两孔跨径计80m，则路基上轨道长度为300+80×2＝460（m），按500m计算。

在桥上运梁临时轨道长度为桥梁总长1216m，架桥机的行走临时轨道长度一般为两孔桥梁的长度，即40×2＝80(m)，因此在桥梁上的临时轨道长度应为1216+80＝1296（m），按1300m计算。

考虑到拌和、堆料、加工、仓库、办公、生活等的需要，预制场范围再增加200m，所以，平整场地的面积为26×（300+200）＝13 000（m²），场地硬化的面积为300×26－2017.6＝5782.4（m²）。

全部铺15cm砂砾后，其中考虑40%面积水泥混凝土硬化厚10cm。

4）预制构件的平均运输距离。

假定预制场设置在桥跨20×30m一岸。

30m T形梁：

单片质量：8960÷448×2.5＝50（t）；

平均运距：[（20×30÷2）×（20×14）+（20×30+6×40+12×30÷2）×（12×14）]÷（32×14）＝570（m）。

40m T形梁：

单片质量：2520÷84×2.5＝75（t）；

平均运距：20×30+6×40÷2＝720（m）。

5）预应力钢绞线每吨束数。

40m以内：（672+3136）÷2÷（92.4+289.9）≈4.98（束/t）；

20m以内：3920÷2÷137.9≈14.21（束/t）。

6）计算混凝土拌和数量：（8960+2520）×1.01+784×1.02≈12 394.5（m³）。

7）施工图预算所涉及的工程细目名称、定额表号、工程量等见表3.21。

表3.21 预算定额工程细目

序号	工程细目		定额表号	单位	数量	定额调整情况
1	T形梁预制		4-7-14-1	10m³	1148	
2	预制钢筋	光圆钢筋	4-7-14-3	1t	253.1	增加光圆钢筋：量1.025，调整带肋钢筋：量0
3		带肋钢筋	4-7-14-3	1t	1977.9	
4	T形梁安装		4-7-14-7	10m³	1148	
5	预应力钢绞线	40m内	4-7-20-29	1t	392.3	实际束数（4.98束）；+［4-7-20-30］×1.16
6		20m内	4-7-20-17	1t	137.9	实际束数（14.21束）；+［4-7-20-18］×6.09 锚具抽换为15-5
7	大型预制构件底座		4-11-9-1	10m²	201.76	

续表

序号	工程细目		定额表号	单位	数量	定额调整情况
8	30m梁出坑堆放		4-8-2-5	10m³	896	
9	40m梁出坑堆放		4-8-2-6	10m³	252	
10	30m梁运输		4-8-2-5	10m³	896	实际运距570m： ＋［4-8-2-14］×10
11	40m梁运输		4-8-2-6	10m³	252	实际运距720m： ＋［4-8-2-15］×13
12	湿接缝		4-7-14-8	10m³	78.4	
13	混凝土拌和		4-11-11-11	100m³	123.945	
14	混凝土运输		4-11-11-20	100m³	123.945	
15	平整场地		4-11-1-2	1000m²	13	
16	场地硬化砂砾厚15cm		1-3-12-2	1000m³	0.867	
17	场地硬化混凝土厚10cm		4-11-5-6	10m³	23.13	
18	双导梁		4-7-31-2	10t	16.5	设备摊销费调整为8100元
19	预制场龙门吊		4-7-31-4	10t	5.94	设备摊销费调整为9000元
20	临时轨道	路基上	7-1-4-3	100m	5.0	
21		桥面上	7-1-4-4	100m	13.0	
22	混凝土搅拌站安拆		4-11-11-7	1座	1	

3.2.5 防护工程、安全设施和临时工程

1. 防护工程

在套用定额时主要注意以下几点：

1）本章定额未列出的其他结构形式的砌石防护工程，需要时按"桥涵工程"项目的有关定额计算。

2）本章定额除注明者外，均不包括挖基、基础垫层的工程内容，需要时按"桥涵工程"项目有关定额计算。

3）本章定额除注明者外，均已包括水泥混凝土的拌和费用。

4）现浇拱形骨架护坡可参考本章定额中的现浇框格（架）式护坡进行计算。

5）预应力锚索护坡定额中的脚手架系按钢管脚手架编制的，脚手架宽度按2.5m考虑。

6）工程量计算规则。

① 铺草皮工程量按所铺边坡的坡面面积计算。

② 护坡定额中以100m²或1000m²为计量单位的子目的工程量，按设计需要防护的边坡坡面面积计算。

③ 本章定额预制混凝土构件的工程量为预制构件的实际体积，不包括预制构件中空心部分的体积。

④ 预应力锚索的工程量为锚索（钢绞线）长度与工作长度的质量之和。

【例 3.9】　某浆砌片石挡土墙工程，试确定该工程的基础和填片石垫层的人工、片石、基价预算定额。

【解】　1) 浆砌片石基础定额。

查预算定额［5-1-15-5］查得每 10m³ 消耗：

人工：8.0 工日；

材料：片石 11.50m³；

基价：1270 元。

2) 填片石垫层定额。

根据防护工程章说明 2，填片石垫层定额可采用桥梁工程有关定额。该挡土墙基础垫层定额，采用"4-11-5 基础垫层"定额代替，定额编号为［4-11-5-3］。每 10m³ 消耗：

人工：8.6 工日；

材料：片石 12.5m³；

基价：848 元。

2. 安全设施

交通工程及沿线设施章定额包括交通安全设施、服务设施和管理设施等项目，共设安全设施、监控及收费系统、通信系统、供电及照明系统、光缆及电缆敷设、配管和配线及接地工程、绿化工程等七节（如有未包括的项目，可参照相关行业定额）。现仅对安全设施节做重点介绍。

本章定额中均已包括混凝土的拌和费用。

安全设施节定额包括柱式护栏，墙式护栏，波形钢板护栏，隔离栅，中间带，车道分离块，标志牌，轮廓标，路面标线，机械铺筑拦水带，里程碑、百米桩、界碑，公共汽车停靠站，防雨棚等项目。使用定额时应着重注意以下几点：

1) 定额中波形钢板、型钢立柱、钢管立柱、镀锌钢管、护栏、钢板网、钢板标志、铝合金板标志、柱式轮廓标、钢管防撞立柱、镀锌钢管栏杆、预埋钢管等均为成品，编制预算时按成品价格计算。其中标志牌单价中不含反光膜的费用。

2) 水泥混凝土构件的预制、安装定额中均包括了混凝土及构件运输的工程内容，编制预算时，不得另行计算。

3. 临时工程

(1) 临时工程与临时设施

公路建设中的临时工程是间接为建设工程服务的，它的特点是公路工程建成后，应全部拆除，并恢复原来的生态面貌。临时工程包括两个方面的内容：一是施工企业进行正常施工，施工现场必须设置的生产和生活用的临时设施，其所需费用，根据不同的工程项目、不同的地区类别以费率的形式计入其他工程费内的临时设施费中，常称为小型临时设施；二是为主体工程的施工必须修建的临时工程，包括临时便道、临时便桥、临时轨道、临时电力和电信线路等，可以根据建设工程的实际需要，逐项列入工程造价内，是构成全部建筑安装工程费用的一个内容，常称为大型临时工程。本章所指的即为大型临时工程。临时工程与临时设施的划分原则见表 3.22。

表 3.22　临时工程与临时设施

工程内容	临时工程	临时设施
划分原则	指工程施工需要配备的一般通用的、大型的施工设施，包括临时便道、临时便桥、临时轨道、临时电力和电信线路等	指各种生活、生产用房，工作便道，人行便桥，临时用水、用电的水管支线及电力支线，其他小型临时设施等

（2）本章定额主要内容与应用

临时工程应按施工组织设计结合工程实际情况需要而定，正确运用定额，如实反映工程造价。本章由汽车便道、临时便桥、临时码头、轨道铺设、架设输电、电信线路、人工夯打小圆木桩等六个项目组成。套用定额时主要注意以下几点：

1）汽车便道按路基宽度 7.0m 和 4.5m 分别编制，便道路面宽度按 6.0m 和 3.5m 分别编制，路基宽 4.5m 的定额中已包括错车道的设置。汽车便道项目中未包括便道使用期内养护所需的工、料、机数量，如便道使用期内需要养护，编制预算时，可根据施工期按定额说明增加数量。

2）临时汽车便桥按桥面净宽 4m、单孔跨径 21m 编制。

3）轨道铺设定额中轻轨（11kg/m，15kg/m）部分未考虑道渣；重轨（32kg/m）考虑了道渣铺筑。

4）便桥，输电、电信线路的木料、电线的材料消耗均按一次使用量计列，编制预算时，应按规定计算回收；其他各项定额分别不同情况，按其周转次数摊入材料数量。

3.2.6　公路预算定额小结

1. 确定工、料、机消耗的几种方法

1）直接套用单个定额。

2）定额子目组合：如自卸汽车配合挖掘机运输土方；路面基层面层混合料、混凝土运输或构件运输（距离调整）。

3）定额抽换。涉及定额抽换的主要有以下几种情况：

① 路基土方压实方与天然方之间的换算系数；

② 路面基层混合料分层碾压（每 1000m² 增加人工 3.0 工日，平地机拖拉机、压路机台班数量加倍）；

③ 基层混合料配合比调整；

④ 砂浆、混凝土、片石混凝土配合比调整；

⑤ 采用商品混凝土；

⑥ 泵送混凝土水平泵送距离调整；

⑦ 钢筋定额调整；

⑧ 设备摊销费调整；

⑨ 桥涵拱盔、支架有效宽度调整；

⑩ 周转性材料定额调整（桥梁支架及桥涵拱盔、支架所用周转性材料达不到定额规定的周转次数，可根据实际周转次数进行调整）等。

2. 运用定额应注意的问题

运用定额时应注意以下问题：

1）使用定额前应仔细阅读总说明、章说明、节说明及表后附注。

2）查定额时，首先要鉴别工程项目是属于哪类工程，以免盲目随意确定而在表中找不到栏目，无法计算或错误引用定额。如"汽车运土"与"汽车运输"（构件）就是如此，前者为路基工程，而后者为桥梁工程。

3）找到相关定额时，应仔细核对定额工程内容与设计工程内容，看是否应对定额进行组合或抽换，

4）看清定额计量单位。

5）施工方法、措施、项目、工程量(含辅助工程量、临时工程量)，应根据施工组织设计确定。

任务实施1-2　公路工程预算定额的确定

1. 阅读设计文件图样（排水工程）

"将军帽港区疏港公路"路基排水工程包括路堑边沟、排水沟、截水沟、急流槽、改渠及改沟等项目。路堑边沟采用 M7.5 浆砌片石砌筑、过村庄路段采用 C30 混凝土盖板；排水沟、截水沟、急流槽槽身、改渠及改沟均用 M7.5 浆砌片石砌筑。

2. 确定工、料、机预算定额消耗量（以浆砌片石护脚为例）

"将军帽港区疏港公路"浆砌片石护脚的工程数量为：M7.5 浆砌片石护脚 139.78m³、厚 2 cm M10 水泥砂浆抹面 50.5m²。

（1）M7.5 浆砌片石护脚（139.78m³）的工、料、机预算定额消耗量

1）需要抽换的消耗量。

该项目的定额表号为 [5-1-16-2]，设计采用 M7.5 水泥砂浆砌筑，与定额表中砌筑砂浆（M5）不一致，故其组成材料水泥和中（粗）砂的定额值应予抽换。抽换方法如下：

a. 由石砌护脚定额 [5-1-16-2] 查得每 10m³ 砌体需：

M5 砌筑砂浆：3.5m³；

32.5 级水泥：0.786t；

中（粗）砂：3.99m³。

注意：32.5 级水泥和中（粗）砂的定额值含砌筑砂浆和勾缝砂浆的用量。

b. 由基本定额（砂浆配合比表，P1009）查得每 1m³ 砂浆需：

砂浆为 M7.5 时：32.5 级水泥 266kg，中（粗）砂 1.09m³；

砂浆为 M5 时：32.5 级水泥 218kg，中（粗）砂 1.12m³。

c. 每 10m³ 护脚砌筑砂浆的材料定额：

用 M7.5 砂浆砌筑时，

32.5 级水泥：$3.5 \times 0.266 = 0.931$（t）；

中（粗）砂：$3.5 \times 1.09 = 3.815$（m³）。

用 M5 砂浆砌筑时，

32.5 级水泥：$3.5 \times 0.218 = 0.763$（t）；

中（粗）砂：$3.5 \times 1.12 = 3.92$（m³）。

d. 每 10m³ 石砌护脚的水泥和中（粗）砂的定额值（抽换值）：

32.5 级水泥：$0.786 - 0.763 + 0.931 = 0.954$（t）（替换 0.786t）；

中（粗）砂：$3.99 - 3.92 + 3.815 = 3.885$（m³）（替换 3.99m³）。

e. M7.5 浆砌片石护脚（139.78m³）的 32.5 级水泥、中（粗）砂消耗量：

32.5 级水泥：$0.954 \times 139.78/10 \approx 13.34$（t）；

中（粗）砂：$3.885 \times 139.78/10 \approx 54.30$（m³）。

2）不需要抽换的消耗量。

人工：$11.8 \times 139.78/10 \approx 164.94$（工日）；

原木：$0.001 \times 139.78/10 \approx 0.01$（m³）；

锯材：$0.004 \times 139.78/10 \approx 0.06$（m³）；

8~12 号铁丝：$0.2 \times 139.78/10 \approx 2.80$（kg）；

水：$7 \times 139.78/10 \approx 97.85$（m³）；

片石：$11.50 \times 139.78/10 \approx 160.75$（m³）。

（2）厚 2 cm M10 水泥砂浆抹面（50.5m²）的工、料、机预算定额消耗量

该项目的定额表号为［4-11-6-17］，设计采用 M10 水泥砂浆，与定额表中 M10 一致，故其组成材料水泥和中（粗）砂的定额值不需要抽换。预算定额消耗量如下：

人工：$5.5 \times 50.5/100 \approx 2.78$（工日）；

32.5 级水泥：$0.837 \times 50.5/100 \approx 0.42$（t）；

水：$15 \times 50.5/100 \approx 7.58$（m³）；

中（粗）砂：$2.78 \times 50.5/100 \approx 1.40$（m³）。

▌任务实施1-3　预算定额的套用

将"将军帽港区疏港公路"路基工程的挖路基土方、弃方运输、截水沟、浆砌片石护脚，路面工程中的填隙碎石底基层，公路设施及预埋管线工程中的石砌护栏等分项工程的定额表号、工程量和定额调整情况填入预算数据准备表（原始数据表3.23）中。

表 3.23　预算数据准备表（原始数据表）

建设项目：碧里至将军帽港区疏港交通战备公路改建工程

编制范围：K8+897.992~K19+555.63

项目	目	节	细目 （定额表号）	名称	单位	工程量	定额调整情况
				第一部分　建筑安装工程费	公路公里	10.66	
一				临时工程	公路公里	10.66	

续表

项	目	节	细目 (定额表号)	名称	单位	工程量	定额调整情况
一				……			
				路基工程	km	10.66	
				……			
	2			挖方	m³	757 594	
		1		挖土方	m³	213 267	
			1	挖路基土方	m³	213 267	
			1-1-12-14	135kW 以内推土机第一个 20m 普通土	1000m³	21.281	
			1-1-12-15	135kW 以内推土机第一个 20m 硬土	1000m³	38.957	
			1-1-12-16	135kW 以内推土机推土每增运 10m	1000m³	94.656	
			1-1-13-2	8m³ 以内拖式铲运机第一个 100m 普通土	1000m³	16.87	
			1-1-13-3	8m³ 以内拖式铲运机第一个 100m 硬土	1000m³	37.946	
			1-1-13-4	8m³ 以内拖式铲运机铲土每增运 50m	1000m³	37.501	
			1-1-13-2 换	8m³ 以内自行式铲运机第一个 100m 普通土	1000m³	4.549	
			1-1-13-3 换	8m³ 以内自行式铲运机第一个 100m 硬土	1000m³	17.862	
			1-1-13-4 换	8m³ 以内拖式铲运机铲土每增运 50m	1000m³	165.266	
			1-1-9-8	斗容量 2.0m³ 以内挖掘机挖装普通土	1000m³	22.741	
			1-1-9-9	斗容量 2.0m³ 以内挖掘机挖装硬土	1000m³	53.062	
			1-1-11-13 换	10t 以内自卸汽车运土第一个 1km	1000m³	51.808	
二			1-1-11-14 换	10t 以内自卸汽车运土每增运 0.5km（平均运距 5km 以内）	1000m³	207.232	
			1-1-12-15	135kW 以内推土机第一个 20m 硬土	1000m³	38.957	
			1-1-12-16	135kW 以内推土机推土每增运 10m	1000m³	94.656	
			1-1-13-2	8m³ 以内拖式铲运机第一个 100m 普通土	1000m³	16.87	
			1-1-13-3	8m³ 以内拖式铲运机第一个 100m 硬土	1000m³	37.946	
			1-1-13-4	8m³ 以内拖式铲运机铲土每增运 50m	1000m³	37.501	
			1-1-13-2 换	8m³ 以内自行式铲运机第一个 100m 普通土	1000m³	4.549	[1023] 换 [1017] [1017] 量 2.079
			1-1-13-3 换	8m³ 以内自行式铲运机第一个 100m 硬土	1000m³	17.862	[1023] 换 [1017] [1017] 量 2.583
			1-1-13-4 换	8m³ 以内拖式铲运机铲土每增运 50m	1000m³	165.266	[1023] 换 [1017] 机×0.700
			1-1-9-8	斗容量 2.0m³ 以内挖掘机挖装普通土	1000m³	22.741	
			1-1-9-9	斗容量 2.0m³ 以内挖掘机挖装硬土	1000m³	53.062	
			1-1-11-13 换	10t 以内自卸汽车运土第一个 1km	1000m³	51.808	定额×1.030
			1-1-11-14 换	10t 以内自卸汽车运土每增运 0.5km（平均运距 5km 以内）	1000m³	207.232	定额×1.030
				……			
		3		弃方运输	m³	254 085.0	
			1-1-11-13	10t 以内自卸汽车运土第一个 1km	1000m³	24.021	

续表

项	目	节	细目 (定额表号)	名称	单位	工程量	定额调整情况
			1-1-11-14	10t 以内自卸汽车运土每增运 0.5km （平均运距 5km 以内）	1000m³	96.084	
			1-1-11-41	10t 以内自卸汽车运输第一个 1km 石方	1000m³	230.064	
			1-1-11-42	10t 以内自卸汽车运输每增运 0.5km 平均运距 5km 以内石方	1000m³	410.235	
				……			
		4		排水工程	km	10.66	
				……			
			3	截水沟	m³/m		1953.0/2570.0
二			2	浆砌片石截水沟	m³/m	1953.0 /2570.0	
			1-2-3-1 换	浆砌片石边沟、排水沟、截水沟	10m³	195.3	M5 换 M7.5
			1-2-1-3	硬土	1000m³	4.93	
				……			
		5		防护与加固工程			
				……			
			2	浆砌片石护脚	m³/m	139.78/101.0	
			5-1-16-2 换	浆砌	10m³	13.978	M5 换 M7.5
			4-11-6-17	水泥砂浆抹面（厚2cm）	100m²	0.505	
				……			
				路面工程	km	10.66	
	1			路面底基层	m²	171 734.5	
		1		填隙碎石底基层	m²	171 734.5	
			1	15cm 厚填隙碎石底基层	m²	167 625.3	
三			2-1-12-20 换	机械摊铺 15cm 填隙碎石底基层	1000m²	167.625	[1183]量 0.113[1405] 量 0.113 材×1.250
			2	10cm 厚填隙碎石底基层	m²	4109.2	
			2-1-12-16	机械铺料压实厚度 10cm 底基层	1000m²	4.109	
				……			
四				桥梁涵洞工程	km	10.66	
				……			
五				交叉工程	处		
				……			
六				隧道工程	km/座	0.263/1	
				……			
				公路设施及预埋管线工程	公路公里	10.66	
	1			安全设施	公路公里	10.66	
				……			
七		2		石砌护栏	m³	1011.65	
			6-1-2-1	石砌墙式护栏浆砌片石	10m³	52.605	M5 换 M7.5
			6-1-2-2	石砌墙式护栏浆砌块石	10m³	48.56	M5 换 M7.5
			4-11-6-17	水泥砂浆抹面（厚2cm）	100m²	6.475	
				……			

思 考 题

1. 说明查用概预算定额的步骤。

2. 何谓定额抽换？什么情况下应进行定额抽换？

3. 什么叫基本定额？其用途是什么？

4. 路基土石体积计算时，对于天然方和压实方是如何考虑的？对土石方运距是如何考虑的？

5. 在路基工程中，应根据施工组织设计的要求予以取定并计入路基填方数量内的几种土石方数量是什么？

6. 举例说明运输机械的经济运距。

7. 路面实体计算单位是什么？

8. 自卸汽车运输稳定土混合料、沥青混合料和水泥混凝土定额项目适用范围和运距是如何规定的？

9. 公路工程预算定额中对路面压实厚度及分层铺筑时压实机械的计算是如何规定的？

10. 当各类稳定土基层材料消耗的设计配合比与定额标明的配合比不同时，有关材料如何换算？

11. 隧道工程混凝土拌和费用、超挖及预留变形和弃渣洞外运输用的计算是如何规定的？

12. 简述隧道工程项目采用其他章节定额的规定。

13. 说明隧道工程项目混凝土运输定额的适用范围。

14. 简述隧道工程项目明洞身开挖和支护有关的工程量计算规则。

15. 桥涵工程的混凝土拌和、运输（含泵送）的费用的计算是如何规定的？

16. 桥梁工程构件安装定额中预制构件的用量是如何规定的？

17. 说明灌注桩混凝土工程量计算方法。

18. 拱盔、支架实际宽度与定额时采用的有效宽度不同时如何换算？桥梁支架工程量和支架高度的计算是如何规定额的？

19. 临时工程预算定额包括哪些内容？

20. 临时工程与临时设施是如何划分的？

习 题

1. 某高速公路建设项目路基土石方的工程量见表 3.24。

表 3.24 路基土石方工程量

挖方/m³		利用方填方/m³		借方填方/m³	
普通土	次坚石	土方	石方	普通土	次坚石
470 700	1 045 000	382 400	1 033 700	200 000	11 500

问题：

（1）本项目土石方的计价方数量、断面方数量、利用方数量（天然密实方）、借方数量（天然密实方）和弃方数量各是多少？

（2）假设填方路段路线长 10km，路基宽度 28m，大部分均为农田，平均填土高度为4m，边坡坡率为 1∶1.25，问耕地填前压实的工程量应是多少？

2. 某高速公路一合同段的路基工程填方集中，填方需借土 210 000m³（普通土，远运平均运距 5km），试确定其工、料、机的消耗量。

3. 某石灰粉煤灰稳定碎石基层（拖拉机带铧犁拌和），定额标明的配合比为：石灰∶粉煤灰∶碎石＝5∶15∶80，设计配比合为：石灰∶粉煤灰∶碎石＝4∶11∶85，设计压实厚度 16cm，试确定石灰、粉煤灰、碎石调整后的定额值。

4. 某桥预制预应力等截面箱梁的设计图样中光圆钢筋为 2.50t、带肋钢筋为 8.20t，试确定该分项的钢筋预算定额。

5. 某桥预制 T 形梁，混凝土设计标号 C35，试确定混凝土组成材料的预算定额。

6. 某 6 孔净跨径 30m 混凝土拱桥，拱盔宽 18m，拱矢比 1∶4，起拱线至地面高度 10m，设计允许一次可浇筑二孔，故制备二孔满堂式木拱盔及支架。试计算该桥的拱盔立面积、支架立面积，并确定其满堂式木拱盔预算定额及木拱盔实际周转次数的周转性材料预算定额。

案例练习题

案例题一

背景：某二级公路第×合同长 15km，路基宽度 12m，其中挖方路段长 4.5km，填方路段长 10.5km，施工图设计图样提供的路基土石方表见表 3.25。

表 3.25　路基土石方表

挖方/m³		本桩利用/m³		远运利用/m³		填方/m³
普通土	软石	土方	石方	土方	石方	
150 000	75 000	35 000	15 000	115 000	50 000	550 000

注：表中挖方、利用方均指天然密实方，填方指压实方，借方为普通土。

已知：远运利用土、石方的平均运距为 400m，借方、弃方的平均运距为 3km。

问题：请根据上述资料列出该土石方工程造价所涉及的相关定额的名称、单位、定额表号、数量等内容，并填入表 3.26 中，需要时应列式计算或文字说明。

表 3.26　预算定额工程细目表

序号	工程细目	单位	定额表号	数量	定额调整情况	备注

续表

序号	工程细目	单位	定额表号	数量	定额调整情况	备注
	……					

案例题二

背景：某公路工程采用沥青混凝土路面。施工图设计的路面基层为20cm厚的（5%）水泥稳定碎石，底基层为20cm厚的（5∶15∶80）石灰粉煤灰砂砾。其中某标段路线长30km，基层为771 780m²，底基层数量均为789 780m²，要求采用集中拌和施工，根据施工组织设计资料，在距路线两端1/3处各有一块比较平坦的场地，且与路线紧邻。路面施工期为6个月。拌和站场地处理不考虑。

问题：请按不同结构分别列出本标段路面工程造价所涉及的相关定额的名称、单位、定额表号、数量等内容，并填入表3.26中，需要时应列式计算。

案例题三

背景：某隧道工程全长1360m，主要工程量为：设计开挖断面积为150m²，开挖土石方数量为210 780m³，其中Ⅴ级围岩10%，Ⅳ级围岩70%，Ⅲ级围岩20%，洞外出渣运距为1300m。

问题：列出隧道洞身开挖及回填工程施工图预算所涉及的相关定额的名称、单位、定额表号、数量等内容，并填入表3.26中，需要时应列式计算或文字说明。

案例题四

背景：某四车道高速公路，路基宽26.00m，设计若干座钢筋混凝土矩形板小桥。其中有一座一孔标准跨径5.00m的小桥，其上部构造行车道钢筋混凝土矩形板设计25号混凝土62.40m³、钢筋5.24t，台高5.00m。小桥有浅水0.30m深，须用草袋围堰，适当平整用砂砾垫层3.00m³加固后才能架设桥梁临时支架，以便现浇上部构造混凝土。

10座小桥设一处预制场计10 000m²，场中面积30%要铺筑砂砾垫层15cm厚，20%面积用水泥砂浆2cm厚进行抹面，作为构件预制底板。预制场至桥址平均运距计10km，用汽车运至安装地点。

问题：试分别按预制、安装和现浇上部混凝土两种施工方法，提出行车道板的各项工程细目、预算定额表号及工程量，并填入表3.26中。

案例题五

背景：某高速公路有一处1—5×3钢筋混凝土盖板涵，进出口均为八字墙，其施工图设计主要工程数量见表3.27。

表 3.27　盖板涵主要工程量

项目	单位	工程量
C35 预制混凝土盖板	m³	126
盖板钢筋 R235	kg	3067
盖板钢筋 HRB335	kg	16 352
台身 C20 混凝土	m³	298
台身基础 C20 混凝土	m³	519
帽石 C30 混凝土	m³	1.44
端墙身 C20 混凝土	m³	17
端墙基础 C20 混凝土	m³	2.15
开挖基坑土方	m³	820
M7.5 浆砌片石涵底铺砌	m³	47.5

注：盖板预制场运距 1.5km，弃土场运距 1.5。

问题： 列出编制施工图预算所涉及的相关定额的名称、单位、定额表号、数量等内容，并填入表 3.26 中，需要时应列式计算。

第四章　人工、材料、施工机械台班预算单价的确定

4.1　人工、施工机械台班预算单价的确定

> **学习目标**
>
> 根据项目情况确定人工、施工机械台班预算单价。

4.1.1　人工预算单价的确定

1. 人工预算单价及其组成

人工预算单价（人工工日单价）是指一个建筑安装生产工人一个工作日在预算中应计入的全部人工费用。按照现行规定生产的人工工日单价组成内容如下：

1）基本工资，系指发放给生产工人的基本工资、流动施工津贴和生产工人劳动保护费，以及为职工缴纳的养老、失业、医疗保险费和住房公积金等。

生产工人劳动保护费系指按国家有关部门规定标准发放的劳动保护用品的购置费及修理费、徒工服装补贴、防暑降温费、在有碍身体健康环境中施工的保健费用等。

2）工资性补贴，系指按规定标准发放的物价补贴，煤、燃气补贴，交通费补贴，地区津贴等。

3）生产工人辅助工资，系指生产工人年有效施工天数以外非作业天数的工资，包括开会和执行必要的社会义务时间的工资，职工学习、培训期间的工资，调动工作、探亲、休假期间的工资，因气候影响停工期间的工资，女工哺乳期间的工资，病假在六个月以内的工资及产、婚、丧假期的工资。

4）职工福利费，系指按国家规定标准计提的职工福利费。

2. 人工预算单价的确定方法

编制公路工程概（预）算时，人工预算单价应按各省、自治区、直辖市交通运输厅（局、委）公布的人工费标准取定。同时人工单价仅作为编制概（预）算的依据，不作为施工企业实发工资的依据。例如，福建省交通厅及交通工程造价管理站制定的《福建省公路工程基本建设项目概算预算编制补充规定》，对福建省人工费（含机械工）单价按表 4.1 的标准执行（自 2008 年 7 月 1 日起执行）。

表 4.1　福建省人工费（含机械工）单价标准

适用范围	人工费/（元/工日）	备注
厦门市	55	含机械工

续表

适用范围	人工费/（元/工日）	备注
除厦门市外其他地区	47	含机械工
船员	66	
潜水员	100	

4.1.2 施工机械台班预算单价的确定

1. 公路工程机械台班费用定额

《公路工程机械台班费用定额》（JTG/T B06—03—2007）（以下简称《机械台班费用定额》）是《公路工程预算定额》（JTG/T B06—02—2007）、《公路工程概算定额》JTG/T B06—01—2007）配套定额，是编制公路基本建设工程概、预算的依据。

《机械台班费用定额》的主要内容包括说明和台班费用定额表两大部分。

说明共十二条，对机械台班费用定额的作用、机械分类、费用组成和某些规定做了说明。

台班费用定额表是《机械台班费用定额》的主要组成部分，表格按机械分类编制。机械共分十一类，包括：土、石方工程机械，路面工程机械，混凝土及灰浆机械，水平运输机械，起重及垂直运输机械，打桩、钻孔机械，泵类机械，金属、木、石料加工机械，动力机械，工程轮船舶，其他机械。每类机械为一个表，共分十一个表，表中给出相应类别、不同规格机械的不变费用和可变费用。

《机械台班费用定额》的用途是：①计算施工机械台班预算单价；②计算台班消耗的人工、燃料等实物消耗；③供编制施工组织方案（特别是机械化施工方案）进行经济比较之用。

2. 施工机械台班预算单价的组成与确定

一台机械工作一个工作班即称为一个台班（除潜水设备、变压器和配电设备外，每台班均按 8h 计算）。机械台班预算单价是指一台施工机械在一个台班中，为使机械正常运转所支出和分摊的人工、材料、折旧、维修等各项费用的总和。

公路工程施工机械台班预算单价应按《机械台班费用定额》计算，不得采用社会出租台班单价计价。施工机械台班预算单价由不变费用和可变费用组成。

1）不变费用。不变费用包括折旧费、大修理费、经常修理费、安装拆卸及辅助设施费等 4 项费用。在《机械台班费用定额》中，将不变费中的各项费用直接用金额的形式列入。在编制机械台班单价时，除青海、新疆、西藏等边远地区可按其省、自治区交通厅批准的调整系数进行调整外，其他地区均应以定额规定的数值为准，不得任意变动。

2）可变费用。可变费用包括人工费（随机操作人员的工作日工资）、动力燃料费、养路费及车船使用税等 3 项费用。在《机械台班费用定额》中仅规定实物量，即人工工日、动力物质（包括汽油、柴油、电、水、煤）等每台班的实物消耗数量。在编制机械台班单价时，随机操作人员数量（人工工日数）及动力物质消耗量应以《机械台班费用定额》中的数值为准。台班人工费工日单价同生产工人人工费单价。工程船舶和潜水设备的工日单价，按当地有关部门规定计算。动力燃料费的预算价格，按当地的动力物质的工地预算价格计算。

养路费及车船使用税，如需缴纳时，应按各省、自治区、直辖市及国务院有关部门的规定标准，按机械的年工作台班计入台班费用。台班人工费和台班动力燃料费的计算公式为

$$台班人工费 = 定额人工工日数 \times 人工工日单价 \tag{4.1}$$

$$台班燃料动力费 = 定额台班动力燃料消耗量 \times 相应单价 \tag{4.2}$$

当工程用电为自行发电时，电动机械每千瓦时（度）电的单价可由下述近似公式计算：

$$A = 0.24 \times K/N$$

式中，A——每千瓦时电单价（元）；

K——发电机组的台班单价（元）；

N——发电机组的总功率（kW）。

4.2　材料预算单价的确定

学习目标

1. 根据项目确定材料的预算单价；
2. 编制 09 表（材料预算单价计算表）、10 表（自采材料料场价格计算表）。

4.2.1　材料预算单价的组成与计算

1. 材料预算价的概念与组成

材料的预算价格是指材料（包括原材料、构件、成品及半成品等）从其来源地（或交货地）到达工地仓库（或施工地点堆放材料的地方）后的出库价格。

材料预算价格由材料原价、运杂费、场外运输损耗、采购及仓库保管费组成。

2. 材料预算价计算

（1）材料原价

各种材料原价按以下规定计算。

外购材料：国家或地方的工业产品，按工业产品出厂价格或供销部门的供应价格计算，并根据情况加计供销部门手续费和包装费。当供应情况、交货条件不明确时，可采用当地规定的价格计算。

地方性材料：地方性材料包括外购的砂、石材料等，按实际调查价格或当地主管部门规定的预算价格计算。

自采材料：自采的砂、石、黏土等材料，按预算定额（第八章材料采集及加工）中开采单价加辅助生产间接费和矿产资源税（如有）计算。因此，自采材料的原价通常也称为料场价格。在编制概预算时，自采材料原价（料场价格）是自采材料料场价格计算表（10 表）来完成的。

对于外购材料（含外购的地方性材料）的原价，编制概、预算时，可参考各省、自治区、直辖市公路（交通）工程造价（定额）管理站定期公布的本地区材料价格信息。

（2）运杂费

运杂费系指材料自供应地点至工地仓库（施工地点存放材料的地方）的运杂费用，包括装卸费、运费，如果发生，还应计囤存费及其他杂费（如过磅、标签、支撑加固、路桥通行等费用）。

一种材料如有两个以上的供应点时，都应根据不同的运距、运量、运价采用加权平均的方法计算运费。

1）社会运输运杂费的确定。社会运输即通过铁路、水路和公路等部门运输，应按铁路、航运和当地交通部门规定的运价计算运费。对于社会运输材料，其单位运杂费的计算，可参照以下方法计算：

$$材料单位运杂费 = 单位运费 + 单位装卸费 + 单位杂费 \qquad (4.3)$$

$$单位运费 = 运价率 \times 运距 \times 单位毛重 \qquad (4.4)$$

$$单位装卸费 = 装卸费率 \times 单位毛重 \qquad (4.5)$$

其中单位毛重的计算如下：

对于有包装及容器的材料，其单位毛重按下式计算：

$$单位毛重 = 单位重 \times 毛重系数 \qquad (4.6)$$

式中，运价率——运输每吨公里物资金额 [元/(t·km)]，按当地运输部门规定计列；

运距——由运料起点至运料终点间的里程（km）；

毛重系数、单位毛重——按表4.2及式（4.6）确定；

单位重——按《公路工程预算定额》附录四确定。

表 4.2　材料毛重系数及单位毛重表

材料名称	单位	毛重系数	单位毛重
爆破材料	t	1.35	
水泥、块状沥青	t	1.01	
铁钉、铁件、焊条	t	1.10	
液体沥青、液体燃料、水	t	桶装 1.17，油罐车 1.00	
木料	m³	—	1.000t
草袋	个	—	0.004t

2）施工单位自办运输运杂费的确定。自办运输是施工企业根据公路建设项目所在地交通不便，社会运力缺乏的情况，结合本企业运输能力而组织材料运输的一种运输方式。自办运输运费的确定应按概预算编制办法的规定进行。

单程运距在15km以上的长途汽车运输按当地交通部门规定的统一运价计算运费。

单程运距5～15km的汽车运输按当地交通部门规定的统一运价计算运费，当工程所在地交通不便、社会运输力量缺乏时，如边远地区和某些山岭区，允许按当地交通部门规定的统一运价加50%计算运费。

单程运距在5km及以内的汽车运输或人力场外运输，按《预算定额》（第九章材料运输定额）计算运费，其中人力装卸和运输另按人工费加计辅助生产间接费。

（3）场外运输损耗费

场外运输损耗系指有些材料在正常的运输过程中发生的损耗，这部分损耗应摊入材料

单价内。材料场外运输损耗率见表4.3。计算公式为

单位场外运输损耗费＝（材料原价＋材料单位运杂费）×材料场外运输损耗率　　（4.7）

表 4.3　材料场外运输操作损耗率（%）

材料名称		场外运输（包括一次装卸）	每增加一次装卸
块状沥青		0.5	0.2
石屑、碎砾石、砂砾、煤渣、工业废渣、煤		1.0	0.4
砖、瓦、桶装沥青、石灰、黏土		3.0	1.0
草皮		7.0	3.0
水泥	袋装	1.0	0.4
	散装	1.0	0.4
砂	一般地区	2.5	1.0
	多风地区	5.0	2.0

注：汽车运水泥当运距超过500km时，增加损耗率：袋装0.5%。

（4）采购及保管费

材料采购及保管费是指材料供应部门（包括工地仓库及各级材料主管部门）在组织采购、供应和保管材料过程中所需的各项费用及工地仓库的材料储存损耗。材料采购及保管费计算公式如下：

单位采购及保管费 ＝（材料原价＋单位运杂费＋单位场外运输损耗费）×采购及保管费率　　（4.8）

公路工程材料的采购及保管费费率为2.5%。外购的构件、成品及半成品的预算价格，其计算方法与材料相同，但构件（如外购的钢筋桁梁、钢筋混凝土构件及加工钢材等半成品）的采购保管费率为1%。商品混凝土预算价格的计算方法与材料相同，但其采购保管费率为0%。

综合上述四种费用的计算，材料预算价格的计算公式就是：

材料预算价格 ＝（材料原价＋运杂费）×（1＋场外运输损耗率）
×（1＋采购及保管的费率）－包装材料回收价值　　（4.9）

在编制概预算时，材料预算价格是通过材料预算单价计算表（09表）来完成的。

4.2.2　材料采集及加工定额、材料运输定额

1. 材料采集及加工定额

材料采集及加工系指工程施工现场周边无法采购到条例符合工程设计要求的建筑材料（主要是指土、砂石料等），而必须由施工企业自行采集与加工来满足工程建设的需要。《公路工程预算定额》第八章为材料采集及加工，对于自采材料的原价（料场价）应按本章定额中开采单价加辅助生产间接费和矿产资源税（如有）计算。有条件的工程项目，材料应自采加工，以降低工程造价。

1）要注意定额中的单位：土、黏土、砂、石屑、碎（砾）石、煤渣、矿渣均按堆方计算；片石、块石、大卵石均按码方计算；料石、盖板石均按实方计算。

2）开炸路基石方的片（块）石如需利用时，应按本章检清片（块）石项目计算。

3）材料采集及加工定额已包括采、筛、洗、堆及加工操作损耗在内。

4）采用定额时要结合附注内容，合理运用。

【例 4.1】 某路线工程的桥涵工程所需片石由两种方法取得，一种是采石场开采片石，一种是利用开炸路基石方时检清片石。试列出这两种采集片石方法的预算定额。

【解】 1）开采片石定额（机械开采）。由预算定额表［8-1-6-2］可查得定额（每 100m³ 码方）：

人工：39.2 工日；

材料：空心钢钎 2.1kg、合金钻头 3 个、硝铵炸药 20.4kg、导火线 52m、普通雷管 49 个；

机械：9m³/min 机动空机 1.31 台班、小型机具使用费 54.9 元；

基价：2996 元。

2）人工检清片石定额。由定额表［8-1-6-3］查得（每 100m³ 码方）定额：

人工：27.7 工日；

基价：1363 元。

2. 材料运输定额

材料运输是指将材料通过人工或机械从采购地或料场运送到施工现场堆放地或工地仓库。《预算定额》的第九章材料运输定额是供材料自办运输费用使用的。按照《公路工程基本建设项目概算预算编制办法》（JTG B06—2007）的要求，施工单位自办的运输如果单程运距在 5km 及以内的汽车运输或人力场外运输，按预算定额（即本章定额）计算运费。其中人力装卸和运输另按人工费加计辅助生产间接费。

运输方式有：人工挑抬、手推车运输、机动翻斗车运输、手扶拖拉机运输、载货汽车运输（配合人工装卸）、自卸汽车运输（配合装载机装车）等。要根据具体情况，合理选用运输方式，以确定合理的材料预算价格。

1）汽车运输项目中因路基不平、土路松软、泥泞、急弯、陡坡而增加的时间，定额内已于考虑。

2）人工装卸船舶可按人力挑抬运输、手推车运输相应项目定额计算。

3）所有材料的运输及装卸均未包括堆、码方工日。

4）本章定额中未列名称的材料，可按下列规定执行，其中不是以质量计量的应按单位质量进行换算：①水按运输沥青、油料定额乘以系数 0.85 计；②天然级配、石渣、风化石按碎石运输定额计；③其他材料一律按水泥运输定额执行。

【例 4.2】 试确定下列工程的预算定额编号：

1）8t 以内自卸汽车运路基土 5km。

2）8t 以内自卸汽车运土 5km。

3）8t 以内自卸汽车运输路面厂拌基层稳定土混合料 5km。

4）8t 载重汽车运输预制构件 5km。

【解】 上述各题虽都是汽车运输，但由于运输对象不同，故各自的定额编号亦不相同。

1）汽车运土已明确是运路基土，因此，该工程属于"路基工程"的一项。其定额编号为［1-1-11-9］和［1-1-11-10］。

2）汽车运土因没有明确为何工程运土，因此，该土是当作材料来运输的，属于"材料运输"中的一项，其定额编号为［9-1-6-37］和［9-1-6-38］。

3）汽车运路面混合料，属于"路面工程"中的一项，其定额编号为［2-1-8-9］和［2-1-8-10］。

4）汽车运预制构件，由于运送对象是预制构件，故属于"桥涵工程"中的一项，其定额编号为［4-8-3-9］和［4-8-3-13］。

4.2.3　材料平均运距的计算

材料平均运距的计算，从阶段来分，可分为施工阶段的材料运距计算和设计阶段的材料运距计算。在施工阶段，对于运距要结合实际、精打细算；而在设计阶段，对于运距则要求接近实际，基本合理。对材料运距的计算可归纳为如下三个问题：

1）卸料地点问题，包括线型工程运料终点的确定、集中型工程运料终点的确定。

2）供料地点问题，包括自采材料料场供应范围、外购材料供应地点确定。

3）某种材料的预算平均运距问题，包括线式卸料总平均运距的计算、点式卸料总平均运距的计算。

1. 运料终点的确定

由于公路工程是线型构造物，卸料地点分散，所以材料运输终点的确定，对运距的确定影响较大。为此，应对运料终点做出原则规定：

（1）点式卸料

点式卸料是指料运输终点相对地卸于一个特定的代表地点，主要适用于集中型工程，其材料运输终点是：①大中桥为桥址中心桩号；②大型隧道的中心桩号；③集中型工程范围中心的桩号。

（2）线式卸料

所谓线式卸料，亦称多点式卸料，是指材料的运输终点是分散的。主要适用于路线工程各种工程项目所用的各种材料运距计算。其卸料地点原则上是其用料的"重心"地点，即

1）需集中拌和的路面混合料的各种原材料，为各拌和厂的堆料中心点。

2）不需集中厂拌的路面材料，为各用料路段的中心桩号。

3）砌石工程的材料为各集中工程地段的中心桩号。

4）小桥涵及小型构造物用材料，如果用料数量比较均匀可取路线的中心桩号，若分布不均匀则应划段取其中心点桩号。

2. 材料供应地点和供应范围

公路工程所用材料按其供应来源性质可分为外购材料和自采材料两大类。在确定材料运距时，除明确卸料地点外，还必须明确材料的供应地点和供应范围。

（1）材料供应地点

1）外购材料的供应地点，即材料的起运地点，应由调查资料确定。

2）自采材料的供应地点，就是各供应路段的相应供料料场地点。

（2）料场经济供应范围的确定

当公路沿线有若干个同种材料的料场时，应在两相邻料场间确定一个经济供应范围的分界点，分界点的确定，可以采用以下两个原则：

1）从1号、2号料场运至 L 路段的材料总费用（料场价格加运费）最小。

2）单位材料从料场运至分界点 K 的费用相等。

上述两个原则是完全等价的。

图 4.1 表示某路段两相邻料场 1 号和 2 号的分布，其有关参数见表 4.4。

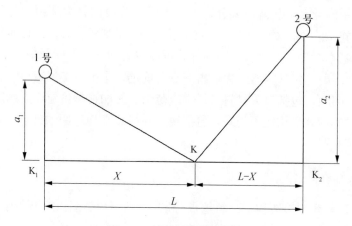

图 4.1 材料经济供应范围

表 4.4 料场参数表

项目	单位	1 号料场	2 号料场
材料料场单价	元/m³	C_1	C_2
上路距离	km	a_1	a_2
单位运价	元/（m³·km）	f_1	f_2
材料需要量	m³	$q \cdot X$	$q \cdot (L-X)$

注：q 为单位里程长度的材料用量。

经济分界点 K 的桩号可按式（4.10）计算：

$$X = \frac{1}{f_1 + f_2}[L \cdot f_2 + (c_2 - c_1) + a_2 \cdot f_2 - a_1 \cdot f_1] \qquad (4.10)$$

K 点的桩号＝K1 桩号＋X。

计算桩号时注意：

1）路线起终点至最近料场的运距在其经济范围内，路线起终点即为经济分界点，不必计算；

2）计算运距时，要注意断链的影响。

3. 材料平均运距计算

为了计算材料单价的运杂费，必须确定各种材料的平均运距。当一种材料有多个供应点时，必须先确定各供应点的经济范畴；当一种材料有多个卸料点时，必须先计算其平均运距。

（1）自采材料平均运距计算

当自采材料沿路线有多个供应点且有多个用料点时，材料料场供应范围及各卸料点的位置、运距、用料数量确定以后，可用公式（4.11）计算全路线加权平均运距（图 4.2），即

$$L = \frac{\sum\limits_{i=1}^{n} Q_i L_i}{\sum\limits_{i=1}^{n} Q_i} \tag{4.11}$$

式中，L——某种材料全路线加权平均运距（km）；

　　　n——卸料点个数；

　　　Q_i——各卸料点某种材料数量；

　　　L_i——各供料点到卸料点间运距（km）。

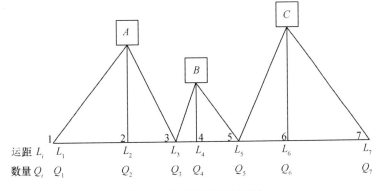

图 4.2　自采材料平均运距

（2）外购材料平均运距计算

外购材料一般只有一个供应点，具有多个用料点（图 4.3），可用公式（4.12）计算平均运距，即

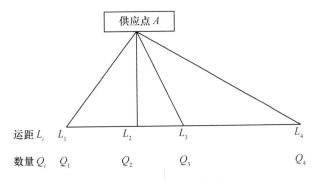

图 4.3　外购材料平均运距

$$L = \frac{\sum\limits_{i=1}^{n} Q_i L_i}{\sum\limits_{i=1}^{n} Q_i} \tag{4.12}$$

式中，L——某种外购材料全路线加权平均运距（km）；

　　　n——卸料仓库个数；

　　　Q_i——某种材料各仓库入库数量；

　　　L_i——卸料仓库到供料点运距（km）。

案例

　　背景材料： 某隧道围岩为石灰岩，长 500m，隧道弃渣于洞口附近，距隧道洞口 30km 处有一碎石场，2cm 碎石供应价为 25 元/m³（含装卸费等杂费），当地运价标准为 0.7 元/(t·km)，人工工资单价为 40 元/工日，250mm×150mm 电动破碎机台班预算单价为 115 元/台班，滚筒式筛分机台班预算单价为 164 元/台班。

　　问题：

　　1）假设隧道弃渣经破碎筛分后能满足隧道混凝土工程需要，请合理确定本项目碎石预算单价。

　　2）如隧道弃渣加工的碎石只能满足 200m 隧道混凝土工程的需要，此时的 2cm 碎石综合单价是多少？

　　答案：

　　1）外购碎石预算单价计算。

$$(25+30×0.7×1.5)×(1+1\%)×(1+2.5\%)≈58.49（元/m³）$$

　　注：碎石的单位重为 1.5t/m³，1% 为碎石的场外运输损耗率，2.5% 为采购及保管费率。

　　2）考虑利用隧道弃渣自行加工碎石预算单价计算。

　　片石单价计算：隧道弃渣不需进行开采，根据定额规定套用检清片石定额计算片石单价，即

　　检清 [8-1-6-3]（只需人工检清片石），则

$$27.7×40×1.05/100=11.63（元）$$

　　注：5% 为辅助生产间接费，按人工费的 5% 计。

　　碎石单价：机械轧碎石定额 [8-1-9-12]

$$(48.3×40×1.05+116.9×11.63+6.49×115+6.6×164)/100=52.17（元/m³）$$

　　3）综合选定。

　　利用弃渣单价为 52.17 元/m³，比外购 58.49 元/m³ 低，所以合理单价应为利用弃渣。即本项目碎石预算单价为 52.17 元/m³。

　　4）2cm 碎石预算单价综合计算。

　　由于利用隧道弃渣加工碎石仅能满足 200m 隧道混凝土工程需要，即自采加工碎石的比重为

$$200/500=40\%。$$

　　因此，本项目 2cm 碎石预算单价为

$$52.17×0.4+58.49×0.6=55.96（元/m³）$$

任务实施1-4 材料预算单价的确定

1. 确定自采材料的料场价格,填写自采材料料场价格计算表(10表)

在编制概预算时,自采材料料场价格是通过自采材料料场价格计算表(10表)来完成的。

"将军帽港区疏港公路"沿线石料资源储量丰富,大部分为砂岩、花岗岩,适宜作为工程用料,工程使用的片石、碎石(含路面用碎石)可自采加工。片石利用路基开炸石方检清利用,碎石利用片石破碎加工。将本项目片石和碎石(2cm)料场价格的计算过程填入自采材料料场价格计算表(10表)中,见表4.5。

填表说明:

1)本表主要用于分析计算自采材料料场价格,应将选用的定额人工、材科、机械台班消耗数量全部列出,包括相应的工,料、机单价。

2)"定额号"、"定额"栏,均需查阅"公路工程预算定额"第八章材料采集及加工相应的定额表号。

3)工、料、机单价从人工、材料、机械台班单价汇总表(07表)中转来。

4)"金额"栏,金额=工、料、机单价×定额。

2. 确定自采材料的预算价格,填写材料预算单价计算表(09表)

根据外业调查资料,片石、碎石(2cm)的平均运距为2.5km,均采用自办运输,运输方式拟采用10t以内自卸汽车运输(配合2m³以内轮胎式装载机装车)。将本项目片石和碎石(2cm)预算价格的计算过程填入材料预算单价计算表(09表)中,见表4.6。

填表说明:

1)本表用于计算各种材料自供应地点或料场至工地的全部运杂费与材料原价及其他费用组成预算单价。

2)运输方式按火车、汽车、船舶等及所占运输比重填写。

3)毛重系数、场外运输损耗、采购及保管费按规定填写。

4)材料供应地点、运输方式、单价、毛重系教等通过运杂费构成说明或计算式,计算得出材料单位运杂费。

5)材料原价与单位运费、场外运输损耗、采购及保管费组成材料预算单价。

6)自采材料(如本项目的片石及碎石)的原价即为料场单价,从自采材料料场价格计算表(10表)转来。

7)自采材料(如本项目的片石及碎石)"运杂费构成说明或计算式"栏。

① 运输片石的定额表号为[9-1-6-61]+[9-1-6-2]及[9-1-10-7]:0.74、0.16×1.5及0.18分别为10t以内自卸汽车运输(第一个1km和增运1.5km)及2m³以内轮胎式装载机的定额消耗(每100m³片石)。

② 运输碎石(2cm)的定额表号为[9-1-6-59]、[9-1-6-60]及[9-1-10-6]:0.67、0.16×1.5及0.15分别为10t以内自卸汽车运输(第一个1km和增运1.5km)及2m³以内轮胎式装载机的定额消耗(每100m³碎石)。

③ 10t以内自卸汽车和2m³以内轮胎式装载机的预算单价分别为559.71元/台班、704.37元/台班,均从11表转来。

表 4.5　自采材料料场价格计算表

建设项目名称：碧里至将军帽港区疏港交通战备公路

编制范围：K8+897.992～K19+555.63

第 1 页　共 1 页　10 表

序号	定额号	材料规格名称	单位	料场单价/元	间接费/元 占人工费 5.0%	人工 47.0元/工日 定额	人工 47.0元/工日 全额	150mm×250mm电动颚式破碎机 112.68元/台班 定额	150mm×250mm电动颚式破碎机 112.68元/台班 全额	250mm×400mm电动颚式破碎机 147.24元/台班 定额	250mm×400mm电动颚式破碎机 147.24元/台班 全额	生产率8～10m³/h 滚筒式破碎分机 162.16元/台班 定额	生产率8～10m³/h 滚筒式破碎分机 162.16元/台班 全额	开采片石 13.67元/m³ 定额	开采片石 13.67元/m³ 全额	高原增加费/元
1	8-1-6-3	片石	m³	13.67	0.651	0.277	13.019							10.703	1.169	15.933
2	8-1-9-12	碎石（2cm）	m³	57.79	1.135	0.483	22.701	0.065	7.313				0.066			
…																

编制：×××　　复核：×××

表 4.6　材料预算单价计算表

建设项目名称：碧里至将军帽港区疏港交通战备公路

编制范围：K8+897.992～K19+555.63

第 1 页　共 1 页　09 表

序号	规格名称	单位	原价/元	供应地点	运输方式、比式、及运距/km	毛重系数 单重毛重	运杂费构成说明或计算式	单位运费/元	原价运费合计/元	场外运输损耗 费率/%	场外运输损耗 金额/元	采购及保管费 费率/%	采购及保管费 金额/元	预算单价/元
					运杂费									
1	片石	m³	13.670	料场——工地	自办运输，1.0，2.5	1.6	[(0.74+0.16×1.5)×559.71+0.18×704.37]/100	6.75	20.42	1	0.64	2.500	0.51	20.93
2	碎石（2cm）	m³	57.79	石料场——工地	自办运输，1.0，2.5	1.5	[(0.67+0.16×1.5)×559.71+0.15×704.37]/100	6.15	63.94			2.500	1.61	66.19
…														

编制：×××　　复核：×××

思 考 题

1. 施工机械台班单价由哪些费用组成？
2. 说明材料预算价格的定义、组成和计算方法。

习 题

袋装 425 号水泥供应价为 380 元/t，用汽车运输，平均运距 50km，运价率为 0.5 元/（t·km），装卸费 4.5 元/t，场外运输损耗率为 1%，毛重系数为 1.01，采购及保管费率为 2.5%，不计包装回收，计算其预算单价。

案例练习题

背景： 在编制某公路工程材料预算价格时，片石施工企业考虑自采加（机械开采）。已知工程所在地几种常用建筑材料预算价格见表 4.7。人工预算单价为 50 元/工日，石料场至工地运距为 300m，用人工装卸手扶拖拉机运输。

问题： 试计算片石的预算价格。

表 4.7　建筑材料预算价格表

材料规格或名称	单位	预算价格/元
柴油	kg	4.9
空心钢钎	kg	7.0
合金钻头	个	27
硝铵炸药	kg	6.0
导火线	m	0.8
普通雷管	个	0.7

注：根据《公路工程机械台班费用定额》查得 9m³/min 机动空压机的台班费用为：①不变费用：203.06 元/台班；②可变费用：人工消耗 1 工日/台班、柴油消耗 60.34kg/台班。手扶拖拉机的台班费用为：①不变费用：38.13 元/台班；②可变费用：人工消耗 1 工日/台班、柴油消耗 9kg/台班。

第五章　公路工程概（预）算文件的编制

5.1　认知概（预）算文件、费用组成及工程类别

5.1.1　公路工程概（预）算概念及作用

1. 公路工程概（预）算的概念

概算（或修正概算）是初步设计文件（或技术设计文件）的重要组成部分，是在投资估算的控制下由设计单位根据初步设计（或技术设计）图样，概算定额，各项费用定额或取费标准，建设地区的自然、技术经济条件和设备，人工、材料、机械预算价格等资料，编制和确定的建设项目从筹建至竣工交付使用所需全部建设费用的文件。采用两阶段设计的建设项目，初步设计阶段必须编制设计概算；采用三阶段设计的，技术设计阶段必须编制修正概算。

施工图预算是施工图设计文件的重要组成部分，是由设计单位在施工图设计完成后，根据施工图设计文件，施工组织设计，现行预算定额，有关取费标准及人工、材料、机械台班预算价格等资料编制和确定的反映建设项目所需的各项费用的经济文件。

2. 公路工程概（预）算的作用

概算经批准后是基本建设项目投资最高限额，是编制建设项目投资计划、确定和控制建设项目投资的依据，是控制施工图设计和施工图预算的依据，是衡量设计方案经济合理性和选择最佳设计方案的依据，是考核建设项目投资效果的依据。

施工图预算是施工图设计文件的重要组成部分，是设计阶段控制工程造价的主要指标，是考核施工图设计经济合理性的依据。经审定后的施工图预算，是确定工程造价、编制或调整固定资产投资计划和考核工程成本的依据。以施工图设计进行施工招标的工程，经审定后的施工图预算是编制标段清单预算、工程标底或造价控制值的依据，也是分析、考核施工企业投标报价合理性的参考；对不宜实行招标而采用施工图加调整价结算的工程，经审定后的施工图预算可作为确定合同价款的基础或作为审查施工企业提出的施工预算的依据。

5.1.2 概（预）算的编制依据

概（预）算的编制依据主要有：

1）国家发布的有关法律、法规、规章、规程等。

2）现行的《公路工程概算定额》、《公路工程预算定额》、《公路工程机械台班费用定额》及《公路工程基本建设项目概算预算编制办法》。

3）工程所在地省级交通主管部门发布的补充计价依据。

4）批准的可行性研究报告（修正概算时为初步设计文件）等有关资料及初步设计（或技术设计）图样等设计文件——概算编制依据。

5）批准的初步设计文件（或技术设计文件）等有关资料及施工图设计图样等设计文件——预算编制依据。

6）工程所在地的人工、材料、机械及设备预算价格等。

7）工程所在地的自然、技术、经济条件等资料。

8）工程施工方案或施工组织设计。

9）有关合同、协议等。

5.1.3 概（预）算文件的组成

概预算文件是设计文件的组成部分，应按《公路工程基本建设项目设计文件编制办法》关于设计文件的报送份数，随设计文件一并报送。

概预算文件由封面、目录、编制说明及全部概预算计算表格组成。

（1）封面及目录

概预算文件的封面和扉页应按《公路工程基本建设项目设计文件编制办法》中的规定制作，扉页的次页应有建设项目名称，编制单位，编制复核人员姓名并加盖资格印章，编制日期及第几册、共几册等内容。目录应按概预算表的表号顺序编排。封面及目录样式如图 5.1 和图 5.2 所示。

××公路施工图预算

（K××+×××------K××+×××）

第 册 共 册

编制：[签字并加盖执业（从业）资格印章]

复核：[签字并加盖执业（从业）资格印章]

（编制单位）

年 月

图 5.1 施工图预算扉页

目　　录

（甲组文件）

1. 编制说明
2. 总概(预)算汇总表(01-1表)
3. 总概(预)算人工、主要材料、机械台班数量汇总表(02-1表)
4. 总概(预)算表(01表)
5. 人工、主要材料、机械台班数量汇总表(02表)
6. 建筑安装工程费计算表(03表)
7. 其他工程费及间接费综合费率计算表(04表)
8. 设备、工具、器具购置费计算表(05表)
9. 工程建设其他费用及回收金额计算表(06表)
10. 人工、材料、机械台班单价汇总表(07表)

（乙组文件）

1. 建筑安装工程费计算数据表(08-1表)
2. 分项工程概(预)算表(08-2表)
3. 材料预算单价计算表(09表)
4. 自采材料料场价格计算表(10表)
5. 机械台班单价计算表(11表)
6. 辅助生产工、料、机械台班单位数量表(12表)

图 5.2　施工图预算目录

（2）概预算编制说明

概预算编制完成后，应写出编制说明，文字力求简明扼要。应叙述的内容一般有：

1）建设项目设计资料的依据及有关文号，如建设项目可行性研究报告批准文号、初步设计和概算批准文号（编修正概算及预算时），以及根据何时的测设资料及比选方案进行编制的等。

2）采用的定额、费用标准，人工、材料、机械台班单价的依据或来源，补充定额及编制依据的详细说明。

3）与概、预算有关的委托书、协议书、会谈纪要的主要内容（或将抄件附后）。

4）总概、预算金额，人工、钢材、水泥、木料、沥青的总需要量情况，各设计方案的经济比较，以及编制中存在的问题。

5）其他与概、预算有关但不能在表格中反映的事项。

（3）概预算表格

公路工程概、预算应按统一的概、预算表格计算，其中概、预算相同的表式，在印制表格时应将概算表与预算表分别印刷。

（4）概预算文件分类

概、预算文件是设计文件的组成部分，随设计文件一并报送。

概、预算文件按不同的需要分为两组，甲组文件为各项费用计算表；乙组文件为建筑安装工程费用各项基础数据计算表，只供审批使用。甲、乙组文件应按《公路工程基本建设项目设计文件编制办法》关于设计文件报送份数的要求，随设计文件一并报送。报送乙组文件时，还应提供"建筑安装工程费各项基础数据计算表"的电子文档和编制补充定额的详细资料，并随同概、预算文件一并报送。

乙组文件中的"建筑安装工程费计算数据表"（08-1 表）和"分项工程概（预）算表"（08-2 表）应根据审批部门或建设项目业主单位的要求全部提供或仅提供其中的一种。

概、预算应按一个建设项目（如一条路线或一座独立大、中桥）进行编制。当一个编制项目需要分段或分部编制时，应根据需要分别编制，但必须汇总编制"总概（预）算汇总表"。

甲、乙组文件包括的内容如图 5.2 所示，概预算表格样式见附录二。

5.1.4 概（预）算费用组成

公路工程项目全部建设费用，以基本造价表示。而公路工程基本造价则由概、预算总金额和回收金额构成。其中，概、预算总金额是由各种概、预算费用所组成。根据交通部颁布的《公路工程基本建设项目概算预算编制办法》（以下简称《概算预算编制办法》）的规定，公路基本建设工程概、预算费用组成见表 5.1。

表 5.1 公路工程概、预算费用项目组成表

费用组成			
建筑安装工程费	直接费	直接工程费	人工费、材料费、施工机械使用费
		其他工程费	冬季、雨季、夜间、特殊地区施工增加费，行车干扰工程施工增加费，施工标准化及安全措施费，临时设施费，施工辅助费，工地转移费。
	间接费	规费	养老保险费、失业保险费、医疗保险费、住房公积金、工伤保险费
		企业管理费	基本费用、主副食运费补贴、职工探亲路费、职工取暖补贴、财务费用
	利润		
	税金		
设备、工具、器具及家具购置费	设备、工具、器具购置费		
	办公及生活用家具购置费		
工程建设其他费	土地征用及拆迁补偿费、建设项目管理费、研究试验费、前期工作费、专项评价（估）费、施工机械迁移费、供电贴费、联合试运转费、生产人员培训费、固定资产投资方向调节税、建设期贷款利息		
预备费	价差预备费		
	基本预备费		

5.1.5 其他工程费及间接费取费标准的工程类别划分

由于其他工程费（除高原地区施工增加费、风沙地区施工增加费、行车干扰工程施工增加费外）和间接费中的企业管理费是分别根据工程项目的直接工程费和直接费为基数，以规定的费率计算的，而工程项目内容千差万别，所以无法个别地按各具体工程项目来制定费率标准。因此，只能将性质相近的工程项目合并成若干类别来制定费率。《概算预算编制办法》规定，其他工程费和间接费取费标准的工程类别划分如下。

1）人工土方。系指人工施工的路基、改河等土方工程，以及人工施工的砍树、挖根、除草、平整场地、挖盖山土等工程项目，并适用于无路面的便道工程。

2）机械土方。系指机械施工的路基、改河等土方工程，以及机械施工的砍树、挖根、

除草等工程项目。

3）汽车运输。系指汽车、拖拉机、机动翻斗车等运送的路基、改河土（石）方、路面基层和面层混合料、水泥混凝土及预制构件、绿化苗木等。

4）人工石方。系指人工施工的路基、改河等石方工程，以及人工施工的挖盖山石项目。

5）机械石方。系指机械施工的路基、改河等石方工程（机械打眼即属机械施工）。

6）高级路面。系指沥青混凝土路面、厂拌沥青碎石路面和水泥混凝土路面的面层。

7）其他路面。系指除高级路面以外的其他路面面层，包括各等级路面的基层、底基层、垫层、透层、黏层、封层，采用结合料稳定的路基和软土等特殊路基处理等工程，以及有路面的便道工程。

8）构造物Ⅰ。系指无夜间施工的桥梁、涵洞、防护（包括绿化）及其他工程，交通工程及沿线设施工程［设备安装及金属标志牌、防撞钢护栏、防眩板（网）、隔离栅、防护网除外］，以及临时工程中的便桥、电力电信线路、轨道铺设等工程项目。

9）构造物Ⅱ。系指有夜间施工的桥梁工程。

10）构造物Ⅲ。系指商品混凝土（包括沥青混凝土和水泥混凝土）的浇筑和外购构件及设备的安装工程。商品混凝土和外购构件及设备的费用不作为其他工程费和间接费的计算基数。

11）技术复杂大桥。系指单孔跨径在120m以上（含120m）和基础水深在10m以上（含10m）的大桥主桥部分的基础、下部和上部工程。

12）隧道。系指隧道工程的洞门及洞内土建工程。

13）钢材及钢结构。系指钢桥及钢索吊桥的上部构造，包括钢沉井、钢围堰、钢套箱及钢护筒等基础工程，钢索塔，钢锚箱，钢筋及预应力钢材，模数式及橡胶板式伸缩缝，钢盆式橡胶支座，四氟板式橡胶支座，金属标志牌、防撞钢护栏、防眩板（网）、隔离栅、防护网等工程项目。

购买路基填料的费用不作为其他工程费和间接费的计算基数。

5.2 计算直接费

学习目标

1. 计算其他工程费综合费率，初编04表；
2. 计算直接费，初编08-2表。

5.2.1 直接工程费的计算

直接工程费是指施工过程中耗费的构成工程实体和有助于工程形成的各项费用，包括人工费、材料费、施工机械使用费。

（1）人工费

人工费，系指列入概、预算定额的直接从事建筑安装工程施工的生产工人开支的各项费用。某工程细目的人工费金额可根据该工程细目的工程量和相应的定额、工日单价按下式计算：

$$人工费 = (分项工程数量 \times 相应项目定额单位工日数 \times 工日单价) \qquad (5.1)$$

式中，分项工程数量——由设计图样按工程量计算规则计算的定额单位工程数量

定额单位工日数——完成一定数量单位的分项工程数量（如 $10m^3$ 实体、$1t$ 钢筋、

$1000m^2$ 等）定额规定所需人工工日，由定额可直接查得。

工日单价——按地区规定取值。

人工费金额在编制概、预算时，是通过表格计算的，如编制分项工程概、预算时在 08-2 表来计算各工程细目的人工费。

（2）材料费

材料费系指施工过程中耗用的构成工程实体的原材料、辅助材料、构（配）件、零件、半成品、成品的用量和周转材料的摊销量，按工程所在地的材料预算价格计算的费用。在工程造价中，材料费一般占有很大比重，准确计算材料费对概、预算工作质量有重要意义。其计算公式如下：

$$材料费 = \sum (分项工程数量 \times 定额单位材料消耗量 \times 材料预算价格)$$
$$+ 其他材料费 \qquad (5.2)$$

式中，分项工程数量同前；

定额材料消耗量——由定额查得。

（3）施工机械使用费

施工机械使用费，系指列入概、预算定额的施工机械台班量按相应机械台班费用定额计算的施工机械使用费和小型机具使用费。包括按台班数量计算的机械使用费和不按台班数量计算的（小型）机械使用费用两类。计算公式为

$$施工机械使用费 = \sum (分项工程数量 \times 相应项目定额单位机械台班消耗量$$
$$\times 机械台班单价) + 小型机具使用费 \qquad (5.3)$$

式中，分项工程数量——同前。

定额机械台班消耗量——由定额直接查得完成一定数量单位的分项工程定额所规定

消耗的机械种类和台班数量。

机械台班单价——由不变费用和可变费用组成，应按交通部颁布的《公路工程机械

台班费用定额》（JTG/T B06—03—2007）计算。

小型机械使用费——从定额中查出相应项目定额单位所规定的消耗费用（在定额中

以"元"的形式表示）与分项工程数量相乘即可。

5.2.2　其他工程费的计算

其他工程费系指直接工程费以外施工过程中发生的直接用以工程的费用。内容包括冬季施工增加费、雨季施工增加费、夜间施工增加费、特殊地区施工增加费、行车干扰工程施工增加费、施工标准化及安全措施费、临时设施费、施工辅助费、工地转移费等九项。公路工程中的水、电费及因场地狭小等特殊情况而发生的材料二次搬运等其他工程费已包括在概、预算定额中，不再另计。

（1）冬季施工增加费

冬季施工增加费系指按照公路工程施工及竣收规范所规定的冬季施工要求，为保证工程质量和安全生产所需采取的防寒保温设施、工效降低和机械作业率降低及技术操作过程的改变等所增加的有关费用。

冬季施工增加费的内容包括：因冬季施工所需增加的一切人工、机械与材料的支出；施工机具所需修建的暖棚（包括拆、移），增加油脂及其他保温设备费用；因施工组织设计确定，需增加的一切保温、加温及照明等有关支出；与冬季施工有关的其他各项费用，如清除工作地点的冰雪等费用。

冬季施工增加费，以各类工程的直接工程费之和为基数，根据各类工程的特点及工程所在地的气温区选用表 5.2 的费率计算。

表 5.2　冬季施工增加费费率表（％）

气温区 工程类别	冬季期平均温度/℃								准一区	准二区
	−1以上		−4～−1		−7～−4	−10～−7	−14～−10	−14以下		
	冬一区		冬二区		冬三区	冬四区	冬五区	冬六区		
	Ⅰ	Ⅱ	Ⅰ	Ⅱ						
人工土方	0.28	0.44	0.59	0.76	1.44	2.05	3.07	4.61	—	—
机械土方	0.43	0.67	0.93	1.17	2.21	3.14	4.71	7.07	—	—
汽车运输	0.08	0.12	0.17	0.21	0.40	0.56	0.84	1.27	—	—
人工石方	0.06	0.10	0.13	0.15	0.30	0.44	0.65	0.98	—	—
机械石方	0.08	0.13	0.18	0.21	0.42	0.61	0.91	1.37	—	—
高级路面	0.37	0.52	0.72	0.81	1.48	2.00	3.00	4.50	0.06	0.16
其他路面	0.11	0.20	0.29	0.37	0.62	0.80	1.20	1.80	—	—
构造物Ⅰ	0.34	0.49	0.66	0.75	1.36	1.84	2.76	4.14	0.06	0.15
构造物Ⅱ	0.42	0.60	0.81	0.92	1.67	2.27	3.40	5.10	0.06	0.19
构造物Ⅲ	0.83	1.18	1.60	1.81	3.29	4.46	6.69	10.03	0.15	0.37
技术复杂大桥	0.48	0.68	0.93	1.05	1.91	2.58	3.87	5.81	0.08	0.21
隧道	0.10	0.19	0.27	0.35	0.58	0.75	1.12	1.69	—	—
钢材及钢结构	0.02	0.05	0.07	0.09	0.15	0.19	0.29	0.43	—	—

冬季施工增加费与工程所在地的气温区有关。本书附录三列有"全国冬季施工气温区划分表"，只要知道工程所在的省和县市，即可在附录三中查得工程所属的气温区。

在计算冬季施工增加费的时应注意以下两点：

1）为了简化计算手续，冬季施工增加费采用全年平均摊销的方法计算。即不论是否在冬季施工，均按规定的取费标准计取冬季施工增加费。

2）一条路线穿过两个以上的气温区时，可分段计算或按各区的工程量比例求得全线的平均增加率，计算冬季施工增加费。

（2）雨季施工增加费

雨季施工增加费系指雨季期间施工为保证工程质量和安全生产所需采取的防雨、排水、防潮和防护措施，工效降低和机械作业率降低及技术作业过程的改变等，所需增加的有关费用。

雨季施工增加费的内容包括：

1）因雨季施工所需增加的工、料、机费用的支出，包括工作效率的降低及易被雨水冲毁的工程所增加的工作内容等（如基坑坍塌和排水沟等堵塞的清理、路基边坡冲沟的填补等）。

2）路基土方工程的开挖和运输。因雨季施工（非土壤中水影响）而引起的粘附工具，降低工效所增加的费用。

3）因防止雨水必须采取的防护措施的费用，如挖临时排水沟，防止基坑坍塌所需的支撑、挡板等费用。

4）材料因受潮、受湿的耗损费用。

5）增加防雨、防潮设备的费用。

6）其他有关雨季施工所需增加的费用，如因河水高涨致使工作困难而增加的费用等。

雨季施工增加费，以各类工程的直接工程费之和为基数，按工程所在地的雨量区、雨季期选用表5.3的费率计算。

表5.3 雨季施工增加费费率表（%）

雨季区（月数） 雨量区 工程类别	1	1.5	2		2.5		3		3.5		4		4.5		5		6		7	8
	I	I	I	II	I	II	I	II	I	II	I	II	I	II	I	II	I	II	II	II
人工土方	0.04	0.05	0.07	0.11	0.09	0.13	0.11	0.15	0.13	0.17	0.15	0.20	0.17	0.23	0.19	0.26	0.21	0.31	0.36	0.42
机械土方	0.04	0.05	0.07	0.11	0.09	0.13	0.11	0.15	0.13	0.17	0.15	0.20	0.17	0.23	0.19	0.27	0.22	0.32	0.37	0.43
汽车运输	0.04	0.05	0.07	0.11	0.09	0.13	0.11	0.16	0.13	0.19	0.15	0.22	0.17	0.25	0.19	0.27	0.22	0.32	0.37	0.43
人工石方	0.02	0.03	0.05	0.07	0.06	0.09	0.07	0.11	0.08	0.13	0.09	0.15	0.10	0.17	0.12	0.19	0.15	0.23	0.27	0.32
机械石方	0.03	0.04	0.06	0.10	0.08	0.12	0.10	0.14	0.12	0.16	0.14	0.19	0.16	0.21	0.18	0.25	0.20	0.29	0.34	0.39
高级路面	0.03	0.04	0.06	0.10	0.08	0.12	0.10	0.14	0.12	0.17	0.14	0.19	0.16	0.21	0.18	0.25	0.20	0.29	0.34	0.39
其他路面	0.03	0.04	0.06	0.09	0.08	0.12	0.10	0.14	0.12	0.18	0.14	0.21	0.16	0.24	0.19	0.28	0.19	0.28	0.32	0.37
构造物 I	0.03	0.04	0.05	0.08	0.06	0.09	0.07	0.11	0.08	0.13	0.09	0.15	0.12	0.17	0.14	0.18	0.16	0.23	0.27	0.31
构造物 II	0.03	0.04	0.05	0.08	0.07	0.10	0.08	0.12	0.09	0.14	0.12	0.18	0.13	0.18	0.15	0.20	0.17	0.26	0.30	0.34
构造物 III	0.06	0.08	0.11	0.17	0.14	0.21	0.17	0.25	0.20	0.30	0.23	0.35	0.27	0.40	0.31	0.45	0.35	0.52	0.60	0.69
技术复杂大桥	0.03	0.05	0.07	0.10	0.08	0.12	0.10	0.14	0.12	0.16	0.14	0.19	0.16	0.22	0.18	0.25	0.20	0.29	0.34	0.39
隧道钢材及钢结构	—	—	—	—	—	—	—	—	—	—	—	—	—	—	—	—	—	—	—	—

雨季施工增加费与工程所在地的雨量区和雨季期有关。教材附录四中列有"全国雨季施工雨量区及雨季期划分表"，只要知道工程所在的省和县市，即可在附录四中查得工程所属的雨量区和雨季期。

雨季施工增加费的计算应注意如下三点：①雨季施工增加费是按全年平均摊销的方法计算的，即不论是否在雨季施工，均按规定的取费标准计取雨季施工增加费；②一条路线通过不同的雨量区和雨季期时，应分别计算雨季施工增加费或按工程量比例相得平均的增加率，计算全线雨季施工增加费；③室内管道及设备安装工程不计雨季施工增加费。

（3）夜间施工增加费

夜间施工增加费系指根据设计、施工的技术要求和合理的施工进度要求，必须在夜间连续施工而发生的工效降低、夜班津贴及有关照明设施（包括所需照明设施的安拆、摊销、维修及油燃料、电）等增加的费用。

夜间施工增加费，按夜间施工工程项目（如桥梁工程项目包括上、下部构造全部工程）的直接工程费之和为基数，按表 5.4 的费率计算。

表 5.4　夜间施工增加费费率表（％）

工程类别	费率	工程类别	费率
构造物Ⅱ	0.35	技术复杂大桥	0.35
构造物Ⅲ	0.70	钢材及钢结构	0.35

注：设备安装工程及金属标志牌、防撞钢护栏、防眩板（网）、隔离栅、防护网等不计夜间施工增加费。

（4）特殊地区施工增加费

特殊地区施工增加费包括高原地区施工增加费、风沙地区施工增加费和沿海地区施工增加费三项。

1）高原地区施工增加费。高原地区施工增加费系指在海拔高度 1500m 以上地区施工，由于受气候、气压的影响致使人工、机械效率降低而增加的费用。

高原地区施工增加费以各类工程人工费和机械使用费之和为基数，按表 5.5 的费率计算。

表 5.5　高原地区施工增加费费率表（％）

工程类别	海拔高度/m							
	1501～2000	2001～2500	2501～3000	3001～3500	3501～4000	4001～4500	4501～5000	5000 以上
人工土方	7.00	13.25	19.75	29.75	43.25	60.00	80.00	110.00
机械土方	6.56	12.60	18.66	25.60	36.05	49.08	64.72	83.80
汽车运输	6.50	12.50	18.50	25.00	35.00	47.50	62.50	80.00
人工石方	7.00	13.25	19.75	29.75	43.25	60.00	80.00	110.00
机械石方	6.71	12.82	19.03	27.01	38.50	52.80	69.92	92.72
高级路面	6.58	12.61	18.69	25.72	36.26	49.41	65.17	84.58
其他路面	6.73	12.84	19.07	27.15	38.74	53.17	70.44	93.60
构造物Ⅰ	6.87	13.06	19.44	28.56	41.18	56.86	75.61	102.47
构造物Ⅱ	6.77	12.90	19.17	27.54	39.41	54.18	71.85	96.03
构造物Ⅲ	6.73	12.85	19.08	27.19	38.81	53.27	70.57	93.84
技术复杂大桥	6.70	12.81	19.01	26.94	38.37	52.61	69.65	92.27
隧道	6.76	12.90	19.16	27.50	39.35	54.09	71.72	95.81
钢材及钢结构	6.78	12.92	19.20	27.66	39.62	54.50	72.30	96.80

在编制概、预算时，要注意工程项目所在地的海报高度是否在 1500m 以上，切勿漏列；对工程细目的工程类别，也要正确选定。

一条路线通过两个以上（含两个）不同的海拔高度分区时，应分别计算高原地区施工增加费或按工程量比例求得平均的增加率，计算全线高原地区施工增加费。

　　2）风沙地区施工增加费。风沙地区施工增加费系指在沙漠地区施工时，由于受风沙影响，按照施工及验收规范的要求，为保证工程质量和安全生产而增加的有关费用。内容包括防风、防沙及气候影响的措施费，材料费，人工、机械效率降低增加的费用，以及积沙、风蚀的清理修复等费用。

　　风沙地区施工增加费以各类工程的人工费和机械使用费之和为基数，根据工程所在地的风沙区划及类别，按表5.6规定的费率计算。

表 5.6　风沙地区施工增加费费率表（％）

风沙区划\\工程类别	风沙一区			风沙二区			风沙三区		
	沙漠类型								
	固定	半固定	流动	固定	半固定	流动	固定	半固定	流动
人工土方	6.00	11.00	18.00	7.00	17.00	26.00	11.00	24.00	37.00
机械土方	4.00	7.00	12.00	5.00	11.00	17.00	7.00	15.00	24.00
汽车运输	4.00	8.00	13.00	5.00	12.00	18.00	8.00	17.00	26.00
人工石方	—	—	—	—	—	—	—	—	—
机械石方	—	—	—	—	—	—	—	—	—
高级路面	0.50	1.00	2.00	1.00	2.00	3.00	2.00	3.00	5.00
其他路面	2.00	4.00	7.00	3.00	7.00	10.00	4.00	10.00	15.00
构造物Ⅰ	4.00	7.00	12.00	5.00	11.00	17.00	7.00	16.00	24.00
构造物Ⅱ	—	—	—	—	—	—	—	—	—
构造物Ⅲ	—	—	—	—	—	—	—	—	—
技术复杂大桥	—	—	—	—	—	—	—	—	—
隧道	—	—	—	—	—	—	—	—	—
钢材及钢结构	1.00	2.00	4.00	1.00	3.00	5.00	2.00	5.00	7.00

　　全国风沙地区公路施工区划见《概算预算编制办法》的"全国风沙地区公路施工区划表"，只要知道工程所在的省和县市，即可在表中查得工程所属的施工区划。一条路线穿过两个以上（含两个）不同风沙区时，按路线长度经过不同的风沙区加权计算项目全线风沙地区施工增加费。

　　3）沿海地区施工增加费。沿海地区施工增加费，系指工程项目在沿海地区施工受海风、海浪和潮汐的影响，致使人工、机械效率降低等所需增加的费用。本项费用，由沿海各省、自治区、直辖市交通厅（局）制定具体的适用范围（地区），并抄送部公路工程定额站备案。

　　沿海地区工程施工增加费，以各类工程的直接工程费之和为基数，按表5.7的费率计算。

表 5.7　沿海地区工程施工增加费费率表（％）

工程类别	费率	工程类别	费率
构造物Ⅱ	0.15	技术复杂大桥	0.15
构造物Ⅲ	0.15	钢材及钢结构	0.15

（5）行车干扰工程施工增加费

行车干扰工程施工增加费，系指由于边施工边维持通车，受行车干扰的影响，致使人工、机械效率降低而增加的费用。

该费用以受行车影响部分的工程项目的人工费和机械使用费之和为基数，按表5.8的费率计算。

表5.8 行车干扰工程施工增加费费率表（%）

工程类别	施工期间平均每昼夜双向行车次数（汽车兽力车合计）							
	51～100	101～500	501～1000	1001～2000	2001～3000	3001～4000	4001～5000	5000 以上
人工土方	1.64	2.46	3.28	4.10	4.76	5.29	5.86	6.44
机械土方	1.39	2.19	3.00	3.89	4.51	5.02	5.56	6.11
汽车运输	1.36	2.09	2.85	3.75	4.35	4.84	5.36	5.89
人工石方	1.66	2.40	3.33	4.06	4.71	5.24	5.81	6.37
机械石方	1.16	1.71	2.38	3.19	3.70	4.12	4.56	5.01
高级路面	1.24	1.87	2.50	3.11	3.61	4.01	4.45	4.88
其他路面	1.17	1.77	2.36	2.94	3.41	3.79	4.20	4.62
构造物Ⅰ	0.94	1.41	1.89	2.36	2.74	3.04	3.37	3.71
构造物Ⅱ	0.95	1.43	1.90	2.37	2.75	3.06	3.39	3.72
构造物Ⅲ	0.95	1.42	1.90	2.37	2.75	3.05	3.38	3.72
技术复杂大桥	—	—	—	—	—	—	—	—
隧道	—	—	—	—	—	—	—	—
钢材及钢结构	—	—	—	—	—	—	—	—

由于该增加费用以"受行车影响部分"工程的定额直接费为计算基数，如何区分受行车影响部分的工程，是正确计算该费用的核心。特别是对于不设便道的半幅通车的工程、在原路线一侧加宽改建扩建工程等，均应做具体分析，以确定是否可以按局部工程计列该增加费用。

（6）施工标准化及安全措施费

施工标准化与安全措施费系指工程施工期间为满足安全生产、施工标准化、规范化、精细化所发生的费用。该费用不包括施工期间为保证交通安全而设置的临时安全设施和标志、标牌的费用，需要时，应根据设计要求计算。该费用也不包括预制场、拌和站、临时便道、临时便桥的施工标准化费用，应根据施工组织标准化要求单独计算。

施工标准化及安全措施费以各类工程的直接工程费之和为基数，按表5.9的费率计算。

（7）临时设施费

临时设施费系指施工企业为进行建筑安装工程施工所必需的生活和生产用的临时建筑物、构筑物和其他临时设施及其标准化的费用等，但不包括概、预算定额中的临时工程在内。

表 5.9　施工标准化与安全措施费费率表（%）

工程类别	费率	工程类别	费率
人工土方	0.70	构造物Ⅰ	0.85
机械土方	0.70	构造物Ⅱ	0.92
汽车运输	0.25	构造物Ⅲ	1.85
人工石方	0.70	技术复杂大桥	1.01
机械石方	0.70	隧道	0.86
高级路面	1.18	钢材及钢结构	0.63
其他路面	1.20		

注：设备安装工程按表中费率的 50%计算。

临时设施包括：临时生活及居住房屋（包括职工家属房屋及探亲房屋），文化福利及公用房屋（如广播室、文体活动室等），生产、办公房屋（如原材料、半成品、成品存放场，以及库房、加工厂、钢筋加工场、发电站、变电站、空压机站、停机棚等），工地范围内的各种临时的工作便道（包括汽车、畜力车、人力车道）、人行便道，工地临时用水、用电的水管支线和电线支线，临时构筑物（如水井、水塔等），以及其他小型临时设施。

临时设施费以各类工程的直接工程费之和为基数，按表 5.10 的费率计算。

表 5.10　临时设施费费率表（%）

工程类别	费率	工程类别	费率
人工土方	1.73	构造物Ⅰ	2.92
机械土方	1.56	构造物Ⅱ	3.45
汽车运输	1.01	构造物Ⅲ	6.39
人工石方	1.76	技术复杂大桥	3.21
机械石方	2.17	隧道	2.83
高级路面	2.11	钢材及钢结构	2.73
其他路面	2.06		

（8）施工辅助费

施工辅助费包括生产工具用具使用费、检验试验费，以及工程定位复测、工程点交、场地清理等费用。

生产工具用具使用费系指施工所需不属于固定资产的生产工具，检验、试验用具，仪器、仪表等的购置、摊销和维修费，以及支付给工人自备工具的补贴费。

检验试验费系指施工企业对建筑材料、构件和建筑安装工程进行一般鉴定、检查所发生的费用，包括自设试验室进行试验所耗用的材料和化学药品的费用，以及技术革新和研究试验费，但不包括新结构、新材料的试验费和建设单位要求对具有出厂合格证明的材料进行检验、对构件破坏性试验及其他特殊要求检验的费用。

施工辅助费以各类工程的直接工程费之和为基数，按表5.11的费率计算。

表 5.11　施工辅助费费率表（%）

工程类别	费率	工程类别	费率
人工土方	0.89	构造物Ⅰ	1.30
机械土方	0.49	构造物Ⅱ	1.56
汽车运输	0.16	构造物Ⅲ	3.03
人工石方	0.85	技术复杂大桥	1.68
机械石方	0.46	隧道	1.23
高级路面	0.80	钢材及钢结构	0.56
其他路面	0.74		

（9）工地转移费

工地转移费系指施工企业根据建设任务的需要，由已竣工的工地或后方基地迁至新工地的搬迁费用。其内容包括：

1）施工单位全体职工及随职工迁移的家属向新工地转移的车费、家具行李运、途中住宿费、行程补助费、杂费及工资与工资附加费等。

2）公物、工具、施工设备器材、施工机械的运杂费，以及外租机械的往返费及本工程内部各工地之间施工机械、设备、公物、工具的转移费等。

3）非固定工人进退场及一条路线中各工地转移的费用。

工地转移费以各类工程的直接工程费之和为基数，按表5.12的费率计算。

表 5.12　工地转移费费率表（%）

工程类别 \ 工地转移距离/km	50	100	300	500	1000	每增加100
人工土方	0.15	0.21	0.32	0.43	0.56	0.03
机械土方	0.50	0.67	1.05	1.37	1.82	0.08
汽车运输	0.31	0.40	0.62	0.82	1.07	0.05
人工石方	0.16	0.22	0.33	0.45	0.58	0.03
机械石方	0.36	0.43	0.74	0.97	1.28	0.06
高级路面	0.61	0.83	1.30	1.70	2.27	0.12
其他路面	0.56	0.75	1.18	1.54	2.06	0.10
构造物Ⅰ	0.56	0.75	1.18	1.54	2.06	0.11
构造物Ⅱ	0.66	0.89	1.40	1.83	2.45	0.13
构造物Ⅲ	1.31	1.77	2.77	3.62	4.85	0.25
技术复杂大桥	0.75	1.01	1.58	2.06	2.76	0.14
隧道	0.52	0.71	1.11	1.45	1.94	0.10

转移距离以工程承包单位（如工程处、工程公司等）转移前后驻地距离或两路线中点的距离为准；编制概（预）算时，如施工单位不明确时，高速、一级公路及独立大桥、隧道按省会（自治区首府）至工地的里程，二级及以下公路按地区（市、县）至工地的里程计算工地转移费；工地转移里程数在表列里程之间时，费率可内插计算。工地转移距离在50km以内的工程不计取本项费用。

以上介绍的九项费用构成了其他工程费，但是各项费用在概、预算表格中不直接出现。在编制概、预算时，首先根据取费工程分类，将各类工程的九项费用的费率均列入04表，形成"其他工程费综合费率"；其次在08-2表中将根据工程类别选取的"其他工程费综合费率"乘以工程细目的直接工程费或人工费用与施工机械使用费之和，则可形成工程细目的其他工程费；最后将各工程细目的其他工程费累计起来就形成了项目的其他工程费。

5.2.3　直接费的计算

综上所述，直接费的计算步骤如下：

1）将工程项目按要求分解成分项工程，并计算各分项工程的工程量。

2）查阅和套用定额项目表中各分项工程的人工、材料、机械消耗量（定额值）。

3）根据分项工程的工程量大小和定额的规定计算出各分项工程的人工、材料、机械消耗量。

4）用人工工日单价、材料预算单价和机械台班单价计算出各分项工程的人工费、材料费、机械使用费，即直接工程费。

5）按相应项目的直接工程费或人工费与施工机械使用费之和为基数，按其他工程费的综合费率计算其他工程费。

6）按相应项目的直接工程费和其他工程费求得直接费，最后汇总各分项工程的直接费得到工程项目的直接费。

直接费计算公式为

$$直接费 = 直接工程费 + 其他工程费 \tag{5.4}$$
$$直接工程费 = 人工费 + 材料费 + 施工机械使用费 \tag{5.5}$$
$$\begin{aligned}其他工程费 &= 其他工程费 \, I + 其他工程费 \, II \\ &= 直接工程费 \times 其他工程费综合费率 \, I + (人工费 \\ &\quad + 施工机械使用费) \times 其他工程费综合费率 \, II\end{aligned} \tag{5.6}$$

编制概、预算文件时，直接费按上式通过08-2表进行计算。式中其他工程费的综合费率在"其他工程费及间接费综合费率计算表"（04表）计算，将各单项费率对应在13个工程类别相加即可。

值得指出的是，以上各表中的费率（含后面要介绍的间接费费率）是交通部颁《概算预算编制办法》所统一规定的，一般不允许变动，但大部分省区根据本地区的特点对费率进行了某些调整。因此，编制概、预算时应注意地方所做的补充规定。

5.3 计算间接费、利润、税金和建筑安装工程费

┌─ **学习目标** ─────────────────────────────┐

1. 取定间接费的费率，完成 04 表；
2. 计算间接费、利润和税金，完成 08-2 表；
3. 计算建筑安装工程费，编制 03 表。

└──────────────────────────────────────┘

5.3.1 间接费的计算

间接费由规费和企业管理费两项组成。

1. 规费

规费系指法律、法规、规章、规程规定施工企业必须缴纳的费用（简称规费），包括：
1) 养老保险费，系指施工企业按规定标准为职工缴纳的基本养老保险费。
2) 失业保险费，系指施工企业按国家规定标准为职工缴纳的失业保险费。
3) 医疗保险费，系指施工企业按规定标准为职工缴纳的基本医疗保险费和生育保险费。
4) 住房公积金，系指施工企业按规定标准为职工缴纳的住房公积金。
5) 工伤保险费，系指施工企业按规定标准为职工缴纳的工伤保险费。

各项规费以各类工程的人工费之和为基数，按国家或工程所在地法律、法规、规章、规程规定的标准计算。

2. 企业管理费

企业管理费由基本费用、主副食运费补贴、职工探亲路费、职工取暖补贴和财务费用五项组成。

（1）基本费用

企业管理费基本费用系指施工企业为组织施工生产和经营管理所需的费用。内容包括：
1) 管理人员工资，系指管理人员的基本工资、工资性补贴、职工福利费、劳动保护费及缴纳的养老、失业、医疗、生育、工伤保险费和住房公积金等。
2) 办公费，系指企业办公用的文具、纸张、账表、印刷、邮电、书报、会议、水、电、烧水和集体取暖（包括现场临时宿舍取暖）用煤（气）等费用。
3) 差旅交通费，系指职工因公出差和工作调动（包括随行家属的旅费）的差旅费、住勤补助费，市内交通费和误餐补助费，职工探亲路费，劳动力招募费，职工离退休、退职一次性路费，工伤人员就医路费，以及管理部门使用的交通工具的油料、燃料、养路费及牌照费。
4) 固定资产使用费，系指管理和试验部门及附属生产单位使用的属于固定资产的房屋、设备、仪器等的折旧、大修、维修或租赁费等。
5) 工具用具使用费，系指管理使用的不属于固定资产的生产工具、器具、家具、交通

工具和检验、试验、测绘、消防用具等的购置、维修和摊销费。

6）劳动保险费，系指企业支付离退休职工的易地安家补助费、职工退职金、六个月以上的病假人员工资、职工死亡丧葬补助费、抚恤费、按规定支付给离休干部的各项经费。

7）工会经费，系指企业按职工工资总额计提的工会经费。

8）职工教育经费，系指企业为职工学习先进技术和提高文化水平，按职工工资总额计提的费用。

9）保险费，系指企业财产保险、管理用车辆等保险费用。

10）工程保修费，系指工程竣工交付使用后，在规定保修期以内的修理费用。

11）工程排污费，系指施工现场按规定缴纳的排污费用。

12）税金，系指企业按规定缴纳的房产税、车船使用税、土地使用税、印花税等。

13）其他，系指上述项目以外的其他必要的费用支出。包括技术转让费、技术开发费、业务招待费、绿化费、广告费、投标费、公证费、定额测定费、法律顾问费、审计费、咨询费等。

基本费用以各类工程的直接费之和为基数，按表 5.13 的费率计算。

表 5.13　基本费用费率表（%）

工程类别	费率	工程类别	费率
人工土方	3.36	构造物 I	4.44
机械土方	3.26	构造物 II	5.53
汽车运输	1.44	构造物 III	9.79
人工石方	3.45	技术复杂大桥	4.72
机械石方	3.28	隧道	4.22
高级路面	1.91	钢材及钢结构	2.42
其他路面	3.28		

（2）主副食运费补贴

主副食运费补贴系指施工企业在远离城镇及乡村的野外施工购买生活必需品所需增加的费用。该费用以各类工程的直接费之和为基数，按表 5.14 的费率计算。

表 5.14　主副食运费补贴费费率表（%）

综合里程/km 工程类别	1	3	5	8	10	15	20	25	30	40	50	每增加 10
人工土方	0.17	0.25	0.31	0.39	0.45	0.56	0.67	0.76	0.89	1.06	1.22	0.16
机械土方	0.13	0.19	0.24	0.30	0.35	0.43	0.52	0.59	0.69	0.81	0.95	0.13
汽车运输	0.14	0.20	0.25	0.32	0.37	0.45	0.55	0.62	0.73	0.86	1.00	0.14
人工石方	0.13	0.19	0.24	0.30	0.34	0.42	0.51	0.58	0.67	0.80	0.92	0.12
机械石方	0.12	0.18	0.22	0.28	0.33	0.41	0.49	0.55	0.65	0.76	0.89	0.12
高级路面	0.08	0.12	0.15	0.20	0.22	0.28	0.33	0.38	0.44	0.52	0.60	0.08
其他路面	0.09	0.12	0.15	0.20	0.22	0.28	0.33	0.38	0.44	0.52	0.61	0.09

续表

综合里程 /km 工程类别	1	3	5	8	10	15	20	25	30	40	50	每增加 10
构造物Ⅰ	0.13	0.18	0.23	0.28	0.32	0.40	0.49	0.55	0.65	0.76	0.89	0.12
构造物Ⅱ	0.14	0.20	0.25	0.30	0.35	0.43	0.52	0.60	0.70	0.83	0.96	0.13
构造物Ⅲ	0.25	0.36	0.45	0.55	0.64	0.79	0.96	1.09	1.28	1.51	1.76	0.24
技术复杂大桥	0.11	0.16	0.20	0.25	0.29	0.36	0.43	0.49	0.57	0.68	0.79	0.11
隧道	0.11	0.16	0.19	0.24	0.28	0.34	0.42	0.48	0.56	0.66	0.77	0.10
钢材及钢结构	0.11	0.16	0.20	0.26	0.30	0.37	0.44	0.50	0.59	0.69	0.80	0.11

注：1）综合里程＝粮食运距×0.06＋燃料运距×0.09＋蔬菜运距×0.15＋水运距×0.70；粮食、燃料、蔬菜、水的运距均为全线平均运距。

2）综合里程数在表列里程之间时，费率可内插。

3）综合里程在1km以内的工程不计取本项费用。

（3）职工探亲路费

职工探亲路费系指按照有关规定施工企业职工在探亲期间发生的往返车船费、市内交通费和途中住宿费等费用。该费用以各类工程的直接费之和为基数，按表5.15的费率计算。

表5.15 职工探亲路费费率表（％）

工程类别	费率	工程类别	费率
人工土方	0.10	构造物Ⅰ	0.29
机械土方	0.22	构造物Ⅱ	0.34
汽车运输	0.14	构造物Ⅲ	0.55
人工石方	0.10	技术复杂大桥	0.20
机械石方	0.22	隧道	0.27
高级路面	0.14	钢材及钢结构	0.16
其他路面	0.16		

（4）职工取暖补贴

职工取暖补贴系指按规定发放给职工的冬季取暖费或在施工现场设置的临时取暖设施的费用。该费用以各类工程的直接费之和为基数，按工程所在地的气温区（附录三）选用表5.16的费率计算。

表5.16 职工取暖补贴费费率表（％）

气温区 工程类别	准二区	冬一区	冬二区	冬三区	冬四区	冬五区	冬六区
人工土方	0.03	0.06	0.10	0.15	0.17	0.26	0.31
机械土方	0.06	0.13	0.22	0.33	0.44	0.55	0.66
汽车运输	0.06	0.12	0.21	0.31	0.41	0.51	0.62
人工石方	0.03	0.06	0.10	0.15	0.17	0.25	0.31

工程类别＼气温区	准二区	冬一区	冬二区	冬三区	冬四区	冬五区	冬六区
机械石方	0.05	0.11	0.17	0.26	0.35	0.44	0.53
高级路面	0.04	0.07	0.13	0.19	0.25	0.31	0.38
其他路面	0.04	0.07	0.12	0.18	0.24	0.30	0.36
构造物Ⅰ	0.06	0.12	0.19	0.28	0.36	0.46	0.56
构造物Ⅱ	0.06	0.13	0.20	0.30	0.41	0.51	0.62
构造物Ⅲ	0.11	0.23	0.37	0.56	0.74	0.93	1.13
技术复杂大桥	0.05	0.10	0.17	0.26	0.34	0.42	0.51
隧道	0.04	0.08	0.14	0.22	0.28	0.36	0.43
钢材及钢结构	0.04	0.07	0.12	0.19	0.25	0.31	0.37

（5）财务费用

财务费用系指施工企业为筹集资金而发生的各项费用，包括企业经营期间发生的短期贷款利息净支出、汇兑净损失、调剂外汇手续费、金融机构手续费，以及企业筹集资金发生的其他财务费用。

财务费用以各类工程的直接费之和为基数，按表 5.17 的费率计算。

表 5.17　财务费用费率表（％）

工程类别	费率	工程类别	费率
人工土方	0.23	构造物Ⅰ	0.37
机械土方	0.21	构造物Ⅱ	0.40
汽车运输	0.21	构造物Ⅲ	0.82
人工石方	0.22	技术复杂大桥	0.46
机械石方	0.20	隧道	0.39
高级路面	0.27	钢材及钢结构	0.48
其他路面	0.30		

3. 辅助生产间接费

辅助生产间接费系指由施工单位自行开采加工的砂、石等材料及施工单位自办的人工装卸和运输的间接费。辅助生产间接费按人工费的 5％ 计。该项费用虽然属于间接费的性质，但不直接出现在概、预算间接费中，而是将其并入材料预算单价之内构成材料费。

高原地区施工单位的辅助生产，可按其他工程费中高原地区施工增加费费率，以直接工程费为基数计算高原地区施工增加费（其中：人工采集、加工材料，人工装卸、运输材料按人工土方费率计算；机械采集、加工材料按机械石方费率计算；机械装卸、运输材料按汽车运输费率计算）。辅助生产高原地区施工增加费不作为辅助生产间接费的计算基数。

同其他工程费一样，间接费的各单项费用在概、预算表格中不直接出现。在编制概、预算时，首先根据取费工程分类，将各类工程的各单项费用的费率均列入 04 表，形成"规费"和"企业管理费"综合费率。

4. 间接费的计算

间接费通过下式在 08-2 表中计算：

$$间接费 = 规费 + 企业管理费 \tag{5.7}$$

$$规费 = 人工费 \times 规费综合费率 \tag{5.8}$$

$$企业管理费 = 直接费 \times 企业管理费综合费率 \tag{5.9}$$

式中，规费综合费率和企业管理费综合费率在 04 表中计算。

编制概预算时，间接费通过 08-2 表综合地反映其费用金额。

5.3.2 利润

1. 费用内容

利润系指施工企业完成所承包工程应取得的盈利。

2. 计算方法

利润按直接费与间接费之和（扣除规费）的 7% 计算。即

$$利润 = （直接费 + 间接费 - 规费） \times 利润率 \tag{5.10}$$

5.3.3 税金

1. 费用内容

税金系指按国家税法规定应计入建筑安装工程造价内的营业税、城市维护建设税及教育费附加。

2. 计算方法

$$综合税金额 = （直接费 + 间接费 + 利润） \times 综合税率 \tag{5.11}$$

$$综合税率 = \left[\frac{1}{1 - 营业税税率 \times （1 + 城市维护建设税税率 + 教育费附加税率）} \right] - 1 \tag{5.12}$$

综合税率为：纳税地点在市区的企业，为 3.41%；纳税地点在县城、乡镇的企业，为 3.35%；纳税地点不在市区、县城、乡镇的企业，3.22%。

编制概、预算时，税金是通过上面的计算公式在建筑安装工程费计算表（03 表）中计算的。

5.3.4 建筑安装工程费的计算

综上所述，建筑安装工程费（简称建安费）是由四大项费用组成，即

$$建筑安装工程费 = 直接费 + 间接费 + 利润 + 税金 \tag{5.13}$$

编制概预算时，建筑安装工程费的通过 08-2 表和 03 表计算的。

案例

背景材料： 某平原微丘区六车道高速公路，路基宽 33.5m，其中有一钢筋混凝土盖板涵，标准跨径 4m，涵高 3m。其施工图设计主要工程量如下：干处挖基土方 460m³、M7.5 水泥砂浆浆砌片石基础、护底、截水墙410m³，M5 水泥砂浆浆砌片石台、墙 335m³，C20 水泥混凝土帽石 0.6m³，预制、安装 C20 水泥混凝土矩形板 71.7m³，矩形板钢筋 6.02t，沉降缝高 3m 计 10 道共 50m²。

按 25 座盖板涵的矩形板设一处预制场计 10 000m² 需全部平整碾压，其中 30% 的面积要铺 15cm 厚的砂砾垫层，20% 的面积在垫层上铺厚度 2cm 的水泥砂浆抹面，作为预制板地底模。预制构件运输距离为 4km。

该地区工程构造物 I 的其他工程费综合费率 I 为 4.94%，其他工程费综合费率 II 为 0%，间接费规费综合费率为 38.7%，企业管理费综合费率为 5.28%。

问题： 若该预算编制年工程所在地的各项工、料、机预算价格按现行《公路工程预算定额》的基价为基础上调 10% 计算，试计算该盖板涵的施工图预算建筑安装工程费（不考虑砂浆及混凝土标号的影响）。

答案：

1）定额直接工程费见表 5.18。

表 5.18 定额直接工程费（元）

序号	工程细目名称		单位	工程量	定额表号	基价（定额人工消耗量）	定额直接工程费（人工费）
1	挖基坑土方（干处）		1000m³	0.460	4-1-1-1	22 056 (448.3)	10 145.76 (10 145.93)
2	M7.5 浆砌片石基础、护底、截水墙		10m³	41.00	4-5-2-1	1396 (9.5)	57 236 (19 163.4)
3	M5 水浆砌片石台、墙		10m³	33.5	4-5-2-5	1640 (13.2)	54 940 (21 756.24)
4	C20 水泥混凝土帽石		10m³	0.06	4-6-3-1	4743 (29.8)	284.58 (87.97)
5	帽石混凝土拌和		10m³	0.06×1.02	4-11-11-1	176 (2.7)	10.77 (8.13)
6	预制 C20 水泥混凝土矩形板		10m³	7.17	4-7-9-1	3493 (23.5)	25 044.81 (8289.95)
7	矩形板混凝土拌和		10m³	7.17×1.01	4-11-11-1	176 (2.7)	1274.54 (961.99)
8	矩形板钢筋		t	6.02	4-7-9-3	3869 (3)	23 291.38 (888.55)
9	安装混凝土矩形板		10m³	7.17	4-7-10-2	950 (6.4)	6811.5 (2257.69)
10	预制构件运输	构件出坑	100m³	0.717	4-8-3-9	3010 (7.8)	2158.17 (275.16)
11		第一个 1km	100m³	0.717	4-8-3-9	3010 (7.8)	2158.17 (275.16)
12		每增运 1km	100m³	0.717	(4-8-3-13)×6	100×6 (0)	430.2 (0)
13	预制场地平整		1000m²	0.40	4-11-1-2	2291 (45.2)	916.4 (889.54)
14	预制场地铺砂砾垫层		10m³	1.80	4-11-5-1	693 (5.9)	1247.4 (522.50)
15	预制场地水泥砂浆抹面		100m²	0.80	4-11-6-17	713 (5.5)	570.4 (216.48)
16	沉降缝		m²	50	4-11-7-13	163 (0.5)	8150 (1230)
	合计						194 671.08 (66 968.69)

注：1）定额直接工程费＝工程量×基价。

2）定额直接工程费中所含人工费＝工程量×定额人工消耗量×人工基价（即：49.2元/工日）。

2）直接费。

$$直接工程费＝194\ 671.08×1.10≈214\ 138.19（元）$$

$$其他工程费 I ＝214\ 138.19×4.94\%≈10\ 578.43（元）$$

其他工程费Ⅱ＝（人工费＋施工机械使用费）×0%＝0（元）

直接费＝214 138.19＋10 578.43＋0＝224 716.62（元）

3）间接费。

规费＝66 968.69×38.7%≈25 916.88（元）

间接费＝25 916.88＋224 716.62×5.28%≈37 781.92（元）

4）利润、税金。

利润＝（224 716.62＋37 781.92－25 916.88）×7%≈16 560.72（元）

税金＝（224 716.62＋37 781.92＋16 560.72）×3.41%≈9515.92（元）

5）建筑安装工程费。

建筑安装工程费＝224 716.62＋37 781.92＋16 560.72＋9515.92＝288 575.18（元）

5.4 第二、三部分等公路施工图预算其他费用的计算

学习目标

1. 计算工程建设其他费用，编制工程建设其他费用及回收金额计算表（06表）；
2. 计算建设期贷款利息和预备费。

5.4.1 设备、工具、器具及家具购置费的计算

1. 设备购置费

（1）费用内容

设备购置费系指为满足公路的营运、管理、养护需要，购置的达到固定资产标准的设备和虽低于固定资产标准但属于设计明确列入设备清单的设备的费用。包括渡口设备，隧道照明、消防、通风的动力设备，高等级公路的收费、监控、通信、供电设备，养护用的机械、设备和工具、器具等的购置费用。

（2）计算方法

设备购置费应由设计单位列出计划购置的清单（包括设备的规格、型号、数量），以设备原价加综合业务费和运杂费按以下公式计算：

设备购置费 ＝ 设备原价＋运杂费（运输费＋装卸费＋搬运费）

＋运输保险费＋采购及保管费　　　　　　　　（5.14）

需要安装的设备，应在第一部分建筑安装工程费的有关项目内另计设备的安装工程费。

设备与材料的划分标准见《概算预算编制办法》附录六。

2. 工具及生产家具（简称工器具）购置费

（1）费用内容

工器具购置费系指建设项目交付使用后为满足初期正常营运必须购置的第一套不构成

固定资产的设备、仪器、仪表、工卡模具、器具、工作台（框、架、柜）等的费用。该费用不包括构成固定资产的设备、工器具和备品、备件，及已列入设备购置费中的专用工具和备品、备件。

（2）计算方法

对于工器具购置，应由设计单位列出计划购置的清单（包括规格、型号、数量），购置费的计算方法同设备购置费。

3. 办公和生活用家具购置费

（1）费用内容

办公和生活用家具购置费，系指为保证新建、改建项目初期正常生产、使用和管理所必须购置的办公和生活用家具、用具的费用。

范围包括：行政、生产部门的办公室、会议室、资料档案室、阅览室、单身宿舍及生活福利设施等的家具、用具。

（2）计算方法

办公和生活用家具购置费，按路线工程的设计里程和有看桥房的独立大中桥的座数，乘以表 5.19 相应购置费用标准计算，在 05 表（设备、工具、器具购置费计算表）填列。对改建工程按表列数 80％计。

表 5.19　办公和生活用家具购置费标准

工程所在地	路线/（元/公路公里）				有看桥房的独立大桥/（元/座）	
	高级公路	一级公路	二级公路	三、四级公路	一般大桥	技术复杂大桥
内蒙古、黑龙江、青海、新疆、西藏	21 500	15 600	7800	4000	400	60 000
其他省、自治区、直辖市	17 500	14 600	5800	2900	19 800	49 000

5.4.2　工程建设其他费用的计算

工程建设其他费用不是直接用于工程项目施工的费用，但在整个工程项目的实施过程中，凡是与该项目有关而又不在上述两大部分费用（建安费和购置费）中的费用都属其他费用，它是总概预算的组成部分。

工程建设其他费用由土地征用及拆迁补偿费、建设项目管理费、研究试验费、建设项目前期工作费、专项评价（估）费、施工机械迁移费、供电贴费、联合试运转费、生产人员培训费、固定资产投资方向调节税、建设期贷款利息等十一项费用所构成。在编制概预算时，应本着厉行节约，满足建筑工程投资的需要的原则，从实际出发，在正确贯彻执行有关方针、政策和条例的基础上计算其他费用。与地方或其他有关部门（如邮电、水利、铁路等部门）发生关系时，应注意省、市、自治区及其他有关部门的规定。这些费用通过"工程建设其他费用及回收金额计算表"（06 表）计算。

1. 土地征用及拆迁补偿费

土地征用及拆迁补偿费系指按照《中华人民共和国土地管理法》及《中华人民共和国

土地管理法实施条例》、《中华人民共和国基本农田保护条例》等法律、法规的规定，为进行公路建设需征用土地所支付的土地征用及拆迁补偿费等费用。

（1）费用内容

1）土地补偿费。指被征用土地地上、地下附着物及青苗补偿费，征用城市郊区的菜地等缴纳的菜地开发建设基金，租用土地费，耕地占用税，用地图编制费及勘界费，征地管理费等。

2）征用耕地安置补助费。指征用耕地需要安置农业人口的补助费。

3）拆迁补偿费，指被征用或占用土地上的房屋及附属构筑物、城市公用设施等拆除、迁建补偿费，拆迁管理费等。

4）复耕费。指临时占用的耕地、鱼塘等，待工程竣工后将其恢复到原有标准所发生的费用。

5）耕地开垦费。指公路建设项目占用耕地的，应由建设项目法人（业主）负责补充耕地所发生的费用；没有条件开垦或者开垦的耕地不符合要求的，按规定缴纳的耕地开垦费。

6）森林植被恢复费。指公路建设项目需要占用、征用或者临时占用林地的，经县级以上林业主管部门审核同意或批准，建设项目法人（业主）单位按照有关规定向县级以上林业主管部门预缴的森林植被恢复费。

（2）计算方法

土地征用及拆迁补偿费应根据审批单位批准的建设工程用地和临时用地面积及其附着物的情况，以及实际发生的费用项目，按国家有关规定及工程所在地的省（市）人民政府颁发的有关规定和标准计算。

森林植被恢复费用应根据审批单位批准的建设工程占用林地的类型及面积，按国家有关规定及工程所在地的省（市）人民政府颁发的有关规定和标准计算。

当与原地电力电信设施、水利工程、铁路及铁路设施互相干扰时，应与有关部门联系，商定合理的解决方案和补偿金额，也可由这些部门按规定编制费用以确定补偿金额。

2. 建设项目管理费

建设项目管理费包括建设单位（业主）管理费、工程监理费、设计文件审查费和竣（交）工验收试验检测费。

（1）建设单位（业主）管理费

1）费用内容。建设单位（业主）管理费系指建设单位（业主）为建设项目的立项、筹建、建设、竣（交）工验收、总结等工作所发生的费用，不包括应计入设备、材料预算价格的建设单位采购及保管设备、材料所需的费用。

费用内容包括：工作人员的工资、工资性补贴、施工现场津贴、社会保障费用（基本养老、基本医疗、失业、工伤保险）、住房公积金、职工福利费、工会经费、劳动保护费；办公费、会议费、差旅交通费、固定资产使用费（包括办公及生活房屋拆旧、维修或租赁费，车辆折旧、维修、使用或租赁费，通信设备购置、使用费，测量、试验设备仪器折旧、维修或租赁费，其他设备折旧、维修或租赁费等）、零星固定资产购置费、招募生产工人费；技术图书资料费、职工教育经费、工程招标费（不含招标文件及标底或造价控制值编制费）；合同契约公证费、法律顾问费、咨询费；建设单位的临时设施费、完工清理费、竣

（交）工验收费（含其他行业或部门要求的竣工验收费用）、各种税费（包括房产税、车船使用税、印花税等）；建设项目审计费、境内外融资费用（不含建设期贷款利息）、业务招待费、安全生产管理费和其他管理性开支。

由施工企业代建设单位（业主）办理"土地、青苗等补偿费"的工作人员所发生的费用，应在建设单位（业主）管理费项目中支付。当建设单位（业主）委托有资质的单位代理招标时，其代理费应在建设单位（业主）管理费中支出。

2）计算方法。建设单位（业主）管理费以建筑安装工程费总额为基数，按表5.20的费率，以累进办法计算。

表5.20　建设单位管理费费率

第一部分　建安工程费总额/万元	费率/%	案例/万元	
		建安工程费	建设单位（业主）管理费
500以下	3.48	500	500×3.48%=17.4
501～1000	2.73	1000	17.4+500×2.73%=31.05
1001～5000	2.18	5000	31.05+4000×2.18%=118.25
5001～10 000	1.84	10 000	118.25+5000×1.84%=210.25
10 001～30 000	1.52	30 000	210.25+20 000×1.52%=514.25
30 001～50 000	1.27	50 000	514.25+20 000×1.27%=768.25
50 001～100 000	0.94	100 000	768.28+50 000×0.94%=1238.25
100 001～150 000	0.76	150 000	1238.25+50 000×0.76%=1618.25
150 001～200 000	0.59	200 000	1618.25+50 000×0.59%=1913.25
200 001～300 000	0.43	300 000	1913.25+100 000×0.43%=2343.25
300 000以上	0.32	310 000	2343.25+10 000×0.32%=2375.25

注：1）水深≥15m，跨度≥400m的斜拉桥和跨度≥800m的悬索桥等独立特大型桥梁工程的建设单位（业主）管理费按表5.24中的费率乘以1.0～1.2的系数计算。

2）海上工程［指由于风浪影响，工程施工期（不包括封冻期）全年月平均工作日少于15天的工程］的建设单位（业主）管理费按表5.24中的费率乘以1.0～1.3系数计算。

（2）工程监理费

1）费用内容。工程监理费系指建设单位（业主）委托具有公路工程监理资格的单位，按施工监理规范进行全面的监督和管理所发生的费用。

费用内容包括：工作人员的基本工资、工资性津贴、社会保障费用（基本养老、基本医疗、失业、工伤保险）、住房公积金、职工福利费、工会经费、劳动保护费；办公费、会议费、差旅交通费、固定资产使用费（包括办公及生活房屋折旧、维修或租赁费，车辆折旧、维修、使用或租赁费，通信设备购置、使用费，测量、试验、检测设备仪器折旧、维修或租赁费，其他设备折旧、维修或租赁费等）、零星固定资产购置费、招募生产工人费；技术图书资料费、职工教育经费、投标费用；合同契约公证费、咨询费、业务招待费；财务费用、监理单位的临时设施费、各种税费和其他管理性开支。

2）计算方法。工程监理费以建筑安装工程费总额为基数，按表5.21的费率计算。

表5.21　工程监理费费率表

工程类别	高速公路	一级及二级公路	三级及四级公路	桥梁及隧道
费率/%	2.0	2.5	3.0	2.5

注：表中的桥梁指水深大于15m、斜拉桥和悬索桥等独立特大型桥梁工程；隧道指水下隧道工程。

建设单位（业主）管理费和工程监理费均为实施建设项目管理的费用，执行时根据建设单位（业主）和施工监理单位所实际承担的工作内容和工作量，在保证监理费用的前提下，可统筹使用。

（3）设计文件审查费

1）费用内容。设计文件审查费系指国家和省级交通主管部门在项目审批前，为保证勘察设计工作的质量，组织有关专家或委托有资质的单位，对设计单位提交的建设项目可行性研究报告和勘察设计文件及对设计变更、调整概算进行审查所需要的相关费用。

2）计算方法。设计文件审查费以建筑安装工程费总额为基数，按 0.1% 计列。

（4）竣（交）工验收试验检测费

1）费用内容。竣（交）工验收试验检测费系指在公路建设项目交工验收和竣工验收前，由建设单位（业主）或工程质量监理机构委托有资质的公路工程质量检测单位按照有关规定对建设项目的工程质量进行检测，并出具检测意见所需要的相关费用。

2）计算方法。竣（交）工验收试验检测费按表 5.22 的规定计算。

表 5.22　竣（交）工验收试验检测费标准表

项目	路线/（元/公路公里）				有看桥房的独立大桥/（元/座）	
	高速公路	一级公路	二级公路	三、四级公路	一般大桥	技术复杂大桥
试验检测费	15 000	12 000	10 000	5000	30 000	100 000

关于竣（交）工验收试验检测费，高速公路、一级公路按四车道计算，二级及以下等级公路按双车道计算，每增加一条车道，按表 5.22 的费用增加 10%。

3. 研究试验费

研究试验费是指为本建设项目提供或验证设计数据、资料所进行的必要的研究试验和按照设计规定在施工过程中必须进行试验所需的费用，以及支付科技成果、先进技术的一次性技术转让费。

该费用不包括：

1）应由科技专项费用（新产品试制费、中间试验费和重要科学研究补助费）开支的项目。

2）应由施工辅助费开支的施工企业对建筑材料、构件和建筑物进行一般鉴定、检查所发生的费用及技术革新研究试验费。

3）应由勘察设计费或建筑安装工程费用中开支的项目。

计算方法：按照设计提出的研究试验内容和要求进行编制，不需验证设计基础资料的，不计本项费用。

4. 建设项目前期工作费

（1）费用内容

建设项目前期工作费系指委托勘察设计、咨询单位对建设项目进行可行性研究、工程勘察设计，以及设计、监理，施工招标文件及招标标底或造价控制值文件编制时，按规定应支付的费用。

该费用包括：

1）编制项目建议书（或预可行性研究报告）、可行性研究报告、投资估算，以及相应的勘察、设计、专题研究等所需的费用。

2）初步设计和施工图设计的勘察费（包括测量、水文调查、地质勘探等）、设计费、概（预）算及调整概算编制费等。

3）设计、监理、施工招标文件及招标标底（或造价控制值或清单预算）文件编制费等。

（2）计算方法

依据委托合同计列，或按国家颁发的收费标准和有关规定进行编制。

5.专项评价（估）费

（1）费用内容

专项评价（估）费系指依据国家法律、法规规定须进行评价（评估）、咨询，按规定应支付的费用。该费用包括环境影响评价费、水土保持评估费、地震安全性评价费、地质灾害危险性评价费、压覆重要矿床评估费、文物勘察费、通航论证费、行洪论证（评估）费、使用林地可行性研究报告编制费、用地预审报告编制费等费用。

（2）计算方法

按国家颁发的收费标准和有关规定进行编制。

6.施工机构迁移费

施工机构迁移费是指施工机构根据建设任务的需要，经有关部门决定城建制地（指工程处等）由原驻地迁移到另一地区所发生的一次性搬迁费用。费用内容包括：职工及随同家属的差旅费，调迁期间的工资，施工机械、设备、工具、用具和周转性材料的搬运费。

该费用不包括：

1）应由施工企业自行负担的、在规定距离范围内调动施工力量及内部平衡施工力量所发生的迁移费用。

2）由于违反基建程序，盲目调迁队伍所发生的迁移费。

3）因中标而引起施工机构迁移所发生的迁移费。

计算方法：施工机构迁移费应经建设项目的主管部门同意按实计算。但计算施工机构迁移费后，若迁移地点即新工地地点（如独立大桥），则其他工程费内的工地转移费应不再计算；若施工机构迁移地点至新工地地点尚有部分距离，则工地转移费的距离应以施工机构新地点为计算起点。

7.供电贴费

供电贴费是指按照国家规定，建设项目应交付的供电工程贴费、施工临时用电贴费。供电贴费按国家有关规定计列。目前停止征收。

8.联合试运转费

联合试运转费包括如下内容

（1）费用内容

联合试运转费指新建、改（扩）建工程项目，在竣工验收前，按照设计规定的工程质量标准，进行动（静）荷载试验所需的费用，或进行整套设备带负荷联合试运转期间所需的全部费用抵扣试车期间收入的差额。费用内容包括：联合试运转期间所需的材料、油燃料和动力的消耗，机械和检测设备使用费，工具用具和低值易耗品费，参加联合试运转人员工资及其他费用等。

该费用不包括应由设备安装工程项下开支的调试费。

（2）计算方法

联合试运转费以建筑安装工程费总额为基数，独立特大型桥梁按0.075%计算，其他工程按0.05%计算。

9. 生产人员培训费

生产人员培训费指新建、改（扩）建公路工程项目，为保证生产的正常运行，在工程竣工验收交付使用前对运营部门生产人员和管理人员进行培训所必需的费用。

费用内容包括：培训人员的工资、工资性补贴、职工福利费、差旅交通费、劳动保护费、培训及教学实习费等。

计算方法：生产人员培训费按设计定员和2000元/人的标准计算。

10. 固定资产投资方向调节税

固定资产投资方向调节税是指为了贯彻国家产业政策，控制投资规模，引导投资方向，调整投资结构，加强重点建设，促进国民经济持续稳定协调发展，依照《中华人民共和国固定资产投资方向调节税暂行条例》的规定，公路建设项目应缴纳的固定资产投资方向调节税。

目前暂停征收。

11. 建设期贷款利息

（1）费用内容

建设期贷款利息系指建设项目中分年度使用国内贷款或国外贷款部分，在建设期内应归还的贷款利息。费用内容包括各种金融机构贷款、企业集资、建设债券和外汇贷款等利息。

（2）计算方法

根据不同的资金来源按需付息的分年度投资计算。计算公式为

建设期贷款利息＝$\sum$（上年末付息贷款本息累计＋本年度付息贷款额÷2）×年利率

即

$$S = \sum_{n=1}^{N} (F_{n-1} + b_n \div 2) \times i \tag{5.15}$$

式中，S——建设期贷款利息（元）；

　　　N——项目建设期（年）；

n——施工年度；

F_{n-1}——建设期第（$n-1$）年末需付息贷款本息累计（元）；

b_n——建设期第 n 年度付息贷款额（元）；

i——建设期贷款年利率（％）。

【例】　某工程贷款 4550 万元，建设期 3 年，第一、三年均贷款 1500 万元，第二年贷款 1550 万元，贷款利率为 6.21％，求贷款利息为多少？

【解】　第 1 年贷款利息＝（0＋1500÷2）×6.21％＝46.575（万元）；

第 2 年贷款利息＝（1500＋46.575＋1550÷2）×6.21％≈144.1698（万元）；

第 3 年贷款利息＝（1500＋46.575＋1550＋144.1698＋1500÷2）×6.21％

≈247.8253（万元）；

建设期贷款利息合计＝46.575＋144.1698＋247.8253

≈438.570（万元）。

5.4.3　公路工程预备费的计算

预备费由价差预备费及基本预备费两部分组成。在公路工程建设期限内，凡需动用预备费时，属于公路交通部门投资的项目，需经建设单位提出，按建设项目隶属关系，报交通部或交通厅（局、委）签建主管部门核定批准；属于其他部门投资的建设项目，按其隶属关系报有关部门核定批准。

1. 价差预备费

1）费用内容。价差预备费系指设计文件编制年至工程竣工年期间，第一部分费用的人工费、材料费、机械使用费、其他工程费、间接费等，以及第二、三部分费用由于政策、价格变化可能发生上浮而预留的费用及外资贷款汇率变动部分的费用。

2）计算方法。价差预备费以概（预）算或修正概算第一部分建筑安装工程费总额为基数，按设计文件编制年始至建设项目工程竣工年终的年数和年工程造价增长率计算。计算公式为

$$价差预备费 = P \times [(1+i)^{n-1} - 1] \tag{5.16}$$

式中，P——建筑安装工程费总额（元）；

i——年造价增长率（％）；

n——设计文件编制年至建设项目开工年十建设项目建设期限（年）。

3）应注意问题：①年工程造价增长率按有关部门公布的工程投资价格指数计算，或由设计单位会同建设单位根据该工程人工费、材料费、施工机械使用费、其他工程费、间接费，以及第二、三部分费用可能发生的上浮等因素，以第一部分建安费为基数进行综合分析预测；②设计文件编制至工程完工在一年以内的工程，不列此项费用。

2. 基本预备费

1）费用内容。基本预备费系指在初步设计和概算中难以预料的工程和费用。其用途如下：

① 在进行技术设计、施工图设计和施工过程中，在批准的初步设计和概算范围内所增

加的工程费用。

② 在设备订货时，由于规格、型号改变的价差，材料货源变更、运输距离或方式的改变及因规格不同而代换使用等原因发生的价差。

③ 由于一般自然灾害所造成的损失和预防自然灾害所采取的措施费用。

④ 在项目主管部门组织竣（交）工验收时，验收委员会（或小组）为鉴定工程质量必须开挖和修复隐蔽工程的费用。

⑤ 投保的工程根据工程特点和保险合同发生的工程保险费用。

2）计算方法。以第一、二、三部分费用之和（扣除固定资产投资方向调节税和建设期贷款利息两项费用）为基数按下列费率计算：

设计概算按 5% 计列；

修正概算按 4% 计列；

施工图预算按 3% 计列。

采用施工图预算加系数包干承包的工程。包干系数为施工图预算中直接费与间接费之和的 3%。施工图预算包干费用由施工单位包干使用。

该包干费用的内容如下：

① 在施工过程中，设计单位对分部分项工程修改设计而增加的费用，但不包括因水文地质条件变化造成的基础变更、结构变更、标准提高、工程规模改变而增加的费用。

② 预算审定后，施工单位负责采购的材料由于货源变更、运输距离或方式的改变及因规格不同而代换使用等原因发生的价差。

③ 由于一般自然灾害所造成的损失和预防自然灾害所采取的措施的费用（如一般防台风、防洪的费用）等。

5.4.4 回收金额的计算

概、预算定额所列材料一般不计回收，只对按全部材料计价的一些临时工程项目和由于工程规模或工期限制达不到规定周转次数的拱盔、支架及施工金属设备的材料计算回收金额。

1. 临时工程的回收金额

在概、预算中，对于临时工程如架设输电、电信线路等工程，是按全部材料备料计价的。当工程竣工后，这些临时工程都要拆除。此时，应按其实际使用年限，以表 5.23 中规定的回收率计算其回收金额。

表 5.23 回收率

回收项目	使用年数或周转次数				计算基数
	一年或一次	二年或二次	三年或三次	四年或四次	
临时电力电信线路	50%	30%	10%	—	材料原价
拱盔、支架	60%	45%	30%	15%	
施工金属设备	65%	65%	50%	30%	

注：施工金属设备指钢壳沉井、钢护筒等。

某临时工程细目的回收金额按下式计算：

$$U = -\sum_{j}^{n} E_j \times Q_j \times S_j \times I_j \qquad (5.17)$$

式中，U——临时工程细目的回收金额（元）；

E_j——j 材料的概、预算定额值（材料计量单位/工程量计量单位，如 $10m^3/100m$ 等）；

Q_j——工程细目的工程数量（100m、$1000m^3$ 等）；

S_j——j 材料的原价，即出厂价格、供应价格（元/材料计量单位）；

I_j——工程细目的回收百分率（％），以使用年数按表 5.27 确定；

n、j——工程细目中各种材料的代号。

2. 达不到规定周转次数的周转性材料回收金额计算

在概、预算定额中不仅列入了一次性消耗材料（如水泥、钢筋等），而且也列入了周转性材料（如模板、脚手架、支架、拱盔等），在编制概、预算时，其定额值一般直接套用，不予抽换。但是，对于确因施工安排达不到定额规定周转次数的就地浇筑钢筋混凝土用的支架，拱圈用的拱盔、支架及施工金属设备，应按实际周转次数计算备料数量，然后按规定计算回收金额。

周转性材料按实际周转次数的备料数量，可按下式计算：

$$F_j = E'_j \times Q'_j \qquad (5.18)$$

式中，F_j——工程细目中周转性材料 j 按实际周转次数计算的备料数量（如 m^3、t 等）；

E'_j——实际周转次数的周转性材料 j 定额（材料计量单位/工程时计量单位）；

Q'_j——j 材料的工程细目的工程量（工程量计量单位，如 $10m^3$、$100m^2$ 等）。

某工程细目中全部周转性材料的总回收金额，按下式计算：

$$U' = -\sum_{j}^{n} F_j \times S_j \times I_j \qquad (5.19)$$

式中，U'——某临时工程工程细目的总计回收金额（元）；

S_j——j 材料的原价，即出厂价格、供应价格（元/材料计量单位）；

I_j——按 j 材料所在工程细目以不同周转次数确定的回收百分率（％），以周转次数按表 5.27 确定；

n、j——工程细目中各种材料的代号。

编制概、预算时，回收金额以负值表示，在 06 表中先计算各工程细目的回收金额，然后再汇总，即可算得建设项目的总计回收金额。

5.4.5 公路交工前养护费和绿化补助费

公路交工前养护费和绿化补助费是《概算预算编制办法》的路线工程概、预算项目表中所列的两个工程项目。虽然这两个项目也属于建筑安装工程中的工程项目，但计算方法却比较特殊。

1. 公路交工前养护费

公路交工前养护费，是指对路线工程陆续交工的路段，在路段交工初验时止，以路面为主包括路基、构造物在内的养护费用。

（1）养护费指标

公路交工前养护费指标，按工程的全线里程及平均养护月数，以下列标准计算：①三、四段公路按 60 工日/（月·km）；②二级及二级以上公路按 30 工日/（月·km）。

（2）养护费用计算

按路面工程类别计算其他工程费和间接费。本项费用在 03 表中直接计算其建安费。

（3）养护用工计算

公路交工前养护用工，也需要在概、预算中反映，但不再计入单价（因已按指标形式计算）。公路交工前养护用工数量，按上述指标标准，以路线里程及平均养护月数之乘积计算。公路交工前养护用工数量应在 02 表中单列分项计算。

2. 绿化工程费

凡新建公路工程，应计绿化补助费。绿化补助费是按路线总里程，以下列绿化补助费指标计算：

平原微丘区：5000 元/km；

山岭重丘区：1000 元/km。

由于以上指标内已包括其他工程费和间接费，故编制概、预算时，不再计列。绿化工程费在 03 表中直接计算其建安费。

注意：本规定仅适用于无绿化设计的二级以下等级公路建设项目。

5.4.6 公路交工前养护费和绿化补助费

公路工程建设各项费用的计算程序及方式见表 5.24。

表 5.24　公路工程建设各项费用的计算程序及计算方式

代号	项目	说明及计算式
（一）	直接工程费（即工、料、机费）	按编制年工程所在地的预算价格计算
（二）	其他工程费	（一）×其他工程费综合费率或各类工程人工费和机械之和×其他工程费综合费率
（三）	直接费	（一）+（二）
（四）	间接费	各类工程人工费×规费综合费率+（三）×企业管理费综合费率
（五）	利润	［（三）+（四）-规费］×利润率
（六）	税金	［（三）+（四）+（五）］×综合税率
（七）	建筑安装工程费	（三）+（四）+（五）+（六）
（八）	设备、工具、器具购置费（包括备品备件）办公和生活用家具购置费	$\sum$（设备、工具、器具购置数量×单价+运杂费）×（1+采购保管费率）按有关定额计算

续表

代号	项目	说明及计算式
（九）	工程建设其他费用	
	土地补偿费和安置补助费	按有关规定计算
	建设单位（业主）管理费	（七）×费率
	工程监理费	（七）×费率
	设计文件审查费	（七）×费率
	竣（交）工验收试验检测费	按有关的规定计算
	研究实验费	按批准的计划编制
	前期工作费	按有关的规定计算
	专项评价（估）费＋	按有关的规定计算
	施工机构迁移费	按实计算
	供电贴费	按有关规定计算
	联合试运转费	（七）×费率
	生产人员培训费	按有关规定计算
	固定资产投资方向调节税	按有关规定计算
	建设期贷款利息	按实际贷款数及利率计算
（十）	预备费	包括价差预备费和基本预备费两项
	价差预备费	按规定的公式计算
	基本预备费	［（七）＋（八）＋（九）－固定资产投资方向调节税－建设期贷款利息］×费率
	预备费中施工图预算包干系数	［（三）＋（四）］×费率
（十一）	建设项目总费用	（七）＋（八）＋（九）＋（十）

5.5 应用造价软件编制概（预）算文件

┌─ **学习目标** ─

1. 叙述概（预）算的编制步骤；
2. 了解施工组织设计对施工图预算的影响；
3. 用造价软件完成各项费用的计算并输出预算报表。

5.5.1 概（预）算的编制步骤

1. 准备工作

1）现场调查。在编制概（预）算之前必须进行现场调查，收集有关资料。现场调查是否深入细致，资料是否齐全、准确，直接影响到概（预）算的编制质量，做好现场调查是编好概（预）算的一个重要方面。编制概（预）算的现场调查应和建设项目的外业勘察工作同步进行，并与有关勘察工作进行协调与分工。现场调查工作应包括以下各项内容：人工工资、施工机械车船使用税；材料供应价格；材料运输情况；征用土地；拆迁房屋及建筑物；拆迁电力、电信线路；工地转移费和主副食运费补贴里程；施工用电；沿线自然条件（气温、雨量等）；临时工程；其他，如沿线文物、管线交叉方案等。

临时工程包括电力、电信、汽车便道、便桥等，要根据工程项目所确定的施工方案和路线所经现场的实际情况，确定预制厂，沥青混合料、水泥混凝土集中拌和的拌和场，现场管理机构，施工点等的位置和范围，以此确定临时占地数量和各种临时工程数量。进行调查时，要按如下有关要求分别收集临时工程有关资料。

① 临时占地数量。临时占地数量包括施工企业施工工地所需的生产与生活用房占地、预制场、沥青混合料拌和厂、水泥混凝土拌和场、路面稳定土拌和场、材料堆放场、仓库、临时便道及其他临时设施等所需临时占地数量，以及处理复耕土地所需的费用等资料。

数量可根据工程规模大小、工期长短、施工方案的安排确定。例如，工程规模不大、占地数量应小，但考虑必需的房屋、设备、设施等，其数量需相应加大；再如，由于特殊要求，安排工期较短，一些临时设施相应也会加大。占地数量也相应增多。如需恢复耕种的，要了解分析复耕所需的费用情况，并计入工程造价。

② 临时电力、电信。在考虑临时电力、电信线路的接线位置和长度时，要与被接线单位协商确定，尽量就近考虑。

临时电力线路为从变压器到接线处的电力干线长度，从变压器到用电点的接线为电力支线，桥梁施工现场、拌和场等场内用的电力支线其费用已综合在规定的临时设施费用中，不再另列。

③ 临时汽车便道。临时汽车便道是指运输材料、构件、半成品到工地，运输砂、石材料从料场至公路，预制场、拌和场内部汽车公路，以及大型的施工机械进场的道路。

④ 临时汽车便桥。临时汽车便桥是为修建汽车便道而必须相应修建的便桥，以及桥梁施工时，材料、机械设备过河需修建的汽车便桥，便桥的高度与长度按施工现场实际情况和工期安排确定。

⑤ 临时轨道铺设。临时轨道按需要分轻、重轨。重轨又分为路基上、桥上两种，轻轨铺在预制场，用于运输混凝土、预制构件横移。路基上重轨指从预制场至桥头在路基上铺设的长度，在桥上为在桥面上运梁铺设的长度。

2）熟悉设计文件，核对主要工程量。设计文件由封面、扉页、目录、工程说明书、设计图样、工程数量表及其他成果表、基础资料等组成。通常用图形表现的设计图样和用文字叙述的工程说明书，确定了工程的数量和施工方法，而工程量是编制工程造价的基础资料。因此，在编制概（预）算之前，应深入熟悉设计文件，了解设计意图，掌握工程全貌，核对主要工程量。这是合理划分计算项目并正确套用定额，准确、完整、快速编制概（预）算的关键环节。

2. 分析现场调查资料及施工组织设计资料

1）概（预）算调查资料分析。概、预算资料的调查工作是一项关系到概（预）算文件质量的基础工作，一般在公路工程外业勘察时同时进行。对这些调查资料应进行分析，若有不明确或不全的部分，应另行调查，以保证概（预）算的准确和合理。

2）施工组织设计文件的分析。对与相应设计阶段配套的施工组织设计文件（尤其是施工方案）应认真分析其可行性、合理性、经济性。因为施工方案将直接影响概（预）算金额的高低和定额的查用，因此编制概（预）算时，重点应对施工方案进行认真分析。

① 施工方法。同一工程内容，可以采用不同的施工方法来完成。例如，土方施工有人工挖土方和机械挖土方两种方法；钢筋混凝土工程既可以采用现浇施工，也可以采用预制安装，等等。因此，应根据工程设计的意图和要求同工程实际相结合，选择最经济的施工方法。

② 施工机械。施工机械选择也将直接影响施工费用，因此，应根据选定的施工方法选配相应的施工机械。例如，挖填土方既可以采用铲运机，又可以采用挖土机配自卸汽车；混凝土预制构件安装也可采用多种机械施工，等等。

③ 其他方面。运距远近的选择（如土方中取土坑、弃土场的位置）材料堆放的位置及仓库的设置等。

3. 划分项目

公路工程概（预）算是以分项工程概（预）算表为基础计算和汇总而来的，所以工程分项是概（预）算工作中的一项重要基础工作。分项时必须满足如下三个方面的要求：

1）按照概（预）算项目表的要求分项，这是基本要求。概（预）算项目表实质上是将一个复杂的建设项目分解成许多分项工程的一种科学划分方法。

2）符合定额项目表的要求。定额项目表是定额的主体内容，分项后的各个分项工程所包含的工作内容、施工方法、工艺要求与定额中该分项工程的要求相同或符合定额说明中所规定的范围。

3）符合费率的要求。其他工程费和间接费都是按不同工程类别确定的费率定额，因此，所分的项目应满足其要求。

4. 摘取计价工程量

工程数量作为编制概（预）算的基础资料，通常是设计人员在完成设计图样的同时就已进行了计算，在编制概（预）算时又经过了熟悉设计文件和对工程量的复核工作。因此，在编制概（预）算时，基本上不需要根据设计图样重新计算工程量，但是设计图样所提供的工程数量与定额表中所规定的工程内容和工程量计算规则不完全一致，需要编制人员按照定额的要求从设计图表中摘取计价工程量。所以，摘取计价工程量实际上是根据定额规定的工程量计算规则，将设计图表中提供的工程量进行分类、统计、汇总后，得出符合定额表要求的计价工程量。为了正确摘取工程量，做到不重不漏，编制人员必须明确定额规定的工程内容、适用范围，清楚定额的各章、节说明及定额表附注。

5. 套用定额

根据摘取的工程量，结合施工组织设计要求，正确套用概（预）算定额，进行工、料、机实物量分析。根据施工图设计文件的各分项工程的具体情况，具体在套用定额时，可分为以下几种情况：①直接套用；②定额合并；③定额调整：乘系数、加减消耗量（定额附注）、定额抽换（混凝土、砂浆标号调整）；④补充定额。

6. 计算人工、材料、施工机械台班预算价格

按《概算预算编制办法》所规定的方法和要求，完成以下各项计算工作：
1）人工费单价的分析取定。
2）自采材料料场单价计算。
3）材料预算单价计算。
4）施工机械台班单价计算。
5）人工、材料、机械台班单价汇总。

7. 其他工程费

间接费计算取定其他工程费、间接费的各项费率标准，进行其他工程费、间接费综合费率计算。

8. 计算分项工程的直接费和间接费

9. 计算建筑安装工程费

10. 实物消耗量指标计算

11. 计算设备、工具、器具购置费

12. 计算工程建设其他费用及回收金额

按规定计算第二部分和第三部分费用，即编制 05 表和 06 表。同时可以在 06 表中计算回收金额及预留费用。

13. 编制总概（预）算表并进行造价分析

14. 编写概（预）算编制说明书

15. 复核、审查、出版

综上所述，公路工程概（预）算的编制步骤如图 5.3 所示。概（预）算表格的计算顺

序及相互关系如图 5.4 所示。

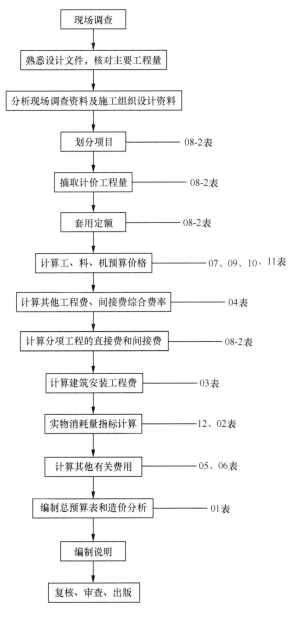

图 5.3　概（预）算编制基本步骤

5.5.2　施工组织设计对施工图预算的影响

施工组织设计包括施工方案、施工进度计划、施工现场平面布置、各种资源需要量及其供应等四项基本内容，其中施工方案（主要是施工方法的选择）和施工现场平面布置对施工图预算的影响较大。

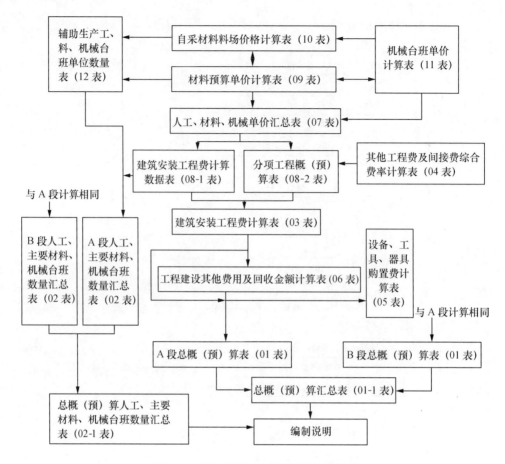

图 5.4　各种表格的计算顺序及相互关系

（1）施工方法的选择对预算的影响

在公路工程设计和施工组织设计中，施工方法的选择是至关重要的，必须依据工程条件和经济合理的原则进行多方面的比较。随着施工工艺、施工技术的不断发展和更新，要求设计人员根据工程的特点结合实际情况，选择经济又适用的施工方法。

1）路基施工方法的选择。路基工程中，土石方施工的工程量是施工组织设计中控制预算造价的主要因素，施工方法的选择，对土石方施工中的工日消耗、机械台班消耗有很大的影响。目前公路路基工程施工中，为了满足施工质量，高等级公路一般都采用机械化施工，而低等级公路一般采用人工、机械组合进行施工。如采用机械化施工，其施工方法的选择其实质就是施工机械的选择，应根据施工的作业种类及运输距离合理选择机械。例如，土石方的运距小于 100m 时，选择推土机完成其运输作业就比较经济；土石方的运距大于 500m 时，再选择推土机完成其运输作业就很不经济，这时应选择自卸汽车才经济。这是在编制施工组织设计和预算时应注意的。

2）路面施工方法的选择。路面基层施工方法主要分路拌和厂拌，面层施工主要有热拌、冷拌、贯入、厂拌等方法。各种施工方法的工程成本消耗各不相同，当路面结构一定时，选择不同的施工方法，造价就不一样。因此应结合公路等级对路面的质量要求、路面工程规模和工期要求进行综合分析确定施工方法。

3）桥梁工程施工方法的选择。与路基、路面工程相比，桥梁工程结构类型较多、施工工艺复杂、施工方法多和技术要求较高。例如，桥梁上部构造的施工方法一般可分为预制安装和现浇两大类。预制安装施工主要包括自行式吊车安装、跨墩门架安装、架桥机（单导梁、双导梁）安装、缆索吊装、悬臂拼装等；现浇施工主要有支架现浇、悬臂现浇等。不同的施工方法，桥梁上部构造混凝土每 $1m^3$ 造价是不一样的，有时有较大差异。因此，在确定桥梁施工方法时应根据桥梁规模和结构设计要求、施工现场、环境、设备等因素综合分析，选择最佳的施工方法。

（2）施工现场平面布置对预算的影响

施工现场平面布置是施工组织设计在空间上的综合描述，是施工组织设计的重要组成部分之一。它是在基础资料调查的基础上，结合建设工程的实际情况，按照一定的布置原则和方法，对建设工程在施工过程中的材料供应、运输路线、供水、供电、临时工程、工地仓库、生活设施、管理机构设施、预制厂、拌和厂、采料厂、材料和半成品堆放点及大型机械设备工作面的布置和安排。平面布置的确定，决定了预算中相应的直接费，如临时工程的费用、租用土地费及平整场地费用等。因此，在施工组织设计中规划平面布置时，应考虑技术上的可行性和经济上的合理性，一般应遵循以下原则：

1）凡是永久性占用土地或需临时性租用土地的，应结合地形、地貌，在满足施工的前提下，选择交通便利、运输条件好、材料供应方便，尽可能利用荒山、荒地、少占农田和场地平整工程量小的地点布置。

2）合理确定外购材料工地仓库和自采材料堆放点，预制场、拌和站的位置，应尽量减少材料的二次搬运和场内的搬运距离。

3）施工平面布置应与施工进度、施工方法等相适应，要重视保护生态环境。

4）材料费在公路工程建设中占的比重很大，应给予足够的重视。合理选择材料、确定经济运距和运输方案是控制预算造价的重要手段，也是施工组织设计中的重点。

5.5.3 应用同望造价软件编制公路工程施工图预算

1. WECOST 系统概述

同望 WECOST 公路工程造价管理系统是继同望经典造价软件 WCOST 之后，于 2007 年推出的新一代公路工程造价软件。系统支持公路新旧编办和定额，采用全新的技术架构，功能更加强大，操作更加符合用户习惯，真正实现了多阶段、多种计价模式、网络化、编制审核一体化。

WECOST 系统产品系列有三算版、投标版、标准版、专业版和网络版五个版本，WECOST 不同版本特性见表 5.25。

表 5.25　WECOST 版本特性比较表

版本	功能	适用对象
WECOST 三算版	编制估算、概算、预算	设计单位
WECOST 投标版	编制标底、清单报价	施工企业
WECOST 标准版	编制估算、概算、预算、清单报价	建设单位、施工企业、造价、监理、咨询单位
WECOST 专业版	标准版功能＋审核功能	有造价审查需求的单位
WECOST 网络版	基于局域网/广域网应用，编审一体、网络协同，多专业定制	业主单位、造价管理部门、综合性施工企业；大型设计院等有定制需求的单位

2. 同望 WECOST 系统预算编制操作步骤

WECOST 系统预算编制操作步骤如图 5.5 所示。

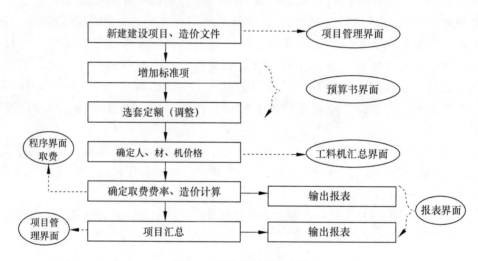

图 5.5　预算编制操作步骤

（1）新建建设项目、造价文件

在"项目管理"界面，按照图样及项目汇总时的逻辑关系，创建××项目树，在末梢节点编制预算文件。

1）新建建设项目。

2）新建造价文件，设置文件基本信息。新建造价文件时，需要选择计价依据。目前软件提供了公路工程可行性研究估算、建议书估算、概算、预算、清单等计价依据，编制施工图预算应选择"部颁预算计价依据"。

（2）增加标准项

造价文件创建好后，打开进入"预算书"界面。

1）从标准项目表中选择增加标准工程项目。

2）增加用户补充的非标准项目。

3）输入项目的工程量。

操作提示

1）在增加标准项目时，软件按项、目、节（或清单项）代号自动排列 WBS 层次和位置。

2）可以使用工具栏上的 ⇧ ⇩ ⇐ ⇨ 来调整 WBS 的层次和位置。

（3）选套定额（调整）

在"预算书"界面选套定额。选套方式有：

1）直接录入定额号，回车输入工程量。

2）从定额库中选择增加定额子目，然后输入工程量。

3）从分项模板中批量增加定额子目，然后输入工程量。

操作提示

1）工程量可以直接输入计算式；若有多条计算式，在"预算书/工程量计算式"窗口增加。

2）默认按自然单位输入工程量，软件会将输入的工程量根据定额单位自动换算。

3）选套定额时，软件根据定额内容自动代入取费类别。若不合适，用户可以更改。

4）输入的定额号在定额库中没有，软件会直接添加为用户补充定额，定额号前软件统一加 LB-。

5）在"预算书/工料机"窗口，增加用户补充定额的工料机消耗。可以直接增加补充工料机，也可以从工料机库中选择。

6）补充完成的定额，右击在弹出的快捷菜单中选择"保存到——我的定额库"命令，方便下次调用。

7）用 Shift 键可多选预算书已选套的定额子目，右击在弹出的快捷菜单中选择"保存到——我的分项模板"命令，方便下次批量选套。

在"预算书/工料机"界面调整定额消耗（图 5.6）。

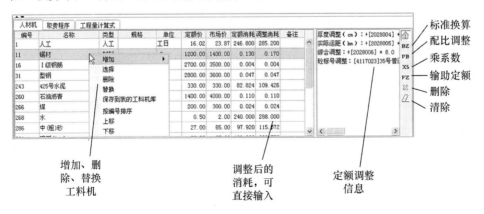

图 5.6　调整定额消耗

┌─ **实例** ───┐

1）1-1-11-9 8t 以内自卸汽车运输 1km，实际运距 4km。

操作：选中定额 1-1-11-9，在标准换算窗口勾选"实际运距（km）"复选框，输入 4，回车。

2）5-1-15-7 浆砌片石墙身，M10 水泥砂浆 32.5 级水泥换 M7.5 水泥砂浆 42.5 级水泥。

操作方法 1：选中定额 5-1-15-7，在标准换算窗口勾选"砂浆标号调整"复选框，选择"M7.5 水泥砂浆 42.5 级水泥"；

操作方法 2：在工料机窗口，单击材料"M10 水泥砂浆 32.5 级水泥"编号，替换为"M7.5 水泥砂浆 42.5 级水泥"。

3）2-1-7-7 水泥稳定土厚 15cm 水泥石屑（5∶95），配比改为 4∶96。

操作：选中定额 2-1-7-7，在配比调整窗口，输入调整比例。

└──┘

（4）确定人、材、机价格

算书编辑好后，系统自动分析汇总出定额消耗的人工、材料、机械。进入"工料机汇总"界面。

1）手工调整工料机的预算价格。

2）计算部分材料的预算价格。

3）计算机械的台班价格。

┌─ **操作提示** ───┐

1）可以导入收集、整理好的 Excel 价格文件，软件对相同名称、规格、单位的材料价格进行批量修改。批量修改后软件在检查栏中自动标识本预算书中被刷新的工、料、机价格，提醒预算员对未刷新的材料价格继续核对询价。

2）已经编制完整的造价文件，可以选择导出价格到 Excel 中，来建立和维护自己的价格库文件。

3）右击在弹出的快捷菜单中选择"工料机替换"命令，可以将整份造价文件中的 A 材料批量替换为 B 材料。

4）右击在弹出的快捷菜单中选择"工料机反查"命令，可以获得该工料机被含在预算书的哪些项目和定额子目，用量多少。

└──┘

（5）确定取费费率、造价计算

定额选套和工、料、机价格确定好后，进入"取费程序"界面，软件内置部颁标准取费模板，选择项目属性及取费参数，软件自行取费计算。

操作提示

若需要调整取费程序，预算员可以在标准取费模板的基础上自定义模板。自定义模板可以编辑费用项目，修改计算公式，设定不计取费项目，修改费率，定义项目属性及取费参数，保存后可重复利用。

（6）项目汇总

取费计算完成后，造价文件则编制完成，再返回"项目管理"界面，继续编辑下一份造价文件。

当某公路工程项目的全部造价编制完成后，在项目工、料、机汇总界面，可以一次性汇总所有分项预算文件的工、料、机，价格调整与单项预算文件类似。在报表界面可以查看项目级的汇总报表。

操作提示

对于类似项目，预算员可以通过复制粘贴，修改不同项后快速完成。编制单位也可以编一些标准预算，设置为模板预算，通过工程量批量乘系数等功能，方便预算员重复利用，提高编制效率，规范造价编制。

（7）输出报表

1）直接打印单种报表。

2）连续打印项目各种报表。

3）输出为 Excel、Word、或 Html 文件，进一步修改。

任务实施1-5　建筑安装工程费的计算

1. 确定其他工程费、间接费各单项费率，计算综合费率，编制 04 表

"将军帽港区疏港公路"项目的背景资料：工程所在地为福建省福州市罗源县，行车干扰工程施工增加费按施工期间平均每昼夜双向行车次数 400 辆计，工地转移距离为 60km，主副食运费补贴里程为 3km。按该省补充计价规定：该项目不计特殊地区施工增加费，规费的费用标准见表 5.26，职工取暖补贴不计，其他费率按部颁标准取定。

表 5.26　规费费用标准

规费名称	养老保险费	失业保险费	医疗保险费	住房公积金	工伤保险费
规费费率/%	18	2	7.7	10	1

根据项目的实际情况，确定其他工程费和间接费各单项费率，计算综合费率，编制的其他工程费及间接费综合费率计算表（04 表）见表 5.27。其中：14 栏（其他工程费综合费率Ⅰ）＝3＋4＋5＋8＋10＋11＋12＋13；15 栏（其他工程费综合费率Ⅱ）＝6＋7＋9；21 栏（规费综合费率）＝16＋17＋18＋19＋20；27 栏（企业管理费综合费率）＝22＋23＋24＋25。

表5.27 其他工程费及间接费综合费率计算表

建设项目名称：罗源县碧里至将军帽港区疏港交通战备公路

编制范围：K8＋897.992～K19＋555.63

第 1 页 共 1 页 04 表

序号	工程类别	其他工程费费率/% 冬季施工增加费	雨季施工增加费	夜间施工增加费	高原地区施工增加费	风沙地区施工增加费	沿海地区施工增加费	行车干扰工程施工增加费	施工标准化施工增加费	临时设施费	施工辅助费	工地转移费	综合费率 I	综合费率 II	间接费费率/% 规费 养老保险费	失业保险费	医疗保险费	住房公积金	工伤保险费	综合费率	企业管理费 基本费用	主副食运费补贴	职工探亲路费	职工取暖补贴	财务费用	综合费率
1	2	3	4	5	6	7	8	9	10	11	12	13	14	15	16	17	18	19	20	21	22	23	24	25	26	27
01	人工土方		0.360					2.460	0.700	1.730	0.890	0.162	3.842	2.460	18.000	2.000	7.700	10.000	1.000	38.700	3.360	0.250	0.100		0.230	3.940
02	机械土方		0.370					2.190	0.700	1.560	0.490	0.534	3.654	2.190	18.000	2.000	7.700	10.000	1.000	38.700	3.260	0.190	0.220		0.210	3.880
03	汽车运输		0.370					2.090	0.250	1.010	0.160	0.328	2.118	2.090	18.000	2.000	7.700	10.000	1.000	38.700	1.440	0.200	0.140		0.210	1.990
04	人工石方		0.270					2.400	0.700	1.760	0.850	0.172	3.752	2.400	18.000	2.000	7.700	10.000	1.000	38.700	3.450	0.190	0.100		0.220	3.960
05	机械石方		0.340					1.710	0.770	2.170	0.460	0.374	4.044	1.710	18.000	2.000	7.700	10.000	1.000	38.700	3.280	0.180	0.220		0.200	3.880
06	高级路面		0.340					1.870	1.180	2.110	0.800	0.654	5.084	1.870	18.000	2.000	7.700	10.000	1.000	38.700	1.910	0.120	0.140		0.270	2.440
07	其他路面		0.320					1.770	1.200	2.060	0.740	0.598	4.918	1.770	18.000	2.000	7.700	10.000	1.000	38.700	3.280	0.120	0.160		0.300	3.860
08	构造物I		0.270					1.410	0.850	2.920	1.300	0.598	5.938	1.410	18.000	2.000	7.700	10.000	1.000	38.700	4.440	0.180	0.290		0.370	5.280
09	构造物II		0.300	0.350				1.430	0.920	3.450	1.560	0.706	7.286	1.430	18.000	2.000	7.700	10.000	1.000	38.700	5.530	0.200	0.340		0.400	6.470
10	构造物III		0.600	0.700				1.420	1.850	6.390	3.030	1.402	13.972	1.420	18.000	2.000	7.700	10.000	1.000	38.700	9.790	0.360	0.550		0.820	11.520
11	技术复杂大桥		0.340	0.350					1.010	3.210	1.680	0.802	7.392		18.00	2.000	7.700	10.000	1.000	38.700	4.720	0.160	0.200		0.460	5.540
12	隧道								0.860	2.830	1.230	0.558	5.478		18.00	2.000	7.700	10.000	1.000	38.700	4.220	0.160	0.270		0.390	5.040
13	钢材及钢结构			0.350					0.630	2.730	0.560	0.770	5.040		18.00	2.000	7.700	10.000	1.000	38.700	2.420	0.160	0.160		0.480	3.220

编制： 复核：

2. 计算建筑安装工程，编制 08 表（以浆砌片石护脚为例）

填写的分项工程预算表（08-2 表）见表 5.28。其中：

"编制范围"栏：填入本预算的编制范围。

"工程名称"栏：根据"概、预算项目表"填入"节"或"细目"的工程名称，或根据工程实际情况填入分项工程名称。

"工程项目"栏：填入预算定额中套用的该分项工程"定额表"的表名。

"工程细目"栏：填入预算定额中套用的"定额子目"的名称或说明。

"定额单位"栏：填入所查定额项目的单位。

"工程数量"栏：填入换算成定额单位后的该分项工程的工程数量。

"定额表号"栏：填入所套用定额的代号。其表示方式为：章-节-表-子目。

"编号"栏：按顺序填写。

"工、料、机名称"栏：按所套用的定额填入"人工"、"材料"、"机械名称"、"基价"，再填入"直接工程费"、"其他工程费"、"间接费"、"利润及税金"、"建筑安装工程费"等费用名称。

"单位"栏：按所套用定额子目的工、料、机械单位填写，各项费用的单位均为"元"。

"单价"栏：按已计算出的人工、材料、机械台班预算单价（07 表）填入相应位置。

"定额"栏：按所套用定额子目的工、料、机定额消耗量指标填写。

"数量"栏：用"定额"栏的数据乘以"工程数量"栏的数据，分别填入本栏，若"定额"栏为金额则乘以"工程数量"栏后，应分别填入"金额"栏。

"金额"栏：用本项目"数量"栏的数据分别乘以相应的单价，填入本栏。

"合计数量"栏：以本表"工程名称"栏包括的分项工程（工程项目）为单位，将各个分项工程的各种工、料、机数量分别合计后，填入本栏。

"合计金额"栏：以本表"工程名称"栏所包括的分项工程（工程项目）为单位，将各个分项工程的工、料、机费用及其他费用分别汇总后，填入本栏。

"直接工程费"的"金额"栏：将属于本表"工程名称"栏所包括的各个分项工程（工程项目）的人工费、材料费、施工机械使用费的合计金额，填入本栏。

"其他工程费"："定额"栏，填写从 04 表转来的综合费率；"数量"栏不填；其他工程费Ⅰ的"金额"栏为"定额"栏的综合费率乘以相应分项工程（工程项目）的"直接工程费"金额栏；其他工程费Ⅱ的"金额"栏为"定额"栏的综合费率乘以相应分项工程（工程项目）的人工费与施工机械使用费之和。

"间接费"："定额"栏，填写从 04 表转来的综合费率；"数量"栏不填；规费的"金额"栏为"定额"栏的综合费率乘以相应分项工程（工程项目）的人工费；企业管理的"金额"栏为"定额"栏的综合费率乘以相应分项工程（工程项目）的直接费（直接工程费与其他工程费之和）。

"利润及税金"的"金额"栏：相应分项工程的利润与税金之和；利润按相应分项

编制范围：罗源县碧里至将军帽港区疏港交通公路改建工程

工程名称：浆砌片石护脚

表 5.28　分项工程预算表（节选）

第　页　共　页　　08-2 表

序号	工料机名称	单位	单价/元	石砌护脚 浆砌 10m³ 实体 13.978 5~1~16~2改			水泥砂浆勾缝及抹面 水泥砂浆抹面（厚2cm）100m² 0.505 4~11~6~17						合计	
				定额	数量	金额/元	定额	数量	金额/元	定额	数量	金额/元	数量	金额/元
1	人工	工日	47.00	11.800	164.940	7752	5.500	2.778	131				167.718	7883
2	原木	m³	1120.00	0.001	0.014	16							0.014	16
3	锯材木中板δ=19~35	m³	1350.00	0.004	0.056	75							0.056	75
4	8~12号铁丝	kg	6.10	0.200	2.796	17							2.796	17
5	32.5级水泥	t	421.63	0.954	13.335	5622	0.837	0.423	178				13.758	5801
6	水	m³	0.50	7.000	97.846	49	15.000	7.545	4				105.421	53
7	中（粗）砂	m³	84.31	3.885	54.305	4578	2.780	1.404	118				55.708	4697
8	片石	m³	20.65	11.500	160.747	3319							160.747	3319
9	定额基价	元	1.00	1521.000	21 261.000	21 261	713.000	360.000	360				21 621.000	21 621
	直接工程费	元				21 430			431					21 861
	其他工程费 Ⅰ	元		5.938		1273	5.938		26					1298
	其他工程费 Ⅱ	元		1.410		109	1.410		2					111
	间接费 规费	元		38.700		3000	38.700		51					3051
	间接费 企业管理费	元		5.280		1204	5.280		24					1229
	利润及税金	元		7.000/3.410		2660	7.000/3.410		53					2713
	建筑安装工程费	元				29 676			586					30 262

编制：　　　　　　　　　　　　　　　　　　　　　复核：

工程的（直接费＋间接费－规费）×利润率计算；税金按相应分项工程的（直接费＋间接费＋利润率）×税率计算。

"建筑安装工程费"的"金额"栏：将属于本表"工程名称"栏所包括的各个分项工程的"直接工程费"的金额加上各个分项工程的"其他工程费"、"间接费"、"利润及税金"金额后，填入本栏。

3. 建筑安装工程费计算表（03 表）的编制

填写的建筑安装工程费计算表（03 表）见表5.29。其中：

"建设项目名称"栏：填入本预算所承担的基本建设项目的名称。

"编制范围"栏：填入本预算的编制范围。

"序号"栏：按顺序填写。

"工程名称"栏：按"分项工程预算表"（08-2 表）的"工程名称"栏填写。

"单位"栏：按"预算项目表"中该"节"或"细目"的单位填写或工程实际情况填写。

"工程量"栏：将属于本"工程名称"栏所包括的各个分项工程的工程数量按所要求的单位合计后的数量填写。

"人工费"、"材料费"、"机械使用费"栏：由"分项工程预算表"（08-2 表）经计算转来。

"直接工程费合计"栏：将"分项工程预算表"（08-2 表）中的"直接工程费合计金额"栏的数值填入，或8栏（直接工程费用合计）＝5栏（人工费）＋6栏（材料费）＋7栏（机械使用费）。

"其他工程费"栏：将"分项工程预算表"中的"其他工程费合计金额"栏（含其他工程费Ⅰ、其他工程费Ⅱ）的数据填入。

"直接费合计"栏：为"直接工程费合计"栏与"其他工程费"栏之和，即10＝8＋9。

"间接费"栏：将"分项工程预算表"（08-2 表）中的"间接费合计金额"栏的数值（含规费和企业管理费）填入。

"利润"栏：用本表"直接费合计"栏的数据加"间接费"栏的数据减去08-2表"规费合计金额"栏的数据后乘以利润率，将所得数据填入本栏，即12＝（10＋11－规费）×利润率。

"税金"栏：将本表"直接费合计"栏、"间接费"栏、"利润"栏等三栏的数据合计后乘以综合税率，即13＝（10＋11＋12）×综合税率。

"建安工程费合计"栏：将本表"直接费合计"栏、"间接费"栏、"利润"栏、"税金"栏等四栏数据合计后填入本栏。

"建安工程费单价"栏：将本表"建安工程费合计"栏的数据除以"工程量"栏的数据后填入本栏。

表5.29 建筑安装工程费计算表（节选）

建设项目名称：罗源县碧里将军帽港区疏港交通战备公路改建工程
编制范围：罗源县碧里将军帽港区疏港交通战备公路改建工程

第 页 共 页 表 03

序号	工程名称	单位	工程量	直接费/元						间接费/元	利润/元 费率 7.0%	税金/元 综合税率 3.41%	建筑安装工程费	
				直接工程费				其他工程费	合计				合计/元	单价/元
				人工费	材料费	机械使用费	合计							
1	2	3	4	5	6	7	8	9	10	11	12	13	14	15
1	临时便道的修建与维护	km	0.280	2652	71082	21534	95268	4841	100109	4736	7267	3823	115936	414058.25
2	临时电力线路	km	3.000	9870	150946		160816	9688	170505	12822	12566	6680	202572	67524.14
3	临时电信线路	km	3.000	2087	10616		12703	784	13487	1520	994	546	16346	5515.26
4	混凝土拌和站	座	2.000	101435	72396	42834	216666	30158	246824	65888	19142	11316	343170	171585.20
5	清除表土	m³	45484.000	8551		319360	327911	16087	343997	12953	24755	13016	394721	8.68
6	伐树、挖根、除草	m²	5820.000	59502		26899	86402	5445	91847	26646	6683	4268	129444	22.24
7	挖除水泥混凝土路面	m³	747.500	40402		29580	69982	4540	74522	18410	5411	3354	101697	136.05
8	挖路基土方	m³	213267.000	48580	949994		998575	52659	1051233	52729	75961	40235	1220159	5.72
9	石方控制爆破	m³	518922.000	2420173	1446554	8373399	12240126	645580	12885706	393283	933967	518762	15731717	30.32
10	石方运输	m³	25405.000	379308	132880	292172	804360	44011	848371	179709	61690	37161	1126931	44.36
11	弃方运输	m³	254085.000			2145518	2145518	90283	2235802	44492	159621	83201	2523116	9.93
12	利用土方填筑	m³	169706.000	23929		518866	542794	31721	574515	31552	41776	22091	669935	3.95
13	利用石方填筑	m³	366148.000	1075560		1197029	2272589	132810	2405399	509571	174911	105365	3195246	8.73
14	浆砌片石边沟	m³/m	4717.700	445744	489348		935092	60813	995905	223728	73299	44089	1337021	283.41
15	浆砌片石排水沟	m³/m	2741.000	281028	285320		566348	36442	602790	139433	44343	26822	813387	296.75
16	浆砌片石截水沟	m³/m	1953.600	225526	202577		428103	27759	455861	110201	33515	20446	620023	317.47
17	浆砌片石急流槽	m³/m	1535.700	150885	210481		361366	23148	384514	78106	28296	16740	507656	330.57
18	暗沟	m	430.000	62664	83447	980	147091	9307	156398	31930	11485	6814	206627	480.53
19	渗（盲）沟	m	1130.200	37184	65296		102480	6610	109089	20150	8039	4681	141960	125.61
20	戗沟戗渠工程	m³/m	644.900	48675	66893	6542	122110	7919	130029	25594	9575	5633	170832	264.90
21	浆砌片石挡土墙	m³/m	1149.890	79794	127640	37	207471	13448	220917	42545	16281	9539	289281	251.57
22	浆砌片石护脚	m³/m	139.780	7883	13978		21861	1409	23270	4279	1715	998	30262	216.50
23	浆砌片石护肩	m³/m	374.540	22550	40371		62921	4054	66975	12263	4936	2870	87044	232.40

编制： 复核：

1. 创建建设项目及造价文件，输入项目预算编制信息

运行 WECOST 系统，完成以下信息的输入。

（1）建设项目基本信息

1）建设项目名称：碧里至将军帽港区疏港交通战备公路改建工程。

2）编制类型：施工图预算。

3）路线总长：10.66km。

4）建设单位：××高速公路建设开发总公司。

5）设计单位：××公路设计院。

6）建管费汇总方式：各汇总工程相加。

7）建管费汇总累计办法：08 建管费部颁标准。

8）汇总累计费率系数：1。

（2）造价文件基本信息

1）文件名称：碧里至将军帽港区疏港交通战备公路改建工程。

2）计价依据：部颁 08 预算计价依据。

3）主定额：部颁 08 预算定额。

4）工程类别：路线工程。

5）起止桩号：K8+897.992～K19+555.63。

6）设计长度：10.66km。

7）公路等级：二级公路。

8）建设性质：改建。

9）平均养护月数：3 个月。

10）车船税标准：09 年福建养路车船税标准。

11）机械不变费用系数：1

12）建管费累进办法：08 建管费部颁标准。

13）年造价上涨率：0。

14）上涨计费年限：0。

（3）第二部分费用

设备购置费、工器具及生产家具购置费不计；办公和生活用家具购置费按交通部颁布的费率标准（《概算预算编制办法》）执行。

（4）第三部分费用

1）土地征用及拆迁补偿费。用地面积及拆迁建筑物、电力、电信等数量及补偿标准见表 5.30。

表 5.30 土地征用、拆迁数量及补偿标准

序号	项目	数量	单位	补偿标准
1	土地青苗等补偿费			

续表

序号	项目	数量	单位	补偿标准
（1）	征用滩涂	20.30	亩	6000 元/亩
（2）	征用宅地、耕地	51.54	亩	25 000 元/亩
（3）	征用园地	130.00	亩	25 000 元/亩
（4）	征用非经济林地、经济林地、未利用地	367.06	亩	8000 元/亩
（5）	枇杷树赔偿	26.00	棵	300 元/棵
（6）	龙眼树赔偿	2856.00	棵	350 元/棵
2	安置补助费			
（1）	砖混房	4930.00	m²	500 元/m²
（2）	砖石房、石木房、木房	7442.00	m²	400 元/m²
（3）	木棚	543.00	m²	100 元/m²
（4）	围墙	388.90	m	50 元/m
（5）	电力杆、电信杆	229.00	根	500 元/根
（6）	电信光缆	7.40	km	40 000 元/km
（7）	军用光缆	1.33	km	43 000 元/km

2）建设项目管理费。按交通部颁布的费率标准（《概算预算编制办法》执行。

3）建设项目前期工作费。勘测设计费按每公里 2 万元计算。

4）预备费。价差预备费不计；基本预备费以第一、二、三部分费用之和（扣除固定资产投资方向调节税和建设期贷款利息）为基数按 3% 的费率计算。

5）其他费用。不计取。

（5）新增费用

按财政部《企业安全生产费用提取和使用管理办法》（财企［2012］16 号）的规定，需新增"安全生产费用"。该费用以第一部分建筑安装工程费为基数按 1.5% 的费率计算。

2. 编制预算文件

（1）建立项目结构

在任务 1-1 建立的"项目划分表"基础上，根据小组分配的任务（以"节"或"细目"为单元），完成选择标准项、增加非标准项、增加子项、填写工程量等相关操作。

（2）选套定额

在任务 1-3 完成的"预算数据准备表"基础上，完成选套定额（含定额调整）、填写工程量、确定取费类别等相关操作。

（3）工料机分析，确定人工、材料、机械价格

人工、材料、机械价格信息如下。

1）人工：按《福建省公路基本建设项目概算预算编制补充规定》计取（47元/工日）。

2）外购材料：原价、运距及运输方式调查资料见表 5.31，当地汽车运价为每吨公里 0.7 元，装卸费每吨 6.0 元。

表5.31 外购材料价格及运距表

序号	规格名称	单位	单价/元	供应地点	运输方式及运距
1	32.5级水泥	t	380	罗源县城	汽车运输(30km)
1	42.5级水泥	t	390	罗源县城	汽车运输(30km)
4	中(粗)砂	立方米	45.00	砂料场	汽车运输(25km)
5	钢筋(光圆)	t	4500	罗源县城	汽车运输(30km)
6	钢筋(带肋)	t	4800	罗源县城	汽车运输(30km)

注：其他未提供材料信息价的外购材料，按基价(部颁预算定额单价)作为预算价。

3) 自采材料：片石、块石利用路基开炸石方检清，碎石(含路用碎石)由人工开采的片石用机械轧制，片石、块石、碎石平均运距为 2.5km；砂砾为采堆，平均运距5km。上述材料均用 10t 自卸汽车运输，用装载机装车。

4) 机械台班预算单价：由软件自动计算，车船税标准采用"09 年福建养路车船税标准"，不计养路费。

在"工料机汇总"界面，输入人工单价、材料预算价格；计算片石、碎石及路用碎石(含各种粒径)等自采材料的料场价格、自办运输费用，得到预算价格；计算机械台班价格(由软件计算生成)。

(4) 确定取费费率

在"取费程序"界面的右半窗口，选择项目属性及取费参数，软件自行取费计算。取费程序的基本信息如下：

1) 工程所在地：福建福州罗源县。

2) 费率标准：部颁费率标准 2008。

3) 冬、雨、夜间施工：按提示选定。

4) 高原施工、风沙施工、沿海地区不计。

5) 行车干扰：按施工期间平均每昼夜双向行车次数 400 辆计。

6) 安全文明、临时设施、施工辅助：计。

7) 企业管理基本费用、职工探亲、财务费用：计。

8) 职工取暖：不计。

9) 辅助生产、利润：计。

10) 主副食综合里程：3km；工地转移：60km。

11) 纳税人所在地：市区。

12) 规费费率：养老保险18%；失业保险2%；医疗保险7.7%；住房公积金10%；工伤保险1%。

(5) 分析计算，查看报表

1) 单击菜单选择"计算"→"分析计算"命令，系统进行分析计算。

2) 进行"分析与计算"后切换到报表窗口，在左栏中选取不同的报表，系统会自动显示相应的数据。预览报表中的各项数据，查看项目结构、定额套用、工程量、工料机价格、费率取定是否正确，并通过预览03表、01表检查各分项工程的单价或技术经济指标是否合理。

如发现有错误或不合理，需分析其原因，返回各步骤进行修改、补充等操作。

（6）利用块导出功能，将个人负责编写的成果导出供小组各成员分享

具体实现步骤如下：

1）根据需要，选中所需导出的目、节、细目，右击选择"导入/导出"→"块导出"命令。如选中是"浆砌片石护脚"这个细目，则导出的是这个细目内的所有定额及工程量。

2）保存为通用造价块文件。选择块导出后系统将弹出对话框，在这里为导出的部分起名后单击"保存"按钮即完成导出工作。

3. 利用块导入功能，实现小组协作

在想导入该部分的上级结构中右击，选择"块导入"命令，选中需要导入的部分，单击"打开"按钮，则可以自动将这部分的结构及定额、工程数量全部导入，从而实现小组协作。

技术提示：在使用块导入定额时，应注意要在菜单"工具"→"系统设置"处，把"是否自动填写工程量"的值设置为"否"。否则有可能引起工程量的混乱。

之后，继续执行工料机分析（进一步确定工料机价格）、分析计算等操作。最后，打印报表或输出报表为.xls、pdf等格式。

该项目的施工图预算部分成果如下：

1）总预算表（01表），见表5.32。

2）人工、主要材料、机械台班数量汇总表（02表），见表5.33。

3）建筑安装工程费计算表（03表），见表5.29。

4）其他工程费及间接费综合费率计算表（04表），见表5.27。

5）工程建设其他费用及回收金额计算表（06表），见表5.34.

6）人工、主要材料、机械台班单价汇总表（07表），见表5.35。

7）建筑安装工程费计算数据表（08-1），见表5.36。

8）分项工程预算表（08-2表），见表5.28。

9）材料预算单价计算表（09表），见表4.6。

10）自采材料料场价格计算表（10），见表4.5。

11）机械台班单价计算表（11表），见表5.37。

12）辅助生产工、料、机械台班单位数量表（12表），见表5.38。

说明：1）上述成果仅为部分项目，交通安全设施中的铝合金标志、不良地基处理（含软基处理）、弃土场处理、路基防护工程（上边坡挂网喷混凝土防护、路堑拱形骨架防护、路堑边坡防护、下边坡挂网喷混凝土防护、路堤防护、下边坡护面墙防护）、平面交叉工程、隧道等项目未包括。

2）隧道洞内路面需另在路面工程中单独计划。

表 5.32 总预算表（示例）

建设项目名称：罗源县碧里至将军帽港区疏港交通设备公路改建工程

编制范围：罗源县碧里至将军帽港区疏港交通设备公路改建工程

第 1 页 共 5 页　01 表

项目	节	细目	工程或费用名称	单位	数量	预算金额/元	技术经济指标	各项费用比例/%	备注
一			第一部分 建筑安装工程费	公路公里	10.658	64 758 356	6 076 032.65	74.99	
	1		临时工程	公路公里	10.658	678 225	63 635.30	0.79	
		1	临时道路	km	0.280	115 936	414 057.14		
			临时便道的修建与维护	km	0.280	115 936	414 057.14		
	2		临时电力线路	km	3.000	202 572	67 524.00		
	3		临时电信线路	km	3.000	16 546	5 515.33		
	4		混凝土拌和站	座	2.000	343 170	171 585.00		
二			路基工程	km	10.659	29 828 139	2 798 399.38	34.54	
	1		场地清理	km	10.659	625 861	58 716.67		
		1	清理与掘除	m²	6 274.000	524 165	83.55		
			清除表土	m³	45 484.000	394 721	8.68		
		2	伐树、挖根、除草	m²	5 820.000	129 444	22.24		
			挖除水泥混凝土路面	m³	747.500	101 697	136.05		
	2		挖方	m³	757 594.000	20 601 923	27.19		
		1	挖土方	m³	213 267.000	1 220 159	5.72		
			挖路基土方	m³	213 267.000	1 220 159	5.72		
		2	挖石方	m³	544 327.000	16 858 649	30.97		
			挖路基石方控制爆破	m³	518 922.000	15 731 717	30.32		
			石方控制爆破	m³	25 405.000	1 126 931	44.36		
		3	弃方运输	m³	254 085.000	2 523 116	9.93		
	3		填方	m³	535 854.000	3 865 181	7.21		
		1	路基填方	m³	535 854.000	3 865 181	7.21		
			利用土方填筑	m³	169 706.000	669 935	3.95		
		2	利用石方填筑	m³	366 148.000	3 195 246	8.73		
	4		排水工程	km	10.659	3 797 507	356 272.35		

编制：　　　　　　　　　　　　复核：

建设项目名称：罗源县碧里至将军帽港区疏港交通战备公路改建工程

编制范围：罗源县碧里至将军帽港区疏港交通战备公路改建工程

第 2 页 共 5 页 01 表

项目	节	细目	工程或费用名称	单位	数量	预算金额/元	技术经济指标	各项费用比例/%	备注
		1	边沟	m³/m	4717.700/7483.100	1 337 021	283.41/178.67		
	1		浆砌片石边沟	m³/m	4717.700/7483.100	1 337 021	283.41/178.67		
		1	排水沟	m³/m	2741.000/4268.700	813 387	296.75/190.55		
	2		浆砌片石排水沟	m³/m	2741.000/4268.700	813 387	296.75/190.55		
		1	截水沟	m³/m	1953.000/2570.000	620 023	317.47/241.25		
	3		浆砌片石截水沟	m³/m	1953.000/2570.000	620 023	317.47/241.25		
		1	急流槽	m³/m	1535.700/1219.600	507 656	330.57/416.25		
	4		浆砌片石急流槽	m³/m	1535.700/1219.600	507 656	330.57/416.25		
	5		暗沟	m	430.000	206 627	480.53		
	6		渗（盲）沟	m	1130.200	141 960	125.61		
	7		改沟改渠工程	m³/m	644.900/195.000	170 832	264.90/876.06		
	5		防护与加固工程	km	10.659	406 588	38 145.04		
		1	挡土墙	m³	1664.210	406 588	244.31		
		1	浆砌片石挡土墙	m³/m	1149.890/126.870	289 281	251.57/2280.14		
		2	浆砌片石护脚	m³/m	139.780/101.000	30 262	216.50/299.62		
二		3	浆砌片石护肩	m³/m	374.540/143.000	87 044	232.40/608.70		
	6		路基零星工程	公里	10.660	531 079	49 819.79		
			路面工程	km	10.659	25 680 279	2 409 257.81	29.74	
	1		路面底基层	m²	171 734.500	2 552 432	14.86		
三		1	填隙碎石底基层	m²	171 734.500	2 552 432	14.86		
		1	15cm厚填隙碎石底基层	m²	167 625.300	2 509 298	14.97		

编制：

复核：

建设项目名称：罗源县碧里至将军帽港区疏港交通战备公路改建工程
编制范围：罗源县碧里至将军帽港区疏港交通战备公路改建工程

第 3 页　共 5 页　01 表

项目	目	节	细目	工程或费用名称	单位	数量	预算金额/元	技术经济指标	各项费用比例/%	备注
			2	10cm厚填隙碎石底基层	m²	4 109.200	43 134	10.50		
		2		路面基层	m²	140 582.500	5 350 080	38.06		
			1	18cm厚水泥稳定碎石基层	m²	171 734.600	5 350 080	31.15		
		3		水泥混凝土面层	m²	140 582.500	16 494 883	117.33		
			1	厚24cm水泥混凝土面层	m²	171 734.600	15 951 006	92.88		
			2	钢筋	t	74.130	543 877	7 336.80		
三		4		路槽、路肩及中央分隔带	km	10.659	974 552	91 429.97		
			1	路缘石	m³	1047.100	974 552	930.72		
		5		隧道洞内路面	m²	2025.100	308 332	152.26		
			1	厚24cm水泥混凝土面层	m²	2025.100	198 566	98.05		
			2	钢筋	t	1.920	14 057	7 321.35		
			3	15cm C15素混凝土调平层	m²	1906.800	95 709	50.19		
四				桥梁涵洞工程	km	10.659	6 894 882	646 860.12	7.98	
		1		涵洞工程	m/道	1155.580/37.000	6 894 882	5966.60/186 348.16		
			1	钢筋混凝土盖板涵	m/道	1109.800/36.000	6 292 107	5669.59/174 780.75		
			2	4.0m×4.0m 石拱涵	m/道	45.780/1.000	602 775	13166.78/602 775.00		
五				交叉工程	处					
六				隧道工程	km/座					
七				公路设施及预理管工程	公路公里	10.658	1 676 831	157 330.74	1.94	
		1		安全设施	公路公里	10.658	1 604 134	150 509.85		
			1	钢筋混凝土防撞护栏	m³/m	929.900/1722.008	1 064 926	1145.20/618.42		
			2	石砌护栏	m³	1 011.650	343 461	339.51		
			3	轮廓标	根	426.000	2747	6.45		
			4	里程碑	块	11.000	1128	102.55		
			5	公路标线	m²	3 836.700	191 872	50.01		

编制：　　　　　　　复核：

建设项目名称：罗源县碧里至将军帽帽港区疏港交通战备公路改建工程
编制范围：罗源县碧里至将军帽港区疏港交通战备公路改建工程

表 01　第 4 页　共 5 页

项目	目	节	细目	工程或费用名称	单位	数量	预算金额/元	技术经济指标	各项费用比例/%	备注
三	2			其他工程	公路公里	10.658	72 697	6820.89		
		1		公路交工前养护费	km	10.658	72 697	6820.89		
				第二部分设备及工具、器具购置费	公路公里	10.658	49 453	4639.99	0.06	
				办公及生活用家具购置	公路公里	10.658	49 453	4639.99	0.06	
三				第三部分工程建设其他费用	公路公里	10.658	19 037 700	1 786 235.69	22.04	
	一			土地征用及拆迁补偿费	公路公里	10.658	14 587 498	1 368 690.00	16.89	
		1		土地青苗等补偿费		10.658	8 604 180	807 297.80		
		2		安置补助费		10.659	5 983 318	561 339.53		
一			1	砖混房	m²	4930.000	2 465 000	500.00		
			2	砖石房、石木房、木房	m²	7442.000	2 976 800	400.00		
			3	木棚	m²	543.000	54 300	100.00		
			4	围墙	m	388.900	19 445	50.00		
			5	电力杆、电信杆	根	229.000	114 500	500.00		
			6	变压器	座	5.000				
			7	电信光缆	km	7.401	296 040	40 000.00		
			8	军用光缆	km	1.331	57 233	43 000.00		
二				建设项目管理费	公路公里	10.658	3 265 667	306 405.24	3.78	
	1			建设单位管理费	公路公里	10.658	1 454 054	136 428.41		
	2			工程监理费	公路公里	10.658	1 618 959	151 900.83		
	3			设计文件审查费	公路公里	10.659	64 758	6076.00		
	4			竣（交）工验收试验检测费	公路公里	10.659	127 896	12 000.00		
四				建设项目前期工作费	公路公里	10.658	213 160	20 000.00	0.25	
	1			勘察设计费	公路公里	10.658	213 160	20 000.00		
十二				安全生产费	公路公里	10.658	971 375	91 140.46	1.12	
				第一、二、三部分费用合计	公路公里	10.658	83 845 509	7 866 908.33	97.09	

编制：　　　　　　复核：

建设项目名称：罗源县碧里至将军帽港区疏港交通战备公路改建工程

编制范围：罗源县碧里至将军帽港区疏港交通战备公路改建工程　　　　　　　　　　　　　　　第 5 页　共 5 页　01 表

项目	节	细目	工程或费用名称	单位	数量	预算金额/元	技术经济指标	各项费用比例/%	备注
			预备费	元	10.659	2 515 365	235 985.08	2.91	
			基本预备费	元	10.659	2 515 365	235 985.08	2.91	
			新增加费用项目（不作预备费基数）	公路公里	10.658				
			预算总金额	元		86 360 875		100.00	
			其中：回收金额	元					
			公路基本造价	公路公里	10.658	86 360 875	8 102 915.65	100.00	

编制：　　　　　　　　　　　　　　　　　　　　　　　　　　　　　　　　　　　　　　复核：

表5.33 人工、材料、机械台班数量汇总表（节选）

建设项目名称：罗源县碧里至将军帽军帽港区疏港交通战备公路改建工程
编制范围：罗源县碧里至将军帽军帽港区疏港交通战备公路改建工程

第1页 共2页 02表

序号	规格名称	单位	总数量	分项统计									场外运输损耗	
				临时工程	路基工程	路面工程	桥梁涵洞工程	交叉工程	隧道工程	公路设施及预埋管线工程	辅助生产	其他	%	数量
1	人工	工日	238 075	2469	119 534	27 050	27 837			5812	44 906	10 466		
2	机械工	工日	40 292	157	26 328	6788	951			132	5936			
3	原木	m³	62	40	5		14			4				
4	锯材木中板ξ=19～35	m³	49	0	3	12	28			6				
5	光圆钢筋直径10～14mm	t	64	0	0	18	35			11				
6	带肋钢筋 直径 15～24mm，25mm以上	t	248		3	69	123			52				
7	型钢	t	10	1		2	7			0				
8	钢板	t	0	0		0								
9	钢管	t	2	0			2							
10	镀锌钢板	t	0											
11	钢钎	kg	33		9		15			0				
12	空心钢钎	kg	11 605	11 605	11 605					9				
13	φ50mm以内合金钻头	个	14 969	14 969	14 969									
14	电焊条	kg	212			56	156							
15	钢模板	t	9		0					9				
16	组合钢模板	t	12	0			12			0				
17	铁件	kg	10 616	473	46	199	8659			1239				
18	镀锌铁件	kg	69							69				
19	铁钉	kg	86		19		67							
20	8～12号铁丝	kg	1152	339	381		432							
21	20～22号铁丝	kg	1054		29	53	658			314				
22	铁皮	m²	8		8									
23	橡皮线	m	9450	9450										

编制：　　　　　　　　复核：

建设项目名称：罗源县碧里至将军帽港区疏港交通战备公路改建工程

编制范围：罗源县碧里至将军帽港区疏港交通战备公路改建工程

第2页 共2页　02表

序号	规格名称	单位	总数量	分项统计									场外运输损耗	
				临时工程	路基工程	路面工程	桥梁涵洞工程	交叉工程	隧道工程	公路设施及预理管线工程	辅助生产	其他	%	数量
92	350L 以内强制式混凝土搅拌机	台班	216		2		177			37				
93	6m³ 以内混凝土搅拌运输车	台班	609			609								
94	40m³/h 以内水泥混凝土搅拌站	台班	211			211								
95	4t 以内载货汽车	台班	19							19				
96	8t 以内载货汽车	台班	48	12			36							
97	10t 以内自卸汽车	台班	9128	14	8392						722			
98	12t 以内自卸汽车	台班	301		301									
99	6000L 以内洒水汽车	台班	497	0		496								
100	1.0t 以内机动翻斗车	台班	74				40			33				
101	5t 以内汽车式起重机	台班	35				35							
102	8t 以内汽车式起重机	台班	136				136							
103	12t 以内汽车式起重机	台班	51	3			48							
104	20t 汽车式起重机	台班	116	10	1		106							
105	500mm 木工圆锯机	台班	2				2							
106	32kV·A 交流电弧焊机	台班	41			11	31							
107	150mm×250mm 电动颚式破碎机	台班	3							3				
108	250mm×400mm 电动颚式破碎机	台班	2523							2523				
109	生产率 8～10m³/h 滚筒式筛分机	台班	2568							2568				
110	3m³/min 以内电动空气压缩机	台班	86		86									
111	9m³/min 以内电动空气压缩机	台班	5899		5894		5							
112	小型机具使用费	元	361 600	119	345 068	2022	13 145			1247				

编制：　　　　　　　　复核：

表 5.34 工程建设其他费用及回收金额计算表

建设项目名称：罗源县碧里至将军帽港区疏港交通战备公路改建工程

编制范围：罗源县碧里至将军帽港区疏港交通战备公路改建工程

第 1 页 共 1 页 06 表

序号	费用名称及回收金额项目	说明及计算式	金额/元	备注
	第三部分 工程建设其他费用		19 037 700	
一	土地征用及拆迁补偿费		14 587 498	
1	土地青苗等补偿费		8 604 180	
(1)	征用滩涂	20.30（亩）×6000	121 800	
(2)	征用宅地、耕地	51.54（亩）×25 000	1 288 500	
(3)	征用园地	130.00（亩）×25 000	3 250 000	
(4)	征用非经济林地、经济林地、未利用地	367.06（亩）×8000	2 936 480	
(5)	枇杷树赔偿	26.00（棵）×300	7800	
(6)	龙眼树赔偿	2856.00（棵）×350	999 600	
2	安置补助费		5 983 318	
(1)	砖混房	4930.00（m²）×500	2 465 000	
(2)	砖石房、石木房、木房	7442.00（m²）×400	2 976 800	
(3)	木棚	543.00（m²）×100	54 300	
(4)	围墙	388.90（m）×50	19 445	
(5)	电力杆、电信杆	229.00（根）×500	114 500	
(6)	电信光缆	7.40（km）×40 000	296 040	
(7)	军用光缆	1.33（km）×43 000	57 233	
二	建设项目管理费		3 265 667	
1	建设单位管理费	〔建设单位管理费〕〔建安费为基数〕	1 454 054	1 454 053.75
2	工程监理费	〔工程监理费〕	1 618 959	1 618 958.9
3	设计文件审查费	建安工程费×0.1%	64 758	64 758 355.87×0.1%
4	竣（交）工验收试验检测费	〔竣（交）工验收试验检测费〕	127 896	127 896
四	建设项目前期工作费		213 160	
1	勘查设计费	10.66（公路公里）×20 000	213 160	
十二	安全生产费用	建安工程费×1.5%	971 375	64 758 355.87×1.5%
	预备费		2 515 365	
三	2. 基本预备费	（第一、二、三部分费用合计－{N}－{P}）×3%	2 515 365	(83 845 509.34－0－0)×3%

编制：　　　　　　　　　　　　　　　　　　　　　　　　　　　　　　　　复核：

表 5.35 人工、材料、机械台班单价汇总表

建设项目名称：罗源县碧里至将军帽港区疏港交通战备公路改建工程

编制范围：罗源县碧里至将军帽港区疏港交通战备公路改建工程

第 1 页 共 3 页 07 表

序号	名称	单位	代号	预算单价/元	备注	序号	名称	单位	代号	预算单价/元	备注
1	人工	工日	1	47.00		26	热熔涂料	kg	738	6.00	
2	机械工	工日	2	47.00		27	反光玻璃珠	kg	739	2.80	
3	原木	m³	101	1120.00		28	反光膜	m²	740	220.00	
4	锯材木中板ξ=19～35	m³	102	1350.00		29	土工布	m²	770	9.71	
5	光圆钢筋直径10～14mm	t	111	4640.18		30	PVC塑料管 (φ100mm)	m	780	13.00	
6	带肋钢筋直径15～24mm, 25mm以上	t	112	4947.68		31	草袋	个	819	1.09	
7	型钢	t	182	3700.00		32	油毛毡	m²	825	2.29	
8	钢板	t	183	4450.00		33	32.5级水泥	t	832	421.63	
9	钢管	t	191	5610.00		34	42.5级水泥	t	833	431.98	
10	镀锌钢板	t	208	5940.00		35	硝铵炸药	kg	841	6.00	
11	钢钎	kg	211	5.62		36	导火线	m	842	0.80	
12	空心钢钎	kg	212	7.00		37	普通雷管	个	845	0.70	
13	φ50mm以内合金钻头	个	213	27.21		38	非电毫秒雷管	个	847	1.52	
14	电焊条	kg	231	4.90		39	石油沥青	t	851	3800.00	
15	钢模板	t	271	5970.00		40	汽油	kg	862	5.20	
16	组合钢模板	t	272	5710.00		41	柴油	kg	863	4.90	
17	铁件	kg	651	4.40		42	煤	t	864	265.00	
18	镀锌铁件	kg	652	6.90		43	电	kw·h	865	0.55	
19	铁钉	kg	653	6.97		44	水	m³	866	0.50	
20	8～12号铁丝	kg	655	6.10		45	青(红)砖	千块	877	212.00	
21	20～22号铁丝	kg	656	6.40		46	中(粗)砂	m³	897	40.00	
22	铁皮	m²	666	25.40		47	砂砾	m³	899	84.31	
23	橡皮线	m	713	6.80		48	粘土	m³	902	21.37	
24	油漆	kg	732	13.04		49	片石	m³	911	8.21	
25	底油	kg	737	8.12		50		m³	931	20.65	

编制：　　　　　　　　　　　复核：

建设项目名称：罗源县碧里至将军帽港区疏港交通战备公路改建工程

编制范围：罗源县碧里至将军帽港区疏港交通战备公路改建工程

序号	名称	单位	代号	预算单价/元	备注
51	碎石（2cm）	m³	951	66.53	
52	碎石（4cm）	m³	952	56.96	
53	碎石（6cm）	m³	953	52.43	
54	碎石（8cm）	m³	954	51.02	
55	碎石	m³	958	51.02	
56	石屑	m³	961	65.00	
57	路面用碎石（1.5cm）	m³	965	65.00	
58	路面用碎石（2.5cm）	m³	966	65.00	
59	路面用碎石（3.5cm）	m³	967	63.00	
60	路面用碎石（5cm）	m³	968	56.00	
61	路面用碎石（6cm）	m³	969	53.00	
62	块石	m³	981	85.00	
63	粗料石	m³	984	123.14	
64	其他材料费	元	996	1.00	
65	设备摊销费	元	997	1.00	
66	开采片石	m³	8931	13.63	
67	75kW以内履带式推土机	台班	1003	608.49	
68	105kW以内履带式推土机	台班	1005	799.36	
69	135kW以内履带式推土机	台班	1006	1179.18	
70	8m³以内自行式铲运机	台班	1017	866.86	
71	8m³以内拖式铲运机	台班	1023	815.06	
72	1.0m³履带式单斗挖掘机	台班	1035	821.35	
73	2.0m³履带式单斗挖掘机	台班	1037	1401.11	
74	1.0m³轮胎式装载机	台班	1048	401.15	
75	2.0m³轮胎式装载机	台班	1050	704.37	
76	3.0m³轮胎式装载机	台班	1051	902.08	
77	120kW以内平地机	台班	1057	906.95	
78	6~8t光轮压路机	台班	1075	249.29	
79	8~10t光轮压路机	台班	1076	278.18	
80	10~12t光轮压路机	台班	1077	359.05	
81	12~15t光轮压路机	台班	1078	409.57	
82	10t以内振动压路机	台班	1087	621.00	
83	15t以内振动压路机	台班	1088	769.69	
84	235kW以内稳定土拌和机	台班	1155	1740.26	
85	撒布宽度1~3m石屑沥青撒布车	台班	1183	647.74	
86	4000L以内沥青洒布车	台班	1193	405.36	
87	含热熔釜标线车BJ-130、油床器动力零热熔标线设备	台班	1227	505.98	
88	2.5~4.5m轨道式水泥混凝土铺缝机	台班	1235	1071.70	
89	电动混凝土刻纹机	台班	1243	196.44	
90	电动混凝土切缝机	台班	1245	139.32	
91	250L以内强制式混凝土搅拌机	台班	1272	94.59	
92	350L以内强制式混凝土搅拌机	台班	1273	122.31	
93	6m³以内混凝土搅拌运输车	台班	1307	1231.22	
94	40m³/h以内水泥混凝土搅拌站	台班	1325	1057.93	
95	4t以内载货汽车	台班	1372	292.84	
96	8t以内载货汽车	台班	1375	416.47	
97	10t以内自卸汽车	台班	1386	559.71	
98	12t以内自卸汽车	台班	1387	624.54	
99	6000L以内洒水汽车	台班	1405	514.93	
100	1.0t以内机动翻斗车	台班	1408	123.88	

编制：　　　　复核：

建设项目名称：罗源县碧里至将军帽港区疏港交通战备公路改建工程

编制范围：罗源县碧里至将军帽港区疏港交通战备公路改建工程

第 3 页　共 3 页　07 表

序号	名称	单位	代号	预算单价/元	备注	序号	名称	单位	代号	预算单价/元	备注
101	5t 以内汽车式起重机	台班	1449	318.73		108	250mm×400mm 电动颚式破碎机	台班	1757	147.24	
102	8t 以内汽车式起重机	台班	1450	528.27		109	生产率 8～10m³/h 滚筒式滚筛分机	台班	1775	162.16	
103	12t 以内汽车式起重机	台班	1451	704.25		110	3m³/min 以内机动空气压缩机	台班	1840	254.47	
104	20t 汽车式起重机	台班	1453	1045.70		111	9m³/min 以内机动空气压缩机	台班	1842	545.73	
105	500mm 木工圆锯机	台班	1710	66.24		112	小型机具使用费	元	1998	1.00	
106	32kV·A 交流电弧焊机	台班	1726	102.44		113	定额基价	元	1999	1.00	
107	150mm×250mm 电动颚式破碎机	台班	1756	112.68							

编制：　　　　　　　　　　　　　　　　　　　　　　　　　　　　　　　　　　　　复核：

表5.36　建筑安装工程费计算数据表（节选）

建设项目名称：将军帽港区疏港公路　　　编制范围：将军帽港区疏港公路　　　公路等级：一般公路二级

路线或桥梁长度（km）10.658　　　路基或桥梁宽度（m）：17　　　数据文件编号　　　第1页　共12页　08-1表

项目的代号	本项目数	目的代号	本目数	节的代号	本节数	细目的代号	细目数	定额个数	费率编号	定额代号	项目或节或细目或定额的名称	单位	数量	定额调整情况
一	4										临时工程	公路公里	10.658	
		1	1								临时道路	km	0.280	
				1	1	1	1	6			临时便道的修建与维护	km	0.280	
									03		10t以内自卸汽车运土第一个1km	1000m³天然密实方	1.586	定额×1.190
									02		2.0m³以内挖掘机挖普通土	1000m³天然密实方	1.586	定额×1.160
									02		二级公路15t以内振动压路机碾压路基土方	1000m³压实方	1.586	
									07		面层石油沥青压实厚度4cm	1000m²	1.960	
									07		机械摊铺15cm填隙碎石基层	1000m²	2.128	压机调整：压机×2[1183]量 0.138[1405]量 0.113材×1.250
									07		稳定土拌和机拌水泥砂砾（5%）压实厚度18cm	1000m²		+22×3.0
				2	1						临时电力线路	km	3.000	
									08		角铁横担干线三线皮线输电线路	100m	30.000	
				3	1						临时电信线路	1000m	3.000	
									08		双线通信线路	1000m	3.000	
				4	2						混凝土拌和站（座）安拆	座	2.000	
									10		混凝土拌和站（40m³/h以内）	1座	2.000	
									08		推土机平整场地	1000m²	40.000	
二	6										路基工程	km	10.659	
		1	2								场地清理	km	10.659	
				1	2	1	2	3			清理与挖除			
											清除表土	m²	6274.000	
												m³	45484.000	
									02		135kW以内推土机清除表土	100m³	454.840	
									02		装载机斗容量2m³以内挖土	1000m³天然密实方	45.484	

编制：　　　　　　　复核：

建设项目名称：将军帽港区疏港公路　　编制范围：将军帽港区疏港公路　　数据文件编号：　　公路等级：一般公路二级

路线或桥梁长度（km）：10.658　　路基或桥梁宽度（m）：17　　　　　　　　　　　　第 2 页　共 12 页　　08-1 表

项目的代号	本项目数	目的代号	本目节数	节的代号	本节细目数	细目的代号	费率编号	定额个数	定额代号	项或目或节或细目或定额的名称	单位	数量	定额调整情况
							03		1~1~11~17	12t 以内自卸汽车运输第一个 1km 土方	1000m³ 天然密实方	45.484	
					2			4		伐树、挖根、除草	m²	5820.000	
							01		1~1~1~10	挖竹根	10m³	3.690	
							01		1~1~1~5	砍挖灌木林（直径 10cm 以下）密	1000m²	2.080	
							01		1~1~1~4	砍挖灌木林（直径 10cm 以下）稀	1000m²	3.740	
							01		1~1~1~3	人工伐树、推土机挖树根（135kW）	10 棵	380.200	
						2		3		挖除水泥混凝土路面	m³	747.500	
							07		2~3~2~10	机械挖清风镐水泥混凝土面层	10m³	74.750	
							05		1~1~10~5	2m³ 以内装载机装软石	1000m³ 天然密实方	0.748	
							03		1~1~11~41	10t 以内自卸汽车运石第一个 1km	1000m³ 天然密实方	0.748	
										挖方	m³	757 594.000	
二	2									挖土方	m³	213 267.000	
		3	1	1	13	1				挖路基土方	m³	213 267.000	
							02		1~1~12~14	135kW 以内推土机第一个 20m 普通土	1000m³ 天然密实方	21.281	
							02		1~1~12~15	135kW 以内推土机第一个 20m 硬土	1000m³ 天然密实方	38.957	
							02		1~1~12~16	135kW 以内推土机推土每增运 10m	1000m³ 天然密实方	94.656	
							02		1~1~13~2	8m³ 以内拖式铲运机第一个 100m 普通土	1000m³ 天然密实方	16.870	
							02		1~1~13~3	8m³ 以内拖式铲运机第一个 100m 硬土	1000m³ 天然密实方	37.946	
							02		1~1~13~4	8m³ 以内拖式铲运机铲运土每增运 50m	1000m³ 天然密实方	37.501	
							02		1~1~13~2	8m³ 以内自行式铲运机第一个 100m 普通土	1000m³ 天然密实方	4.549	[1023]换[1017] [1017]量 2.079

编制：　　　　　　　　　　　　　　复核：

公路工程定额与造价（第三版）

表5.37　机械台班单价计算表

建设项目名称：罗源县碧里至将军帽港区疏港交通战备公路改建工程
编制范围：罗源县碧里至将军帽港区疏港交通战备公路改建工程

第1页　共3页　表11

序号	定额号	机械规格名称	台班单价/元	不变费用/元 调整系数1.0 定额	调整值	机械工 47.0元/工日 定额	费用	重油 0.0元/kg 定额	费用	汽油 5.2元/kg 定额	费用	柴油 4.9元/kg 定额	费用	煤 265.0元/t 定额	费用	电 0.55元/kW·h 定额	费用	水 0.5元/m³ 定额	费用	木柴 0.0元/kg 定额	费用	养路费及车船税	合计
1	1003	75kW以内履带式推土机	608.49	245.140	245.14	2.000	94.00					54.970	269.35										363.35
2	1005	105kW以内履带式推土机	799.36	330.410	330.41	2.000	94.00					76.520	374.95										468.95
3	1006	135kW以内履带式推土机	1179.18	604.690	604.69	2.000	94.00					98.060	480.49										574.49
4	1017	8m³以内自行式铲运机	866.86	427.900	427.90	2.000	94.00					70.400	344.96										438.96
5	1023	8m³以内拖带式铲运机	815.06	430.980	430.98	2.000	94.00					59.200	290.08										384.08
6	1035	1.0m³履带式单斗挖掘机	821.35	411.150	411.15	2.000	94.00					64.530	316.20										410.20
7	1037	2.0m³履带式单斗挖掘机	1401.11	855.380	855.38	2.000	94.00					92.190	451.73										545.73
8	1048	1.0m³轮胎式装载机	401.15	112.920	112.92	1.000	47.00					49.030	240.25									0.98	288.23
9	1050	2.0m³轮胎式装载机	704.37	200.440	200.44	1.000	47.00					92.860	455.01									1.92	503.93
10	1051	3.0m³轮胎式装载机	902.08	241.360	241.36	2.000	94.00					115.150	564.24									2.48	660.72
11	1057	120kW以内平地机	906.95	408.050	408.05	2.000	94.00					82.130	402.44									2.46	498.90
12	1075	6~8t光轮压路机	249.29	107.570	107.57	1.000	47.00					19.330	94.72										141.72
13	1076	8~10t光轮压路机	278.18	117.500	117.50	1.000	47.00					23.200	113.68										160.68
14	1077	10~12t光轮压路机	359.05	146.870	146.87	1.000	47.00					33.710	165.18										212.18
15	1078	12~15t光轮压路机	409.57	164.320	164.32	1.000	47.00					40.460	198.25										245.25
16	1087	10t以内振动压路机	621.00	236.920	236.92	2.000	94.00					59.200	290.08										384.08
17	1088	15t以内振动压路机	769.69	315.050	315.05	2.000	94.00					73.600	360.64										454.64
18	1155	235kW以内稳定土拌和机	1740.26	922.430	922.43	2.000	94.00					147.720	723.83										817.83
19	1183	摊布宽度1~3m石屑撒布机	647.74	393.560	393.56	2.000	94.00					32.690	160.18										254.18
20	1193	4000L以内沥青洒布车BJ-130	405.36	179.140	179.14	1.000	47.00			34.280	178.26											0.96	226.22
21	1227	含热熔釜标线车、油抹器动力等热熔标线设备	505.98	175.140	175.14	2.000	94.00			45.430	236.24											0.60	330.84

编制：　　　　　　　复核：

162

建设项目名称：罗源县碧里至将军帽港区疏港交通战备公路改建工程

编制范围：罗源县碧里至将军帽港区疏港交通战备公路改建工程

第 2 页　共 3 页　　　11 表

序号	定额号	机械规格名称	台班单价/元	不变费用/元 调整系数 1.0 定额	调整值	机械工 47.0元/工日 定额	费用	重油 0.0元/kg 定额	费用	汽油 5.2元/kg 定额	费用	柴油 4.9元/kg 定额	费用	煤 265.0元/t 定额	费用	电 0.55元/kW·h 定额	费用	水 0.5元/m³ 定额	费用	木柴 0.0元/kg 定额	费用	养路费及车船税	合计
22	1235	2.5~4.5m轨道式水泥混凝土摊铺机	1071.70	695.500	695.50	3.000	141.00					48.000	235.20										376.20
23	1243	电动混凝土刻纹机	196.44	128.650	128.65	1.000	47.00									37.800	20.79						67.79
24	1245	电动混凝土切缝机	139.32	81.230	81.23	1.000	47.00									20.160	11.09						58.09
25	1272	250L以内强制式混凝土搅拌机	94.59	18.580	18.58	1.000	47.00									52.740	29.01						76.01
26	1273	350L以内强制式混凝土搅拌机	122.31	27.450	27.45	1.000	47.00									87.020	47.86						94.86
27	1307	6m³以内混凝土搅拌运输车	1231.22	909.820	909.82	1.000	47.00					55.540	272.15									2.25	321.40
28	1325	40m³/h以内水泥混凝土搅拌站	1057.93	512.060	512.06	7.000	329.00									394.310	216.87						545.87
29	1372	4t以内载货汽车	292.84	66.380	66.38	1.000	47.00			34.280	178.26											1.20	226.46
30	1375	8t以内载货汽车	416.47	146.810	146.81	1.000	47.00					44.950	220.26									2.40	269.66
31	1386	10t以内自卸汽车	559.71	238.210	238.21	1.000	47.00					55.320	271.07									3.43	321.50
32	1387	12t以内自卸汽车	624.54	271.930	271.93	1.000	47.00					61.600	301.84									3.77	352.61
33	1405	6000L以内洒水汽车	514.93	257.900	257.90	1.000	47.00					42.430	207.91									2.12	257.03
34	1408	1.0t以内机动翻斗车	123.88	32.450	32.45	1.000	47.00					9.000	44.10									0.33	91.43
35	1449	5t以内汽车式起重机	381.73	199.620	199.62	1.000	47.00			25.710	133.69											1.42	182.11
36	1450	8t以内汽车式起重机	528.27	273.950	273.95	2.000	94.00					32.380	158.66									1.66	254.32
37	1451	12t以内汽车式起重机	704.25	387.110	387.11	2.000	94.00					44.950	220.26									2.88	317.14
38	1453	20t汽车式起重机	1045.70	672.980	672.98	2.000	94.00					56.000	274.40									4.32	372.72
39	1710	500mm木工圆锯机	66.24	5.850	5.85	1.000	47.00									24.340	13.39						60.39
40	1726	32kV·A交流电弧焊机	102.44	7.240	7.24	1.000	47.00									87.630	48.20						95.20
41	1756	150mm×250mm电动颚式破碎机	112.68	46.040	46.04	1.000	47.00									35.700	19.64						66.64

编制：　　　　　　　　　　　　　　　　　　　　　　　　　　　　　　复核：

建设项目名称：罗源县碧里至将军帽港区疏港交通战备公路改建工程
编制范围：罗源县碧里至将军帽港区疏港交通战备公路改建工程

第 3 页 共 3 页

表 11

序号	定额号	机械规格名称	台班单价/元	不变费用/元			可变费用/元																		合计
				调整系数 1.0			机械工 47.0元/工日		重油 0.0元/kg		汽油 5.2元/kg		柴油 4.9元/kg		煤 265.0元/t		电 0.55元/kW·h		水 0.5元/m³		木柴 0.0元/kg		养路费及车船税		
				调整值	定额		定额	费用	定额	费用	定额	费用	定额	费用	定额	费用	定额	费用	定额	费用	定额	费用			
42	1757	250mm×400mm电动颚式破碎机	147.24	53.39	53.390		1.000	47.00									85.190	46.85							93.85
43	1775	生产率8~10m³/h滚筒式筛分机	162.16	102.30	102.300		1.000	47.00									23.380	12.86							59.86
44	1840	3m³/min以内机动空气压缩机	254.47	89.87	89.870		1.000	47.00					24.000	117.60											164.60
45	1842	9m³/min以内机动空气压缩机	545.73	203.06	203.060		1.000	47.00					60.340	295.67											342.67

编制：

复核：

表 5.38 辅助生产工、料、机械台班单位数量表

建设项目名称：罗源县碧里至将军帽港区疏港交通战备公路改建工程

编制范围：罗源县碧里至将军帽港区疏港交通战备公路改建工程

第 1 页 共 1 页 12 表

序号	规格名称	单位	人工/工日	2.0m³轮胎式装载机/台班	10t以内自卸汽车/台班	150mm×250mm电动颚式破碎机/台班	250mm×400mm电动颚式破碎机/台班	生产率8~10m³/h滚筒式筛分机/台班	开采片石/m³
1	砂砾	m³	0.245	0.001	0.008				
2	片石	m³	0.277	0.001	0.006				
3	碎石 (2cm)	m³	0.483	0.001	0.006	0.065		0.066	1.169
4	碎石 (4cm)	m³	0.450	0.001	0.006		0.034	0.035	1.149
5	碎石 (6cm)	m³	0.417	0.001	0.006		0.027	0.028	1.111
6	碎石 (8cm)	m³	0.409	0.001	0.006		0.025	0.025	1.099
7	碎石	m³	0.409	0.001	0.006		0.025	0.025	1.099

编制：

复核：

思 考 题

1. 公路基本建设概预算费用由哪些费用组成？
2. 说明其他工程费的组成和计算方法。
3. 说明间接费的组成和计算方法。
4. 利润和税金是如何算的？列入建筑安装工程造价内的税种有哪些？
5. 建设项目管理由哪些费用所组成？如何计算？
6. 基本预备费用的用途是什么？
7. 建筑安装工程费用的计算程序如何？
8. 公路工程施工图预算的作用及依据有哪些？
9. 试述现场调查的内容。
10. 试述施工组织设计对预算的影响主要有哪几个方面。
11. 试述公路施工图预算的编制程序。

习 题

1. 某工程贷款 5000 万元，建设期为 3 年，第一年贷款 20％，第二年贷款 50％，第三年贷款 30％，贷款利率为 10％，建设期贷款利息为多少？

2. 已知某工程项目的人工费为 7880 元，材料费为 13 980 元，机械使用费为 0 元，其他工程费综合费率Ⅰ为 5.94％，其他工程费综合费率Ⅱ为 1.41％，间接费规费综合费率为 38.7％，企业管理费综合费率为 5.28％，利润率为 7％，税率为 3.41％。试计算该工程项目的建安工程费。

案例练习题

背景：某四车道高速公路，路基宽 26.00m，设计若干座钢筋混凝土矩形板小桥。其中有一座一孔标准跨径 5.00m 的小桥，其上部构造行车道钢筋混凝土矩形板设计 C25 混凝土 62.40m³、钢筋 5.24t、台高 5.00m。小桥有浅水 0.30m 深，须用草袋围堰，适当平整用砂砾垫层 3.00m³ 加固后才能架设桥梁临时支架，以便现浇上部构造混凝土。

10 座小桥设一处预制场计 10 000m²，场中面积 30％要铺筑砂砾垫层 15cm 厚，20％面积用水泥砂浆 2cm 厚进行抹面，作为构件预制底板。预制场至桥址平均运距计 10km，用汽车运至安装地点。

问题：

1）分别按预制、安装和现浇上部混凝土两种施工方法，提出行车道板的各项工程细目、预算定额表号及工程量。

2）分析两种施工方法每 1m³ 矩形板混凝土的定额直接工程费（包括混凝土、钢筋及辅助工程，不计砂浆和混凝土标号影响）。

第二部分　公路工程施工投标报价的编制

── 学习目标 ──────────────────────

- 编制项目招标文件的工程量清单；
- 应用造价软件编制施工投标报价文件。

工程项目名称： 红旗桥至溪塔格公路改建工程（A 标段）。

项目概况：（内厝板中桥）。

内厝板中桥是红旗桥至溪塔格公路改建工程（A 标段）的组成部分，位于福建省永春县内厝板东北面。桥梁起点桩号为 K163＋064.8，终点桩号为 K163＋118.20，全长53.40m。桥梁上部结构采用 3m×16m 的装配式预应力混凝土简支空心板。下部结构 0 号桥台采用柱式桥台，钻孔灌注桩基础；3 号桥台采用肋式桥台，钻孔灌注桩基础；桥墩采用柱式墩柱，钻孔灌注桩基础。

本项目主要工程数量： 钢筋 105.95t，钢绞线 7.76t，C25 混凝土 313.34m³，C30 混凝土 248.99m³，C40 混凝土 279.93m³，开挖土石方 496m³，M7.5 浆砌块、片石 401.90m³。

项目施工图设计文件： 见本书配套用书《公路工程施工图设计文件与招标文件示例》。

项目任务： 根据项目招标文件完成内厝板中桥的报价（具体见项目任务书）。

── **任务书：公路工程施工投标报价的编制** ──────────────────

一、有关资料

1. 工程项目基本信息

工程项目名称：红旗桥至溪塔格公路改建工程（A 标段）。

项目施工图设计文件：见本书配套用书《公路工程施工图设计文件与招标文件示例》项目 2（以下简称《招标文件示例》）。

2. 相关费用信息

1）行车干扰增加费不计，工地转移距离为 150km，主副食运费补贴里程为2km，其他工程费及企业管理费费率由投标人根据工程概况及自身情况等确定。

2）规费：养老保险费 18%、失业保险费 2%、医疗保险费 7.7%、住房公积金10%、工伤保险费 1%。

3. 人工、材料、机械价格

由学生在教师指导下确定。

4．其他

由教师提供或在教师指导下由学生自行确定。

二、具体任务

表1 项目具体任务

任务编号	任务名称	任务工作内容	提交成果	备注
任务 2-1	编制工程量清单	根据项目招标文件完成内厝板中桥的工程量清单的编制工作	工程量清单（样式见表2）	本任务由学生在教师指导下选做
任务 2-2	工程量清单分解	根据项目招标文件提供的工程量清单第100章、第400章（除420-1子目钢筋混凝土盖板涵）完成工程量清单分解	工程量清单分解表（见表3）	本任务是任务2-3的基础数据
任务 2-3	计算基础标价	用造价软件计算基础标价	数据准备表（或08-1表）、标价的工程量清单初稿（电子版）	本任务是任务2-4的基础
任务 2-4	确定最终报价，形成报价文件	用造价软件进行费用分摊、调价和报表输出，形成报价文件	1）投标报价文件封面； 2）目录； 3）投标函及投标函附录； 4）已标价工程量清单（含清单说明、工程量清单汇总表及标价的工程量清单）； 5）单价分析表； 6）04表、07表、数据准备表（或08-1表）	1）除单价分析表外，成果需全部打印装订成册； 2）单价分析表只需打印部分成果，具体由教师确定

表2 工程量清单

清单 第 章

子目号	子目名称	单位	数量	单价	合价
⋮	⋮	⋮	⋮		

清单400章合计 人民币＿＿＿＿＿＿

表3 工程量清单分解表（报价原始数据表）

原工程量清单				分解子目（选定额用）				
子目号	子目名称	单位	清单数量	定额表号	分解定额子目名称	定额单位	工程数量	定额调整
				⋮	⋮	⋮	⋮	⋮
				⋮	⋮	⋮	⋮	⋮
⋮	⋮	⋮	⋮	⋮	⋮	⋮	⋮	⋮

第六章　公路工程施工投标报价的编制

6.1　认知工程招投标

学习目标

1. 知道工程项目招投标的概念、方式；
2. 明确公路工程施工招标文件和投标文件的组成。

6.1.1　工程项目招投标的概念

1. 招标投标的法律特征

招标投标是建设市场的交易方式，是在双方同意基础上的一种买卖行为，其特点是由唯一的买主（发包人）设定标的，招请若干家卖主（投标人）公平竞争，通过秘密报价、评比从中择优选择卖主并与此达成交易协议的过程。

根据我国的法律规定，合同的订立程序包括要约和承诺两个阶段，招标投标的过程是要约和承诺实现的过程（在招标投标过程中投送标书是一种要约行为，签发中标通知书是一种承诺行为），是当事人双方合同法律关系产生的过程。正因为招标投标是一种法律行为，所以它必然要受到法律的规范和约束，它必须服从法律的规范和要求。

2. 工程项目招标

是指业主（建设单位）为发包方，根据拟建工程的内容、工期、质量和投资额等技术经济要求，邀请有资格和能力的企业或单位参加投标报价，从中择优选取承担可行性研究方案论证、科学试验或勘察、设计、施工和监理等任务的承包单位。

3. 工程项目投标

是指经审查获得投标资格的投标人，以同意发包方招标文件所提出的条件为前提，经过广泛的市场调查掌握一定的信息并结合自身情况（能力、经营目标等），以投标报价的竞争形式获取工程任务的过程。

根据国家颁布的有关法律和法规的要求，已将工程项目采用招标投标的方式选择实施单位作为一项建筑市场的管理制度广泛推行。招标投标制是实现项目法人责任制的重要保证之一。它的推行，有利于促使工程建设按建设程序进行，保证建设的科学性、合理性；有利于保证工程质量、缩短工期、节约投资；有利于促进承包企业提高履约率，提高经营管理水平。

4. 公路建设项目招标的范围与分类

（1）招标的范围

根据《中华人民共和国招标投标法》第三条的规定：在我国进行下列工程建设项目包括项目的勘察、设计、施工、监理以及与工程建设有关的重要材料、设备等的采购，必须进行招标。

1）大型基础设施、公用事业等关系社会公共利益、公众安全的项目。

2）全部或部分使用国有资金投资或国家融资的项目。

3）使用国际组织或者外国政府贷款、援助资金的项目。

（2）强制招标的标准

根据《公路工程施工招标投标管理办法》第三条规定：下列公路工程施工项目必须进行招标，但涉及国家安全、国家秘密、抢险救灾或者利用扶贫资金实行以工代赈等不适宜进行招标的项目除外。

1）总投资额在 3000 万元人民币以上的公路工程施工项目。

2）施工单项合同估算价在 200 万元人民币以上的公路工程施工项目。

3）法律、行政法规规定应当招标的其他公路工程施工项目。

根据《工程建设项目招标范围和规模标准规定》第七条规定：

1）施工单项合同估算价在 200 万元人民币以上的。

2）重要设备、材料等货物的采购，单项合同估算价在 100 万元人民币以上的。

3）勘察、设计监理等服务的采购，单项合同估算价在 50 万元人民币以上的。

4）单项合同估算价低于第 1）、2）、3）项规定标准，但项目总投资额在 3000 万元人民币以上的。

上述标准是工程建设项目强制招标的最低标准，任何单位和个人不得将依法必须进行招标的项目化整为零或者以其他任何方式规避招标。

6.1.2 公路建设招标分类

（1）按工程标的分类

根据标的不同，公路工程招标可分为勘察设计招标、施工监理招标、材料设备采购招标和施工招标。工程施工招标在各类招标中，数量大、范围广、价值高，招标工作的代表性强，本书主要介绍工程施工招标。

（2）按照竞争程度分类

可分为公开招标和邀请招标。这也是我国《招标投标法》中规定的法定招标方式。

1）公开招标。也称无限竞争性招标，是一种由招标人按照法定程序，在公共媒体发布其招标项目、拟采购的具体设备或工程内容等信息，向不特定的人提出邀请。所有符合条件的供应商或承包人都可以平等参加投标竞争，从中择优选择中标者的招标方式。

采用公开招标的，招标人不得以任何借口拒绝向符合条件的投标人出售招标文件，依法必须进行招标的项目，招标人不得以地区或者部门不同等借口违法限制任何潜在投标人参加投标。

公开招标在其公开程度、竞争的广泛性等方面具有较大的优势，但公开招标也有一定的缺陷，比如，由于投标人众多，一般耗时较长，需花费的成本也较大，对于采购标的较小的招标来说，采用公开招标的方式往往得不偿失；另外，有些项目专业性较强，有资格承接的潜在投标人较少，或者需要在较短时间内完成采购任务等，也不宜采用公开招标的方式。

2）邀请招标。也称有限竞争性招标或选择性招标，即由招标人以投标邀请书的方式邀请特定的法人或者其他组织参加投标竞争，从中选定中标者的招标方式。招标人采用邀请招标方式的，应当向三个以上具备承担招标项目的能力、资信良好的特定的法人或者其他组织发出投标邀请书。

《公路工程施工招标投标管理办法》（原交通部2006年第7号令）第十一条规定：公路工程施工招标符合下列条件之一，不适宜公开招标的，依法履行审批手续后，可以进行邀请招标。

① 项目技术复杂或有特殊技术要求，且符合条件的潜在投标人数量有限的。

② 受自然地域环境限制的。

③ 公开招标的费用与工程费用相比，所占比例过大的。

邀请招标的方式在一定程度上弥补公开招标的一些不足，而且又能相对充分发挥招标优势，特别是在投标供应商数量较少的情况下作用尤其明显。因此，邀请招标也是一种使用较普遍的政府采购方式。

6.1.3　公路工程标准施工招标文件的组成

为加强公路工程施工招标管理，规范资格预审文件和招标文件编制工作，交通运输部在国家九部委联合编制的《标准施工招标资格预审文件》和《标准施工招标文件》的基础上，结合公路工程施工招标特点和管理需要，组织制定了《公路工程标准施工招标资格预审文件》（2009年版）和《公路工程标准施工招标文件》（2009年版）。

交通运输部规定：自招标文件2009年8月1日起施行，必须进行招标的二级及以上公路工程应当使用《公路工程标准施工招标文件》（2009年版）（以下简称《招标文件》），二级以下公路项目可参照执行。

《招标文件》分为四卷，第一卷有招标公告（或投标邀请书）、投标人须知、评标办法、合同条款及格式、工程量清单；第二卷是图样（另册）；第三卷是技术规范（另册）；第四卷是投标文件格式。

1. 招标公告（投标邀请书）

采用资格预审或邀请招标方式招标的以投标邀请书格式发布，采用资格后审方式招标时以招标公告格式发布。

招标公告（未进行资格预审）通常对以下内容进行公告：项目概况与招标范围、投标人资格要求、招标文件的获取、投标文件的递交及相关事宜、发布公告的媒介、联系方式等。

投标邀请书是招标人向经过资格预审合格的投标人正式发出参加本项目投标的邀请。

因此，投标邀请书也是投标人具有参加投标资格的证明，没有得到投标邀请书的投标人，无权参加本项目的投标。投标邀请书的主要内容有：项目概况与招标范围、投标人资格要求、招标文件的获取、投标文件的递交及相关事宜、发布公告的媒介、联系方式等。

招标人按照《招标文件》第一章的格式发布招标公告或发出投标邀请书后，将实际发布的招标公告或实际发出的投标邀请书编入出售的招标文件中，作为招标文件的组成部分。

2. 投标人须知

投标须知是招标单位为了说明招标性质、范围，向投标单位提供的必要的信息资料以及对投标人的合格条件、编制投标书的规定、投标书的送交、开标与评标直至签订合同的有关要求。投标须知包括投标人须知前附表、附录和正文三部分。

投标人须知前附表是用于进一步明确正文中的未尽事宜，由招标人根据招标项目具体特点和实际需要编制和填写，但必须与招标文件中其他章节的衔接，并不得与正文内容相抵触。

附录是投标人资格审查条件表，规定了本项目投标人资质、财务、业绩、信誉、项目经理与项目总工、其他管理人员和技术人员、主要机械设备和实验检测设备的最低条件。

正文的主要内容有：

1）总则。说明项目概况、资金来源和落实情况、招标范围、计划工期和质量要求、投标人资格要求、费用承担、保密、语言文字、计量单位、踏勘现场、投标预备会、分包、偏离。

2）招标文件。说明招标文件的组成、澄清和修改。

3）投标文件。说明投标文件的组成、报价、投标有效期、保证金、资格审查资料、备选方案投标和投标文件的编制。

4）投标。说明投标文件的密封和标识、投标文件的递交，以及投标文件的修改与撤回。

5）开标。说明开标时间和地点、开标程序。

6）评标。说明评标委员会、评标原则、评标。

7）合同授予。说明定标方式、中标通知、履约担保、签订合同。

8）重新招标和不再招标。说明重新招标和不再招标的情形。

9）纪律和监督。说明对招标人、投标人、评标委员会成员、与评标活动有关的工作人员的纪律要求；投诉。

10）需要补充的其他内容。说明需要补充的其他内容。

3. 评标办法

《招标文件》给出了三种评标办法：合理低价法、综合评估法和经评审的最低投标价法。

合理低价法是综合评估法的评分因素中评标价得分为100分、其他评分因素分值为0分的特例。招标人采用合理低价法时，也可采用双信封形式。除技术特别复杂的特大桥和长大隧道工程外，公路工程施工招标评标一般应当使用合理低价法。

综合评估法是对投标人的评标价、施工组织设计、项目管理机构、财务能力、设备配置、业绩、履约信誉等综合评估打分的方法。其中评标价所占权重不应低于50％。采用综合评估法时，也可采用双信封形式。综合评估法适用于技术特别复杂的特大桥梁和长大隧道工程。

经评审的最低投标价法是评标委员会对满足招标文件实质要求的投标文件，根据规定的量化因素及量化标准进行价格折算，按照经评审的投标价由低到高的顺序推荐中标候选人的方法。使用世界银行、亚洲开发银行等国际金融组织贷款的项目和工程规模较小、技术含量较低的工程采用经评审的最低投标价法进行评标。

三种评标方法的评审因素、标准和程序在《招标文件》中做出了明确规定，招标项目具体采用哪一种评标方法应在招标文件中明确说明。

4. 合同条款及格式

合同条款主要规定了合同履行中当事人的基本权利和义务以及合同履行中的工作程序、监理工程师的职责与权力等。《招标文件》的合同条款由通用合同条款、专用合同条款两部分构成，且附有合同协议书、履约担保和预付款担保等合同附件格式文件。

通用合同条款参考FIDIC有关内容，对发包人、承包人的责任进行恰当的划分，在材料和设备、工程质量、计量、变更、违约责任等方面，对双方当事人权利、义务、责任做了相对具体、集中和具有操作性的规定，为明确责任、减少合同纠纷提供了条件。具体条款共分24个方面的问题：一般约定，发包人义务，监理人，承包人，材料和工程设备，施工设备和临时设施，交通运输，测量放线，施工安全、治安保卫和环境保护，进度计划，开工和竣工，暂停施工，工程质量，试验和检验，变更，价格调整，计量与支付，竣工验收，缺陷责任与保修责任，保险，不可抗力，违约，索赔，争端的解决。招标人在编制招标文件时，可根据各行业和具体工程的不同特点和要求，进行修改和补充。

《招标文件》将"专用条款"分为A、B两部分，A为公路工程专用合同条款，B为项目专用条款。

公路工程专用合同条款是在考虑了公路工程的特点，对通用合同条款所做的约定、补充和细化，适用于公路工程施工项目。

项目专用合同条款是根据招标项目的具体特点和实际需要，对"通用合同条款"、"公路工程专用合同条款"所做的补充、细化，是专用于本施工项目的。项目专用合同条款包括项目专用合同条款数据表和项目专用合同条款两部分。

招标人在编制项目招标文件中的"项目专用合同条款"时，除"通用合同条款"明确"专用合同条款"可做出不同约定以及"公路工程专用合同条款"明确"项目专用合同条款"可做出不同约定外，补充和细化的内容不得与"通用合同条款"及"公路行业标准工程专用合同条款"强制性规定相抵触。同时，补充、细化或约定的不同内容，不得违反法律、行政法规的强制性规定和平等、自愿、公平和诚实信用原则。

合同附件格式包括合同协议书、廉政合同、安全生产合同、其他主要管理人员和技术人员最低要求、主要机械设备和试验检测设备最低要求、项目经理委托书、履约担保格式、预付款担保格式、工程资金监管协议格式。

合同协议书是投标人中标而成为本合同的承包人后，和业主共同填写并签署合同的格式。

5. 工程量清单

工程量清单是一份与技术规范相对应的文件。技术规范规定了各工程子目的范围、质量要求及计量支付办法，而工程量清单则详细说明了每一工程子目可能要发生的工程数量。工程量清单由说明、工程量清单表、计日工明细表、暂估价表、工程量清单汇总表和工程量清单单价分析表几部分组成。

因工程量清单是根据招标文件中包括的、有合同约束力的图样及有关工程量清单的国家标准、行业标准、合同条款中约定的工程量计算规则编制，阅读和理解时，应结合投标人须知、通用合同条款、专用合同条款、技术规范及图样等内容。

6. 图样

图样是招标文件和合同的重要组成部分，是投标人拟定施工方案，确定施工方法及提出替代方案，计算投标报价必不可少的资料。

7. 技术规范

技术规范是招标文件和合同文件中的一个非常重要的组成部分，它详细具体地说明了承包商履行合同时的质量要求、验收标准、材料的品级和规格，为满足质量要求应遵守的施工技术规范，以及计量与支付的规定等。

《招标文件》的技术规范分为：总则，路基，路面，桥梁、涵洞，隧道，安全设施及预埋管线，绿化及环境保护等七章。

8. 投标文件格式

投标文件格式主要有调价函格式（如有）、投标函及投标函附录、法定代表人身份证明及授权委托书、联合体协议书、投标保证金、已标价工程量清单、施工组织设计、项目管理机构、拟分包项目情况表、资格审查资料、承诺函、其他材料等格式。

投标函是为投标人填写投标总报价而由招标人准备的一份空白文件。投标函中主要应反映下列内容：投标人、投标项目（名称）、投标总报价（签字盖章）、工程质量、投标有效期、投标保证金承诺、资料真实性承诺等。招标文件中提供投标函格式的目的，一是为了使各投标单位递送的投标书具有统一的格式，二是提醒各投标单位投标以后需要注意和遵守有关规定。

投标函附录是用于说明合同条款中的重要参数如缺陷责任期、逾期交工违约金、提前交工奖金、开工预付款金额、材料和设备预付款、进度付款证书最低限额、逾期付款违约金的利率、质量保证金百分比、质量保证金限额等。该文件在投标单位投标时签字确认后即成为投标文件及合同的重要组成部分。在编制招标文件时，投标函附录的编制是一项重要的工作内容，其参数的具体标准对造价及质量等方面有重要的影响。

6.1.4　投标文件的组成

公路工程投标中，投标人编写的投标文件，应包括下列各项内容：

1）投标函及投标函附录。

2）法定代表人身份证明或附有法定代表人身份证明的授权委托书。

3）联合体协议书。

4）投标保证金。

5）已标价工程量清单。

6）施工组织设计。

7）项目管理机构。

8）拟分包项目情况表。

9）资格审查资料。

10）承诺函。

11）调价函及调价后的工程量清单（如有）。

12）投标人须知前附表规定的其他材料。

6.2　认知工程量清单计量规则

> **学习目标**
>
> 1. 知道工程量清单计量规则的含义及作用；
> 2. 会根据《招标文件》分析清单计价工程子目的计价内容和工程量计量规则。

6.2.1　概述

工程量清单计量规则是按照"净值、成品"的计算原则，根据设计图样计算最终完成的工程数量的一种方法。该规则一般应统一，有一定的强制性。例如，房屋建筑工程和市政工程的计量工程量应依据《建设工程工程量计价规范》（GB 50500—2013）来计算。国内公路的工程量清单计量规则目前是依据现行《招标文件》中的"技术规范"中各分部分项工程的计量与支付规则。目前，福建、湖南、广东、浙江、云南等省编制了公路工程工程量清单计量规则，如福建省交通运输厅 2012 年 6 月发布的《福建省高速公路工程量清单计量支付规则》、湖南省交通运输厅 2010 年 11 月发布的《公路工程工程量清单计量规则》等，在各省区域范围内的高速公路或二级及以上公路和大型桥梁、隧道等建设项目中采用，是编制工程量清单的依据。其他地区公路工程的工程量清单计量规则一般隐含在项目招标文件的技术规范中，其中包括两部分：一是现行《招标文件》中的"计量与支付"规则；二是根据公路建设项目的实际情况，以现行招标文件中"技术规范"为基础补充修改的"项目专用技术规范"中的计量与支付规则。实际工作中应将两者结合起来理解和使用。

在第 2 章介绍的预算工程量计算规则主要适用于定额计价模式下的设计概算和施工图

预算的编制，在清单计价模式中可作为分析工程量清单计价工程细目综合单价的参考。

工程量清单计量规则是招投标阶段编制工程量清单、计算清单工程子目工程数量的依据，也是标底（招标控制价）或报价编制中分析清单计价子目综合单价和施工阶段对已完工程数量计量支付的依据。

6.2.2　公路工程工程量清单计量规则

以下是根据近年来我国几个典型的公路工程施工招标文件中技术规范对计量规则的相关规定，对公路工程"100 章 总则"、"200 章 路基"、"300 章 路面"和"400 章 桥梁、涵洞"工程量清单计量规则的要点摘录。在实际工作中应将现行招标文件的通用"计量规则"和"项目专用技术规范"中的专用"计量规则"结合起来理解和使用。

1. 一般规定

（1）一般要求

1）所有工程项目，除个别注明者外，均采用我国法定的计量单位，即国际单位及国际单位制导出的辅助单位进行计量。

2）计量与支付应与合同条款、工程量清单及图样同时阅读，工程量清单中的支付项目号和《招标文件》的章节编号是一致的。

3）任何工程项目的计量，均应按《招标文件》规定或监理人书面指示进行。

4）按合同提供的材料数量和完成的工程量所采用的测量与计算方法，应符合《招标文件》的规定。所有这些方法，应经监理人批准或指令。承包人应提供一切计量设备和条件，并保证其设备精度符合要求。

5）除非监理人另有准许，一切计量工作都应在监理人在场的情况下，由承包人测量、记录。有承包人签名的计量记录原本，应提交给监理人审查和保存。

6）工程量应由承包人计算，由监理人审核。工程量计算的副本应提交给监理人并由监理人保存。

7）全部必需的模板、脚手架、装备、机具、螺栓、垫圈和钢制件等其他材料，应包括在工程量清单中所列的有关支付项目中，均不单独计量。

8）除监理人另有批准外，凡超过图样所示的面积或体积，都不予计量与支付。

9）承包人应严格标准计量基础工作和材料采购检验工作。沥青混凝土、沥青碎石、水泥混凝土、高强度等级水泥砂浆的施工现场必须使用电子计量设备称重。因不符合计量规定引发的质量问题，所发生的费用由承包人承担。

10）如《招标文件》规定的任何分项工程或其子目未在工程量清单中出现，则应被认为是其他相关工程的附属工作，不再另行计量。

（2）面积

除非另有规定，计算面积时，其长、宽应按图样所示尺寸线或按监理人指示计量。对于面积在 $1m^2$ 以下的固定物（如检查井等）不予扣除。

（3）结构物

1）结构物应按图样所示净尺寸线，或根据监理人指示修改的尺寸线计量。

2）水泥混凝土的计量应按监理人认可的并已完工工程的净尺寸计算，钢筋的体积不扣除，倒角不超过 $0.15m×0.15m$ 时不扣除，体积不超过 $0.03m^3$ 的开孔及开口不扣除，面积不超过 $0.15m×0.15m$ 的填角部分也不增加。

3）所有以延米计量的结构物（如管涵等），除非图样另有表示，应按平行于该结构物位置的基面或基础的中心方向计量。

2. 开办项目

开办项目（第 100 章）包括的主要工程内容有：保险、工程管理、临时工程与设施、承包人驻地建设等。在清单中按照项目报价，大部分是按总额价项目计算，即费用包干项目。

（1）税金和保险的计量

1）承包人按合同条款办理的建筑工程一切险和第三者责任保险，按总额计量。

2）承包人应缴纳的所有税金（包括营业税、城市维护建设税和教育费附加）和工伤事故险保险费、人身意外伤害险保险费及施工设备险保险费，由承包人摊入各相关工程子目的单价和费率之中，不单独计量。

（2）工程管理的计量

1）工程记录与竣工文件按工作内容及与此有关的一切作业经监理人审查批准后，以总额计量。

2）环境保护包括施工场地砂石化、控制扬尘、降低噪声、合理排污等一切与此有关的作业经监理人检查验收后以总额计量。

3）施工安全生产费用，应用于施工安全风险评估、施工安全防护用具及设施的采购和更新、安全施工措施的落实、安全生产条件的改善，不得挪作他用。施工安全设施费及与此有关的一切作业，经监理人对工程安全生产情况审查批准后，以总额计量。如承包人在此基础上增加安全生产费用以满足项目施工需要，则承包人应在本项目工程量清单其他相关子目的单价或总额价中予以考虑，发包人不再另行支付。

4）工程管理软件费用由发包人估定，以暂估价的形式按总额计入工程总价内。其费用包括系统操作人员的培训、劳务和计算机配置、维护、备份管理及网络构筑等一切与此相关的费用。

5）其他有关工程管理费用不单独计量与支付。

（3）临时工程与设施的计量

1）临时道路、电信设施及供水与排污设施的修建、维修及拆除等临时工程，根据施工过程中已完成的经监理人现场验收合格分别以总额计量。

2）临时占地经监理人批准，以总额计量。

3）临时供电设施的修建及拆除经监理人现场验收合格后以总额计量；临时供电设施的维修以月为单位计量。

4）为完成上述各项设施所需的一切材料、机械设备、人员及与此有关的一切作业费用均含入相关子目单价或总额价之中不另行计量。

（4）承包人驻地建设

驻地建设完成后，经监理人现场核实，以总额计量。

3. 路基工程

路基工程的施工测量与放样、调查与试验、施工期间的防水和排水、冬季施工、雨季施工等工作内容均不单独计量，其费用应包括在与其相关工程子目的单价或费率中。

（1）"第202节 场地清理"的计量

1）施工场地清理的计量应按监理人书面指定的范围（路基范围以外临时工程用地清场等除外）进行验收。现场实地测量的平面投影面积以平方米计量。现场清理包括路基范围内的所有垃圾、灌木、竹林及胸径小于100mm的树木、石头、废料、表土（腐殖土）、草皮的铲除与开挖。借土场的场地清理与拆除（包括临时工程）均应列入土方单价之内，不另行计量。

2）砍伐树木仅计胸径（即离地面1.3m高处的直径）大于100mm的树木，以棵为单位计量，包括砍伐后的截锯、移运（移运至监理人指定的地点）、堆放等一切有关的作业；挖除树根以棵为单位计量，包括挖除、移运、堆放等一切有关的作业。

3）挖除旧路面（包括路面基层）应按各种不同结构类型的路面分别以平方米计量；拆除原有公路结构物应分别按结构物的类型，依据监理人现场指示的范围和量测方法量测，以立方米为单位计量。

4）所有场地清理、拆除与挖掘工作的一切挖方、坑穴的回填、整平、压实，以及适用材料的移运、堆放和废料的移运处理等作业费用均含入相关子目单价之中，不另行计量。

（2）"第203节 挖方路基"的计量

1）路基土石方开挖数量包括边沟、排水沟、截水沟，应以经监理人校核批准的横断面地面线和土石分界的补充测量为基础，按路线中线长度乘以经监理人核准的横断面面积进行计算，以立方米为单位计量。

2）挖除路基范围内非适用材料及淤泥（不包括借土场）的数量，应以承包人测量，并经监理人审核批准的断面或实际范围为依据的计算数量，分别以立方米为单位计量。

3）除非监理人另有指示，凡超过图样或监理人规定尺寸的开挖，均不予计量。

4）石方爆破安全措施、弃方的运输和堆放、质量检验、临时道路和临时排水等均含入相关子目单价或费率之中，不另行计量。

5）在挖方路基的路床顶面以下，土方断面挖松深300mm再压实；石方断面应辅以人工凿平或填平压实。作为承包人应做的附属工作，均不另行计量。

改河、改渠、改路的开挖工程按合同图样施工，计量方法可按上述1）款进行。改路挖方线外工程的工作量计入203-2子目内。

（3）"第204节 填方路基"的计量

1）填筑路堤的土石方数量，应以承包人的施工测量和补充测量经监理人校核批准的横断面地面线为基础，以监理人批准的横断面施工图为依据，由承包人按不同来源（包括利用土方、利用石方和借方等）分别计算，经监理人校核认可的工程数量作为计量的工程数量。

2）零填挖路段的翻松、压实含入报价之中，不另计量。

3）零填挖路段的换填土按压实的体积，以立方米为单位计量。计价中包括表面不良土的翻挖运弃（不计运距），换填好土的挖运、摊平、压实等一切与此有关作业的费用。

4）利用土、石填方及土石混合填料的填方，按压实的体积，以立方米为单位计量。计价中包括运输、挖台阶、摊平、压实、整型等一切与此有关的作业的费用。利用土、石方的开挖作业在《招标文件》第 203 节路基挖方中计量。承包人不得因为土石混填的工艺、压实标准及检测方法的变化而要求增加额外的费用。

5）借土填方，按压实的体积，以立方米为单位计量。计价中包括借土场（取土坑）中非适用材料的挖除、弃运及借土场的资源使用费，以及场地清理、地貌恢复、施工便道、便桥的修建与养护、临时排水与防护等和填方材料的开挖、运输、挖台阶、摊平、压实、整型等一切与此有关作业的费用。

6）粉煤灰路堤按压实体积，以立方米为单位计量，计价中包括材料储运（含储灰场建设）、摊铺、晾晒、土质护坡、压实、整型及试验路段施工等一切与此有关的作业费用。土质包边土在本节支付目录号 204-1-e 中计量。

7）结构物台背回填按压实体积，以立方米为单位计量，计价中包括挖运、摊平、压实、整型等一切与此有关的作业费用。

8）锥坡及台前溜坡填土，按图样要求施工，经监理人验收的压实体积，以立方米为单位计量。

9）临时排水以及超出图样要求以外的超填，均不计量。

10）改造其他公路的路基土方填筑的计量方法同本条 1）款。

（4）"第 205 节　特殊地区地基处理"的计量

特殊地区路基处理所完成的工程量，经验收后，由承包人计算监理人校核的数量作为计量的工程数量。

1）挖除换填。挖除原路基一定深度及范围内淤泥以立方米计量，列入相应的支付子目中。

换填的填方，包括由于施工过程中地面下沉而增加的填方量以立方米为单位计量，列入填方路基相应的支付子目中。

2）抛石挤淤。按图样或验收的尺寸计算抛石体积的片石数量，以立方米为单位计量，包括有关的一切作业。

3）砂垫层、砂砾垫层及灰土垫层。按垫层类型分别以立方米为单位计量，包括材料、机械及有关的一切作业。

4）预压和超载预压。按图样或监理人要求的预压宽度和高度以立方米为单位计量，包括材料、机械及有关的一切作业。

5）真空预压、真空堆载联合预压。应以图样或监理人所要求预压范围（宽度、高度、长度）经监理人验收合格，预压后体积以立方米为单位计量；计量中包括预压所用垫层材料、密封膜、滤管及密封沟与围堰等一切相关的材料、机械、人工费用。

6）袋装砂井。按不同直径及深（长）度分别以米为单位计量。砂及砂袋不单独计量。

7）塑料排水板。按规格及深（长）度分别以米为单位计量，不计伸入垫层内长度，包括材料、机械及有关的一切作业。

8）砂桩、碎石桩、加固土桩、CFG 桩。按不同桩径及桩深（长）度以图样为依据经验收合格以米为单位计量，包括材料、机械及有关的一切作业。

9）土工织物。铺设土工织物以图样为依据，经监理人验收合格以设计图为依据计算单层净面积数量（不计搭接及反包边增加量），包括材料、机械及与此有关的一切作业。

10）工地沉降观测作为承包人应做的工作，不予计量与支付。

11）临时排水与防护设施认为已包括在相关工程中，不另行计量。

（5）"第206节 路基整修"的计量

路基整修工作内容均不作计量，其所涉及的费用应包括在与其相关的工程子目的单价或费率之中。

（6）"第207节 坡面排水"的计量

1）边沟、排水沟、截水沟的加固铺砌，按图样施工经监理人验收合格的实际长度，分不同结构类型以米为单位计量。由于边沟、排水沟、截水沟加固铺砌而需扩挖部分的开挖，均作为承包人应做的附属工作，不另计量。

2）改沟、改渠护坡铺砌按图样施工，经监理人验收合格的不同圬工体积，以立方米为单位计量。

3）急流槽按图样施工，经验收合格的断面尺寸计算体积（包括消力池、消力槛、抗滑台等附属设施），以立方米为单位计量。

4）路基盲沟按图样施工，经验收合格的断面尺寸及所用材料，按长度以米为单位计量。

5）所用砂砾垫层或基础材料、填缝材料、钢筋以及地基平整夯实及回填等土方工程均含入相关子目单价之中，不另行计量。

6）土工合成材料的计量按特殊地区路基处理中的规定执行。

7）渗井、检查井、雨水井的计量按路面及中央分隔带排水的规定执行。

（7）"第208节 护坡、护面墙"的计量

1）干砌片石、浆砌片石护坡、护面墙等工程的计量，应以图样所示和监理人的指示为依据，按实际完成并经验收的数量按不同的工程子目的不同的砂浆砌体分别以立方米为单位计量。

2）预制空心砖和拱形及方格骨架护坡，按其铺筑的实际体积以立方米为单位计量。所有垫层、嵌缝材料、砂浆勾缝、泄水孔、滤水层、回填种植土及基础的开挖和回填等有关作业，均作为承包人应做的附属工作，不另行计量。

3）种草、铺草皮、三维植被网、客土喷播等应以图样要求和所示面积为依据实施，经监理人验收的实际面积以平方米为单位计量。整修坡面、铺设表土、三维土工网、锚钉、客土、草种（灌木籽）、草皮、苗木、混合料、水、肥料、土壤稳定剂等（含运输）及其作业均作为承包人应做的附属工作，不另行计量。

4）封面、捶面施工以图样为依据，经监理人验收合格，以平方米为单位计量，该项支付包括了上述工作相关的工料机全部费用。

（8）"第209节 挡土墙"的计量

1）砌体挡土墙、干砌挡土墙和混凝土挡土墙工程应以图样所示或监理人的指示为依据，按实际完成并经验收的数量，按砂浆强度等级及混凝土强度等级分别以立方米为单位

计量。砂砾或碎石垫层按完成数量以立方米为单位计量。

2）混凝土挡土墙的钢筋，按图样所示经监理人验收后，以千克（kg）为单位计量。

3）嵌缝材料、砂浆勾缝、泄水孔及其滤水层，混凝土工程的脚手架、模板、浇筑和养生、表面修整，基础开挖、运输与回填等有关作业，均作为承包人应做的附属工作，不另行计量。

4.路面工程

（1）"第302节 垫层"的计量

1）碎石、砂砾垫层应按图样和监理人指示铺筑、经监理人验收合格的面积，按不同厚度以平方米为单位计量。

2）水泥混凝土、石灰稳定土垫层应按图样和监理人指示铺筑、经监理人验收合格的面积，按不同厚度以平方米为单位计量。

3）对个别特殊形状的面积，应采用适当计算方法计量，并经监理人批准以平方米为单位计量。除监理人另有指示外，超过图样规定的面积，均不予计量。

（2）"第304节 水泥稳定土底基层、基层"的计量

1）水泥稳定土底基层、基层按图纸所示和监理人指示铺筑，经监理人验收合格的平均面积，按不同厚度以平方米为单位计量。

2）对个别特殊形状的面积，应采用监理人认可的计算方法计量。除监理人另有指示外，超过图样所规定的计算面积或体积均不予计量。

3）桥梁及明涵的搭板、埋板下变截面水泥稳定土底基层按图样所示和监理人指示铺筑，经监理人验收合格后，以立方米为单位计量。

（3）"第306节 级配碎（砾）石底基层、基层"的计量

1）级配碎（砾）石底基层和基层应按图纸和监理人指示铺筑的平均面积，经监理人验收合格后，按不同厚度以平方米为单位计量。除监理人另有指示外，超过图样所规定的面积，均不予计量。

2）桥梁及明涵的搭板、埋板下变截面级配碎（砾）石底基层按图样所示和监理人指示铺筑，经监理人验收合格后，以立方米为单位计量。

（4）"第307节 沥青稳定碎石（ATB）"的计量

沥青稳定碎石混合料，按图样所示或监理人指示的平均铺筑面积，经监理人验收合格，按不同厚度分别以平方米为单位计量。除监理人另有指示外，超过图样所规定的面积均不予计量。

（5）"第308节 透层和黏层"的计量

1）透层和黏层按图纸规定的或监理人指示的喷洒面积，经监理人验收合格，以平方米为单位计量。

2）对个别特殊形状的面积，应采用适当的计算方法计量。除监理人另有指示外，超过图样规定的计算面积均不予计量。

（6）"第309节 热拌沥青混合料面层"的计量

热铺沥青混凝土，应按图样所示或监理人指示的平均铺筑面积，经监理人验收合格，

按粗、中、细粒式沥青混凝土和不同厚度分别以平方米为单位计量。除监理人另有指示外，超过图样所规定的面积均不予计量。

（7）"第 312 节 水泥混凝土面板"的计量

1）水泥混凝土面板按图样和监理人指示铺筑的面积，经监理人验收合格，按不同厚度以平方米为单位计量。除监理人另有指示外，任何超过图样所规定的尺寸的计算面积，均不予计量。

2）水泥混凝土路面的补强钢筋及拉杆、传力杆等钢筋按图样要求设置，经监理人现场验收后以千克为单位计量。因搭接而增加的钢筋不予计入。

3）接缝材料等未列入支付子目中的其他材料均含入水泥混凝土路面单价之中，不单独计量。

5. 桥涵工程

（1）"第 401 节 通则"的计量

1）荷载试验费用由发包人估定，以暂估价的形式按总额计入工程总价内。

2）地质钻探及取样试验按实际完成并经监理人验收后，分不同钻径以米计量。

（2）"第 402 节 模板、拱架和支架"的计量

桥涵工程中的模板、拱架和支架均作为有关工程的附属工作，不作计量。

（3）"第 403 节 钢筋"的计量

1）根据图样所示及钢筋表（不包括固定、定位架立钢筋）所列，按实际安设并经监理人验收的钢筋以千克（kg）为单位计量。其内容包括钢筋混凝土中的钢筋，预应力混凝土中的非预应力钢筋及混凝土桥面铺装中的钢筋。

2）除图样所示或监理人另有认可外，因搭接而增加的钢筋不予计入。

3）钢筋及钢筋骨架用的铁丝、钢板、套筒（连接套）、焊接、钢筋垫块或其他固定、定位架立钢筋的材料，以及钢筋的防锈、截取、套丝、弯曲、场内运输、安装等，作为钢筋工程的附属工作，不另行计量。

（4）"第 404 节 基础挖方及回填"的计量

1）基础挖方应按下述规定，取用底、顶面间平均高度的棱柱体体积，分别按干处、水下及土、石，以立方米为单位计量。干处挖方与水下挖方是以经监理人认可的施工期间实测的地下水位为界线。在地下水位以上开挖的为干处挖方，在地下水位以下开挖的为水下挖方。

基础底面、顶面及侧面的确定应符合下列规定。

① 基础挖方底面：按图样所示或监理人批准的基础（包括地基处理部分）的基底高程线计算。

② 基础挖方顶面：按监理人批准的横断面上所标示的原地面线计算。

③ 基础挖方侧面：按顶面到底面，以超出基底周边 0.5m 的竖直面为界。

2）当承包人遇到特殊或非常规情况时，应及时通知监理人，由监理人定出特殊的基础挖方界线。凡未取得监理人批准，承包人以特殊情况为理由而完成的任何挖方将不予计量，其基坑超深开挖，应由承包人用砂砾或监理人批准的回填材料予以回填压实。

3）为完成基础挖方所做的地面排水及围堰、基坑支撑及抽水、基坑回填与压实、错台

开挖及斜坡开挖等，作为挖基工程的附属工作，不另行计量。

4）台后路基填筑及锥坡填土在填方路基内计量。

5）基坑土的运输作为挖基工程的附属工作，不另行计量。

（5）"第 405 节 钻孔灌注桩"的计量

1）钻孔灌注桩以实际完成并经监理人验收后的数量，按不同桩径的桩长以米为单位计量，计量应自图样所示或监理人批准的桩底高程至承台底或系梁底。对于与桩连为一体的柱式墩台，如无承台或系梁时，则以桩位处地面线为分界线，地面线以下部分为灌注桩桩长；图样有标识的，按图样标识为准。未经监理人批准，由于超钻而深于所需的桩长部分，将不予计量。

2）开挖、钻孔、清孔、钻孔泥浆、护筒、混凝土、破桩头，以及必要时在水中填土筑岛、搭设工作台架及浮箱平台、栈桥等其他为完成工程的子目，作为钻孔灌注桩的附属工作，不另行计量。混凝土桩无破损检测及所预埋的钢管等材料，均作为混凝土桩的附属工作，不另行计量。

3）钢筋在钢筋工程内计量，列入 403-1 子目内。

4）监理人要求钻取的芯样，经检验，如混凝土质量合格，钻取的芯样应予计量，否则不予计量。混凝土取芯按取回的混凝土芯样的长度以米为单位计量。

（6）"第 407 节 挖孔灌注桩"的计量

1）挖孔灌注桩以实际完成并经监理人验收后的数量，按不同桩径的桩长以米为单位计量。计量应自图样所示或监理人批准的从桩底高程至承台底或系梁底；如无承台或系梁时，则从桩底至图纸所示的桩顶；当图样未示出桩顶位置，或示有桩顶位置但桩位处预先有夯填土时，由监理人根据情况确定。监理人认为由于超挖而深于所需的桩长部分，将不予计量。

2）设置支撑和护壁、挖孔、清孔、通风、钎探、排水、混凝土、每桩的无破损检验以及其他为完成此项工程的项目，均为挖孔灌注桩的附属工作，不另行计量。

3）钢筋在钢筋工程内计量，列入 403-1 子目内。

4）监理人要求钻取的混凝土芯样检验，经钻取检验后，如混凝土质量合格，钻取的芯样应予计量；否则不予计量。钻取芯样长度按取回的芯样以米为单位计量。

（7）"第 408 节 桩的垂直静荷载试验"的计量

1）试桩不论是检验荷载或破坏荷载，均以经监理人验收或认可的单根试桩计量。计量包括压载、沉降观测、卸载、回弹观测、数据分析，以及为完成此项试验的其他工作子目。

2）检验荷载试验桩如试验后作为工程结构的一部分，其工程量在钻孔灌注桩及挖孔灌注桩有关支付子目内计量。破坏荷载试验用的试桩，将来不作为工程结构的一部分，其工程量在钻孔灌注桩的支付子目 405-3 及挖孔灌注桩支付子目 407-3 内计量。

（8）"第 410 节 结构混凝土工程"的计量

1）以图样所示或监理人指示为依据，按现场已完工并经验收的混凝土，分别以不同结构类型及混凝土等级，以立方米为单位计量。

2）直径小于 200mm 的管子、钢筋、锚固件、管道、泄水孔或桩所占混凝土体积不予扣除。作为砌体砂浆的小石子混凝土，不另行计量。

3）桥面铺装混凝土在桥面铺装内计量，结构钢筋在钢筋工程内计量。

4）为完成结构物所用的施工缝联结钢筋、预制构件的预埋钢板、防护角钢或钢板、脚手架或支架及模板、排水设施、防水处理、基础底碎石垫层、混凝土养生、混凝土表面修整及为完成结构物的其他杂项子目，以及混凝土预制构件的安装架设设备拼装、移运、拆除和为安装所需的临时性或永久性的固定扣件、钢板、焊接、螺栓等，均作为各项相应混凝土工程的附属工作，不另行计量。

（9）"第 411 节 预应力混凝土工程"的计量

1）预应力混凝土结构物（包括现浇和预制预应力混凝土）按图样尺寸或监理人指示为依据，按已完工并经验收合格的结构体积，以立方米计量。计量中包括悬臂浇筑、支架浇筑及预制安装预应力混凝土梁、板的一切作业。

2）完工并经验收的预应力混凝土结构的预应力钢材，按图样所示和本条款规定相应长度计算，预应力钢材数量以千克（kg）计量。后张法预应力钢材的长度按两端锚具间的理论长度计算；先张法预应力钢材的长度按构件的长度计算。除上述计算长度以外的锚固长度及工作长度的预应力钢材含入相应预应力钢材报价之中，不另行计量。

3）预应力混凝土结构的非预应力钢筋，在第 403 节计量与支付。

4）预应力钢材的加工、锚具、管道、锚板及联结钢板、焊接、张拉、压浆等，作为预应力钢材的附属工作，不另行计量。预应力锚具包括锚圈、夹片、连接器、螺栓、垫板、喇叭管、螺旋钢筋等整套部件。

5）后张法预应力混凝土梁封锚及端部加厚混凝土，计入相应梁段混凝土之中，不单独计量。

6）预制板、梁的整体化现浇混凝土及其钢筋，分别在第 410 节及第 403 节计量。

7）桥面铺装混凝土在第 415 节计量。

（10）"第 412 节 预制构件的安装"的计量

经验收的不同形式预制构件的安装，包括构件安装所需的临时性或永久性的固定扣件、钢板、焊接、螺栓等，其工作量包含在第 410 节及第 411 节相应预制混凝土构件或预应力混凝土构件的工程子目中，不另行计量与支付。

（11）"第 413 节 砌石工程"的计量

1）以图样所示或监理人指示为依据，按工地完成的并经验收的各种石砌体或预制混凝土块砌体，以立方米为单位计量。

2）计算体积时，所用尺寸应由图样所标明或监理人书面规定的计价线或计价体积定之。相邻不同石砌体计量中，应各包括不同石砌体间灰缝体积的一半。镶面石突出部分超过外廓线者不予计量。泄水孔、排水管或其他面积小于 0.02m² 的孔眼不予扣除。削角或其他装饰的切削，其数量为所用石料 5％ 或少于 5％ 者，不予扣除。

3）砂浆或作为砂浆的小石子混凝土，作为砌体工程的附属工作，不另计量。

4）砌体垫铺材料的提供和设置，拱架、支架及砌体的勾缝，作为砌体工程的附属工作，不另计量。

（12）"第 415 节 桥面铺装"的计量

1）桥面铺装应按图样所示的尺寸，或按实际完成并经监理人验收的数量，分别按不同材料、级别、厚度，以平方米为单位计量。由于施工原因而超铺的桥面铺装，不予计量。

2）桥面防水层按图样要求施工，并经监理人验收的实际数量，以平方米计量。

3）桥面泄水管及混凝土桥面铺装接缝等作为桥面铺的附属工作，不另行计量。

4）桥面铺装钢筋在第 403 节有关工程子目中计量，本节不另行计量。

（13）"第 417 节 桥梁接缝和伸缩装置"的计量

桥面伸缩装置按图样要求安装并经监理人验收的数量，分不同结构形式以米计量。其内容包括伸缩装置的提供和安装等作业。

除伸缩装置外的其他接缝，如橡胶止水片、沥青类等接缝填料，作为有关工程的附属工作，不另行计量。

安装时切割和清除伸缩装置范围内沥青混凝土铺装或安装伸缩装置所需的部分水泥混凝土及临时或永久性的扣件、钢板、钢筋、焊接、螺栓、黏结等，作为伸缩装置安装的附属工作，不另行计量。

（14）"第 418 节 防水处理"节的计量

沥青或油毛毡防水层，作为其他有关子目内的附属工作，不另行计量。

（15）"第 419 节 圆管涵及倒虹吸管涵"节的计量

1）钢筋混凝土圆管涵或倒虹吸管涵，以图样规定的洞身长度或监理人同意的现场沿涵洞中心线量测的进出洞口之间的洞身长度，分不同孔径及孔数，经监理人检查验收后以米为单位计量。管节所用钢筋，不另计量。

2）图样中标明的基底垫层和基座，圆管的接缝材料、沉降缝的填缝与防水材料等，洞口建筑，包括八字墙、一字墙、帽石、锥坡、铺砌、跌水井以及基础挖方及运输、地基处理与回填等，均作为承包人应做的附属工作，不另计量。

3）洞口（包括倒虹吸管涵）建筑以外涵洞上下游沟渠的改沟铺砌、加固以及急流槽消力坎的建造等均列入"第 207 节 路基坡面排水"相应子目内计量。

4）建在软土、沼泽地区的圆管涵（含倒虹吸管涵），按图样要求特殊处理的基础工程量（如塑料排水板、袋装砂井、各种桩基、喷粉桩等）在"第 205 节 特殊地区路基处理"相关子目中计量与支付，本节不另行计量。

（16）"第 420 节 盖板涵、箱涵"

1）钢筋混凝土盖板涵（含梯坎涵、通道）、钢筋混凝土箱涵（含通道）应以图样规定的洞身长度或经监理人同意的现场沿涵洞中心线测量的进出口之间的洞身长度，经验收合格后按不同孔径及孔数以米为单位计量，盖板涵、箱涵所用钢筋不另计量。

2）所有垫层和基座，沉降缝的填缝与防水材料，洞口建筑，包括八字墙、一字墙、帽石、锥坡（含土方）、跌水井、洞口及洞身铺砌以及基础挖方、地基处理与回填土、沉降缝的填缝与防水材料等作为承包人应做的附属工作，均不单独计量。

3）洞口建筑以外涵洞上下游沟渠的改沟铺砌、加固及急流槽等均列入"第 207 节 坡面排水"有关子目计量。

4）通道涵按下列原则进行计量：

① 通道涵洞身及洞口计量应符合上述第 1）款及 2）款的规定。

② 通道范围（进出口之间距离）以内的土石方及边沟、排水沟等均含入洞身报价之中不另行计量。

③ 通道范围以外的改路土石方及边沟、排水沟等在路基工程相关章节中计量与支付。

④ 通道路面（含通道范围内）分不同结构类型在路面工程相关章节中计量与支付。

5）建在软土、沼泽地区的盖板涵、箱涵（含通道），按图样要求特殊处理的基础工程量（如塑料排水板、袋装砂井、各种桩基、喷粉桩等）在第 205 节 特殊地区路基处理"相关子目中计量与支付，本节不另行计量。

6.3 编制工程量清单与招标控制价

学习目标

1. 清楚工程量清单的构成；

2. 理解单价合同中"单价"的含义；

3. 编制项目招标文件的工程量清单；

4. 了解投标控制价的编制。

6.3.1 工程量清单计价相关概念

1. 工程量清单

工程量清单是招标单位按照招标文件中有关要求及技术规范的有关规定，将工程进行合理分解，据此明确工程内容和范围，并将有关工程内容数量化的一套工程数量表。标价后的工程量清单还是合同中各工程子目的单价及合同价格表。

工程量清单是合同文件的重要组成部分，是一份与技术规范相对应的文件，它是单价合同的产物。其作用在于：

1）提供合同中关于工程量的足够信息，为所有投标人提供投标报价的共同基础，以使投标单位能统一、有效而准确地编写投标文件。

2）是评标的基础。工程量清单由招标人提供，无论是标底的编制还是企业投标报价，都必须在清单的基础上进行，同样也为评标奠定了基础。

3）在投标单位报价及签订合同后，标有单价的工程量清单是办理中期支付和结算及处理工程变更计价的依据。

因此，工程量清单的编制质量直接关系到建筑产品的报价及招投标阶段和施工阶段的造价控制。在《招标文件》第五章专门介绍工程量清单，并给出了按章、节、目排列的工程子目表，以供招标单位制作工程量清单时参考。

2. 清单工程量

清单工程量是指工程量清单中所列的工程数量，它是由业主或其委托的造价工程师根据招标图样设计工程量和工程量计算规则所确定的工程数量。由于招标图样设计深度不够或清单编制人工作疏漏等原因，清单工程量与实际工程数量常会有所偏差。在单价合同中，清单工程量仅作为投标报价的共同基础和评标的依据，不能作为最终结算与支付的依据。

实际支付应按实际完成的工程量，由承包人按技术规范规定的计量方法，以监理人认可的尺寸、断面计量，按本工程量清单的单价和总额价计算支付金额。尽管如此，在制作工程量清单时，应认真细致地计算工程量，力求准确，从而使清单所列工程量与实际工程量的差距尽可能小。

计算清单工程量时，一定要注意与技术规范和设计图样的统一，也就是说工程量清单的工程量，其计算规则应与技术规范的计算规则完全一致。特别是当同一个工程由不同单位设计，不同单位编制技术规范和工程量清单时，应通过认真分析确定统一的工程量计算规则，并注意搞好协调工作，否则，会给评标和将来的施工监理工作带来麻烦。

3. 工程量清单计价

工程量清单计价是指招标标底（招标控制价）与投标报价的编制、合同价款的确定与调整、工程结算以招标文件中的工程量清单为依据进行的工程造价的确定与控制的总称，工程量清单计价以清单中的计价工程子目作为基本单元。

在投标报价和合同实施过程中，应综合考虑招标文件各部分内容。招标文件各分部分内容对于工程量清单计价的作用如下。

1）投标须知。明确合同计价方式。

2）合同条件。明确合同双方的风险责任和调价及变更的程序等。

3）技术规范。明确清单项目计量计价的规则，以确定清单项目所含工程内容和费用内容（内涵）。

4）工程量清单。确定清单项目的数量范围（外延）。

5）图样。确定合同工程数量的依据（外延）。

4. 单价合同中"单价"的含义

施工承包合同按计价方式不同有总价合同、单价合同、成本加酬金合同等形式。

单价合同是承包人在投标时，按招投标文件就分部分项工程所列出的工程量表确定各分部分项工程费用的合同类型，是总价招标、单价结算的计量型合同。分固定单价和可调单价两种情况，固定单价的合同，是由承包人承担合同实施期间物资设备的价格风险；可调单价合同，则是由发包人承担合同实施期间物资设备的价格风险。对于工期两年以上的公路工程，多采用"估算工程量可调单价合同"。

每个计价工程子目的单价，应是"综合单价"，有以下三层意思：

1）包括完成该计价工程子目中所有工程内容的费用。该计价工程子目所包含的工程内容要根据招标文件中的技术标准和要求中所对应的该计价工程子目的"工程量清单计量规则"进行确定，不能根据经验随意列算。

2）包括完成该计价工程子目中每项工程内容的所有费用，包括施工成本、利润、税金和一般风险费用。

3）综合单价不一定是固定单价，当工期两年以上，工程复杂，存在工料机价格上涨的风险时，一般还要按照合同专用条件规定的价格调整公式调整价差；或者，单项工程量增加或减少超过一定幅度时，要根据监理工程师的指示对超出该幅度的变更工程重新估价。

6.3.2 工程量清单构成

在招标文件中工程量清单由工程量清单说明、投标报价说明、计日工说明、其他说明、工程量清单表、计日工表、暂估价表、投标报价汇总表、工程量清单单价分析表等表格组成。

1. 工程量清单说明

工程量清单说明主要内容有：

1) 本工程量清单是根据招标文件中包括的、有合同约束力的图样及有关工程量清单的国家标准、行业标准、合同条款中约定的工程量计算规则编制。约定计量规则中没有的子目，其工程量按照有合同约束力的图样所标示尺寸的理论净量计算。

2) 本工程量清单应与招标文件中的投标人须知、通用合同条款、专用合同条款、技术规范及图样等一起阅读和理解。

3) 本工程量清单中所列工程数量是估算的或设计的预计数量，仅作为投标报价的共同基础，不能作为最终结算与支付的依据。实际支付应按实际完成的工程量，由承包人按技术规范规定的计量方法，以监理人认可的尺寸、断面计量，按本工程量清单的单价和总额价计算支付金额；或者，根据具体情况，按合同相应条款的规定，由监理人确定的单价或总额价计算支付额。

4) 图样中所列的工程数量表及数量汇总表仅是提供资料，不是工程量清单的外延。当图样与工程量清单所列数量不一致时，以工程量清单所列数量作为报价的依据。

2. 投标报价说明

投标报价说明主要有：

1) 工程量清单中的每一子目须填入单价或价格，且只允许有一个报价。

2) 除非合同另有规定，工程量清单中有标价的单价和总额价均已包括了为实施和完成合同工程所需的劳务、材料、机械、质检（自检）、安装、缺陷修复、管理、保险、税费、利润等费用，以及合同明示或暗示的所有责任、义务和一般风险。

3) 工程量清单中投标人没有填入单价或价格的子目，其费用视为已分摊在工程量清单中其他相关子目的单价或价格之中。承包人必须按监理人指令完成工程量清单中未填入单价或价格的子目，但不能得到结算与支付。

4) 符合合同条款规定的全部费用应认为已被计入有标价的工程量清单所列各子目之中，未列子目不予计量的工作，其费用应视为已分摊在本合同工程的有关子目的单价或总额价之中。

5) 承包人用于本合同工程的各类装备的提供、运输、维护、拆卸、拼装等支付的费用，已包括在工程量清单的单价与总额价之中。

3. 计日工说明

计日工说明主要有：

1) 未经监理人书面指令，任何工程不得按计日工施工；接到监理人按计日工施工的书面指令，承包人也不得拒绝。

2）投标人应在计日工单价表中填列计日工子目的基本单价或租价，该基本单价或租价适用于监理人指令的任何数量的计日工的结算与支付。计日工的劳务、材料和施工机械由招标人（或发包人）列出正常的估计数量，投标人报出单价，计算出计日工总额后列入工程量清单汇总表中并进入评标价。

3）计日工劳务费用的支付，按承包人填报的"计日工劳务单价表"所列单价计算，该单价应包括基本单价及承包人的管理费、税费、利润等所有附加费。

工时应从工人到达施工现场，并开始从事指定的工作算起，到返回原出发地点为止，扣去用餐和休息的时间。只有直接从事指定的工作，且能胜任该工作的工人才能计工，随同工人一起做工的班长应计算在内，但不包括领工（工长）和其他质检管理人员。

4）计日工材料费用的支付，按承包人"计日工材料单价表"中所填报的单价计算，该单价应包括基本单价及承包人的管理费、税费、利润等所有附加费。

5）计日工作业的施工机械费用的支付，按承包人填报的"计日工施工机械单价表"中的租价计算。该租价应包括施工机械的折旧、利息、维修、保养、零配件、油燃料、保险和其他消耗品的费用以及全部有关使用这些机械的管理费、税费、利润和司机与助手的劳务费等费用。

施工机械费用计算时，应按实际工作小时支付。除非经监理人的同意，计算的工作小时才能将施工机械从现场某处运到监理人指令的计日工作业的另一现场往返运送时间包括在内。

4. 工程量清单表

工程量清单表，是招标工程中按章的顺序排列的各个项目表。表中有子目号、子目名称、单位、数量、单价及合价栏目。其中单价或合价栏的数字一般由承包商投标时填写，而其他部分一般由业主或者招标单位在编制工程量清单时确定。

招标文件工程量清单共分为 7 章：100 章总则；200 章路基；300 章路面；400 章桥梁、涵洞；500 章隧道；600 章安全设施及预埋管线；700 章绿化及环境保护设施。

工程量清单分为两类：一类是开办项目的工程量清单，即工程施工开工前就要发生或一开工就要发生或大部分发生的项目，如工程保险、承包商的临时设施费等，在工程量清单及技术规范中，这些项目单独列项，通常放在清单第 100 章总则中，特点是有关款项包干支付按总额结算；另一类是永久性工程项目的工程量清单，包括路基、路面、桥梁涵洞、隧道、安全设施及预埋管线、绿化及环境保护设施共 6 个项目，其工程量应根据图样中的工程量并按技术规范的"计量与支付"条款规定处理后确定。该工程量是暂估数量，实际工程量要通过计量的方式来确定。

表 6.1 和表 6.2 分别为第 100 章和第 200 章的工程量清单。

表 6.1　第 100 章总则

子目号	子目名称	单位	数量	单价	合价
101-1	保险费				
-a	按合同条款规定，提供建筑工程一切险	总额			
-b	按合同条款规定，提供第三方责任险	总额			

子目号	子目名称	单位	数量	单价	合价
102-1	竣工文件	总额			
102-2	施工环保费	总额			
102-3	安全生产费	总额			
102-4	工程管理软件（暂定金额）	总额			
103-1	临时道路修建、养护与拆除（包括原道路的养护费）	总额			
103-2	临时占地	总额			
103-3	临时供电设施	总额			
-a	设施架设、拆除	总额			
-b	设施维修	月			
103-4	电讯设施的提供、维修与拆除	总额			
103-5	供水与排污设施	总额			
104-1	承包人驻地建设	总额			

清单　第100章合计　人民币＿＿＿＿＿元

表6.2　第200章路基（节选）

子目号	子目名称	单位	数量	单价	合价
202-1	清除与掘除				
-a	清理现场	m²			
-b	砍伐树木	棵			
-c	挖除树根	棵			
202-2	挖除旧路面				
-a	水泥混凝土路面	m²			
-b	沥青混凝土路面	m²			
-c	碎石路面	m²			
202-3	拆除结构物				
-a	钢筋混凝土结构	m³			
-b	混凝土结构	m³			
-c	砖、石及其他砌体结构	m³			
203-1	路基挖方				
-a	挖土方	m³			
-b	挖石方	m³			
-c	挖除非适用材料（不含淤泥）	m³			
-d	挖淤泥	m³			
203-2	……				

清单　第200章合计　人民币＿＿＿＿＿元

5. 计日工表

计日工也称散工或点工，指在工程施工过程中，发包人可能有一些临时性的或新增加的项目，而且这种临时新增项目的工程量在招投标阶段很难估计，希望通过招投标阶段事先定价，避免开工后可能有发生时出现的争端，故需要以计日工明细表的方法在工程量清单中予以明确。

计日工表由计日工劳务、计日工材料、计日工施工机械等方面的内容组成。在招标文件中一般列有劳务、材料、施工机机械和计日工汇总表。劳务表和计日工汇总表，其格式见表 6.3 和表 6.4。

表 6.3　劳务

编号	子目名称	单位	暂定数量	单价	合价
101	班长	h			
102	普通工	h			
103	焊工	h			
104	电工	h			
105	混凝土工	h			
106	木工	h			
107	钢筋工	h			
	……				

劳务小计金额：＿＿＿＿＿＿
（计入"计日工汇总表"）

表 6.4　计日工汇总表

名称	金额	备注
劳务		
材料		
施工机械		

计日工总计：
（计入"投标报价汇总表)

6. 暂估价表

暂估价是指发包人在工程量清单中给定的用于支付必然发生但暂时不能确定价格的材料、工程设备或专业工程金额。在工程实施阶段，根据不同类型的材料与专业工程再重新定价。暂估价表由材料暂估价表、工程设备暂估价表、专业工程暂估价表组成。其格式见表 6.5。

表 6.5　材料暂估价表

序号	名称	单位	数量	单价	合价	备注

小计：

7. 暂列金额

暂列金额指招标人在工程量清单中暂定并包括在合同价款中的一笔款项，用于施工合同签订时尚未确定或不可预见的所需材料、设备、服务的采购，施工中可能发生的工程变更、合同约定调整因素出现时的工程价款调整及发生的索赔等费用。

8. 投标报价汇总表

投标报价汇总表是将各章的工程量表及计日工表进行汇总，再加上一定比例或数量（按招标文件规定）的暂列金额而得出该项目的总报价，该报价与投标书中填写的投标总价是一致的。其格式见表 6.6。

表 6.6　投标报价汇总表

_____（项目名称）_____标段

序号	章次	科目名称	金额/元
1	100	总则	
2	200	路基	
3	300	路面	
4	400	桥梁、涵洞	
5	500	隧道	
6	600	安全设施及预埋管线	
7	700	绿化及环境保护设施	
8	第 100 章～700 章清单合计		
9	已包含在清单合计中的材料、工程设备、专业工程暂估价合计		
10	清单合计减去材料、工程设备、专业工程暂估价合计（即 8−9＝10）		
11	计日工合计		
12	暂定金额（不含计日工总额）		总额
13	投标报价（8＋11＋12）＝13		

注：材料、工程设备、专业工程暂估价合计已包括在清单合计中，不应重复计入投标报价。

6.3.3　工程量清单编制

工程量清单编制包括清单说明、清单子目划分、工程数量整理三项工作。

1. 工程量清单说明的编制

工程量清单说明，在某些合同文件中又被称为清单前言，它对工程量清单的性质、承包人填报工程量清单的单价和合同价格的要求等做了明确规定。因此，该说明在招投标期间对如何进行工程报价有实质影响，在工程实施期间对工程是否进行计量与支付及如何进行计量与支付有实质影响。在进行工程变更及费用索赔时，它的参考作用更明显，直接影响到监理工程师对单价的确定。

工程量清单说明主要强调工程量清单与其他招标文件的关系、工程量清单中工程量的性质与作用、工程量计算规则、承包人填报工程量清单价格时的要求等方面的内容。

2. 工程子目的编制

工程子目又叫分项清单表或工程量清单，通常根据招标工程的不同性质分章按顺序排列。

工程子目分章排列有利于将不同性质、不同位置、不同的施工阶段或其他特性不同的工程区别开来，同时，也有利于将那些需要采用不同施工方法或不同施工阶段或成本不一样的工程区别开来。工程子目反映了施工项目中各分部分项工程及其数量，它是工程量清单的主体部分，其格式见表6.2。

工程子目是由招标人根据招标文件、招标项目具体特点和实际需要编制，并与"投标人须知"、"通用合同条款"、"专用合同条款"、"技术规范"、"图样"相衔接。

（1）工程子目的内容划分

按内容不同可分为以下两部分：

1）工程量清单的"总则"部分。该部分说明合同需要发生的各种开办项目，其计价特点主要是采用总额包干，因此，其计量单位大部分为"总额"。其格式见表6.1。

2）根据图样需要发生的工程子目部分。该部分说明了施工项目中各工程子目将要发生的工程量，计价特点是单价不变，实际工程量由计量确定。

（2）工程子目的划分原则

1）技术规范保持一致性。工程量清单各工程子目在名称、单位等方面都应和技术规范相一致，以便承包人清楚各工程子目的内涵和准确地填写各子目的单价。因此，在采用招标文件时，其工程子目划分应尽量与招标文件相一致，如果根据实际需要对某些工程子目重新予以划分，则应注意修改技术规范的相应内容（包括相应的计量与支付方法）。

2）便于计量支付、合同管理及处理工程变更。工程子目的大小要科学。工程子目可大可小，工程子目小有利于处理工程变更的计价，但计量工作量和计量难度会因此增加；工程子目大可减少计量工作量，但太大难以发挥单价合同的优势，不便于变更工程的处理（计价）；另外，工程子目大也会使得支付周期延长，承包人的资金周转发生困难，最终影响合同的正常履行和合同的严肃性。

3）保持合同的公平性。为保持合同的公平性应将开办项目作为独立的工程子目单列出来。开办项目往往是一些一开工就要全部或大部分发生甚至开工前就要发生的项目，如工程保险、承包人的驻地建设、临时工程等。如将这些项目包含在其他项目的单价中，则承包人开工时上述各种款项不能得到及时支付，这不仅影响合同的公平性和承包人的资金周转，而且会影响招标中预付款的数量（预付款的数量要增加），并且会加剧承包人的不平衡报价（承包人会将开工早的工程子目报价提高，以尽早收回成本），并因此影响变更工程的计价。

4）保持清单的灵活性。为了使清单在实施中具有一定的灵活性，工程量清单中应备有计日工清单。设立计日工清单的目的是用来处理一些小型变更工程（小到可以用日工的形式来计价）计价，使工程量清单在造价管理上的可操作性更强。为加强承包人的计日工报价的合理性，在编制工程量清单时应事先假定各计日工的数量。

3. 工程数量整理

工程量清单的工程量是反映承包人的义务量大小及影响造价管理的重要数据。整理工程量的依据是设计图样和技术规范，整理工程量的工作是一项技术工作，绝不是简单地罗列设计文件中的工程量。在整理工程量时应根据设计图样及调查所得的数据，在技术规范的计量与支付方法的基础上进行综合计算。同一工程子目，其计量方法不同，所整理出来的工程量会不一样。设计文件中工程量所对应的计量方法与技术规范中的计量方法不一定一致，这就需要在整理工程量的过程中进行技术处理。在工程量的整理计算中，应认真、细致，保证其准确性，做到不重不漏，不发生计算错误。否则，会带来下列问题：

1）工程量的错误一旦被承包人发现，承包人会利用不平衡报价给业主带来损失。

2）工程量的错误会引起合同总价的调整和索赔（或反索赔）。

3）工程量的错误还会增加变更工程和费用索赔的处理难度。

4）工程量的错误会造成投资控制和预算控制的困难。

6.3.4　招标控制价

1. 招标控制价的概念

《建设工程工程量清单计价规范》（GB 50500—2013）提出了招标控制价的概念，招标控制价招标人根据国家或省级、行业建设主管部门颁发的有关计价依据和办法，以及拟定的招标文件和招标工程量清单，编制的招标工程的最高限价。招标控制价亦称"拦标价"或"预算控制价"。

国有资金投资的工程建设项目应实行工程量清单招标，并应编制招标控制价。招标控制价超过批准的概算时，招标人应将其报原概算审批部门审核。投标人的投标报价高于招标控制价的，其投标应予以拒绝。

为强化对招标控制价计价活动的监督管理，促进工程建设招投标工作更加规范、有序、健康发展，防止招标人有意抬高或压低工程造价，《建设工程工程量清单计价规范》规定：招标人应在招标文件中如实公布招标控制价，不得对所编制的招标控制价进行上浮或下调。同时，招标人应将招标控制价报工程所在地的工程造价管理机构备查。

2. 招标控制价的编制原则

在编制招标控制价的过程中，应注意以下原则和要求：

1）招标控制价的价格应反映建筑产品的价值，即在招标控制价编制过程中，应遵循价值规律。

2）招标控制价的价格应反映建筑市场的供求状况对建筑产品价格的影响，即服从供求规律。

3）标控制价的价格应反映出一种平均先进的社会生产力水平，以达到通过招标，促使社会劳动生产力水平提高的目的。

3. 招标控制价编制的依据

招标控制价的主要依据有：
1) 建设工程工程量清单计价规范。
2) 国家或省级、行业建设主管部门颁发的计价定额和计价办法。
3) 建设工程设计文件及相关资料。
4) 招标文件中的工程量清单及有关要求。
5) 与建设项目相关的标准规范、技术资料。
6) 工程造价管理机构发布的工程造价信息，工程造价信息没有发布的参照市场价。
7) 其他相关资料。

4. 招标控制价编制的程序

招标控制价的编制方法与程序基本上和概、预算相同，但它比概、预算的要求更为具体和确切，因此更应结合招标工程的实际情况进行编制。招标控制价编制的具体步骤和方法如下：
（1）准备工作
1) 熟悉招标图样和说明。招标控制价编制前，应仔细阅读招标图样和说明，如发现图样、说明和技术规范有矛盾或不符、不够明确的地方，应要求招标文件编制单位给予交底或澄清。
2) 熟悉招标文件内容。对投标须知、合同条款、工程量清单和辅助资料表中与报价有关的内容要搞清楚，对业主"三通一平"的提供程度、价格调整的有关规定、预付款额度、工程质量和工期要求等都要明确。
3) 考察工程现场。对工程施工现场条件和周围环境进行实地考察，以作为考虑施工方案、工程特殊技术措施费和临时工程设置等的依据。
4) 进行材料价格调查。掌握当地材料、设备的实际市场价格，砂、石等地方材料的料场价、运距、运费和料源等也要调查收集。
（2）工程量计算
1) 复核工程量清单。首先要弄清楚工程量清单中工程数量的范围，应根据图样和技术规范中计量支付的规定计算复核工程数量，如和工程量清单有出入，必须搞清楚出入的原因。
2) 按定额计算工程量。以工程量清单的每一个子目作为一个项目，根据图样和施工组织方案，考虑其由几个定额子目组成，并计算这几个定额项目的工程量。如工程量清单的一个子目是"直径1.2m水中钻孔灌注桩"，技术规范计量与支付中规定，除钢筋在钢筋一节中另行计量外，它包括了灌注桩成桩的所有工作，一般可由以下定额项目组成：不同土质的钻孔长度；护筒埋设；水中钻孔平台；灌注混凝土；船上拌和台和泥浆船摊销；船上拌和混凝土等。有定额可套的临时工程如便道、便桥等的工程数量也应按施工方案予以计算确定。
（3）确定工、料、机单价
根据准备工作中收集到的资料，计算和确定人工、材料、机械台班单价。
（4）计算综合费率
综合费率由其他工程费、间接费、利润、税金的费率等组成，要根据招标文件中有关条款和概、预算编制办法的有关规定确定各项费率。

（5）计算工程项目总金额

按《概算预算编制办法》计算各项工程项目的总金额，也就是编制一个概（预）算。

（6）编制招标控制价单价

根据工程量清单各工程子目所包含的工作内容及相应的计量与支付办法，在概、预算工作的基础上，对概、预算 08 表中的分项工程进行适当合并、分解或用其他技术处理，然后按综合费率再增加税金、包干费等项目后确定出各工程子目的招标控制价单价。

（7）计算招标控制价总金额

按工程量清单计算各章金额，其中第 100 章总则中的保险费、临时工程费、监理工程师设施等按实际费用计算列入，其余各章按工程量清单中的数量乘以计算得出的单价计算，然后计算工程量清单汇总表，得出投标控制价总金额。

（8）编写招标控制价说明

计算出招标控制价总金额后，应写出招标控制价编制说明。编制说明的内容与概、预算编制说明差不多，主要涉及编制依据、费率取定、问题说明等有关内容。最后将编制说明、标价的工程量清单、人工和主要材料数量汇总表等合订在一起，就完成一份完整的招标控制价文件。

案例6.1

背景材料：某高速公路第×合同长 15km，路基宽度 26m，其中挖方路段长 4.5km，填方路段长 10.5km。招标文件图样提供的路基土石方表见表 6.7。

表 6.7　路基土石方表

挖方/m³				本桩利用/m³			远运利用/m³			借方/m³
普通土	硬土	软石	次坚石	普通土	硬土	石方	普通土	硬土	石方	普通土
265 000	220 000	404 000	340 000	50 000	35 000	105 000	200 000	185 000	450 000	600 000

注：表中挖方、利用方均指天然密实方，借方指压实方。

已知：远运利用土、石方的平均运距为 400m，借方、弃方的平均运距为 3km。

根据招标文件技术规范规定：路基挖方包括土石方的开挖和运输，路基填筑包括土石方的压实，借土填方包括土方的开挖、运输和压实费用。

问题：

1）请根据上述资料和招标文件编制工程量清单，并将各子目的计量工程数量，填入表 6.8 中。

表 6.8　第 200 章路基

子目号	子目名称	单位	数量	单价	合价

清单　第 200 章合计　人民币_____元

2）请计算各子目应分摊的整修路拱和整修边坡的工程数量。

答案：

1）工程量清单及计量工程数量。

考虑到实际计量支付以断面进行计量。故挖方数量为天然密实方，填方数量为压实方，并据此计算清单计量工程数量。

203-1-a 挖土方：265 000＋220 000＝485 000（m³）；

203-1-b 挖石方：404 000＋34 000＝744 000（m³）；

204-1-b 利用土方：（50 000＋200 000）÷1.16＋（35 000＋185 000）÷1.09≈417 352（m³）；

204-1-c 利用石方：（105 000＋450 000）÷0.92≈603 261（m³）；

204-1-e 借土填方：600 000m³。

完成的工程量清单见表6.9。

表 6.9　第 200 章路基

子目号	子目名称	单位	数量	单价	合价
203-1-a	挖土方	m³	485 000		
203-1-b	挖石方	m³	744 000		
204-1-b	利用土方	m³	417 352		
204-1-c	利用石方	m³	603 261		
204-1-e	借土填方	m³	600 000		

清单　第200章合计　人民币＿＿＿＿＿元

2）各支付子目应分摊的整修路拱的工程数量计算。

挖方总量：485 000＋744 000＝1 229 000（m³）；

填方总量：417 352＋603 261＋600 000＝1 620 613（m³）；

203-1-a 挖土方：4500×26×（485 000÷1 229 000）≈46 172（m²）；

203-1-b 挖石方：4500×26×（744 000÷1 229 000）≈70 828（m²）；

204-1-b 利用土方：10 500×26×（417 352÷1 620 613）≈70 305（m²）；

204-1-c 利用石方：10 500×26×（603 261÷1 620 613）≈101 622（m²）；

204-1-e 借土填方：10 500×26×（600 000÷1 620 613）≈101 073（m²）。

3）各支付子目应分摊的整修边坡的工程数量计算。

203-1-a 挖土方：4.5×（485 000÷1 229 000）≈1.776（km）；

203-1-b 挖石方：4.5×（744 000÷1 229 000）≈2.724（km）；

204-1-b 利用土方：10.5×（417 352÷1 620 613）≈2.704（km）；

204-1-c 利用石方：10.5×（603 261÷1 620 613）≈3.909（km）；

204-1-e 借土填方：10.5×（600 000÷1 620 613）≈3.887（km）。

6.4 计算基础标价

学习目标

1. 明确施工投标报价的工作程序；
2. 会进行工程量清单分解，分析确定工程量清单所列计价子目所包含的定额细目，确定定额表号（含定额调整）和预算工程量；
3. 会计算基础标价。

6.4.1 报价的概念与依据

1. 报价的概念

报价是由投标单位根据招标文件及有关定额和招标项目所在地区的自然、社会和经济及施工组织方案和投标单位自身条件，计算完成招标工程所需各项费用的经济文件。报价是投标文件最重要的组成部分和主要内容，是投标工作的关键和核心，也是决定能否中标的主要依据。报价是投标的核心，它不仅是能否中标的关键，而且对中标后能否盈利，盈利多少也是主要的决定因素之一。

2. 报价编制的依据

（1）招标单位的招标文件

招标文件是编制投标造价的重要资料，应认真仔细地研究，以全面了解承包商在合同中的权利和义务，同时应深入分析施工承包中所面临的和需要承担的风险，详细研究招标文件中的漏洞和疏忽，为制定投标策略寻找依据，创造条件。

（2）现场考察收集的资料

1）政治方面（指国外承包工程）。

2）地理、地貌、气象方面。

3）法律、法规方面。

4）工程施工条件。

5）经济方面。

6）当地的建设市场情况。

7）工程所在地有关健康、安全、环保和治安情况。

8）其他方面。

现场考察需带有业主提供的平面图，以 1/2000 比例为宜详细标绘施工便道、便桥的布置数量和其他临时生产生活设施的布置。调查路基范围内拆迁情况，需填筑水塘面积大小、抽水数量、淤泥深度和数量，以及了解开山的岩石等级、打洞放炮设计施工方法，调查桥梁位置、水深水位、便桥架设、钻孔（打桩）工作平台架设、深水基础、承台、下部构造如何施工、上部构造如何预制、预制场设在哪里及怎样布置、安装等有关具体问题，以便为施工组织设计做好准备。

投标单位完成标前调查和现场考察工作后，可根据调查结果，确定材料和机械台班单价，同时为施工组织设计提供大量的第一手资料，为制定出合理的报价打下基础。

（3）施工组织设计

施工组织设计的优劣不仅影响施工能否顺利进行，而且影响造价的高低。不同的施工方案、不同的施工顺序、不同的平面布置所需的工程费用是不一样的，有时会相差很大，因此，在进行投标时，应编制出技术上可行、经济上合理的施工组织设计，并以此作为编制投标报价的依据。

（4）企业的资料

1）本企业历年来（至少五年）已完工程的成本分析资料。

2）本企业为本项目提供新添施工设备经费的可能性。

3）本企业的企业定额。

（5）其他资料

1）招标文件所规定的各种国家标准、部颁标准、技术规范等。

2）交通运输部颁发的《预算定额》和《概算预算编制办法》及地方政府颁发的有关收费标准和定额。

6.4.2　报价工作程序与各阶段的工作内容

报价工作内容繁多，工作量大，时间往往十分紧迫，因而必须周密考虑，统筹安排，遵照一定的工作程序，使报价工作有条不紊、紧张而有序地进行。其工作程序如图 6.1 所示。

1. 前期工作

（1）投标资格的取得

投标资格的取得有两种形式：一种形式要求事先参加资格预审，只有通过资格预审的单位才有资格参加投标；另外一种形式是资格后审，即在开标后进行资格审查，投标单位只要认为符合招标广告规定的资格要求，在递交了投标申请后即可取得投标资格，参加下一阶段的投标工作。

招标单位资格审查的目的是了解投标单位的技术和财务实力及管理经验，为使招标获得比较理想的结果，限制不符合要求条件的单位盲目参加投标，并作为决标的参考。资格审查的内容一般包括五个方面的内容：①投标单位组织与机构和企业概况；②近三年完成工程的情况；③目前正在履行的合同情况；④资源方面，如财务、管理、技术、劳力、设备等方面的情况；⑤其他资料（如各种奖励或处罚等）。

资格审查能否通过是承包商投标过程中的第一关，为了能够顺利地通过资格审查，承包商申报资格审查是应注意的事项包括：

1）应注意资格审查有关资料的日常积累工作。资料随时存入计算机，并予以整理，以备填写资格审查表格之用。

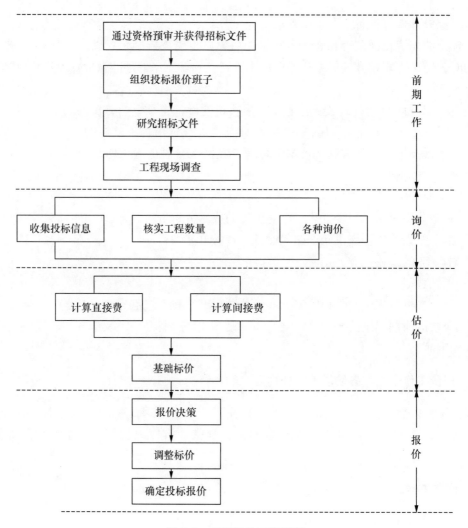

图 6.1　工程报价工作程序

2）填表时应注意重点突出，除满足资格审查要求外，还应能适当地反映出本企业的技术管理水平、财务能力和承建同类工程的经验。

3）本企业拟发展业务的地区，平时注意收集信息，发现可投标的项目，并做好资格预审的预备。当认为本公司某些方面难以满足投标要求，则应考虑与适当的其他施工企业组成联营体参加资格预审。

（2）组织投标报价班子

组织合格的投标报价班子是在竞争中取胜的一个重要因素，报价班子应该由经营管理人才、专业技术类人才、商务金额型人才（指造价、财务、合同、金额、保险等方面的人才）等三种类型的人才组成。在参加投标的活动中，上述三种类型人才相互补充，形成整体优势。

（3）研究招标文件

研究招标文件的目的是：正确理解招标文件和业主的意图，使投标文件对招标文件要求进行实质性响应，并保证投标有效，力求中标；全面了解承包人在合同中的权利和义务；

深入分析施工承包中所面临的和需要承担的风险；缜密确定招标文件中的漏洞和疏忽，为制定投标策略寻找依据，创造条件。

为保证报价的合理性，应对投标文件中的投标须知、合同条款、技术规范、图样和工程量清单重点进行研究分析，并注意侧重点。

1）投标须知。投标须知反映了招标人对投标的要求，主要注意项目资金的来源、投标担保、投标书的编制和递交、评标方法等，重点在于防止废标。

2）合同条款分析。合同条款对投标报价影响较大的主要内容有：

① 承包人的任务、工作范围和责任。这是估价最基本的依据，通常由工程量清单、图样、工程说明、技术规范所定义。

② 工程变更及相应的合同价款调整。应注意合同条款中有关工程变更的范围、工程变更的程序、合同价格调整的前提和计算方式及幅度。

③ 付款条件。应注意合同条款中关于工程预付款、材料设备预付款、期中支付、保留金的规定。

④ 施工工期。合同条款中关于合同工期、竣工日期、部分工程分期交工工期等规定，是投标人制定施工进度计划、施工方案的依据，也是估价的重要依据。

⑤ 业主责任。通常，业主有责任及时向承包人提供施工场地、设计图样，及时办理有关手续，按合同规定支付工程款等，投标人所制定的施工进度计划和做出的估价都是以业主正确和完全履行责任为前提的。承包人投标时，应注意合同条款中关于业主责任措辞的严密性和索赔的有关规定。

3）技术规范分析。招标文件中的技术规范与国家技术标准是有一定区别的，招标文件中的技术规范有许多工作程序和计量支付方法，因此技术规范在招标文件不能只认为是纯技术性的。技术规范中质量标准和验收标准越高，承包人的义务越多，施工难度越大，其施工成本越高；另外，技术规范中的计量支付方法，是承包人进行单价分析的依据。因此，承包人在投标报价中，要注意招标文件的技术规范要求和工程量清单开列的项目及对每个工程子目的工作内容的说明。任何忽视技术规范的报价都是不完整、不可靠的，除有可能导致直接废标或因报价不具备竞争性而不能中标外，有时可能导致中标后工程承包的重大失误和亏损。

4）图样分析。图样是确定工程范围、内容和技术要求的重要文件，也是投标者确定施工方法和准确估价的主要依据。

（4）工程现场调查（或考察）和参加标前会议

现场考察是承包人投标前全面了解现场施工环境、风险的重要途径，是投标人报价的先决条件。按照国际惯例，投标人提出的报价单一般被认为是在现场勘察的基础上提出的，一旦标书交出并在投标截止日期之后，投标人就无法因现场勘察不周，情况了解不细或因考虑不全面，而提出个性标书、调整报价或给予补偿等要求。另外编制标书需要的许多数据和情况也要从现场勘察中提出，因此，投标人在报价以前必须认真地进行施工现场勘察，全面、细致地了解工地及周围的政治、经济、地理、法律等情况，收集与报价有关的各种风险与数据。

现场考察之前，投标人一定要仔细研究招标文件，特别是工作范围、特殊条款及设计图样和说明，把疑点记录下来，然后拟定调研提纲，做到有准备、有计划地进行调查。现场考察的主要内容有：

1）自然条件。气象资料、水文资料、地质情况、地震和洪水及其他自然灾害情况。

2）工程施工条件。工程所在当地材料的料源、储量和分布地；场内外交通运输条件，现场周围道路桥梁的通行能力；施工供电、供水条件；生产和生活用房的场地及租赁情况；当地劳动力的来源及技术水平；当地施工机械的供应、租赁和修配能力。

3）市场价格情况。工程所需各种材料，特别是大宗材料的市场价格、规格、性能，有无专业供应商；施工场地租用价格；当地可供应的施工机械的价格、性能和厂家资料，租赁施工机械的价格及情况；当地生活必需品的供应情况和市场价格。

4）社会环境情况：当地社会是否安定；当地的社会风俗；当地政府对本项工程施工的具体规定，如劳动力的雇佣、地产材料供应等。

5）其他方面。如施工便道、便桥、路基范围内的拆迁情况、路基基底情况、桥位的情况等，为施工组织设计和估价做好准备。

标前会议也称投标预备会，是由招标单位以正式会议的形式解答投标单位在考察前或考察后以书面形式提出的各种问题，并在会议结束后以"会议纪要"的文字形式通知投标人。标前会议是招标人给所有投标人提供的一次答疑的机会，有利于加深对招标文件的理解，投标人应积极参加标前会议。

投标人完成现场考察和参加标前会议后，可根据调查和考察的结果对是否参加此项工程的投标做出最终决策，此时尚可因某些不利于投标人因素的存在而不参加投标，但一旦标书递交后，在投标截止日期与标书规定的投标有效期终止之间这段时间，投标人不能撤回标书，否则没收投标保证金。

2. 询价

（1）收集投标信息

在询价时，必须进行投标信息的收集与分析。投标信息是一种非常宝贵的资源，正确、全面、可靠的信息对于投标决策起着至关重要的作用。投标信息包括影响投标决策的各种主观因素和客观因素。主观因素主要有企业技术和经济方面的实力、企业的管理能力和社会信誉等。客观因素主要有业主和监理工程师的情况、项目的社会环境、项目的社会经济条件、竞争环境、工程项目的难易程度等。

（2）核实工程量、编制施工组织规划设计

1）核实工程量。招标文件中"工程量清单"上开列的工程数量属于估算的工程量，不能作为承包商在履行合同义务过程中应予以完成的实际工程量。一般来说，招标文件中给出的工程量都比较准确，但投标人不能完全相信它，还应进行核实，否则一旦有漏项或其他错误，就会影响中标或造成不应有的经济损失甚至亏本。因此，有必要进行复核，核实工程量的主要作用如下：

① 全面掌握本项目发生的各分项工程的数量，便于投标中进行准确的报价。

② 及时发现工程量清单中关于工程量的错误和漏洞，为制订投标策略提供依据（可以

使用不平衡报价)。

③ 有利于投标单位对技术规范中的计量支付规定做进一步的研究,便于精确地编写各工程子目的单价。

核对工程量应重点做好以下几项工作:

① 全面核实设计图样中各分项工程的工程量。

② 计算受施工方案(施工方法)影响而需额外发生(设计图样中未能计算进去的)和消耗的工程量。

③ 根据技术规范中计量与支付的规定折算出新的工程量(在折算过程中有时需要对设计图样中的工程量进行分解或合并)。

如果发现工程量有重大出入,特别是漏项时,可在标前会议中提出,要求业主给予书面确认,切记不要随意加以更改或补充,以免造成废标。

2) 编制施工组织规划设计。在进行计算标价之前,首先应制定施工规划,即初步的施工组织计划。施工规划是投标报价的一个前提条件,也是招标单位评标时要考虑的因素之一。施工规划内容一般包括工程进度计划和施工方案等。

在投标阶段,编制的工程进度计划不是工程施工计划,可以粗略一些,除招标文件规定必须用网络图外,一般用横道图表示即可。

施工方案主要应考虑施工方法,主要施工机具的配置,各工种劳动力的安排及现场施工人员的平衡,施工进度及分批竣工的安排,安全措施等。施工方案的制定应在技术和工期两方面对招标单位有吸引力,同时又有利于降低施工成本。

(3) 询价

询价是报价中非常重要的一个环节,建筑材料、施工机械设备的价格优势差异较大,"货比三家"对承包人总是有利的。询价生产要素的询价和分包询价两个方面。

1) 生产要素的询价。

① 材料询价。主要内容包括:材料的价格;材料的供应数量;材料的运输;运输保险;检验、索赔和付款;材料经检验合格后方能付款。对检验的时间、地点,检验的机构,检验的标准,违约的索赔及合格后的付款方式应有明确规定。

② 施工机械设备询价。在外地施工需用的机械设备,不一定要从本地运往工程所在地,有时在当地租赁或采购可能更为有利。必须采购的机械设备,可向供应厂商询价。对于租赁的机构设备,可向专门从事租赁业务的机构询价,包括机械每台班的租赁费、机械停滞时租赁费,燃料费及机上人员工资是否在台班租赁费之内等。无论是外购还是租赁,都需考虑机械进出场费用。

③ 劳务询价。承包工程可使用本企业的工人,也可从本地或工程所在地的劳务市场雇佣工人。具体应经过比较确定。

2) 分包询价。对于一些专业性较强或风险较大的分项工程,可以采用分包的方式由分包人完成。分包人不是总承包人的雇佣人员,其赚取的不只是工资,还有利润。分包工程的报价高低,对总包商的总报价影响较大。总包人确定了分包人后,应在分包报价的基础上加上一笔适当的管理费后方可纳入工程总报价中。

3. 估价（基础标价的计算）

估价是指估价人员在施工总进度计划、主要施工方法、分包商和资源安排确定后，根据本公司的工料消耗（企业定额）和水平以及询价结果，对本公司完成招标工程所需要支出的费用的分析计算。其原则是根据本公司的实际情况合理确定施工成本和待摊费用，不考虑其他因素，不涉及投标决策问题、利润的高低及施工风险，即成本价由直接费、间接费（含规费和企业管理费）、税金等组成，估价的主要内容是直接费和间接费的计算，并按规定计取税金后形成基础标价。

4. 报价

报价包括选择报价策略、调整标价、确定投标报价三个方面的内容。

6.4.3 基础标价的计算

我国投标人员常用定额单价分析法来计算直接费和间接费。定额单价法，是按照招标文件的工程量清单所列工程子目，选用与工作内容相适应的工、料、机消耗定额，并分析实际的工、料、机单价，从而计算出各工程子目的直接工程费用；根据有关费用定额计算其他工程费用和间接费用。它与编制工程概预算的方法大致相同，但报价所依据的工、料、机消耗定额和其他工程费用及间接费用定额应反映企业实际水平的企业定额，工、料、机体格应是市场价格（如施工机械价格可以是市场租赁价格）。

当前，公路工程基础标价的计算一般是以交通运输部颁布的《概算预算编制办法》和《预算定额》为基础进行成本预测，并依据招标文件提供的工程量清单和有关规定，结合工程项目所在地的人工、材料、机械设备等市场行情来进行计算的，即采用"施工图预算的编制方法和工程量清单的格式"。但是，这毕竟是权宜之计，从长远来看，根据企业定额进行的投标报价才具有市场竞争力，才能符合我国《招投标法》和国际惯例。本书主要介绍基于《预算定额》和《概算预算编制办法》的定额单价法。

1. 工程量清单分解

（1）分解的原因

由于工程量清单计价子目（含子目名称、单位和数量）是招标人参考现行招标文件中工程子目划分原则，依据"成品、实体、净数量"的原则，将招标图样实体设计数量根据招标文件技术规范中的"计量与支付"条款汇总编制的。因此，清单中的每个计价子目的综合度比较大。作为投标报价人员首先要将清单计价子目"还原"，找到计价子目与图样中的设计工程量之间的对应关系（"一"对"多"的关系）。另外，还要将工程量调整成能套用工程定额的程度。一般情况下，清单计价子目、预算定额细目（相当于定额表中的"栏"）和图样中的设计工程量之间的口径关系是由粗到细的，即

清单计价子目≥预算定额细目≥设计工程量

工程量清单拆分的目的是列出每个计价工程子目进行单价分析时的预算工程量，包括

在图样设计工程量基础上综合得到的工程实体工程量，又包含计价范围内必要的施工措施工程量，列出的这两种工程量都必须与定额细目口径一致，以达到能够套用工料机消耗量标准（即定额）和取定综合费率的程度。

但要明确并不是每个计价子目都要进行分解，只有对综合项目分解才是必要的。所谓综合项目，就是清单中一个编号子目中，含有两个及两个以上的定额细目。

（2）分解的方法

工程量清单分解时，以工程量清单的每一个计价子目作为一个项目，根据计量与支付条款、招标图样、拟定的施工方案、预算定额，考虑其由几个定额细目组成，确定和计算相应的定额表号及工程量。其流程如图 6.2 所示。

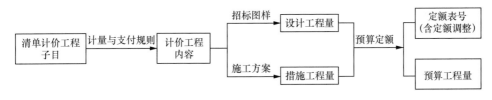

图 6.2　工程量清单分解流程

2. 计算基础标价的步骤

计算基础标价的步骤如下：

1）工程量清单分解，分析确定工程量清单所列计价子目所包含的定额细目，确定定额表号（含定额调整）和预算工程量。实际工作中，可利用造价软件完成此步骤，并进行工料机分析，得到本工程（子目）用到了哪些人工、材料、机械。

2）分析工、料、机单价。

3）确定取费费率、利润率和税金。根据工程类别和工程所在地区，取定其他工程费、间接费各项费率，按规定取定税率，初步确定利润率。

4）计算基础标价。计算各计价子目的直接工程费、其他工程费、间接费、利润、税金、建安费，形成各子目的基础标价。

案例6.2

　　背景材料： 某高速公路第 × 合同长 15km，路基宽度 26m，其中挖方路段长 4.5km，填方路段长 10.5km。招标文件图纸提供的路基土石方表见表 6.10。

表 6.10　路基土石方表

挖方/m³				本桩利用/m³			远运利用/m³			借方/m³
普通土	硬土	软石	次坚石	普通土	硬土	石方	普通土	硬土	石方	普通土
265 000	220 000	404 000	340 000	50 000	35 000	105 000	200 000	185 000	450 000	600 000

　　注：表中挖方、利用方均指天然密实方，借方指压实方。

　　已知：远运利用土、石方的平均运距为 400m，借方、弃方的平均运距为 3km。

　　根据招标文件技术规范规定：路基挖方包括土石方的开挖和运输，路基填筑包括土石方的压实，借土填方包括土方的开挖、运输和压实费用。招标文件提供的工程量清单见表 6.11。

表 6.11　工程量清单表（第 200 章路基）

子目号	子目名称	单　位	数　量	单　价	合　价
203-1-a	挖土方	m³	485 000		
203-1-b	挖石方	m³	744 000		
204-1-b	利用土方	m³	417 352		
204-1-c	利用石方	m³	603 261		
204-1-e	借土填方	m³	600 000		

清单　第 200 章合计　人民币 _____ 元

问题：设报价编制年工程所在地的工、料、机价格按现行《公路工程预算定额》的基价为准，其他工程费综合费率Ⅰ为 3.58%、其他工程费综合费率Ⅱ为 0，间接费规费综合费率为 38.7%、间接费企业管理综合费率为 3.63%，分析计算该工程项目的工程量清单单价（本案例只计直接费和间接费，不考虑利润和税金等其他费用）。

答案：工程量清单有关数量和各子目应分摊的整修路拱和整修边坡的工程数量计算见本章（案例 6.1）。

1）分解工程量清单及套用定额。

由于工程量清单的每一个子目包含定额中的若干细目，因此在套用定额前，应根据清单项目划分和实际工作内容进行工程量清单分解。工程量清单分解及各项目的定额表号和基价见表 6.12。

表 6.12　工程量清单分解及定额表号表

序号	子目号（定额表号）	子目名称	单位	工程量	定额调整	基价/元	定额直接工程费（人工费）/元
1	203-1-a	挖土方	m³	485 000			
(1)	1-1-12-18	165kW 以内推土机推普通土第一个 20m	1000m³	50		1715	85 750（11 070）
(2)	1-1-12-19	165kW 以内推土机推硬土第一个 20m	1000m³	35		2086	73 010（8610）
(3)	1-1-13-6	10m³ 以内铲运机铲运普通土第一个 100m	1000m³	200		2839	567 800（44 280）
(4)	1-1-13-7	10m³ 以内铲运机铲运硬土第一个 100m	1000m³	185		3594	664 890（45 510）
(5)	1-1-13-8	10m³ 以内铲运机铲运土方每增运 50m	1000m³	385	×6	6×423	977 130（0）
(6)	1-1-9-8	2m³ 以内挖掘机挖装普通土	1000m³	15		1991	29 865（3321）
(7)	1-1-11-13	10t 以内自卸汽车运土方第一个 1km	1000m³	15		4233	63 495（0）

续表

序号	子目号 (定额表号)	子目名称	单位	工程量	定额调整	基价/元	定额直接工程费 (人工费)/元
(8)	1-1-11-14	10t 以内自卸汽车运土方每增运 0.5km	1000m³	15	×4	4×570	34 200 (0)
(9)	1-1-20-1	整修路拱	1000m³	46.172		121	5587 (0)
(10)	1-1-20-3	整修边坡	1km	1.776		16 566	29 421 (29 421)
2	203-1-b	挖石方	m³	744 000			
(1)	1-1-15-30	165kW 以内推土机推软石第一个 20m	1000m³	404		8907	3 598 428 (566 489)
(2)	1-1-15-31	165kW 以内推土机推次坚石第一个 20m	1000m³	340		14 765	5 020 100 (1 314 821)
(3)	1-1-10-5	2m³ 装载机装软石	1000m³	345		1515	522 675 (0)
(4)	1-1-10-8	2m³ 装载机装次坚石	1000m³	294		2001	588 294 (0)
(5)	1-1-11-41	10t 自卸汽车运石方第一个 1km	1000m³	639		6992	4 467 888 (0)
(6)	1-1-11-42	10t 自卸汽车运石方增运 0.5km	1000m³	189	×4	4×916	692 496 (0)
(7)	1-1-20-1	整修路拱	1000m³	70.828		121	8570 (0)
(8)	1-1-20-3	整修边坡	1km	2.724		16 566	45 126 (45 126)
3	204-1-b	利用土方	m³	417 352			1 620 995 (573 278)
(1)	1-1-18-4	碾压土方	1000m³	417.352		3884	1 620 995 (573 278)
(2)	1-1-20-1	整修路拱	1000m³	70.305		121	8507 (0)
(3)	1-1-20-3	整修边坡	1km	2.704		16 566	44 794 (44 794)
4	204-1-c	利用石方	m³	603 261			
(1)	1-1-18-17	碾压石方	1000m³	603.261		6540	3 945 327 (2 395 208)
(2)	1-1-20-1	整修路拱	1000m³	101.622		121	12 296 (0)
(3)	1-1-20-3	整修边坡	1km	3.909		16 566	64 756 (64 756)
5	204-1-e	借土填方	m³	600 000			
(1)	1-1-9-8	2m³ 以内挖掘机挖装普通土	1000m³	600	×1.16	1991×1.16	1 385 736 (154 094)
(2)	1-1-11-13	10t 以内自卸汽车运土方第一个 1km	1000m³	600	×1.19	4 233×1.19	3 022 362 (0)
(3)	1-1-11-14	10t 以内自卸汽车运土方每增运 0.5km	1000m³	600	×4×1.19	570×4×1.19	1 627 920 (0)
(4)	1-1-18-4	碾压土方	1000m³	600		3884	2 330 400 (88 560)

续表

序号	子目号 （定额表号）	子目名称	单位	工程量	定额调整	基价/元	定额直接工程费 （人工费)/元
(5)	1-1-20-1	整修路拱	1000m³	101.073		121	12 230 (0)
(6)	1-1-20-3	整修边坡	1km	3.887		16 566	64 392 (64 392)

注：定额直接工程费＝工程量×基价
定额直接工程费中所含人工费＝工程量×定额人工消耗量×人工基价（即：49.2元/工日）

2）计算工程量清单单价。

根据给定的各种条件，其清单价格为

工程量清单价格＝直接工程费＋其他工程费＋间接费

工程量清单单价＝工程量清单价格÷工程量

其中：

直接工程费＝定额直接工程费

其他工程费＝直接工程费×其他工程费综合费率Ⅰ

间接费＝人工费×规费综合费率＋（直接工程费＋其他工程费）×企业管理综合费率

即

工程量清单价格＝直接工程费×（1＋其他工程费综合费率Ⅰ）×（1＋企业管理费综合费率）
＋人工费×规费综合费率

＝直接工程费×（1＋3.58％）×（1＋3.63％）＋人工费×38.7％

＝直接工程费×1.0734＋人工费×0.387

① 挖土方。

直接工程费＝85 750＋73 010＋567 800＋664 890＋977 130＋29 865
＋63 495＋34 200＋5587＋29 421＝2 531 148（元）

人工费＝11 070＋8610＋44 280＋45 510＋3321＋29 421＝142 212（元）

工程量清单单价＝（2 531 148×1.0734＋142 212×0.387）÷485 000≈5.7（元/m³）

② 挖石方。

直接工程费＝3 598 428＋5 020 100＋522 675＋588 294＋4 467 888＋692 496＋8570＋45 126
＝14 943 577（元）

人工费＝566 489＋1 314 821＋45 126＝1 926 436（元）

工程量清单单价＝（14 943 577×1.0734＋1 926 436×0.387）÷744 000≈22.6（元/m³）

③ 利用土方。

直接工程费＝1 620 995＋8507＋44 794＝1 674 296（元）

人工费＝61 601＋44 794＝106 395（元）

工程量清单单价＝（1 674 296×1.0734＋106 395×0.387）÷417 352≈4.4（元/m³）

④ 利用石方。

直接工程费＝3 945 327＋12 296＋64 756＝4 022 379（元）

$$人工费＝2\ 395\ 208＋64\ 756＝2\ 459\ 964（元）$$
$$工程量清单单价＝(4\ 022\ 379×1.0734＋2\ 459\ 964×0.387)÷603\ 261≈8.7（元/m^3）$$

⑤ 借土填方。

$$直接工程费＝1\ 385\ 736＋3\ 022\ 362＋1\ 627\ 920＋2\ 330\ 400＋12\ 230＋64\ 392＝8\ 443\ 040（元）$$
$$人工费＝154\ 094＋88\ 560＋64\ 392＝307\ 046（元）$$
$$工程量清单单价＝(8\ 443\ 040×1.0734＋307\ 046×0.387)÷600\ 000≈15.3（元/m^3）$$

将各子目的清单单价填入工程量清单表的单价栏中（表6.13）。

表 6.13　清单报价表（第200章路基）

子目号	子目名称	单位	数量	单价	合价
203-1-a	挖土方	m³	485 000	5.7	
203-1-b	挖石方	m³	744 000	22.6	
204-1-b	利用土方	m³	417 352	4.4	
204-1-c	利用石方	m³	603 261	8.7	
204-1-e	借土填方	m³	600 000	15.3	

清单　第200章合计　人民币＿＿＿＿＿＿元

注：本案例未考虑利润和税金等费用，在实际工作中，工程量清单的单价（报价）应包括按规定计算的税金、利润和风险费。

6.5　确定最终报价，形成报价文件

学习目标

1. 明确施工投标报价的组成；
2. 会用造价软件计算基础报价，完成费用分摊、调价工作，确定最终报价，形成报价文件。

6.5.1　报价的组成

根据招标文件规定，关于投标价格，除非合同另有规定，工程量清单中有标价的单价和总额价均已包括了为实施和完成合同工程所需的劳务、材料、机械、质检（自检）、安装、缺陷修复、管理、保险、税费、利润等费用，以及合同明示或暗示的所有责任、义务和一般风险。承包人用于本合同工程的各类装备的提供、运输、维护、拆卸、拼装等支付的费用，已包括在工程量清单的单价与总额价之中。工程量清单中投标人没有填入单价或价格的子目，其费用视为已分摊在工程量清单中其他相关子目的单价或价格之中。承包人必须按监理人指令完成工程量清单中未填入单价或价格的子目，但不能得到结算与支付。符合合同条款规定的全部费用应认为已被计入有标价的工程量清单所列各子目之中，未列子目不予计量的工作，其费用应视为已分摊在本合同工程的有关子目的单价或总额价之中。

一个项目的投标报价由以下三部分组成：

1）施工成本。包括直接成本（即工、料、机等直接工程费）、间接成本（包括其他工程费、规费、企业管理费等）等各项费用。

2）利润和税金。税金是由国家统一征收的费用，利润是根据本项目的具体情况和公司的利润目标制定的。

3）风险费用。即在各种风险发生后需由承包人承担的风险损失。风险是一种可能发生可能不发生的概率事件，但一旦发生会给承包商带来很大的损失，甚至使承包商有倒闭破产的危险，因此对风险应有足够的认识。

在投标报价中，应科学的编制以上三项费用，使总报价既有竞争力，又有利润。

6.5.2 投标报价策略

投标人为了使自己的报价有竞争力，就要使自己的施工成本尽可能低，同时为了合同实施过程中获得一定的效益，还必须确定适当的利润率和充分考虑风险，最后进行报价平衡。投标报价的策略应包括降低预算成本的策略、确定利润率的策略、风险附加策略和报价平衡策略四个方面的内容。

（1）降低预算成本的策略

要确定一个低而适度的报价，首先要编制先进合理的施工方案，在此基础上计算出能确保合同要求工期和质量标准的最低预算成本。降低工程预算成本要从降低直接费和间接费入手，如发挥本企业的优势、运用多方案报价法等其他方法等。应注意当运用多方案报价法等其他方法时，一定要符合招标文件的要求，以免导致废标。

（2）确定利润率和风险附加策略

1）根据实际情况确定利润率。利润是投标人预计在所投标工程中获得的利润，用利润率表示，计算基数为直接费与间接费，即

$$利润 ＝（直接费＋间接费－规费）×利润率 \tag{7.1}$$

利润率取多少为宜，其原则是既要使标价有竞争力，又要使投标单位中标后得到理想的经济效益。但在投标时投标人可根据实际情况进行适当浮动，利润率浮动规律可参见表 6.14。

表 6.14 确定利润参考因素表

影响利润的因素		宜采用的利润率 高	低
工程方面	施工条件	场地狭窄、地处闹市	交通方便、工程简便、工程量大
	专业要求	专业要求高、本单位这方面有专长、信誉也高	专业要求不高，一般的施工单位都可施工
	工程总价	工程总价低或中小型工程	工程总价高或大型工程
	工期要求	业主对工期要求很急	工期比较充裕
	技术程度	技术密集型	劳动密集型
业主方面	投资情况	外资或中外合资	国内投资
投标人方面	施工任务	在手工程较多、对工程兴趣不大时	施工任务不足迫切希望中标时
	将完成工程情况		工程所在地附近有将竣工的工程而施工机械无法转移时
	战略目标		为提高信誉、扩大市场以利今后发展时

续表

影响利润的因素	宜采用的利润率	高	低
竞争对手	投标竞争家数	投标家数少时	投标家数多时
	竞争对手实力	投标人中无实力雄厚的竞争对手	投标人中有实力雄厚的竞争对手

2）根据客观规律确定利润率。在投标竞争中，利润率和获胜概率是有一定规律的。一般来讲，利润率越低，中标可能性就越大；反之，利润率越高，中标的可能性就越小。因此承包商应尊重这一事实并结合有关因素确定一个恰当的利润率。

3）根据公路基本建设市场情况确定利润率。目前，工程承包市场竞争激烈，施工企业数量增加，素质又不断提高，承包道路工程施工面临越来越激烈的竞争。因此，道路工程采取保本微利，低价中标，依靠加强管理不断提高经济效益，这已经受到道路施工企业的普遍重视。

4）低报价不是得标的唯一因素。招标文件中一般明确申明"本标不一定授给最低报价者或其他任何投标者"。低报价是得标的重要因素，但不是唯一因素。

5）确定风险费附加策略。关于潜在风险，可能出现的意外风险主要有：施工条件恶劣，有的标书上的工程地质、水文、气象等条件交代不清楚，又不符合索赔条件，可能会给投标人造成一定的损失。为了使投标人中标后避免不必要的损失，投标单位必须对投标项目潜在的风险因素做出估计，通常对风险的考虑是以一定百分比将这笔款项归入利润附加费中。

根据确定利润率的有关因素分析和对保险外风险的充分考虑即可确定较为合理的利润率。

（3）报价平衡策略

在基础报价计算的基础上，考虑了适度的利润率和风险后，得出了初步的报价。但初步的报价是否低而适度（即具有竞争力，又能在中标后取得一定的经济效益），这仍然是投标单位需要研究的重要问题。因此，在初步报价的基础上进行报价平衡，是非常重要的。报价平衡的策略，主要是以下两个基本环节：

1）报价分析。报价分析主要是分析报价的合理性和竞争性。

① 分析报价的合理性。首先，由报价编制人员对报价计算过程进行详细的复核。然后，根据招标项目的大小和重要程度，由投标单位领导人主持召开一个有关业务部门和少数骨干参加的报价分析会，对计算依据、计算范围、费率等报价计算的合理性进行内部"模拟"评价，挖掘降低报价的潜力。

② 报价的竞争性。根据主要竞争对手的实力、优势和以往类似工程投标中的报价水平，以及对招标单位标底的推测，分析本企业的报价的竞争力，商定一个降价系数，提出必要的措施和对策。

2）降价系数。降价系数是在基础报价计算和考虑了利润率和风险费用后所确定的初步报价的基础上，通过报价分析后，所确定的一个小于1的系数。初步报价乘以降价系数即使为投标项目的总报价。

是否需要降价系数，以及系数取多少（即降价幅度），要在投标时随机应变。随着投标日期的临近，投标人要密切注意招标投标各方的动态，收集研究各种重要信息（如主要竞争对手的投标积极性、可能的报价水平），分析评标办法。如果本身的报价水平具有竞争力，就不必轻易动用降价系数，否则在递交标书之前要适当调整总报价。

降价系数的确定，也是投标报价的决策。投标报价决策是指投标人召集算标人和决策人、高级咨询顾问人员共同研究，根据基础标价计算结果（估价结果）和标价的静态、动态风险分析进行讨论，做出调整计算总报价的最后决定。在确定降价系数（报价决策）时应注意以下两点：

① 确定降阶系数的依据。确定降阶系数的主要资料依据应当是自己的算标人员的计算书和分析指标。至于其他途径获得的所谓"标底价格"或竞争对手的"标价情报"等，只能作为参考。参加投标的承包商当然希望自己中标。但是，更为重要的是中标价格应当基本合理，不应导致亏损。以自己的报价计算为依据进行科学分析，而后做出恰当的报价决策，至少不会盲目地落入竞争的陷阱。

② 在可接受的最小预期利润和可接受的最大风险内做出决策。由于投标情况纷繁复杂，投标中碰到的情况并不相同，很难界定需要决策的问题和范围。一般说来，降阶系数并不仅限于具体计算，而是应当由决策人与算标人员一起，对各种影响报价的因素进行恰当的分析，并做出果断的决策。除了对算标时提出的各种方案、基价、费用摊入系数等予以审定和进行必要的修正外，更重要的是决策人从全面考虑期望的利润和承担风险的能力。承包商应当尽可能避免较大的风险，采取措施转移、防范风险并获得一定利润。决策者应当在风险和利润之间进行权衡并做出选择。

6.5.3 费用的分摊与标价的调整

1. 有关费用的分摊

所谓摊销费"是指不能作为第 100 章总则费用的单独项目，且其所发生的费用涉及两个及以上清单编号项目，需要直接摊入各分项单价中的费用"。

摊销费可分为两种类型：一是费用类，如利润、保险费（100 章以外的）、风险金等。二是实物类，如预制场（或拌和站）的建设费用，拌和设备安拆费用，集中拌和混凝土的拌和与运输费用，第 100 章以外的临时工程（道路、桥梁、供水、供电等）、清除与掘除项目、临时占地等。对上述费用进行分摊的目的是使投标报价更为合理，做到不重不漏。

2. 单价的调整

当投标人的总报价确定后，还要采用"不平衡报价法"来调整单价，以其在工程结算时取得最好的经济效益。

不平衡报价法是指一个工程项目总报价基本确定后，通过调整内部各个项目的报价，以期既不提高总报价、不影响中标，又能在结算时得到更理想的经济效益。一般可以考虑在以下几方面采用不平衡报价：

1）先期开工的项目（如开工费、土方、基础等）的单价报价高，后期开工的项目如高速公路的路面、交通设施、绿化等附属设施的单价报价低。

2）估计到以后会增加工程量的项目的单价报价高，工程量会减少的项目的单价报价低。

3）图样不明确或有错误的，估计今后会修改的项目的单价报价高，估计今后会取消的项目的单价报价低。

4）没有工程量，只填单价的项目（如土方超运）其单价报价高（这样既不影响投标总价，又有利于多获利润）。

5）对暂定金额项目，分析其让承包人做的可能性大时，其单价报价高，反之，报价低。

6）对于允许价格调整的工程，当利率低于物价上涨时，则后期施工的工程细目的单价报价高，反之，报价低。

采用不平衡报价一定要建立在对工程量表中工程量仔细核对分析的基础上，特别是对报低单价的项目，如工程量执行时增多将造成承包商的重大损失；不平衡报价过多和过于明显，可能会引起业主反对，甚至导致废标。

6.5.4　用造价软件编制报价文件

在考虑了基础报价、报价策略及调整标价后，即可根据标书格式及要求编制报价文件。报价文件由填有单价和总价的工程量清单、单价分析表、人工及主要材料数量汇总表等组成。在基础报价计算时，已形成了初步的报表，在利用报价软件调整标价后，按招标文件的要求打印有关报表，形成最终的报价文件。

1. 用同望 WECOST 软件计算基础标价

WECOST 系统清单报价编制操作步骤如图 6.3 所示。

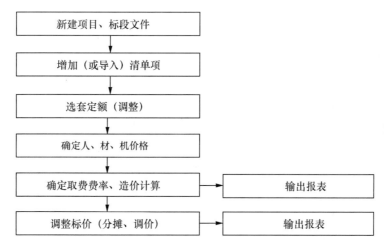

图 6.3　清单报价编制操作步骤

编制清单报价与编制预算的软件操作基本相似。此处只概要介绍编制清单报价中的软件提供的一些专业、易用功能。

1）导入工程量清单。在"预算书"界面，软件提供导入 Excel 工程量清单功能。软件根据清单编号自动排序，用户可使用工具栏上的 ⇧ ⇩ ⇧ ⇩ 调整。

Excel 模板 1 如图 6.4 所示。

Excel 模板 2 如图 6.5 所示。

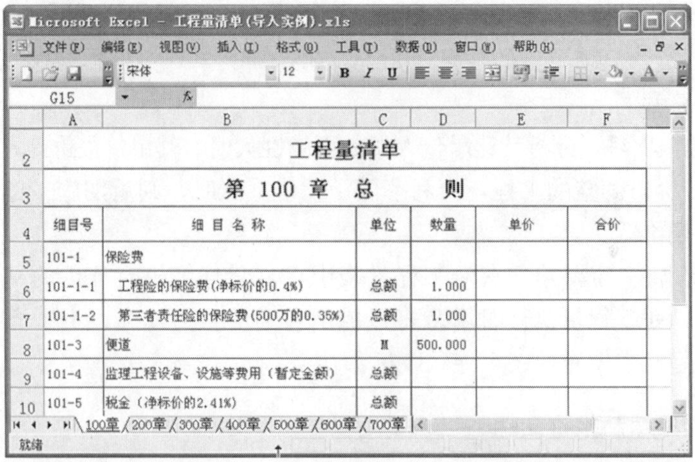

Microsoft Excel - 工程量清单(导入实例).xls

工程量清单					
第 100 章 总 则					
细目号	细 目 名 称	单位	数量	单价	合价
101-1	保险费				
101-1-1	工程险的保险费(净标价的0.4%)	总额	1.000		
101-1-2	第三者责任险的保险费(500万的0.35%)	总额	1.000		
101-3	便道	M	500.000		
101-4	监理工程设备、设施等费用（暂定金额）	总额			
101-5	税金（净标价的2.41%）	总额			

图 6.4　Excel 模板 1

Microsoft Excel - Book1.xls

工程量清单表			
清单编号	名称	单位	数量
	第100章 总 则		
103-1	临时道路修建、养护与拆除	总额	
-a	便道		100000
-b	便桥		5000
103-2	临时工程用地	亩	200
104-1	承包人驻地建设	总额	500000
	第200章 路 基		
202-1	清理与掘除		
-a	清理现场	m2	300000
204-1	路基填筑（包括填前压实）		
-e	借土填方	m3	200000
	第300章 路 面		
304-2	水泥稳定土基层		

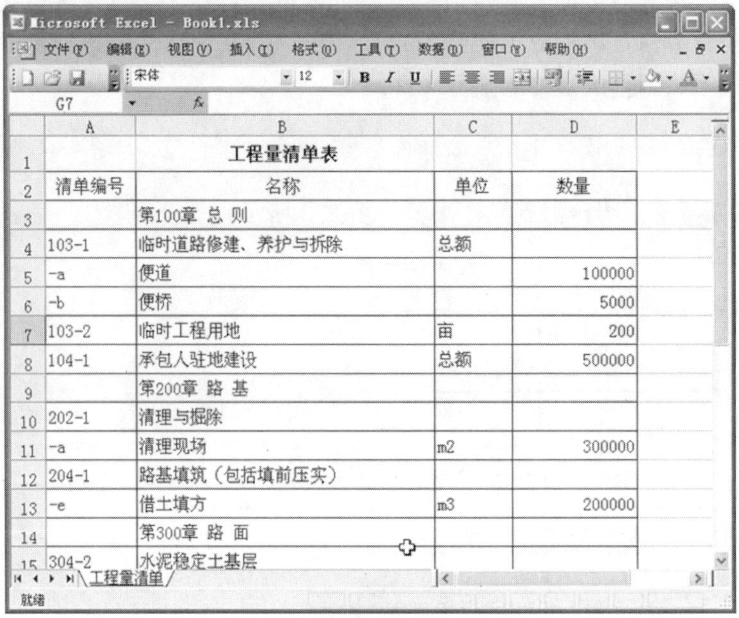

图 6.5　Excel 模板 2

2）选套定额与定额调整。

3）确定人、材、机价格。允许一份文件同编号材料不同价格，如图 6.6 所示。

4）确定取费费率。

5）基础标价的计算。

详细的软件操作，见该软件的用户手册或打开软件的帮助菜单查阅需要解决的问题。

2. 用同望 WECOST 软件进行费用分摊、调价和报表输出

（1）分摊

WECOST 系统提供三种分摊方式：按清单金额比重、按集中拌水泥混凝土用量和按沥

图 6.6 文件同编号材料不同价格图示

青混合料用量分摊。分摊的步骤及系统界面如图 6.7 所示。

图 6.7 分摊的步骤及系统界面

（2）调价——正向调价

正向调价可调整：工料机消耗量、工料机单价和综合费率。

操作界面如图 6.8 所示。

（3）调价——反向调价

在目标报价处，输入一个目标控制价，系统即根据选择条件反算报价。反向调价方式有三种方式：反调工料机消耗计算、反调综合费率计算和反调综合单价计算。操作界面如图 6.9 所示。

（4）输出报表

1）在"调价"界面，勾选需要输出单价分析表的清单项目，在"报表"界面，浏览单价分析表。单价分析表是招标人分析工程量清单报价构成的专用表格，不同的招标人所要

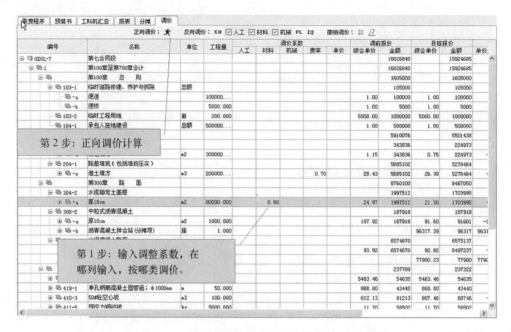

图 6.8　正向调价操作界面

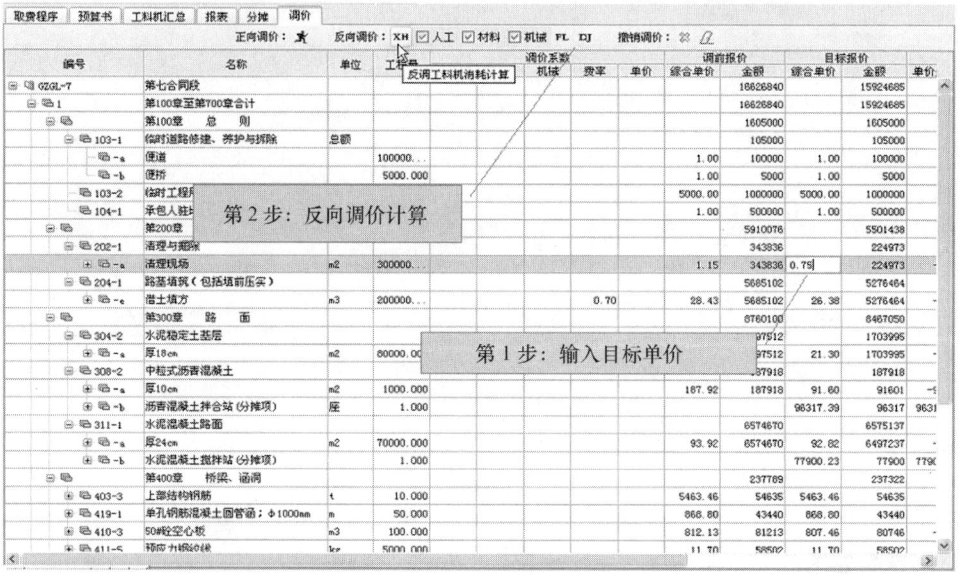

图 6.9　反向调价操作界面

求的报表项目和报表格式不尽相同。

2）根据招标人的要求打印输出纸质报表和导出相应的电子文档。招标人在项目招标文件的投标人须知第 3.1 条款中，会指明本项目的报价文件所包含的内容。因此，应根据招标人的要求打印输出纸质报表和导出相应的电子文档。

详细的软件操作，见该软件的用户手册或打开软件的帮助菜单查阅需要解决的问题。

任务实施2-1　编制工程量清单

根据项目招标文件的图样（内厝板中桥）和《公路工程标准施工招标文件》（2009年版），编写工程量清单（表6.15）。

表6.15　工程量清单（节选）

合同段：A标段　　　　　　　　　　　　　　　　　　　　　　　　　标表2

第400章　桥梁、涵洞

子目号	子目名称	单位	数量	单价	合价
403-1	基础钢筋（包括灌注桩、承台等）				
-a	光圆钢筋（HPB235、HPB300）	kg	3075.700		
-b	带肋钢筋（HRB355、HRB400）	kg	23 985.200		
403-2	下部结构钢筋				
-a	光圆钢筋（HPB235、HPB300）	kg	4597.500		
-b	带肋钢筋（HRB355、HRB400）	kg	17 036.5		
	……				
405-1	钻孔灌注桩				
-a	φ1200mm	m	60.400		
-b	φ1300mm	m	102.200		
410-2	混凝土下部结构				
-b	C30混凝土	m³	191.88		
	……				
411-5	后张法预应力钢绞线	kg	7207.000		
411-8	预制预应力混凝土上部结构				
-a	C40混凝土	m³	196.800		
	……				

第400章　桥梁、涵洞　合计　人民币＿＿＿＿＿元

任务实施2-2　工程量清单分解

根据项目招标文件的图样（内厝板中桥），将第400章桥梁、涵洞（桥梁工程部分子目）的工程量清单进行分解，填入记录表中（表6.16）。

表6.16　工程量清单分解表（节选）

子目号	子目名称	单位	清单数量	定额表号	分解定额细目名称	定额单位	工程数量	定额调整
403-1-a	基础钢筋（包括灌注桩、承台、底系梁等）：光圆钢筋（HPB235、HPB300）	kg	3075.7	4-4-7-22	钢筋主筋连接方式：焊接连接	1t	2.915	钢筋抽换：光圆钢筋[111]量1.025；带肋钢筋[112]量0
				4-6-1-12	基础、支撑梁钢筋	1t	0.161	[111]量1.025；[112]量0

续表

原工程量清单				分解细目（选定额用）				
子目号	子目名称	单位	清单数量	定额表号	分解定额细目名称	定额单位	工程数量	定额调整
403-1-b	基础钢筋(包括灌注桩、承台等)：带肋钢筋（HRB355、HRB400）	kg	23 985.2	4-4-7-22	钢筋主筋连接方式：焊接连接	1t	17.165	[111] 量 0；[112] 量 1.025
				4-6-1-12	基础、支撑梁钢筋	1t	0.697	[111] 量 0；[112] 量 1.025
				4-6-1-13	承台钢筋	1t	6.123	[111] 量 0；[112] 量 1.025
...	...	...	...	...	...	...	...	...
405-1-b	钻孔灌注桩、桩径ϕ1300mm	m	102.2	4-4-3-1	桩径 120cm、孔深 20m 以内砂土	10m	0.433	实际桩径(cm)：桩径 130cm, 定额×0.94
				4-4-3-5	桩径 120cm、孔深 20m 以内卵石	10m	2.538	实际桩径(cm)：桩径 130cm, 定额×0.94
				4-4-3-6	桩径 120cm、孔深 20m 以内软石	10m	7.649	实际桩径(cm)：桩径 130cm, 定额×0.94
				4-4-7-8	冲击成孔混凝土，起重机配吊斗	10m³	14.1	
				4-4-8-8	水深 5m 以内，钢护筒埋设	1t	1.548	
				4-4-9-1	水深 5m 以内，桩基工作平台	100m²	0.98	
				4-2-2-2	草袋围堰高度 1.2m	10m 围堰	4.1	
				4-11-11-11	混凝土搅拌站拌和（40m³/h 以内）	100m³	1.795	
				4-11-11-17	1t 机动翻斗车运混凝土，每增运 100m	100m³	1.795	定额×5
...	...	...	...	...	...	...	...	...

任务实施2-3　计算基础标价、确定最终报价，形成报价文件

1. 创建建设项目及造价文件，填写项目报价编制信息

运行 WECOST 系统，完成以下信息的输入。

（1）建设项目基本信息

1）建设项目名称：红旗桥至溪塔格公路改建工程。

2）编制类型：清单。

3）路线总长：3.4585km。

4）建设单位：

5）设计单位：

6）建管费汇总方式：各汇总工程相加。

7）建管费汇总累计办法：08 建管费部颁标准。

8）汇总累计费率系数：1。

（2）造价文件基本信息

1）文件名称：A 标段（内厝板中桥）。

2）计价依据：08 公路工程清单计价依据。

3）主定额：部颁 08 预算定额。

4）工程类别：路线工程。

5）起止桩号：K162＋600～K166＋000（长链 58.5m）。

6）设计长度：3.4585km。

7）公路等级：二级公路。

8）建设性质：改建。

9）平均养护月数：2 个月。

10）车船税标准：2009 年福建养路车船税标准。

11）机械不变费用系数：1。

12）建管费累进办法：08 建管费部颁标准。

13）年造价上涨率：0。

14）上涨计费年限：0。

（3）取费程序的基本信息

1）工程所在地：福建省某县。

2）费率标准：福建省补充规定——闽交建（2008）91 号。

3）冬季施工：不计。

4）雨季施工：Ⅱ区 7 个月。

5）夜间施工：计。

6）风沙施工、高原施工、沿海地区：不计。

7）行车干扰：不计。

8）安全文明、临时设施、施工辅助、基本费用、职工探亲：计。

9）职工取暖：不计。

10）财务费用、辅助生产：计。

11）利润：自定（本书按5％计算）。

12）综合里程：2km；工地转移：150km。

13）纳税人所在地：县城、乡镇。

14）规费费率：（养老保险：18％失业保险：2％医疗保险：7.7％住房公积金：10％工伤保险：1％）。

2. 工程数量清单、工程项目及工程数量表

详见《招标文件示例》。

3. 桥梁混凝土拌和方法

采用混凝土搅拌站（40m³/h）拌和，现浇混凝土平均运距550m，设搅拌站（40m³/h）1座（与混凝土路面面层共用）。

4. 主要临时设施及开办费

1）工程一切险、第三方责任险、安全生产费的计算要求见《招标文件示例》。

2）临时道路1.5km；临时征用土地2000m²，租用临时用地税后综合单价40元/m²，临时供电、临时通信线路按1.7km计；施工环保按税后总额价30 000元；供水与排污按税后总额价15 000元；承包人驻地建设，主要考虑混凝土搅拌站（40m³/h）安拆，因与本标段路面工程共用1座，故桥梁项目中近似按0.5座。

5. 软件操作

1）用造价软件完成基础标价的计算。

2）确定摊销项，进行费用的分摊。

3）调整单价，确定最终报价。

4）输出报价文件。

6. 投标报价部分成果示例

1）工程量清单汇总表（标表1），见表6.17。

表6.17 工程量清单汇总表

合同段：A标段（内屑板中桥）   标表1

序号	科目名称	金额/元
1	第100章 总则	365 444
2	第400章 桥梁、涵洞	1 773 420
3	第100章至第700章合计	
4	已包含在清单合计中的专项暂定金额小计	2 138 864
5	清单合计减去专项暂定金额	2 138 864
6	计日工合计	
7	不可预见费（暂定金额）	200 000
8	投标价	2 338 864

清单 第1页 共1页

2) 工程量清单表（标表2，第100章、第400章），见表6.18和表6.19。

表6.18　工程量清单表

合同段：A标段（内厝板中桥）　　　　　　　　　　　　　　　　　　　　　　　　标表2

第100章　总则

子目号	子目名称	单位	数量	单价	合价
101-1	保险费				
-a	按合同条款规定；提供建筑工程一切险	总额	1.000	6297.52	6298
-b	按合同条款规定；提供第三方责任险	总额	1.000	2000.00	2000
102-1	竣工文件	总额	1.000	25 000.00	25 000
102-2	施工环保费	总额	1.000	30 000.00	30 000
102-3	安全生产费	总额	1.000	31 393.14	31 393
103-1	临时道路修建、养护与拆除（包括原道路的养护费）	总额	1.000	35 078.23	35 078
103-2	临时工程用地	总额	1.000	80 000.00	80 000
103-3	临时供电设施	总额	1.000	57 787.86	57 788
103-4	电讯设施的提供、维修与拆除	总额	1.000	9344.25	9344
103-5	供水与排污设施	总额	1.000	15 000.00	15 000
104-1	承包人驻地建设	总额	1.000	73 542.65	73 543

第100章　合计　人民币　365 444元

清单　第1页　共3页

表6.19　工程量清单表

合同段：A标段（内厝板中桥）　　　　　　　　　　　　　　　　　　　　　　　　标表2

第400章　桥梁、涵洞

子目号	子目名称	单位	数量	单价	合价
403-1	基础钢筋（包括灌注桩、承台、底系梁等）				
-a	光圆钢筋（HPB235、HPB300）	kg	3075.700	5.43	16 701
-b	带肋钢筋（HRB355、HRB400）	kg	23 985.200	5.26	126 162
403-2	下部结构钢筋				
-a	光圆钢筋（HPB235、HPB300）	kg	4597.500	5.46	25 102
-b	带肋钢筋（HRB355、HRB400）	kg	17 036.500	5.31	90 464
403-3	上部结构钢筋				
-a	光圆钢筋（HPB235、HPB300）	kg	9975.000	5.50	54 863
-b	带肋钢筋（HRB355、HRB400）	kg	30 144.000	5.31	160 065
403-4	附属结构钢筋				
-a	光圆钢筋（HPB235、HPB300）	kg	3447.800	5.56	19 170
-b	带肋钢筋（HRB355、HRB400）	kg	8655.540	5.53	47 865
404-1	干处挖土方	m³	34.000	21.29	724
404-3	干处挖石方	m³	462.000	63.02	29 115
405-1	钻孔灌注桩				
-a	φ1200mm	m	60.400	2153.07	130 045

续表

<table>
<tr><td colspan="6" align="center">第 100 章　总则</td></tr>
<tr><td>子目号</td><td>子目名称</td><td>单位</td><td>数量</td><td>单价</td><td>合价</td></tr>
<tr><td>-b</td><td>φ1300mm</td><td>m</td><td>102.200</td><td>2796.95</td><td>285 848</td></tr>
<tr><td>410-1</td><td>混凝土基础（包括支撑梁、桩基承台，但不包括桩基）</td><td></td><td></td><td></td><td></td></tr>
<tr><td>-b</td><td>C25 混凝土</td><td>m³</td><td>90.360</td><td>399.62</td><td>36 110</td></tr>
<tr><td>-c</td><td>C30 混凝土</td><td>m³</td><td>6.760</td><td>1576.75</td><td>10 659</td></tr>
<tr><td>410-2</td><td>混凝土下部结构</td><td></td><td></td><td></td><td></td></tr>
<tr><td>-a</td><td>C25 混凝土</td><td>m³</td><td></td><td></td><td></td></tr>
<tr><td>-b</td><td>C30 混凝土</td><td>m³</td><td>191.880</td><td>714.65</td><td>137 127</td></tr>
<tr><td>-c</td><td>C35 混凝土</td><td>m³</td><td></td><td></td><td></td></tr>
<tr><td>-d</td><td>C40 混凝土</td><td>m³</td><td></td><td></td><td></td></tr>
<tr><td>410-3</td><td>现浇混凝土上部结构</td><td></td><td></td><td></td><td></td></tr>
<tr><td>-a</td><td>C40 混凝土</td><td>m³</td><td>12.960</td><td>570.37</td><td>7392</td></tr>
<tr><td>410-5</td><td>上部结构现浇整体化混凝土</td><td></td><td></td><td></td><td></td></tr>
<tr><td>-a</td><td>C40 防水混凝土</td><td>m³</td><td>6.480</td><td>531.50</td><td>3444</td></tr>
<tr><td>410-6</td><td>现浇混凝土附属结构</td><td></td><td></td><td></td><td></td></tr>
<tr><td>-b</td><td>C30 混凝土</td><td>m³</td><td>64.030</td><td>549.93</td><td>35 212</td></tr>
<tr><td>-c</td><td>C40 混凝土</td><td>m³</td><td></td><td></td><td></td></tr>
<tr><td>-e</td><td>C50 钢钎维混凝土</td><td>m³</td><td>1.590</td><td>1133.38</td><td>1802</td></tr>
<tr><td>411-5</td><td>后张法预应力钢绞线</td><td>kg</td><td>7207.000</td><td>16.17</td><td>116 537</td></tr>
<tr><td>411-8</td><td>预制预应力混凝土上部结构</td><td></td><td></td><td></td><td></td></tr>
<tr><td>-a</td><td>C40 混凝土</td><td>m³</td><td>196.800</td><td>1004.12</td><td>197 611</td></tr>
<tr><td>413-1</td><td>浆砌片石</td><td></td><td></td><td></td><td></td></tr>
<tr><td>-a</td><td>M7.5 浆砌片石护坡</td><td>m³</td><td>98.300</td><td>285.93</td><td>28 107</td></tr>
<tr><td>-b</td><td>M7.5 浆砌片石锥坡</td><td>m³</td><td>82.100</td><td>301.32</td><td>24 738</td></tr>
<tr><td>413-2</td><td>浆砌块石</td><td></td><td></td><td></td><td></td></tr>
<tr><td>-a</td><td>M7.5 浆砌块石锥基</td><td>m³</td><td>121.300</td><td>270.80</td><td>32 848</td></tr>
<tr><td>-b</td><td>M7.5 浆砌块石坡脚及挡墙</td><td>m³</td><td>100.200</td><td>260.16</td><td>26 068</td></tr>
<tr><td>415-2</td><td>水泥混凝土桥面铺装</td><td></td><td></td><td></td><td></td></tr>
<tr><td>-a</td><td>厚 120mm C40 防水混凝土</td><td>m²</td><td>443.190</td><td>64.23</td><td>28 466</td></tr>
<tr><td>416-2</td><td>圆形橡胶支座</td><td></td><td></td><td></td><td></td></tr>
<tr><td>-a</td><td>圆板式橡胶支座（φ200mm×42mm）</td><td>个</td><td>56.000</td><td>121.18</td><td>6786</td></tr>
<tr><td>-b</td><td>四氟板式橡胶支座（F4φ200mm×44mm）</td><td>个</td><td>28.000</td><td>401.03</td><td>11 229</td></tr>
<tr><td>417-2</td><td>模数式伸缩缝装置</td><td></td><td></td><td></td><td></td></tr>
<tr><td>-a</td><td>D-40 型伸缩缝</td><td>m</td><td>19.360</td><td>4295.45</td><td>83 160</td></tr>
<tr><td colspan="6" align="center">第 400 章　合计　人民币　1 773 420 元</td></tr>
</table>

清单　第 2 页　共 2 页

3）工程量清单单价分析表（第 400 章部分）如表 6.20 所示。

4）人工、主要材料、机械单价汇总表（07 表）如表 6.21 所示。

表6.20　单价分析表（08表格式）（节选）

项目编号：403-1-b
项目名称：带肋钢筋（HRB355、HRB400）　　单位：kg　　数量：23985.200　　单价：5.26　元　　摊销费：　　　　标表 4-3

工程项目				钢筋及检测钢管			基础、承台及支撑架			基础、承台及支撑架			合计	
工程细目				灌注桩钢筋焊接连接主筋			基础、支撑梁钢筋			基础、承台及支撑钢筋				
定额单位				1t			1t			1t				
工程数量				17.165			0.697			6.123				
定额表号				4~4~7~22枚			4~6~1~12枚			4~6~1~13枚				
代号	工料机名称	单位	单价/元	定额	数量	金额/元	定额	数量	金额/元	定额	数量	金额/元	数量	金额/元
1	人工	工日	47.00	5.000	85.825	4034	7.400	5.160	243	6.700	41.024	1928	132.009	6204
112	带肋钢筋直径15~24mm，25mm以内	t	3700.00	1.025	17.594	65098	1.025	0.715	2645	1.025	6.276	23221	24.585	90964
231	电焊条	kg	4.60	5.100	87.541	403	1.400	0.976	4	4.600	28.166	130	116.684	537
656	20~22号铁丝	kg	6.40	2.200	37.763	242	2.500	1.743	11	3.400	20.818	133	60.324	386
1451	12t以内汽车式起重机	台班	854.38	0.120	2.060	1760							2.060	1760
1726	32kV·A交流电弧焊机	台班	141.87	0.850	14.590	2070	0.350	0.244	35	0.500	3.062	434	17.896	2539
1998	小型机具使用费	元	1.00	15.200	260.908	261	25.100	17.502	18	21.500	131.645	132	410.055	410
1999	定额基价	元	1.00	3959.000	67956.000	67956	3934.000	2743.000	2743	3933.000	24082.000	24082	94781.000	94781
	其他材料费	元		6.197		4578	5.375		159	5.375		1396		6133
	其他工程费 I	元												
	其他工程费 II	元												
	规费	元		38.700		1561	38.700		94	38.700		746		2401
	企业管理费	元		5.255		4122	3.195		99	3.195		875		5096
	利润	元		5.000		4128	5.000		161	5.000		1412		5701
	税金	元		3.350		2957	3.350		116	3.350		1019		4091
	合计	元				91213			3584			31427		126223
	单位单价	元				5314			5140			5133		15586
	每kg单价	元				3.80			0.15			1.31		5.26

其他材料费

间接费

表6.21 人工、材料、机械台班单价汇总表

建设项目名称：红旗桥至溪塔格公路改建工程
编制范围：A标段（内盾板）中桥

第 1 页　共 2 页　　07 表

序号	名称	单位	代号	预算单价/元	备注	序号	名称	单位	代号	预算单价/元	备注
1	人工	工日	1	47.00		22	板式橡胶支座	dm³	402	67.00	
2	机械工	工日	2	47.00		23	模数式伸缩缝	t	541	12 000.00	
3	原木	m³	101	1150.00		24	钢绞线群锚（7孔）	套	576	200.00	
4	锯材木中板 ξ=19～35	m³	102	1250.00		25	铁件	kg	651	4.40	
5	光圆钢筋直径10～14mm	t	111	3800.00		26	铁钉	kg	653	6.97	
6	带肋钢筋直径15～24mm、25mm以上	t	112	3700.00		27	8～12号铁丝	kg	655	6.10	
7	钢绞线普通、无粘池	t	125	5380.00		28	20～22号铁丝	kg	656	6.40	
8	波纹管钢带	t	151	5240.00		29	铁皮	m²	666	25.40	
9	型钢	t	182	3920.00		30	皮线	m	714	5.40	
10	钢板	t	183	4450.00		31	草袋	个	819	1.50	
11	钢管	t	191	4500.00		32	32.5级水泥	t	832	460.00	
12	钢钎	kg	211	5.61		33	42.5级水泥	t	833	470.00	
13	钢丝绳	t	221	5200.00		34	52.5级水泥	t	834	470.00	
14	钢纤维	t	225	4340.00		35	硝铵炸药	kg	841	11.60	
15	电焊条	kg	231	4.60		36	导火线	m	842	1.50	
16	钢管桩	t	262	5000.00		37	普通雷管	个	845	2.00	
17	钢护筒	t	263	4500.00		38	汽油	kg	862	9.08	
18	钢模板	t	271	5600.00		39	柴油	kg	863	8.24	
19	组合钢模板	t	272	4500.00		40	煤	t	864	500.00	
20	门式钢支架	t	273	4500.00		41	电	kw-h	865	1.00	
21	四氟板式橡胶组合支座	dm³	401	91.00		42	水	m³	866	0.80	

编制：　　　　　　　　　　　　　　　　复核：

建设项目名称：红旗桥至溪塔格公路改建工程
编制范围：A标段（内盾板中桥）

序号	名称	单位	代号	预算单价/元	备注
43	青（红）砖	千块	877	300.00	
44	中（粗）砂	m³	899	85.00	
45	砂砾	m³	902	40.00	
46	黏土	m³	911	10.00	
47	片石	m³	931	45.00	
48	碎石（2cm）	m³	951	55.00	
49	碎石（4cm）	m³	952	55.00	
50	碎石（8cm）	m³	954	55.00	
51	块石	m³	981	55.00	
52	其他材料费	元	996	1.00	
53	设备摊销费	元	997	1.00	
54	75kW以内履带式推土机	台班	1003	792.09	
55	1.0m³履带式单斗挖掘机	台班	1035	1036.88	
56	1.0m³轮胎式单斗装载机	台班	1048	564.91	
57	6～8t光轮压路机	台班	1075	313.85	
58	8～10t光轮压路机	台班	1076	355.67	
59	12～15t光轮压路机	台班	1078	544.71	
60	电动混凝土功缝机	台班	1245	148.39	
61	250L以内强制式混凝土搅拌机	台班	1272	118.32	
62	40m³/h以内水泥混凝土搅拌站	台班	1325	1235.37	
63	钢绞线拉伸设备	台班	1349	142.79	
64	含钢带点焊机波纹管卷制机	台班	1352	236.21	

编制：

第2页 共2页 07表

序号	名称	单位	代号	预算单价/元	备注
65	8t以内载货汽车	台班	1375	566.60	
66	10t以内载货汽车	台班	1376	641.82	
67	30t以内平板动拖车组	台班	1394	1059.75	
68	1.0t以内机动翻斗车	台班	1408	153.94	
69	40t以内轮胎式起重机	台班	1444	1420.52	
70	5t以内汽车式起重机	台班	1449	481.49	
71	12t以内汽车式起重机	台班	1451	854.38	
72	20t汽车式起重机	台班	1453	1232.74	
73	30t汽车式起重机	台班	1455	1599.67	
74	30kN以内单筒慢动电动卷扬机	台班	1499	101.80	
75	50kN以内单筒慢动电动卷扬机	台班	1500	122.19	
76	50kN以内双筒快动电动卷扬机	台班	1523	211.15	
77	300kN以内振动快拔桩锤	台班	1581	414.62	
78	600kN以内振动快拔桩锤	台班	1583	685.53	
79	32kV·A交流电弧焊机	台班	1726	141.87	
80	9m³/min以内内燃空气压缩机	台班	1842	747.26	
81	88kW以内内燃拖轮	台班	1852	1114.31	
82	221kW以内内燃燃拖轮	台班	1855	2057.19	
83	100t以内工程驳船	艘班	1874	270.09	
84	200t以内工程驳船	艘班	1876	400.16	
85	小型机具使用费	元	1998	1.00	
86	定额基价	元	1999	1.00	

复核：

思 考 题

1. 根据标的不同公路工程招标有哪些形式？
2. 公路工程招标的法定方式有哪些？各有何特点？
3. 公路工程施工招标文件包括哪些内容？
4. 公路工程施工投标文件包括哪些内容？
5. 简述利用土、石填方及土石混填、借土填方的工程量计量规则。
6. 请根据现行《公路工程标准施工招标文件》（2009 年版）分析计价工程子目"钻孔灌注桩"的计价内容和工程计量规则。
7. 钢绞线的工程量清单计量方法与概预算的钢绞线数量确定方法有何区别？
8. 不计量是不是就是不计价？请举例说明。
9. 简述工程量清单的组成。
10. 工程量清单的作用有哪些？
11. 在单价合同计价方式下，请分析计价工程子目综合单价的含义。
12. 编制工程量清单时，工程量的错误对工程造价会带来哪些影响？
13. 简要说明工程量清单分解方法。
14. 简述报价工作程序。
15. 报价由哪几部分组成？投标报价策略的内容是什么？
16. 报价的摊销费用有哪几种？
17. 何谓不平衡报价？在投标报价时如何采用不平衡报价？

案例练习题

案例题一

背景材料： ××省拟修建一座预应力混凝土连续刚构大桥，桥跨组合为：3×30m＋60m＋2×100m＋60m＋3×30m，桥梁全长 505.50m，桥梁宽度为 12.50m。其中，30m 跨径为现浇预应力混凝土连续箱梁。基础为钻孔灌注桩，采用回旋钻机施工，连续刚构桥主墩（单墩）为每排三根共 6 根 1.50m 的桩、过渡墩（单墩）为每排两根共 4 根 1.20m 的桩，桥台及现浇箱梁段均为 2 根 1.20m 的桩，1.50m 的桩平均设计桩长为 63.00m，1.20m 的桩平均设计桩长为 28.00m。

其基础项目的工程量见表 6.22。

表 6.22 主要工程项目的工程量表

部位	标号	工程项目名称	单位	各工程项目数量
基础	1	φ1.50m桩径钻孔深度		
	(1)	砂、黏土	m	69
	(2)	砂砾	m	871.4

续表

部位	标号	工程项目名称	单位	各工程项目数量
基础	(3)	软石	m	175.5
	(4)	次坚石	m	26.9
	2	ϕ1.20m桩径钻孔深度		
	(1)	砂、黏土	m	66.8
	(2)	砂砾	m	333.2
	(3)	软石	m	160
	3	灌注桩混凝土	m³	2637.3
	4	灌注桩光圆钢筋	t	41.45
	5	灌注桩带肋钢筋	t	76.97
	6	承台封底混凝土	m³	341
	7	承台混凝土	m³	1376.3
	8	承台光圆钢筋	t	11.92
	9	承台带肋钢筋	t	22.15

问题： 请根据上述资料和招标文件编制基础的工程量清单，并将各子目的计量工程数量填入表6.23中。

表6.23　第400章　桥梁、涵洞

子目号	子目名称	单位	数量	单价	合价

清单　第400章合计　人民币_____元

案例题二

背景材料： 某预应力混凝土连续梁桥，桥跨组合为50m＋3×80m＋50m，桥梁全长345.50m，桥梁宽度为25.00m。基础为钻孔灌注桩，采用回旋钻机施工，每个桥墩为每排三根共6根2.50m的桩，每个桥台为8根2.50m的桩。承台尺寸为8.00×20.00×3.00m，除桥台为干处施工外，其余均为水中施工（水深4～5m）。混凝土均要求采用集中拌和、泵送施工，水上混凝土施工考虑搭便桥的方法，便桥费用不计。本工程计划工期为18个月。其施工图设计的主要工程数量见表6.24。

表6.24 桥梁下部主要工程数量表

项目		钻孔深度/m				钢筋/t
		砂土	砂砾	软石	次坚石	
灌注桩	桥墩	87	862	176	27	329
	桥台	67	333	160	—	
承台		封底混凝土/m³		承台混凝土/m³		钢筋/t
		640		1920		91

注：承台采用钢套箱施工，按低桩承台考虑，钢套箱按高出水面0.5m计算，其重量按150kg/m²计算。

招标文件提供的工程量清单见表6.25。

表6.25 工程量清单（第400章 桥梁、涵洞）

子目号	子目名称	单位	数量	单价	合价
403-1	基础钢筋（包括灌注桩、承台等）				
一a	光圆钢筋（Ⅰ级）	t	147		
一b	带肋钢筋（HRB355、HRB400）	t	273		
405-1	钻孔灌注桩、桩径2500mm	m	1712		
410-1	混凝土基础(包括桩基承台，但不包括桩基)	m³	2560		

清单 第400章合计 人民币＿＿＿＿＿元

问题： 试对其工程量清单进行分解，并列出各清单工程造价所涉及的定额名称、定额表号、单位、工程量和基价，并填入表中（表式可参考表6.16），需要时应列式计算或文字说明。

第七章　公路工程施工结算

7.1　工程变更单价的确定

┌─ 学习目标 ───┐

1. 叙述工程变更的范围和程序；
2. 分析工程变更单价的确定方法；
3. 确定工程变更单价。

└──┘

7.1.1　工程变更概述

1. 工程变更的含义

工程变更是合同变更的一种特殊形式，它通常是指合同文件中"设计图样"、"技术规范"或工程量清单的改变，包括设计变更、进度计划变更、施工条件变更及工程量清单中工作内容或数量的变更，如取消某工作或新增某工作等。

在工程项目的实施过程中，由于多方面的原因，经常会出现工程形式、数量、性质、进度等方面变化的问题，这些问题的产生，一方面是由于勘察设计工作不细致，以致在施工过程中发现许多招标文件中没有考虑或估算不准确的情况，因而不得不改变施工项目或增减工程量；另一方面，是由于发生不可预见的事件，如地质条件与预计的不同，或社会原因引起的停工或工期拖延等。工程变更的目的是为了使工程更完善、合理或有利于工程的实施。因此，一旦发生工程变更，应遵循合同条款规定进行。

2. 工程变更的范围

根据《标准施工招标文件》（2007年版）和《公路工程标准施工招标文件》（2009年版）的相关条款规定，除专用合同条款另有约定外，在履行合同中发生以下情形之一，应按照规定进行变更。

1）取消合同中任何一项工作，但被取消的工作不能转由发包人或其他人实施，由于承包人违约造成的情况除外。

2）改变合同中任何一项工作的质量或其他特性。

3）改变合同工程的基线、标高、位置或尺寸。

4）改变合同中任何一项工作的施工时间或改变已批准的施工工艺或顺序。

5）为完成工程需要追加的额外工作。

工程变更常发生于工程项目实施过程中，有时是事先不可预见，无法事先约定的，需要监理工程师依据工程现场情况而决定，一旦处理不好常会引起纠纷，损害投资者或承包商的利益，对项目的目标控制很不利。首先是投资容易失控，因为承包工程实际造价等于合同价加索赔额。承包方为了适应日益竞争的建设市场，通常在合同谈判时让步而在工程实施过程中通过索赔获取补偿。由于工程变更所引起的工程量的变化、承包方的索赔等，都有可能使最终投资超出原来的预计投资，所以造价工程师应密切注意对工程变更价款的处理。其次，工程变更容易引起停工、窝工、返工现象，会延迟项目的完成时间，对进度不利。第三，频繁变更还会增加监理工程师或业主的组织协调工作量；另外对合同管理、质量控制也不利。因此对工程变更进行有效控制和管理就显得十分重要。

3. 工程变更的原因

引起工程变更的原因很多，有业主、设计、监理及承包人提出的工程变更，也有其他自然条件造成的工程变更。

（1）业主的原因

如果是业主提出工程变更，监理工程师应与承包人协商，看是否合理可行，主要看业主方提出的工程变更内容是否超出合同限定的范围。若属于新增工程，则不能算作工程变更，只能按另签合同处理，除非承包方同意作为变更。

（2）设计方面的原因

设计人员提出工程变更往往是由于技术上的原因，也可视为业主的要求，也必须通过监理工程师下达工程变更指令。如果承包人提出设计变更从而造成工程变更要求，则此变更设计要求只能是建议性的。具体设计变更应由监理工程师认可，经设计单位进行变更设计后方可成立。

（3）监理方的原因

监理工程师往往根据工地现场的工程进展的具体情况，认为确有必要时，提出工程变更。例如，公路工程承包合同施工中，常有通道与涵洞及排水系统在设计阶段考虑不周，或施工时环境发生变化的情况，监理工程师应本着节约工程成本和加快工程进度与保证工程质量的原则，提出工程变更；桥梁工程施工中，主要在地基基础方面提出变更的较多。

（4）承包人的原因

如果是承包商提出工程变更，应该交监理工程师审查。承包商提出工程变更，一种情况是工程遇到不能预见的地质条件或地下障碍，如原设计的斜拉桥基础为钻孔灌注桩，承包商根据开工后钻探的地质条件和施工经验，认为改成沉井基础较好；另一种情况是承包商为了节约工程成本或加快工程施工进度，提出工程变更。

（5）工程相邻地段的第三方原因

如果是工程相邻地段之外的任何第三方提出工程变更的要求，监理工程师要先报请业主，由业主出面与第三方协调，以利工程进展。

（6）自然条件和客观障碍的原因

工程承包合同执行过程中，由于地下水、地质断层、地下溶洞和地基沉陷等无法预料的不利自然条件，以及现场调查时无法发现的下水道、公共设施、坑、文物、隧道及废旧建筑物等客观障碍，造成工程项目数量、设计内容或施工方法等发生变化，从而引起工程变更。

总之，有关工程变更的原因是多种多样的，要根据工程项目实际情况合理确定。只要提出的工程变更与原合同规定一致，一般是切实可行的，并应加办理变更手续；如果超出了原合同规定，新增了很多工程项目和内容，则不属于合理的工程变更请求，监理工程师应和业主协商后酌情处理。

4. 工程变更的程序

（1）变更的提出

1）在合同履行过程中，可能发生工程变更约定情形的，监理人可向承包人发出变更意向书。变更意向书应说明变更的具体内容和发包人对变更的时间要求，并附必要的图样和相关资料。变更意向书应要求承包人提交包括拟实施变更工作的计划、措施和竣工时间等内容的实施方案。发包人同意承包人根据变更意向书要求提交的变更实施方案的，由监理人按照约定发出变更指示。

2）在合同履行过程中，发生工程变更约定情形的，监理人应按照约定向承包人发出变更指示。

3）承包人收到监理人按合同约定发出的图样和文件，经检查认为其中存在工程变更约定情形的，可向监理人提出书面变更建议。变更建议应阐明要求变更的依据，并附必要的图样和说明。监理人收到承包人书面建议后，应与发包人共同研究，确认存在变更的，应在收到承包人书面建议后的 14 天内做出变更指示。经研究后不同意作为变更的，应由监理人书面答复承包人。

4）若承包人收到监理人的变更意向书后认为难以实施此项变更，应立即通知监理人，说明原因并附详细依据。监理人与承包人和发包人协商后确定撤销、改变或不改变原变更意向书。

（2）变更估价

1）除专用合同条款对期限另有约定外，承包人应在收到变更指示或变更意向书后的 14 天内，向监理人提交变更报价书，报价内容应根据约定的估价原则，详细开列变更工作的价格组成及其依据，并附必要的施工方法说明和有关图样。

2）变更工作影响工期的，承包人应提出调整工期的具体细节。监理人认为有必要时，可要求承包人提交要求提前或延长工期的施工进度计划及相应施工措施等详细资料。

3）除专用合同条款对期限另有约定外，监理人收到承包人变更报价书后的 14 天内，根据约定的估价原则，按照有关条款商定或确定变更价格。

（3）变更指示

1）变更指示只能由监理人发出。

2）变更指示应说明变更的目的、范围、变更内容，以及变更的工程量及其进度和技术要求，并附有关图样和文件。承包人收到变更指示后，应按变更指示进行变更工作。

（4）设计变更程序

设计变更程序应执行《公路工程设计变更管理办法》（原交通部令 2005 年第 5 号）的相关规定。

7.1.2　工程变更的单价分析与计算

1. 工程变更的工程量核算

工程变更后，必然将引起工程量的变化，监理工程师应重新加以核算。若原工程量清单中列有此项目，则应将变更后的数量与变更前的数量进行对比，从而确定工程量的增加量或减少量并计算出相应的百分比；若原工程量清单中无此项目，则此变更属于新增加项目，也需要准确计算工程量。总之，不论是哪一种情况，都必须通过准确计算工程量形成工程变更清单（即修改的工程量清单），并以此作为工程变更费用支付的基础。监理工程师在核算变更的工程量时主要依据以下三个方面的信息：

1）设计图样、合同文件及技术规范。设计图样、合同文件及技术规范是计算变更工程量的基本依据，因为变更前的工程量就是按设计图样、合同文件及技术规范计算出来的。

2）监理工程师的记录。监理工程师和旁站人员的现场记录是核算变更项目实际工程量的重要依据，因此，监理工程师应高度重视现场记录、试验数据和其他原始资料的积累。

3）承包人提供的工程数量。承包人提供的工程数量如果经过监理工程师审核，也可以作为核算工程量的依据，但承包人单方提供而没有经监理工程师证明和签认的工程量仅能作为参考，不能作为依据。

2. 工程变更单价确定的原则

《公路工程标准施工招标文件》专用合同条款第 15.4 款规定：除专用合同条款另有约定外，因变更引起的价格调整按照以下约定处理：

1）如果取消某项工作，则该项工作的总额价不予以支付。

2）已标价工程量清单中有适用于变更工作的子目的，采用该子目的单价。

3）已标价工程量清单中无适用于变更工作的子目，但有类似子目的，可在合理范围内参照类似子目的单价，由监理人与承包人按照有关条款商定或确定变更工作的单价。

4）已标价工程量清单中无适用或类似子目的单价，可在综合考虑承包人在投标时所提供的单价分析表的基础上，由监理人与承包人按照有关条款商定或确定变更工作的单价。

5）如果本工程的变更指示是因承包人过错、承包人违反合同或承包人责任造成的，则这种违约引起的任何额外费用应由承包人承担。

3. 工程变更的单价确定方法

由于工程变更的单价涉及业主和承包人的切身利益，所以双方对此都十分关心。虽然《公路标准施工招标文件》给了总的原则，没有也不可能有给出具体的处理办法。为了公正地对每一个变更项目进行估价，使业主和承包人对变更项目的造价满意，监理工程师必须完成大量而又详细的测算工作。

（1）采用工程量清单中相应工程细目的单价

这是确定变更工程单价的首要依据。工程量清单中有相应工程细目者，原则上应按工程量清单中相应工程细目的单价。由于工程量清单的价格是承包人投标时填报的，用于变更工程，容易为业主、承包人及监理工程师所接受，而且从合同意义上来说也比较公平合理。

采用工程量清单的价格分三种情况：

1）直接套用，即直接采用工程量清单上的价格。

2）间接套用，即依据工程量清单，经换算后采用。

3）部分套用，即依据工程量清单，取用价格中的某一部分。

（2）采用计日工单价作计价依据

如果工程量清单中无相应的单价作计价依据，当变更工程是一些小型变更工程时，可根据监理工程师的指示使用计日工单价作为计价的依据。

（3）对工程量清单中的相应单价进行调整

如果变更工程的性质和数量，关系到整个工程或其任何部分的性质或数量，使涉及的工程细目原有单价或总额价因此而不合理或不适应，当该工程细目的变更规模超过合同规定的某个范围时，对工程量清单中相应的单价进行调整。

变更工程原则上应按合同中的相应单价来执行，但若变更太大，尤其合同中存在不平衡报价，则单价与成本相比会显得偏高或偏低。此时当工程变更规模超过合同规定的某个范围时，继续采用原单价会有悖公平性甚至出现显失公平的现象，所以此时单价应进行修订或调整。

（4）通过协商确定新工程细目的单价

若工程量清单中没有相应工程细目的单价，且又不宜采用计日工单价作计价依据，则监理工程师根据授权和业主、承包人协商确定新的工程细目单价。在协商过程中，下列文件是协商确定变更工程单价的依据：①《预算定额》、《概算预算编制办法》及工程所在地的有关计价补充规定；②承包人投标时提交的单价分析资料及工程量清单中相关细目的报价。

需要注意的是，一旦监理工程师决定的价格不太合理，或缺乏说服承包人的依据，那么承包人有权就此向业主提出费用索赔。因此，监理工程师在协商和决定变更价格时，要充分熟悉和掌握工地情况和技术资料，并通过综合分析，合理判断，做到心中有数。

在实践中，确定新工程细目的单价有以下方法：

1）以合同单价为基础定价。该方法的特点是简单且有合同依据。但如果原合同单价偏低，则得出的新单价也会偏低，反之，原合同单价偏高，则得出的新单价也会偏高。所以其确定的单价只有在原单价合理的情况下才会相对合理，当原单价不合理（有不平衡报价）时，该方法对增加的工程量部分的定价是不合理的。

【例7.1】　设某合同中沥青路面原设计厚度为4cm，其合同单价（报价）为32元/m^2。现进行设计变更为厚5cm。试确定变更后沥青路面的单价。

【解】　按照"以合同单价为基础定价"的原则。变更后沥青路面的单价可按"变更后的厚度÷原设计厚度×原合同单价"的公式计算。因此，变更后沥青路面（厚5cm）的单价为：5÷4×32＝40（元/m^2）。

这种方法的特点是简单且有合同依据。但不足是合同单价是由不变成本和可变成本构成，可变成本随着工程量的增加而增加，不变成本是相对固定的，当工程量增加时，分摊在合同单价中的不定成本下降，而不是随着工程量的增加而增加。

2）以概预算方法为基础定价。按照概预算方法确定单价时，应首先确定施工方案和施工方法，其次确定资源的价格，之后按照定额和编制办法确定其预算单价。预算单价乘以投标报价的降幅后确定单价。

该方法的优点是以《公路工程预算定额》及《概算预算编制办法》作为定价依据，产生的价格相对合理，能真实地反映完成变更工程的成本和利润。其缺点是不同的施工方案、施工方法会有不同的单价，另外该方法无法反映竞争产生的原有招标成果的作用，特别是当承包人有不平衡报价时，该方法会加剧总造价的不合理性。

3）合理差价定价法。合理的定价方法是在考虑单价时，在保持原有报价不受实质影响的前提下，对新增工程量部分以合理定价的差价计算，变更工程的新单价是在承包人原有报价的基础上加上合理定价的差价。如某合同中沥青路面原设计厚度为 4cm，其合理单价为 40 元/m²。现设计变更为厚度 5cm，其合理单价为 49.6 元/m²。承包人的原报价是 32 元/m²，则变更后的新单价为：$32+(49.6-40)=41.6$（元/m²）。

这种方法体现了工程变更定价的一般原则，即工程变更不改变承包人在报价时的状态，承包人不因工程变更而额外受益，也不因工程变更而受损。

7.1.3　FIDIC 合同条件下的工程变更

1. 工程变更的范围

由于工程变更属于合同履行过程中的正常管理工作，工程师可以根据施工进展的实际情况，在认为必要时就以下几个方面发布变更指令：

1）对合同中任何工作工程量的改变。

2）任何工作质量或其他特性的改变（如在强制性标准外提高或降低质量标准）。

3）工程任何部分标高、位置和尺寸的改变。

4）删减任何合同约定的工作内容。取消的工作应是不再需要的工作，不允许用变更指令的方式将承包范围内的工作变更给其他承包商实施。

5）新增工程按单独合同对待。除非承包人同意此项工作按变更对待，一般应将新增工程按一个单独的合同来对待。

6）改变原定的施工顺序或时间安排。

2. 变更程序

颁发工程接收证书前的任何时间，工程师可以通过发布变更指令或以要求承包商递交建议书的任何一种方式提出者变更。

（1）指令变更

工程师在业主授权范围内根据施工现场的实际情况，在确属需要时有权发布变更指令。指令的内容包括详细的变更内容、变更工程量、变更项目的施工技术要求和有关部门的文件图样，以及变更处理的原则。

（2）要求承包商递交建议书后再确定的变更

其程序为

1）工程师将计划变更事项通知承包商，并要求他递交实施变更的建议书。

2）承包商应尽快予以答复。一种情况可能是通知工程师由于受到某些非自身原因的限制而无法执行此项变更，另一种情况是承包商依据工程师的指令递交实施此项变更的说明，内容包括：

① 将要实施的工作的说明书及该工作实施的进度计划。

② 承包商依据合同规定对进度计划和竣工时间做出任何必要修改的建议，提出工期顺延要求。

③ 承包商对变更估价的建议，提出变更费用要求。

3）工程师作出是否变更的决定，尽快通知承包商说明批准与否或提出意见。在这一过程中应注意的问题是：

① 承包商在等待答复期间，不应延误任何工作。

② 工程师发出每一项实施变更的指令，应要求承包商记录支出的费用。

③ 承包商提出的变更建议书，只是作为工程师决定是否实施变更的参考。除了工程师作出指令或批准以总价方式支付的情况外，每一项变更应依据计量工程量进行估价和支付。

3. 变更估价

（1）变更估价的原则

承包人按照工程师的变更指示实施变更工作后，往往会涉及对变更工程的估价问题。变更工程的价格或费率，往往是双方协商时的焦点。计算变更工程应采用的费率或价格，可分为三种情况：

1）变更工作在工程量清单表中有同种工作内容的单价或价格，应以该单价计算变更工程费用。实施变更工作未引起工程施工组织和施工方法发生实质性变动，不应调整该项目的单价。

2）工程量清单表中虽然列有同类工作的单价或价格，但对具体变更工作而言已不适用则应在原单价或价格的基础上制定合理的新单价或价格。

3）变更工作的内容在工程量清单表中没有同类工作的单价或价格，应按照与合同单价水平相一致的原则，确定新的单价或价格。任何一方不能以工程量表中没有此项价格为借口，将变更工作的单价定得过高或过低。

（2）可以调整合同工作单价的原则

1999 版 FIDIC 合同条件 12 条规定，当同时满足以下条件时，允许对某一项工作规定的单价或价格加以调整：

1）合同工程量清单中某一支付细目所列的"金额"或"合价"超过合同价格的 0.01%。

2）该支付细目变更后的工程实际数量超过或减少于工程量清单中所列数量的 10%。

3）此工程量变化直接改变该项工作的单位成本超过 1%

4）合同中没有规定该项的单价为"固定单价项"。

（3）删减原定工作后对承包商的补偿

工程师发布删减工作的变更指令后承包商不再实施部分工作，合同价格中包括的直接费部分没有受到损失，但摊销在该部分的间接费、利润和税金则实际不能合理回收。因引，承包商可以就其损失向工程师发出通知并提供具体的证明资料，工程师与合同双方协商后确定一笔补偿金额加入到合同价内。

案例7.1

背景材料： 某高速公路项目B合同段在施工过程中遇到下列问题：

1）原设计中，考虑沿线乡村交通的需要，设置了几十座人行通道。但在施工中发现，由于部分通道之间距离较大，给沿线村民生活带来不便。应地方政府的要求，业主决定在适当的地方增设几座人行通道。

2）新增加的附属工程项目中，需要浇筑C25混凝土，在工程量清单中，虽然可以找到C25混凝土的价格，但在不同的构造物中，由于几何尺寸、地理位置和施工条件不尽相同，尽管混凝土的标号相同，单价却不一样，并且没有一个明显可与新增的附属工程情况靠近的单价。

3）工程中要使用的钻孔桩有如下3种：直径为1.2m的共计长1500m，直径为1.5m的共计长8l00m，直径为1.8m的共计长2100m。原合同规定选择直径为1.2m的钻孔桩做静载破坏试验。在施工中，业主和监理均认为，选择直径为1.5m的钻孔桩做静载破坏试验，对工程更具有代表性和指导意义。因此，决定进行变更。但在原工程量清单中仅有1.2m静载破坏试验的价格，没有直接套用的价格。

问题：

1）新增通道的单价该如何确定？

2）附属工程项目中C25混凝土单价怎么确定？

3）如何确定1.5m静载破坏试验的价格？

答案：

1）在处理这个工程变更时考虑到承包人原报价中有几十座类似的通道，现只增加几座，故可直接采用工程量清单中的报价。监理工程师在综合分析通道长度、断面尺寸、地理位置及施工条件等各种情况后，在清单上几十座通道的价格中，可选择最接近新增加工程情况的通道价格，作为确定此项变更工程的价格依据。

2）监理工程师在处理这项变更的定价问题时，可间接套用工程量清单上的报价。首先应将工程量清单中所有C25混凝土价格取出，然后计算其平均值，并以此平均值作为新增工程中C25混凝土的单价。

3）由于钻孔桩静载破坏试验的费用主要由两部分组成：一是试验费用；二是桩的费用。因此，可认为变更费用增加主要是由钻孔桩直径的变化而引起的，而试验费用可认为没有变化。由于普通钻孔桩的单价在工程量清单中可以找到，故可部分套用工程量清单上的报价。

变更后的费用＝直径1.2m桩静载破坏试验费＋直径1.5m钻孔桩的清单价格

7.2　工程索赔费用的计算

学习目标

1. 说明工程索赔的概念和程序；
2. 分析工程索赔的费用内容和确定原则。

7.2.1　工程索赔的概念、产生原因及分类

1. 工程索赔的概念

工程索赔是在工程承包合同履行中，当事人一方由于另一方未履行合同所规定的义务或者出现了应当由对方承担的风险而遭受损失时，向另一方提出赔偿要求的行为。

在实际工作中，"索赔"是双向的，既包括承包人向发包人的索赔，也包括发包人向承包人的索赔，我国《标准施工招标文件》中的索赔就是双向的。但在工程实践中，发包人索赔数量较小，而且处理方便，可以通过冲账、扣拨工程款、扣保证金等实现对承包人的索赔；而承包人对发包人的索赔则比较困难一些。通常情况下，索赔是指承包人向发包人提出的索赔，是指承包人（施工单位）在合同实施过程中，对非自身原因造成的工程延期、费用增加而要求发包人给予补偿损失的一种权利要求。本书主要讲的是承包人向发包人提出的索赔。

索赔有较广泛的含义，可以概括为如下三个方面：

1）一方违约使另一方蒙受损失，受损方向对方提出赔偿损失的要求。

2）发生应由业主承担责任的特殊风险或遇到不利自然条件等情况，使承包商蒙受较大损失而向业主提出补偿损失要求。

3）承包商本人应当获得的正当利益，由于没有及时得到工程师的确认和业主应给予的支付，而以正式函件向业主索赔。

2. 工程索赔产生的原因

（1）发包人违约

发包人违约常常表现为发包人或监理人未能按合同规定为承包人提供得以顺利施工的条件。《标准施工招标文件》通用合同条款约定的有：

1）发包人未能按合同约定支付预付款或合同价款，或拖延、拒绝批准付款申请和支付凭证，导致付款延误的。

2）发包人原因造成停工的。

3）监理人无正当理由没有在约定期限内发出复工指示，导致承包人无法复工的。

4）发包人无法继续履行或明确表示不履行或实质上已停止履行合同的。

5）发包人不履行合同约定其他义务的。

（2）合同缺陷

合同缺陷常常表现为合同文件规定不严谨甚至矛盾、合同中的遗漏或错误，这不仅包

括商务条款中的缺陷，也包括技术规范和图样中的缺陷。在这种情况下，监理人有权做出解释。但如果承包人执行监理人的解释后引起成本增加或工期延长，则承包人可以为此提出索赔，监理人应给予证明，发包人应给予补偿。一般情况下，发包人作为合同起草人，他要对合同中的缺陷负责，除非其中有非常明显的含糊或其他缺陷，根据法律可以推定承包人有义务在投标前发现并及时向发包人指出。

（3）不利物质条件

不利物质条件通常是指承包人在施工现场遇到的不可预见的自然物质条件、非自然的物质障碍和污染物，包括地下和水文条件，但不包括气候条件。合同中一般约定，承包人遇到不利物质条件时，应采取适应不利物质条件的合理措施继续施工，并通知监理人。监理人发出指示，指示构成变更的，按有关变更的约定处理。监理人没有发出指示的，承包人因采取合理措施而增加的费用和（或）工期延误，由发包人承担。监理人发出的指示不构成变更时，承包人因采取合理措施而增加的费用和（或）工期延误，也应由发包人承担。

（4）工程变更

工程变更常常表现为设计变更、施工方法变更、追加或取消某些工作、合同规定的其他变更等。变更可以由发包人、工程师或承包人提出。这种变更是指在原合同范围内的变更，即有经验的承包人意料之中的变更，否则承包人可以拒绝，其判断标准是：变更是否与原工程有关，其目的是不是为了实现工程合同的总目标。工程变更与索赔有密切的关系。在实际工作中，可以把工程变更分为变更及相应的索赔两个部分，即把事先可以确定费用、双方签订了变更令的变更归入"工程变更"办理。把变更当时无法预知的费用或双方没有达成一致的变更价格，事后再由承包人以索赔形式提出补偿要求的变更归入"索赔"办理。事实上，合同中也做出规定，如果对于一项变更，监理人和承包人之间无法对其估价取得一致意见，则将监理人决定的价格值列入"工程变更"，剩余差额待承包人以索赔的形式提出后再按"索赔"进行处理。

（5）国家政策及法律、法令变更

国家政策及法律、法令变更，通常是指直接影响到工程造价的某些法律、法令的变更，如限制进口、外汇管制或税收及其他收费标准的提高。国家的政策和法律、法令是承包人投标时编制报价的重要依据之一。通常合同都规定：投标截止日期之前的第 28 天以后，如果工程所在国法律或政策的变更导致承包人施工费用增加，则发包人应向承包人补偿该增加值；相反，如果导致费用减少，则也应由发包人受益。

（6）其他承包人干扰

其他承包人干扰通常是指因其他承包人未能按时按质按量进行并完成某工作，各承包人之间配合协调不好等而给承包人工作带来的干扰。大中型土建工程，往往会有多个承包人同时在现场施工。特别是高等级公路建设，一般分为几个标段，每个标段由不同的承包人承担，由于各承包人之间没有合同关系，他们只各自与发包人存在合同关系，监理人作为发包人代理人有责任组织协调好各承包人之间的工作，否则，就会给整个工程和各承包人的工作带来严重影响引起承包人索赔。

3. 工程索赔的分类

工程索赔依据不同的标准可以进行不同的分类。

（1）按索赔的合同依据分类

按索赔的合同依据可以将工程索赔分为合同内索赔和合同外索赔。

1）合同内索赔。指承包人所提出的索赔要求在该工程项目的合同文件中有文字依据，承包人可以据此提出索赔要求，并取得经济补偿。这些在合同文件中有文字规定的合同条款，在合同解释上被称为明示条款，或称为明文条款，此项索赔也称为合同中明示的索赔或合同规定的索赔。

2）合同外索赔。即承包人的该项索赔要求，虽然在工程项的合同条款中没有专门的文字叙述，但可以根据该合同的某些条款的含义，推论出承包人有索赔权。这种索赔要求同样有法律效力，有权得到相应的经济补偿。这种有经济补偿含义的条款，在合同管理工作中被称为"默示条款"或称为"隐含条款"。默示条款是一个广泛的合同概念，它包含合同明示条款中没有写入、但符合双方签订合同时设想的愿望和当时环境条件的一切条款。这些默示条款，或者从明示条款所表述的设想愿望中引申出来，或者从合同双方在法律上的合同关系引申出来，经合同双方协商一致，或被法律和法规所指明，都成为合同文件的有效条款，要求合同双方遵照执行。此项索赔也称为合同中默示的索赔或非合同规定的索赔。

（2）按索赔目的分类

按索赔目的可以将工程索赔分为工期索赔和费用索赔。

1）工期索赔。由于非承包人责任的原因而导致施工进程延误，要求批准顺延合同工期的索赔，称之为工期索赔。工期索赔形式上是对权利的要求，以避免在原定合同竣工日不能完工时，被发包人追究拖期违约责任。一旦获得批准合同工期顺延后，承包人不仅免除了承担拖期违约赔偿费的严重风险，而且可能提前工期得到奖励，最终仍反映在经济收益上。

2）费用索赔。费用索赔的目的是要求经济补偿。当施工的客观条件改变导致承包人增加开支，要求对超出计划成本的附加开支给予补偿，以挽回不应由他承担的经济损失。

（3）按索赔事件的性质分类

按索赔事件的性质可以将工程索赔分为工程延误索赔、工程变更索赔、合同被迫终止索赔、工程加速索赔、意外风险和不可预见因素索赔及其他索赔。

1）工程延误索赔。因发包人未按合同要求提供施工条件，如未及时交付设计图样、施工现场、道路等，或因发包人指令工程暂停或不可抗力事件等原因造成工期拖延的，承包人对此提出索赔。这是工程中常见的一类索赔。

2）工程变更索赔。由于发包人或监理工程师指令增加或减少工程量或增加附加工程、修改设计、变更工程顺序等，造成工期延长和费用增加，承包人对此提出索赔。

3）合同被迫终止的索赔。由于发包人或承包人违约及不可抗力事件等原因造成合同非正常终止，无责任的受害方因其蒙受经济损失而向对方提出索赔。

4）工程加速索赔。由于发包人或工程师指令承包人加快施工速度，缩短工期，引起承包人人力、财力、物力的额外开支而提出的索赔。

5）意外风险和不可预见因素索赔。在工程实施过程中，因人力不可抗拒的自然灾害、特殊风险，以及一个有经验的承包人通常不能合理预见的不利施工条件或外界障碍，如地下水、地质断层、溶洞、地下障碍物等引起的索赔。

6）其他索赔。如因货币贬值、汇率变化、物价、工资上涨、政策法令变化等原因引起的索赔。

7.2.2 工程索赔的处理原则

（1）索赔必须以合同为依据

不论是风险事件的发生，还是当事人不完成合同工作，都必须在合同中找到相应的依据，当然，有些依据可能是合同中隐含的。工程师依据合同和事实对索赔进行处理是其公平性重要体现。在不同的合同条件下，这些依据很可能是不同的。如因为不可抗力导致的索赔，在我国《标准施工招标文件》合同条件下，承包人机械设备损坏的损失，是由承包人承担的，不能向发包人索赔；但在 FIDIC 合同条件下，不可抗力事件一般都列为业主承担的风险，损失都应当由业主承担。如果到了具体的合同中，各个合同的协议条款不同，其依据的判别就更大了。

（2）及时、合理地处理索赔

索赔事件发生后，索赔的提出应当及时，索赔的处理也应当及时。索赔处理得不及时，对双方都会产生不利的影响，如承包人的索赔长期得不到合理解决，索赔积累的结果会导致其资金周围困难，同时会影响工程进度，给双方都带来不利的影响。处理索赔还必须坚持合理性原则，既考虑到国家的有关规定，也应当考虑到工程的实际情况。如承包人提出索赔要求，机械停工按照机械台班单价计算损失显然是不合理的，因为机械停工不发生运行费用。

（3）加强主动控制，减少工程索赔

对于工程应当加强主动控制，尽量减少索赔。这就要求在工程管理过程中尽量将工作做在前面，减少索赔事件的发生。这样能够使工程更顺利地进行，降低工程投资，缩短施工工期。

7.2.3 工程索赔的程序

1.《公路工程标准施工招标文件》中关于索赔程序和时效的约定

《标准施工招标文件》通用合同条款第 23 款和《公路工程标准施工招标文件》专用合同条款第 23 款针对索赔规定：

（1）承包人索赔的提出

根据合同约定，承包人认为有权得到追加付款和（或）延长工期的，应按以下程序向发包人提出索赔：

1）承包人应在知道或应当知道索赔事件发生后 28 天内，向监理人递交索赔意向通知书，并说明发生索赔事件的事由。承包人未在前述 28 天内发出索赔意向通知书的，丧失要求追加付款和（或）延长工期的权利。

2）承包人应在发出索赔意向通知书后 28 天内，向监理人正式递交索赔通知书。索赔通知书应详细说明索赔理由以及要求追加的付款金额和（或）延长的工期，并附必要的记录和证明材料。

3）索赔事件具有连续影响的，承包人应按合理时间间隔继续递交延续索赔通知，说明连续影响的实际情况和记录，列出累计的追加付款金额和（或）工期延长天数。

4）在索赔事件影响结束后的 28 天内，承包人应向监理人递交最终索赔通知书，说明最终要求索赔的追加付款金额和（或）延长的工期，并附必要的记录和证明材料。

（2）监理人索赔处理程序

1）监理人收到承包人提交的索赔通知书后，应及时审查索赔通知书的内容、查验承包人的记录和证明材料，必要时监理人可要求承包人提交全部原始记录副本。

2）监理人应有关条款商定或确定追加的付款和（或）延长的工期，并在收到上述索赔通知书或有关索赔的进一步证明材料后的 42 天内，将索赔处理结果报发包人批准后答复承包人。如果承包人提出的索赔要求未能遵守《公路工程标准施工招标文件》第 23.1 款（2）～（4）项的规定，则承包人只限于索赔由监理人按当时记录予以核实的那部分款项和（或）工期延长天数。

3）承包人接受索赔处理结果的，发包人应在做出索赔处理结果答复后 28 天内完成赔付。承包人不接受索赔处理结果的，转入争议的解决程序。

工程索赔时限如图 7.1 所示。

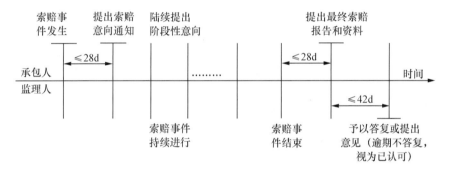

图 7.1　工程索赔时限

（3）承包人提出索赔的期限

承包人约定接受了竣工付款证书后，应被认为已无权再提出在合同工程接收证书颁发前所发生的任何索赔。承包人提交的最终结清申请单中，只限于提出工程接收证书颁发后发生的索赔。提出索赔的期限自接受最终结清证书时终止。

（4）发包人的索赔

发生索赔事件后，监理人应及时书面通知承包人，详细说明发包人有权得到的索赔金额和（或）延长缺陷责任期的细节和依据。发包人提出索赔的期限和要求与上述约定相同，延长缺陷责任期的通知应在缺陷责任期届满前发出。

监理人商定或确定发包人从承包人处得到赔付的金额和（或）缺陷责任期的延长期。承包人应付给发包人的金额可从拟支付承包人的合同价款中扣除，或由承包人以其他方式支付给发包人。

2. FIDIC 合同条件规定的工程索赔程序

FIDIC 合同条件只对承包商的索赔做出了规定。

（1）承包商发出索赔通知

如果承包商认为有权得到竣工时间的任何延长期和（或）任何追加付款，承包商应当向工程师发出通知，说明索赔的事件或情况。该通知应当尽快在承包商察觉或者应当察觉该事件或情况后 28 天内发出。

（2）承包商未及时发出索赔通知的后果

如果承包商未能在上述 28 天期限内发出索赔通知，则竣工时间不得延长，承包商无权获得追加付款，而业主应免除有关该索赔的全部责任。

（3）承包商递交详细的索赔报告

在承包商察觉或者应当察觉该事件或情况后 42 天内，或在承包商可能建议并经工程师认可的其他期限内，承包商应当向工程师递交一份充分详细的索赔报告，包括索赔的依据、要求延长的时间和（或）追加付款的全部详细资料。若引起索赔的事件或者情况具有连续影响，则：

1）上述充分详细的索赔报告应被视为中间的。

2）承包商应当按月递交进一步的中间索赔报告，说明累计索赔延误时间和（或）金额及所有可能的合理要求的详细资料。

3）承包商应当在索赔的事件或者情况产生影响结束后 28 天内，或在承包商可能建议并经工程师认可的其他期限内，递交一份最终索赔报告。

（4）工程师的答复

工程师在收到索赔报告或对过去索赔的任何进一步证明资料后 42 天内，或在工程师可能建议并经承包商认可的其他期限内，做出回应，表示"批准"或"不批准"，或"不批准并附具体意见"等处理意见。工程师应当商定或者确定应给予竣工时间的延长期及承包商有权得到的追加付款。

7.2.4 工程索赔的证据

1. 索赔证据的种类

索赔证据是当事人用来支付其索赔成立或和索赔有关的证明文件和资料。索赔证据作为索赔文件的组成部分，在很大程度上关系到索赔的成功与否。没有证据或证据不全、不足，索赔是难以成功的。

常见的索赔证据主要有：

1）各种合同文件，包括招标文件、工程合同及附件、中标通知书、投标书、标准和技术规范、图样、工程量清单、工程报价单或预算书、有关技术资料和要求等。

2）工程各项有关的设计交底记录、变更图样、变更施工指令等。

3）工程各项经发包人或监理人签认的签证。

4）工程各项会议纪要、协议及往来信件、指令、信函、通知、答复等。

5）施工计划及现场实施情况记录。

6）施工日报及工长工作日志、备忘录。

7）工程中送电和停电、送水和停水、道路开通和封闭的记录及证明。

8）工程结算资料和有关财务报告。如工程预付款、进度款拨付的数额及日期记录、工程结算书等。

9）工程图样、图样变更、交底记录的送达份数及日期记录。

10）工程有关施工部位的照片及录像等。

11）工程现场气候记录，如有关天气的温度、风力、雨雪等。

12）工程验收报告及各项技术鉴定报告等。

13）工程材料采购、订货、运输、进场、验收、使用等方面的凭据。

14）国家和省级或行业建设主管部门有关影响工程造价、工期的文件、规定等。

2. 索赔证据的基本要求

1）真实性。索赔证据必须是在实施合同过程中确实存在和发生的，必须完全反映实际情况，能经得住推敲。

2）全面性。所提供的证据应能说明事件的全过程。索赔报告中涉及的索赔理由、事件过程、影响、索赔值等都应有相应证据，不能零乱和支离破碎。

3）关联性。索赔的证据应当能够互相说明，相互具有关联性，不能互相矛盾。

4）及时性。索赔证据的取得及提出应当及时，符合合同约定。

5）具有法律证明效力。索赔证据必须是书面文件，有关记录、协议、纪要必须是双方签署的；工程中重大事件、特殊情况的记录、统计必须由合同约定的监理人签证认可。

7.2.5　工程施工中常见的索赔问题

1. 施工现场条件变化索赔

施工现场条件变化的含义是指在施工过程中，承包商"遇到了一个有经验的承包商不可能预见到的不利的自然条件或人为障碍"，导致承包商为完成合同要花费计划外的额外开支。按照国际惯例，这些额外开支应该得到业主方面的补偿。

施工现场条件主要是施工现场的地下条件（即地质、地基、地下水及土壤条件）的变化，给项目实施带来严重困难。这些地基或土壤条件，同招标文件中的描述差别很大，或在招标文件中根本没有提到。至于水文气象方面原因造成的施工困难，如暴雨、洪水对施工带来的破坏或经济损失，则属于投标施工的风险问题，而不属于施工现场条件变化的范畴。在施工索赔中处理的原则是：一般的不利水文气象条件，是承包商的风险；特殊反常的水文气象条件，即通常所谓的"人力不可抵御的"自然力，则属于业主的风险。

（1）不利现场条件的类型

在国际工程承包施工中，把不利的施工现场条件分成两类，作为处理施工索赔的重要依据。

1）第一类不利的现场条件。是指招标文件所描述的现场条件失误，即在招标文件中对施工现场存在的不利条件虽然已经提出，但严重失实，或其位置差异极大，或其严重程度差异极大，从而使承包商施工时"误入歧途"。主要有：在开挖现场挖出的岩石或砾石，其位置高程与招标文件中所述的高程差别甚大；招标文件钻孔资料注明系坚硬岩石的某一位置或高程上，出现的却是松软材料；实际的破碎岩石其地下障碍物，其实际数量大大超过招标文件中给出的数量；设计指定的取土场或采石场开采出来的土石料，不能满足强度或其他技术指标要求，而要更换料场；实际遇到的地下水在位置、水量、水质等方面与招标文件中的数据相差悬殊；地表高程与设计图样不符，导致大量的挖填方量，等等。

2）第二类不利的现场条件。是指在招标文件中根本没有提到，而且按该项工程的一般施工实践完全是出乎意料地出现的不利现场条件。这种意外的不利条件，是有经验的承包商难以预见的情况。主要有：在开挖基础或土石方时发现了古代建筑遗迹、古物或化石；遇到了高度腐蚀的地下水或有毒气体，给承包商的施工人员和设备造成意外的损失；在隧洞开挖过程中遇到了强大的地下水流，这是类似地质条件下隧洞施工中罕见的情况，等等。

（2）处理原则

上述两种不同类型的现场不利条件，不论是招标文件中描述失实的，还是招标文件中根本未曾提及的，都是一般施工实践中承包商难以预料的，都给承包商的施工带来严重困难，从而引起施工费用大量增加或工期延长。从合同责任上讲，不是承包商的责任，因而应给予相应的经济补偿和工期延长。

2. 工程范围变更索赔

工程范围变更索赔是指业主和监理工程师指令承包商完成某项工作，而承包商认为该项工作已超出原合同的工作范围，或超出他投标时估计的施工条件，因而要求补偿其附加开支，即新增开支。

超出原合同规定范围的新增工程，在合同语言上被称为"额外工程"。这部分工程是承包商在投标报价时没有考虑的工作。它在招标文件的"工程量清单表"中及其"技术规范"中都没有列入，因而承包商在采购施工材料设备和制定施工进度计划时都没有考虑。因此，对这种额外工程，承包商虽然应遵照业主和工程师的指令必须予以完成，但他理应得到经济补偿及工期延长。

（1）新增工程的类型

在工程范围变更的各种形式中，新增工程的现象最为普遍。监理工程师在其工程变更指令中，经常要求承包商完成某种新增工程。这些"新增工程"，可能包括各种不同的范围和规模，其工程量也可能很大。因此，要在索赔管理中严格确定"新增工程"的确切范围。如果它是属于工程项目合同范围以内的"新增工程"，就称为"附加工程"；如果它属于工程项目合同范围以外（超出合同范围）的"新增工程"，则应称为"额外工程"。

1）附加工程。是指该合同项目所必不可少的工程，如果缺少了这些工程，该合同项目便不能发挥合同预期的作用。或者说，附加工程就是合同工程项目所必需的工程。这种附加工程，才是合同语言中真正的新增工程，也是承包商在接到监理工程师的工程变更指令后必须完成的工作，无论这些工作是否列入该工程项目合同文件中。

2）额外工程。是指工程项目合同文件中"工作范围"中未包括的工作。缺少这些工作，原订合同工程项目仍然可以运行，并发挥效益。所以，额外工程是一个"新增的工程项目"，而不是原合同项目工程量清单表中的一个新的"工作项目"。如果属于"附加工程"，即使工程量清单表中没有列入，它也可以增列进去；如果是"额外工程"，便不应列入工程量清单表中。

在工程项目的合同管理和索赔中，应该严格区分"附加工程"和"额外工程"，不能把它们混为一谈。因为在合同管理工作中，这两种工作范围不同的工程，有不同的合同手续和做法，见表7.1。

表7.1　新增工程分类表

工作性质	按合同工作范围	工程量清单表	工程变更指令	单价	结算支付方式
新增工程	附加工程：属于原合同工作范围以内的工程	列入工程量清单表的工作	不必发变更指令	按投标单价	按合同规定的程序按月结算支付
		未列入工程量清单表	要补发变更指令	议定单价	同上
	额外工程：超出原合同工作范围的工程	不属于工程量清单表的工作项目	要发变更指令或另订合同	新定单价、新定单价或合同价	提出索赔，按月支付提出索赔，或按新合同程序支付

（2）处理原则

在国际工程施工索赔的实践中，确定合同工程的工作范围时，通常遵循以下原则：

1）包括在招标文件中的"工程范围"所列的工作内，并在工程量清单、技术规范及图样中所标明的工程，均属于"附加工程"。

2）监理工程指示进行的"工程变更"，若属于"根本性的变更"，则属于"额外工程"。

3）发生的工程变更的工程量或款项，超过了一定的界限时，即超出了"附加工程"的范围时，应属于"额外工程"。

4）若属于"附加工程"，则计算工程款时，应按照投标文件工程量清单表中所列的单价进行计算，或参照近似工作的单价计算。若确定是属于"额外工程"，则应重新确定单价，接新单价支付工程款。

7.2.6　索赔费用的计算

1. 可索赔的费用内容

工程索赔的费用内容，与合同报价包含的内容相似，主要包括：人工费、材料费、机械使用费、管理费、延长工期后的费用、延期付款利息、赶工费、利润等。

在不同的索赔事件中可以索赔的费用是不同的。根据《公路工程标准施工招标文件中》通用合同条款的内容，可以合理补偿承包人的条款见表7.2。

表7.2　《公路工程标准施工招标文件》中"通用合同条款"规定的可以合理补偿承包人索赔的条款

序号	条款号	主要内容	可补偿内容		
			工期	费用	利润
1	1.10.1	施工过程发现文物、古迹及具有地质研究或考古价值的其他遗迹、化石、钱币或物品	√	√	
2	3.4.5	监理人未能按合同约定发出指示、指示延误或指示错误	√	√	√
3	4.1.8	承包人为他人提供方便		√	√
4	4.11.2	承包人遇到不利物质条件	√	√	
5	5.2.4	发包人要求向承包人提前交付材料和工程设备	√		

续表

序号	条款号	主要内容	可补偿内容		
			工期	费用	利润
6	5.2.6	发包人提供的材料和工程设备的规格、数量或质量不符合合同要求	√	√	√
7	8.3	发包人提供的测量基准点、基准线和水准点及其书面资料等基准资料错误导致承包人测量放线工作的返工或造成工程损失	√	√	√
8	11.3	发包人的原因造成工期延误	√	√	√
9	11.4	异常恶劣的气候条件	√		
10	11.6	发包人要求承包人提前竣工		√	
11	12.2	发包人原因引起的暂停施工	√	√	√
12	12.4.2	发包人原因造成暂停施工后无法按时复工	√	√	√
13	13.1.3	发包人原因造成工程质量达不到合同约定验收标准	√	√	√
14	13.5.3	监理人对隐蔽工程重新检查，经检验证明工程质量符合合同要求	√	√	√
15	13.6.2	发包人提供的材料或工程设备不合格造成的工程不合格，需要承包人采取措施补救	√	√	√
16	14.1.3	监理人重新试验和检验材料、工程设备和工程，结果证明该项材料、工程设备和工程符合合同要求	√	√	√
17	16.2	法律变化引起的价格调整		√	
18	18.4.2	发包人在全部工程竣工前，使用已接收的单位工程导致承包人费用增加	√	√	
19	18.6.2	发包人的原因导致试运行失败		√	
20	19.2	发包人原因导致的工程缺陷和损失		√	√
21	21.3.1	不可抗力	√	√	
22	21.3.4	因不可抗力解除合同		√	

表 7.3 中列示了 FIDIC 合同条件下部分可以合理补偿承包商的条款。

表 7.3　FIDIC 合同条件下部分可以合理补偿承包商的条款

序号	条款号	主要内容	可补偿内容		
			工期	费用	利润
1	1.9	延误发放图样	√	√	√
2	2.1	延误移交施工现场	√	√	√
3	4.7	承包商依据工程师提供的错误数据导致放线错误	√	√	√
4	4.12	不可预见的外条件	√	√	
5	4.24	施工中遇到文物和古迹	√	√	
6	7.4	非承包商原因检验导致施工的延误	√	√	√
7	8.4（a）	变更导致竣工时间的延长	√		
8	8.4（c）	异常不利的气候条件	√		
9	8.4（d）	由于传染病或其他政府行为导致工期的延误	√		
10	8.4（e）	业主或其他承包商的干扰	√		
11	8.5	公共当局引起的延误	√		
12	10.2	业主提前占用工程		√	√
13	10.3	对竣工检验的干扰	√	√	√
14	13.7	后续法规引起的调整	√	√	
15	18.1	业主办理的保险未能从保险公司获得补偿部分		√	
16	19.4	不可抗力事件造成的损害	√	√	

（1）人工费

1）停工及窝工的人工费。

① 合同中规定了计算方法的，原则上按合同中规定的计算方法计算。

② 合同中未规定计算方法的，可以参考计日工单价、人工费预算单价、当前的人工工资水平来计算。

在此基础上确定停工及窝工费的工日单价并根据实际的停工及窝工时间进行计算。其中停工、窝工时间中应根据工程的不同性质扣除雨水天气所占用的时间。

2）增加的人工费。由于增加了合同以外的工程内容，或由于业主原因造成工程拖延，致使承包人多用了人工或者延长了工作时间，则承包人有权向业主要求补偿人工费的损失。其计算方法是：工资单价×人工数×应赔偿（或延长）的天数。经累加后，即为要求赔偿的人工费。

（2）材料费

1）材料积压损失费。

① 合同中已支付材料预付款的，原则上不考虑材料积压损失费；

② 合同中未支付材料预付款的，可根据材料费价格及积压材料的费用总额计算其利息；

③ 对于使用时间有要求的材料，当材料积压时间太长时，应根据实际情况考虑材料超过使用期限后报废的损失。

2）增加材料的费用。由于业主修改了工程内容，或需要重新施工制作，致使工程材料用量增加，则承包人可向业主提出材料费用索赔。其计算方法是：（实际使用的材料数量－原来材料数量）×所使用材料单价，由此就可以求出增加材料的费用。

（3）机械费

1）机械设备停置费。

① 合同中规定了计算方法的，原则上按合同中规定的计算方法计算。

② 合同中未规定计算方法的，可参考式（7.1）计算：

$$机械停置费台班单价 = （折旧费＋大修理费）×\alpha\% ＋机上人员工资$$
$$＋养路费及车船使用税 \tag{7.1}$$

式中，折旧费、大修理费是指机械台班费用定额中每台班的折旧费和大修理费，$\alpha\%$ 为机械设备的使用率，按有关规定执行。机上人员工资按停工、窝工人工费的计算方法确定；养路费及车船使用税可查有关定额或规定。

③ 施工单位租赁机械，可在出具租赁合同后，根据租赁价格扣除燃料费后确定其停置费。

2）增加机械设备的费用。首先计算机械工作时间的增加量，即：原有各种机械比预定计划所增加的工作时间（或台班）；新增加各种机械和数量的工作时间（或台班）。其次，将求得以上各种工作时间的增加量乘以合同规定单价或台班单价。最后，将不同种类机械费用累计，就可以计算出机械的索赔金额。

（4）管理费

1）可根据实际情况由业主、监理工程师、承包人协商确定（主要考虑现场管理费）。

2）按辅助资料表的单价分析表中的管理费比例，测算管理费占合同总价的比例，确定合同总价中的管理费总额，再根据项目合同工期测算承包人每天的现场管理费总额，最后根据增工、停工或窝工时间确定索赔事件期间所发生的管理费总额。

（5）延长工期后的费用

1）当合同规定由承包人办理工程保险时，工程保险费追加可根据保险单或调查所得的保险费率来确定保险费用。

2）承包人临时设施维护费，如已包含在现场管理费中，则不另行计算，否则可根据延长时间由业主、监理工程师、承包人协商确定维护费用。

3）当合同规定临时租地费由承包人承担时，延长期间的临时租地费可根据租地合同或其他票据参考确定。

4）临时工程的维护费可根据临时工程的性质及实际情况由业主、承包人、监理工程师协商确定。

（6）延期付款利息

根据投标书附件中规定的延期付款利率和延期付款时间按单利法进行计算。

（7）赶工费

为抢工期而增加的周转性材料增加费、工效和机械效率降低费、职工的加班费、不经济地使用材料等费用，赶工费由业主、承包人、监理工程师根据赶工的工程性质和当时当地的实际情况协商确定。

（8）利润

对于不同性质的索赔，取得利润索赔的成功率是不同的。一般来说，由于工程范围的变更和施工条件变化引起的索赔，承包人是可以列入利润的；由于业主的原因终止或放弃合同，承包人除有权获得已完成工程款外，还应得到原定比例的利润。而对于工程延误的索赔，由于利润通常是包括在每项实施的工程内容的价格之内的，而延误工期并未影响、削减某些项目的实施而导致利润减少，所以，一般监理工程师很难同意在延误费用索赔中加进利润损失。索赔利润款额的计算通常是与原报价单中的利润百分率保持一致。即在索赔款直接费的基础上，乘以原报价单中的利润率，即为该项索赔款中的利润额。

2. 索赔费用的计算

（1）计算原则

1）合同原则。所谓合同原则是指承包商提出的索赔必须以合同为依据。即合同中已经明确规定，此项风险损失费由业主及其代理人承担，或者明确规定此项风险费用不应由承包商承担。合同原则还包括索赔费用的计算方法应该采用合同规定的计算方法。

2）损害事实原则。合同中规定由业主及其代理人承担的风险责任确实给承包商造成了实际损失，使承包商增加了额外费用，因此承包商的索赔要以实际损害为前提，以损害事实为依据。如果没有损害事实，则承包商不能要求业主给予补偿。

（2）计算方法

1）实际费用法。该方法是按照各索赔事件所引起损失的费用项目分别分析计算索赔值，然后将各费用项目的索赔值汇总，即可得到总索赔费用值。这种方法以承包商为某项索赔工作所支付的实际开支为依据，但仅限于由于索赔事项引起的、超过原计划的费用，故也称额外成本法。在这种计算方法中，需要注意的是，不要遗漏费用项目。

2）总费用法。总费用法又称总成本法，就是当多次发生索赔事件后，重新计算出该工程的实际总费用，再从这个实际总费用中减去投标合同价，即为索赔金额。

3）修正的总费用法。修正的总费用法是对总费用法的改进，即在总费用计算的原则上，去掉一些不合理的因素，使其更合理。

案例7.2

背景材料：某工程项目，业主与施工单位签订了施工合同，除税金外的合同总价为8600万元。其中：间接费费率15%，利润率5%，合同工期730天。为保证施工安全，合同中规定施工单位应安装满足最小排水能力1.5t/min的排水设施，并安装1.5t/min的备用排水设施，两套设施合计15900元。合同中还规定，施工中如遇业主原因造成工程停工或窝工，业主对施工单位自有机械按台班单价的60%给予补偿，对施工单位租赁机械按租赁费给予补偿（按机械台班单价扣减运转费用计算）。施工过程中若发现地下文物，业主给予的间接费补偿，其价款按建标［2003］206号文件的规定以工料单价法计价程序计价（以直接费为计算基础）。

该工程施工过程中发生以下三项事件：

事件1：施工过程中业主通知施工单位某分项工程（非关键工作）需进行设计变更，由此造成施工单位的机械设备窝工12天。

事件2：施工过程中遇到了非季节性大暴雨天气，由于地下断层相互贯通及地下水位不断上升等不利条件，原有排水设施满足不了排水要求，施工工区涌水量逐渐增加，使施工单位被迫停工，并造成施工设备被淹没。

为保证施工安全和施工进度，业主指令施工单位紧急购买额外排水设施，尽快恢复施工。施工单位按业主要求购买并安装了两套1.5t/min的排水设施，恢复了施工。

事件3：施工中发现地下文物，处理地下文物工作造成工期拖延40天。

就以上三项事件，施工单位按合同规定的索赔程序向业主提出索赔：

1）事件1。由于业主修改工程设计造成的施工单位机械设备窝工费用索赔，见表7.4。

表7.4 事件1的施工单位机械设备窝工费用索赔

项目	机械台班单价/（元/台班）	时间/天	金额/元
9m³空压机（自有）	310	12	3720
25t履带吊车（租赁）	1500	12	18 000
塔吊（自有）	1000	12	12 000
混凝土泵车（租赁）	600	12	7200
合计			40 920

间接费：40 920×15％＝6138（元）；

利润：（40 920＋6138）×5％＝2352.9（元）；

合计：40 920＋6138＋2352.9＝49 410.9（元）。

2）事件 2。由于非季节性大暴雨天气费用索赔：

① 备用排水设施及额外增加排水设施费：15 900÷2×3＝23 850（元）。

② 被地下涌水淹没的机械设备损失费 16000（元）。

③ 额外排水工作的劳务费 8650（元）。

合计：48 500（元）。

3）事件 3。由于处理地下文物，工期、费用索赔：

延长工期 40 天。

索赔现场管理费增加额：

间接费：8600×15％＝1290（万元）；

相当于每天：1290×10 000÷730≈17 671.23（元/天）；

40 天合计：17 671.23×40＝706 849.20（元）。

问题：

1）事件 1 中施工单位的这些索赔要求不合理，为什么？造价工程师审核施工单位机械设备窝工费用索赔时，核定施工单位提供的机械台班单价属实，并核定机械台班单价中运转费用分别为：$9m^3$ 空压机为 93 元/台班，25t 履带吊车为 300 元/台班，塔吊为 190 元/台班，混凝土泵车为 140 元/台班，造价工程师应核定的索赔费用是多少？

2）事件 2 中施工单位可获得哪几项费用的索赔？核定的索赔费用应是多少？

3）事件 3 中造价工程师是否应同意 40 天的工期延长？为什么？补偿的间接费如何计算，应补偿多少元？

注：建标［2003］206 号文件规定中的工料单价法计价程序（以直接费为计算基础）为：间接费＝直接费×间接费费率；利润＝（直接费＋间接费）×利润率；税金＝（直接费＋间接费＋利润）×综合税率。

答案：

1）在事件 1 中索赔要求不合理的有：

① 自有机械索赔要求不合理。因为合同规定，施工单位自有机械业主按台班单价的 60％补偿。

② 租赁机械索赔要求不合理。因为合同规定，施工单位租赁机械业主按租赁费补偿。

③ 间接费索赔要求不合理。因为该分项工程是非关键工作，窝工没有造成全工地的停工。

④ 利润索赔要求不合理。因为机械窝工并未造成利润的减少。

造价工程师核定的索赔费用为：

$$3720×60％＝2232（元）$$

$$18 000－300×12＝14 400（元）$$

$$12 000×60％＝7200（元）$$

$$7200-140\times12=5520（元）$$

合计：$2232+14\,400+7200+5520=29\,352$（元）。

2）在事件 2 中可获得索赔的费用有：①额外增加的排水设施费；②额外增加的排水工作劳务费。

核定的索赔费用应为：$15\,900+8650=24\,550$（元）。

3）在事件 3 中，应同意 40 天工期的延长，因为地下文物处理是有经验的承包商不可预见的（或：地下文物处理是业主应承担的风险）。

合同价 8600 万元中所含利润为：

$86\,000\,000\div1.05\times5\%\approx4\,095\,238.1$（元）；

合同价 8600 万元减去 5% 利润后的总价为：

$86\,000\,000-4\,095\,238.1=81\,904\,761.9$（元）；

间接费为：$81\,904\,761.9\div1.15\times15\%\approx10\,683\,230$（元）；

每天的间接费为：$10\,683\,230\div730\approx14\,634.56$（元）；

应补偿的间接费为：$14\,634.56\times40=585\,382.40$（元）。

7.3 公路工程施工结算的编制

学习目标

1. 叙述施工结算的依据；
2. 叙述公路工程施工结算的费用项目和期中结算（工程进度付款）的程序；
3. 了解工程计量的依据、条件和方法。

7.3.1 概述

1. 施工结算的概念

施工结算，也称为工程价款结算，是指承包人在工程实施过程中，依据合同中关于付款条款的规定和已经完成的工程量，按照规定的计量支付程序向业主收取工程价款的一项经济活动。

正确而及时地组织工程费用的结算，全面做好费用结算的各项工作，对于加速资金周转，加强经济核算，对工程施工实行全面监督和管理，促进施工任务的完成，保证工程施工的顺利进行等方面都有着极其重要的意义。工程费用的结算过程，实际上也是组织施工活动，及时掌握施工活动的动态和变化情况的过程。

2. 施工结算的编制依据

1）国家和地方交通主管部门颁发的有关工程造价编制方面的文件规定。主要有交通运输部颁发的现行计价文件（如《公路工程预算定额》、《概算预算编制办法》等）及地方交通主管部门颁发的一些补充规定，它们既是设计阶段、招投标阶段工程造价编制的依据，也是在一定条件下的工程施工费用结算编制的依据。

2）工程承包合同。工程承包合同（协议书）中明确规定了合同双方应承担的责任、可以行使的权力、应获得的利益，也明确了该工程的合同总价、合同清单单价等。在施工结算编制中，应受合同（协议书）文件有关条款的约束。

3）合同条款。合同条款包括项目专用合同条款、公路工程专用合同条款、通用合同条款：

① 通用合同条款。通用合同条款是指交通运输部《公路工程标准施工招标文件》（2009年版）的"通用合同条款"，该"通用合同条款"完全采用国家发展和改革委员会、财政部、城乡和住房建设部、铁道部、交通运输部、信息产业部、水利部、民用航空总局、广播电影电视总局联合制定的《标准施工招标文件》（2007年版）中的"通用合同条款"，该条款共24条。

② 公路工程专用合同条款。考虑到公路工程的特点和管理的需要，在《公路工程标准施工招标文件》中发布有"公路工程专用合同条款"。"公路工程专用合同条款"仍为24条，其条款编号、名称与"通用合同条款"同，只是对一些相关内容根据公路工程招标及管理的具体情况做了细化和补充。

③ 项目专用合同条款。项目专用条款是根据招标项目的具体情况，对"通全合同用条款"和"公路工程专用合同条款"的补充或修正，作为本项目的专用合同条款。"公路工程专用合同条款"规定招标人在根据《公路工程标准施工招标文件》编制项目招标文件中的"项目专用合同条款"时，可根据招标项目的具体特点和实际需要，对"通用合同条款"和"公路工程专用合同条款"进行补充、细化，除"通用合同条款"明确"专用合同条款"可做出不同约定外，补充和细化的内容不得与"通用合同条款"及"公路工程专用合同条款"强制性规定相抵触；同时，补充、细化或约定的不同内容，不得违反法律、行政法规的强制性规定和平等、自愿、公平、诚实信用原则。

合同条款在合同文件中的优先顺序为"项目专用条款"、"公路工程专用合同条款"、"通用条款"。

4）技术规范。《公路工程标准施工招标文件》中第七章技术规范，或发包人根据项目实际情况编制的补充技术规定，其中除详细列有对工程的技术要求外，还列有直接用于工程结算的计量细则和支付细则。因此，技术规范是施工结算的编制依据。

5）工程量清单。在施工结算中，作为合同文件重要组成部分的工程量清单中所列的支付细目编号、项目名称、计量单位、单价是施工结算编制的重要依据，且不得随意更改。

6）计量的工程量。根据《公路工程标准施工招标文件》"通用合同条款"17.1.4项的规定，已标价工程量中的单价子目工程量为估算工程量。结算工程量是承包人实际完成的，并按合同约定的计量方法进行计量的工程量。除合同另有规定外，监理人应根据《公路工程施工监理规范》（JTG G10—2006）对承包人提出的已完成工程量通过计量来核实工程量和确定其价值。计量的工程量是确定承包人已完成工程价值的基础，是施工结算编制的基本依据。

7）日常施工记录。

8）国家有关主管部门颁发的文件。如2004年10月20日财政部、原建设部颁发的

《建设工程价款结算暂行办法》（财建［2004］369 号）等。

3. 施工结算的分类

（1）按时间分类

按时间分类，可以分为前期预结算（支付）、期中结算（支付）、交工结算（支付）和最后结算（支付）四种。

1）前期预结算（支付）。即施工前的预付款，有开工预付款和材料预付款两类。在开工前，承包人履行了合同规定的义务后，由监理人签发支付证书，发包人付款。施工中按规定扣回。

2）期中结算（支付）。即施工中进行的结算，一般按月进度支付，是根据每月完成的工程量按清单价格计算的工程价款及合同规定应结算（支付）的其他款项。

3）交工结算（支付）。即在本合同段完工或基本完工，监理人签发交工证书后办理的结算（支付）工作。

4）最后结算（支付）。即在缺陷责任期结束，监理人签发缺陷责任证书后，办理的最后一次结算（支付）工作。

（2）按结算（支付）的内容分类

按结算（支付）的内容可分为工程量清单内的结算（支付）和工程量清单外、合同内的结算（支付）。

工程量清单内的结算（支付）是按合同条件和技术规范，通过监理人的质量检查、计量，确认已完的工程量，然后按确认的工程数量与报价单中的单价，结算和支付工程量清单中的各项工程费用，简称清单支付。清单支付是期中支付中的主要项目，占有很大的比重。

工程量清单外、合同内的结算（支付）是按合同规定，并且监理人根据工程实际情况和现场证实资料，确认清单以外的各项工程费用，如索赔费用、工程变更费用、价格调整等，简称附加支付。附加支付在期中支付中虽然占的比重较小，却是比较难以控制和掌握的，它一方面取决于合同规定，另一方面取决于工程施工中实际遇到的客观条件和各种干扰。

7.3.2　公路工程施工结算的费用项目

根据《标准施工招标文件》和《公路工程标准施工招标文件》的相关条款规定，施工正常结算的费用项目按其内容一般可以划分为两类：一类是工程量清单内的费用项目，它包括清单内各章、各节、各细目应支付的费用项目及工程量清单汇总表中包含的计日工、暂列金额（不含计日工总额）；另一类是清单以外、合同以内的费用项目，它包括开工预付款、材料预付款、质量保证金、工程变更费用、价格调整费用、索赔费用等费用项目。

1. 清单内费用项目

工程量清单内的费用项目，是将整个工程项目按照一定的划分原则和工程量计算规则进行分解并计算出工程量而构成的工程细目表。工程量清单主要由说明、工程细目表、计日工表和投标报价汇总表等组成。按照《公路工程标准施工招标文件》中的工程量清单样表，工程细目表包括第 100 章总则、第 200 章路基、第 300 章路面、第 400 章桥梁涵洞、

第 500 章隧道、第 600 章安全设施及预埋管线、第 700 章绿化及环境保护。除各章的费用项目外，在投标报价汇总表中，支付的费用项目还包括计日工、暂列金额。

2. 清单外、合同内的费用项目

（1）预付款

1）开工预付款。开工预付款是开工前由业主支付给承包人用于工程开工前各项准备工作的无息款项。开工预付款的金额一般为合同价的 10%，具体金额在项目专用合同条款数据表中约定。

在承包人签订了合同协议书并提交了开工预付款保函后，监理人应在当期进度支付证书中向承包人支付开工预付款的 70% 的价款；在承包人承诺的主要设备进场后，再支付预付款的 30%。

预付款在进度付款证书的累计金额未达到合同价的 30% 之前不予扣回，在达到签约合同价 30% 之后，开始按工程进度以固定比例（即每完成签约合同价的 1%，扣回开工预付款的 2%）分期从各月的进度付款证书中扣回，全部金额在进度付款证书的累计金额达到签约合同价的 80% 时扣完。

2）材料设备预付款。材料、设备预付款是由业主预先支付给承包人的一定比例的材料、设备款项，以供购进将用于和安装在永久工程中的各种材料、设备。

材料、设备预付款按项目专用合同条款数据表所列主要材料、设备单据费用（进口的材料、设备为到岸价，国内采购的为出厂价或销售价，地方材料为堆场价）的百分比支付。其条件是：

① 材料、设备符合规范要求并经监理工程师认可。

② 承包人已出具材料、设备费用凭证或支付单据。

③ 材料、设备已在现场交货，且存储良好，监理人认为材料、设备的存储方法符合要求。

则监理人应将此项金额作为材料、设备预付款计入下一次的期中支付证书中，在预计交工前 3 个月，将不再支付材料、设备预付款。

当材料、设备已用于或安装在永久工程中时，材料、设备预付款应从进度付款证书中扣回，扣回期不超过 3 个月。已经支付材料、设备预付款的材料、设备的所有权应属于发包人。

（2）质量保证金

质量保证金是监理工程师根据合同条件的规定，从支付给承包人的付款中替业主暂时扣留的一种款项，主要用于保证在缺陷责任期内，承包人履行缺陷修复义务的金额。

监理人应从第一个付款周期开始，在发包人的进度付款中，按项目专用合同条款数据表规定的百分比扣留质量保证金，直至扣留的质量保证金总额达到项目专用合同条款数据表规定的限额为止。质量保证金的计算额度不包括预付款的支付以及扣回的金额。

约定的缺陷责任期满时，承包人向发包人申请到期应返还承包人剩余的质量保证金金额，发包人应在 14 天内会同承包人按照合同约定的内容核实承包人是否完成缺陷责任。如无异议，发包人应当在核实后将剩余保证金返还承包人。缺陷责任期满时，承包人没有完成缺陷责任的，发包人有权扣留与未履行责任剩余工作所需金额相应的质量保证金余额，并有权要求延长缺陷责任期，直至完成剩余工作为止。

（3）索赔费用

其索赔费用的支付额，应按监理人签发的索赔审批书来确定或按监理人暂时确定的赔偿金额来支付。

（4）变更工程费用

工程变更是工程费用支付中的一个重要项目。工程变更费用的支付依据是工程变更令和工程变更清单，支付方式采用列入《中期支付证书》的形式进行。

（5）价格调整费用

由于公路工程项目施工所跨越的时间较长，施工成本容易受市场物价波动的影响。根据合同条款的规定，在合同执行期间，由于劳务、材料或影响工程施工成本的任何其他事项的价格涨落而引起费用增减时，应根据合同条款规定的价格调整公式给予调价，将其浮动的价格从合同价值中增加或减去。

（6）逾期交工违约金

逾期交工违约金是因承包人原因，使得工程不能如期完成的，承包人应向业主支付的项目专用合同条款数据表写明的金额（按天计算）。逾期交工违约金应不超过项目专用合同条款数据表中写明的限额（一般为签约合同价格的10%）。

（7）提前交工奖励

如果项目专用合同中有此条款，而承包人比此规定的工期提前完工，则可以得到提前交工奖励。该奖金时间是按工程移交证书的签署日期与合同规定的完成时间之差，按天数计算。提前交工奖励应不超过项目专用合同条款数据表中写明的限额。

（8）逾期付款违约金

发包人不按期支付工程进度款的，应按项目专用合同条款数据表约定的利率向承包人支付逾期付款违约金。违约金计算基数为发包人的全部未付款额，时间应从应付而未付该款额之日算起（不计复利）。

7.3.3 施工结算（工程进度付款）中的工程计量

1. 工程计量的概念

工程计量是按照合同文件技术规范中所规定的方法对承包人符合要求的已完工程的实际数量所进行的测量、计算、核查和确认的过程。

工程计量的任务是确定实际工程数量的多少。工程量有预估工程量和实际工程量之分，工程量清单的工程量仅是估算工程量，不能作为承包人应予完成的工程之实际和确切的工程量。实际工程量的多少只有通过计量才能确定，计量必须准确、真实、合法和及时。

2. 工程计量的条件

工程计量一方面是准确地测定和计算已完工程的数量，另一方面也是对已完工程进行综合评价。因此，对进行计量的工程，必须满足以下条件。

1）计量的项目应符合合同要求。合同规定计量的项目包括清单中的工程细目、合同文件中规定的项目、工程变更项目三个方面。

2）质量必须达到合同规范标准的要求。

3）验收手续必须齐全。

3. 工程计量的依据

计量的依据一般有：质量合格证书、工程量清单前言、合同条件中的"计量支付"条款、技术规范中有关计量支付的内容（或独立的计量支付说明）和设计图样及各种测量数据等。计量主要依据文件有：《中间计量表》；《工程分项开工申请批复单》；《检验申请批复单》及有关的自检资料；工程质量检验表及有关的质量评定意见；《工程变更令》；《中间交工证书》。

4. 计量方法

工程的计量必须以净值为准。《公路工程标准施工招标文件》第17.1.2项明确规定：工程的计量必须以净值为准，除非项目专用合同条款另有约定。工程量清单中各个子目的具体计量方法按合同文件技术规范中的规定执行。

根据技术规范、工程量清单和合同条款的有关规定，公路工程施工监理一般采用以下方法进行计量：

1）断面法。主要用于取土坑和路基土方的计量。

2）图样法。在工程量清单中，许多项目的工程数量按照设计图样所示的尺寸进行计量，如混凝土的体积、钢筋的长度、钻孔灌注桩的桩长等。

3）钻孔取样法。主要用于道路面层结构的计量。采用钻孔取样法确定结构层的厚度。

4）分项计量法。就是将一个项目根据工序或部位分解为若干子项，对完成的各子项进行计量支付。这种计量方法主要是为了解决一些较大的工程项目或包干项目的支付时间过长，影响承包人的资金流动等问题。

5）均摊法。就是对清单中某些项目的合同价款，按合同工期平均计量。它适用于临时道路、电设施、电讯设施及供水与排污设施的修建与养护等清单项目。这些项目的特点是在合同工期内每月都有发生，因此可以采用均摊法。

6）凭证法。就是根据合同中要求承包人提供的票据进行计量支付。例如，建筑工程一切险和第三方责任险的保险费等，一般按凭证法进行计量支付。

7）估价法。就是按照合同文件的规定，根据监理工程师估算的已完成的工程价值支付，如为监理工程师提供办公和生活设施、车辆以及测量设备、天气记录设备、通信设备等项目。

5. 计量的周期

除专用合同条款另有约定外，单价子目已完成工程量按月计量，总价子目的计量周期按批准的支付分解报告确定。

6. 单价子目的计量

《公路工程标准施工招标文件》第17.1.4项规定：

1）已标价工程量清单中的单价子目工程量为估算工程量。结算工程量是承包人实际完成的，并按合同约定的计量方法进行计量的工程量。

2）承包人对已完成的工程进行计量，向监理人提交进度付款申请单、已完成工程量报表和有关计量资料。

3）监理人对承包人提交的工程量报表进行复核，以确定实际完成的工程量。对数量有异议的，可要求承包人按第 8.2 款（施工测量）约定进行共同复核和抽样复测。承包人应协助监理人进行复核并按监理人要求提供补充计量资料。承包人未按监理人要求参加复核，监理人复核或修正的工程量视为承包人实际完成的工程量。

4）监理人认为有必要时，可通知承包人共同进行联合测量、计量，承包人应遵照执行。

5）承包人完成工程量清单中每个子目的工程量后，监理人应要求承包人派员共同对每个子目的历次计量报表进行汇总，以核实最终结算工程量。监理人可要求承包人提供补充计量资料，以确定最后一次进度付款的准确工程量。承包人未按监理人要求派员参加的，监理人最终核实的工程量视为承包人完成该子目的准确工程量。

6）监理人应在收到承包人提交的工程量报表后的 7 天内进行复核，监理人未在约定时间内复核的，承包人提交的工程量报表中的工程量视为承包人实际完成的工程量，据此计算工程价款。

7）承包人未在已标价工程量清单中填入单价或总额价的工程子目，将被认为其已包含在本合同的其他子目的单价和总额价中，发包人将不另行支付。

7. 总价子目的计量

《公路工程标准施工招标文件》第 17.1.5 项规定：除专用合同条款另有约定外，总价子目的分解和计量按照下述约定进行。

1）总价子目的计量和支付应以总价为基础，不因第 16.1 款（物价波动引起的价格调整）中的因素而进行调整。承包人实际完成的工程量，是进行工程目标管理和控制进度支付的依据。

2）承包人在合同约定的每个计量周期内，对已完成的工程进行计量，并向监理人提交进度付款申请单、专用合同条款约定的合同总价支付分解表所表示的阶段性或分项计量的支持性资料，以及所达到工程形象目标或分阶段需完成的工程量和有关计量资料。

3）监理人对承包人提交的上述资料进行复核，以确定分阶段实际完成的工程量和工程形象目标。对其有异议的，可要求承包人按第 8.2 款（施工测量）约定进行共同复核和抽样复测。

4）除按照第 15 条（变更）约定的变更外，总价子目的工程量是承包人用于结算的最终工程量。

7.3.4　施工结算的编制

1. 施工结算的编制方式

按照现行公路工程项目建设管理的通常方式，公路工程施工结算一般采用开工前预付（开工预付款和材料设备预付款）、施工期中按月支付（又称期中结算或工程进度付款）、工程接收证书颁发后交工结算（通用合同条款称"竣工结算"）、缺陷责任终止证书签发后结清（最终结算）的支付方式。施工结算中涉及的一些基本数据（如质量保证金的限额），通常在招标文件中以"项目专用条款数据表"的形式给出，见表 7.5。

公路工程定额与造价（第三版）

表 7.5　项目专用合同条款数据表（例表）

序号	条目号	信息或数据	
1 2	1.1.2.2 1.1.2.6	发包人：××× 地址：××× 监理人：×××	邮政编码：
3	1.1.4.5	地址：×××　　　　　　邮政编码： 缺陷责任期：自实际交工日期起计算　2　年，保修期　5　年	
4	1.6.3	图样需要修改和补充的，应由监理人取得设计和发包人同意后，在该工程或工程相应部位施工前 7 天签发图样修改图给承包人	
5	3.1.1	监理人在办理变更或增加投资前需要经发包人事先批准	
6	5.2.1	发包人是否提供材料或工程设备：否 如发包人负责提供部分材料或工程设备，相关规定如下：无	
7	6.2	发包人是否提供施工设备和临时设施：否 如发包人负责提供部分施工设备和临时设施，相关规定如下：无	
8	8.1.1	发包人提供测量基准点、基准线和水准点及其书面资料的期限：合同签订后 5 天内 承包人将施工控制网资料报送监理人审批的期限：5 日历天	
9	11.5	逾期交工违约金：2000 元/天	
10	11.5	逾期交工违约金额：10%签约合同价	
11	11.6	提前交工的奖金：1000 元/天	
12	11.6	提前交工的奖金限额：3%签约合同价	
13	16.1	合同期内不调价；采用单价包干合同	
14	17.2.1	开工预付款金额：10%签约合同价	
15	17.2.1	材料、设备预付款比例：钢材、水泥、碎石等主要材料、设备单据所列费用的 75%	
16	17.3.2	承包人在每个付款周期末向监理人提交进度付款申请单的份数：4 份	
17	17.3.3（1）	1. 进度付款证书：当月完成合格工程量的　85　%；当工程进度款累计（含预付款）支付到签约合同价的 50%后，预付款按比例扣回，直至扣回为止。 2. 安全专项费用支付：中标人向监理单位申报实际发生的用于安全生产实施费用，业主审批后据实予以支付。	
18	17.3.3（2）	逾期付款违约金的利率：0.3%/天	
19	17.4.1	质量保证金百分比：月支付额的10%	
20	17.4.1	质量保证限额：5%合同价格。	
21	17.5.1	承包人向监理人提交交工付款申请表（包括相关证明材料）的份数：4 份	
22	17.6.1	承包人向监理人提交最终结清申请单（包括相关证明材料）的份数：4 份	
23	18.2	竣工资料的份数：4 份	
24	18.5.1	单位工程或工程设备是否需投入施工期运行：否	
25	18.6.1	本工程及工程设备是否进行试运行：否	
26	19.7	保修期：自实际交工日期起计算5年	
27	20.1	建筑工程一切险的保险费率：3‰	
28	20.4.2	第三者责任险的最低投保金额：100 万元，事故次数不限（不计免赔额）保险费率：2‰	
29	24.1	争议的最终解决办法：诉讼	

2. 期中结算（工程进度付款）程序

期中结算是合同在履行过程中对每月所发生的付款申请、审查和支付的工作。通用合同条款规定的期中结算程序如图 7.2 所示。

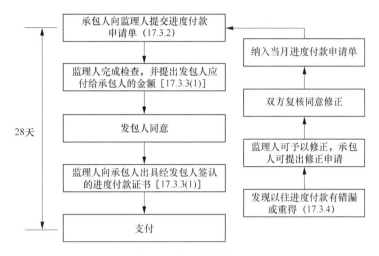

图 7.2　期中结算程序

（1）承包人提交付款申请

根据合同规定，承包人应在每月末向监理人提交由其项目经理签署的按监理人格式要求填写的月结账单（付款申请书）一式 6 份，该月结账单包括以下内容：

① 自开工截至本月末止已完成的工程价款。

② 自开工截至上月末止已完成的工程价款。

③ 本月完成的（应结算的）工程价款，即①-②。

④ 本月完成的应结算的计日工价款。

⑤ 本月应支付的暂列金额价款。

⑥ 本月应支付的材料设备预付款。

⑦ 根据合同规定本月应结算的其他款项。

⑧ 价格调整及法规变更引起的费用。

⑨ 本月应扣留的保留金、材料设备预付款及开工预付款。

⑩ 根据合同规定，本月应扣除的其他款项。

（2）监理人审查与签证

监理人在收到承包人进度付款申请单及相应的支持性证明文件后的 14 天内完成核查，提出发包人到期应支付给承包人的金额及相应的支持性材料，经发包人审查同意后，由监理人向承包人出具经发包人签认的进度付款证书。监理人有权扣发承包人未能按照合同要求履行任何工作或义务的相应金额。

（3）发包人付款

根据《标准施工招标文件》通用条款第 17.3.3 项的有关规定，发包人应在收到期中支付证书后 28 天内将应付款项支付给承包人，如果发包人未能在规定期限内付款，则应按投标书附录规定的利率支付全部未付款额的利息。如果发包人收到承包人通知后的 28 天内仍不履行付款义务，承包人有权暂停施工。暂停施工 28 天后，发包人仍不纠正违约行为的，承包人可向发包人发出解除合同通知。

3. 交工结算程序

（1）承包人的交工支付申请

根据《公路工程标准施工招标文件》专用条款第 17.5.1 项的规定，工程接收证书颁发后，承包人应按专用合同条款约定的份数和期限向监理人提交交工付款申请单，并提供相关证明材料。除专用合同条款另有约定外，交工付款申请单应包括下列内容：

① 交工结算合同总价。

② 发包人已支付承包人的工程价款。

③ 应扣留的质量保证金。

④ 应支付的竣工付款金额。

（2）交工支付申请的审定与支付

监理人在收到承包人提交的竣工付款申请单后的 14 天内完成核查，提出发包人到期应支付给承包人的价款送发包人审核并抄送承包人。发包人应在收到后 14 天内审核完毕，由监理人向承包人出具经发包人签认的竣工付款证书。监理人未在约定时间内核查，又未提出具体意见的，视为承包人提交的竣工付款申请单已经监理人核查同意。发包人未在约定时间内审核又未提出具体意见的，监理人提出发包人到期应支付给承包人的价款视为已经发包人同意。

4. 最终结算程序

最终结清，即最后一次支付。它要在承包人的缺陷责任期满，缺陷责任期终止证书签发后才进行的支付，是发包人与承包人经济关系的结清。最终结清申请单中的总金额应认为是代表了根据规定应付给承包人的全部款项的最后结算。

（1）承包人提交最终结清申请单

根据现行《公路工程标准施工招标文件》专用合同条款第 17.6.1 项的约定，承包人向监理人提交最终结清申请单（包括相关证明材料）的期限为监理人签发缺陷责任终止证书后的 28 天之内，份数为"项目专用合同条款数据表"中约定的份数。

发包人对最终结清申请单内容有异议的，有权要求承包人进行修正和提供补充资料，由承包人向监理人提交修正后的最终结清申请单。

（2）监理人核查、发包人审核最终结清申请单

监理人收到承包人提交的最终结清申请单后的 14 天内，提出发包人应支付给承包人的价款送发包人审核并抄送承包人。监理人未在约定时间内核查，又未提出具体意见的，视为承包人提交的最终结清申请已经监理人核查同意。发包人未在约定时间内审核又未提出具体意见的，监理人提出应支付给承包人的价款视为已经发包人同意。

（3）监理人签发最终结清证书

发包人应在收到后 14 天内审核完毕，由监理人向承包人出具经发包人签认的最终结清证书。

（4）发包人在规定的时间内付款

发包人应在监理人出具最终结清证书后的 14 天内，将应支付款支付给承包人。

5. 计量支付表格

承包人应在每个付款周期末，按监理人批准的格式和专用合同条款约定的份数，向监理人提交进度付款（中期支付）申请单，并附相应的支持性证明文件。工程进度付款（中期支付）申请单系由一系列计量支付表格及其附件组成。公路工程施工中，常用支付表格有：

1）支表 1　工程进度表。

2）支表 2　中期支付证书。

3）支表 3　清单支付报表。

4）支表 4　计日工支付报表。

5）支表 5　工程变更一览表。

6）支表 6　价格调整汇总表。

7）支表 7　价格调整表。

8）支表 8　单价变更一览表。

9）支表 9　永久性材料价差金额一览表。

10）支表 10　永久性工程材料到达现场计量表。

11）支表 11　扣回材料设备预付款一览表。

12）支表 12　扣回开工预付款一览表。

13）支表 13　中间计量表。

14）支表 14　中间计量支付汇总表。

6. 支付表格中各项费用的计算

（1）工程量清单内各费用项目的计算

1）第 100 章各费用项目支付额的计算。第 100 章支付额严格按照合同文件技术中的计量与支付细则进行计算。通常，保险费、税金是按缴纳费用的收据（发票）进行计算并在合同清单该支付项金额内予以支付；其余费用项目是在满足合同文件要求后，按合同文件规定的百分比进行计算并支付。

2）清单中其余各章各费用项目支付额的计算。其余各章各费用项目支付额按合同内该费用项目（工程细目）清单单价（合同单价）乘以计量的工程量计算，暂列金额、计日工支付项目应支付费用的计算按工程量清单、合同条款中的规定进行。

（2）清单以外、合同以内支付项目应支付费用的计算

清单以外、合同以内支付项目应支付费用应严格按照合同条款（专用合同条款、通用

合同条款、项目专用合同条款数据表）的规定进行计算，特别要注意工程变更、价格调整、索赔等支付项目应支付费用的计算和确定。各项费用的计算、款额的预付或扣回应严格按合同文件的规定进行，并在规定的计量支付表格中示明。

案例7.3

背景材料： 某工程项目，业主与承包商签订了工程施工承包合同，合同中估算工程量为 5300m^3，单价 180 元/m^3。合同工期为 6 个月，有关支付条款如下：

1）开工前，业主向承包商支付估算合同价 20％的预付款。

2）业主从第 1 个月起，从承包商的工程款中，按 5％的比例扣留质量保证金。

3）当累计实际完成工程量超过（或低于）估算工程量的 10％时，价格应予调整，调价系数为 0.9（或 1.1）。

4）每月签发付款证书最低金额为 15 万元。

5）预付款从施工单位获得累计工程款超过估算合同价的 30％以后的下一个月起至第 5 个月均匀扣除。

承包商每月实际完成并经签认认可的工程量见表 7.6。

表 7.6　每月实际完成并经签证确认的工程量（m^3）

月份	1	2	3	4	5	6
完成工程量	800	1000	1200	1200	1200	500
累计完成工程量	800	1800	3000	4200	5400	5900

问题：

1）估算合同总价是多少？

2）预付工程款是多少？预付工程款从哪个月起扣留？每月扣预付工程款是多少？

3）每月工程价款是多少？应签证的工程款是多少？实际应签发的付款凭证金额是多少？

答案：

1）估算合同总价为 95.4 万元，即 5300×180＝954 000（元）＝95.4（万元）。

2）预付工程款为 19.08 万元，即 95.4×20％＝19.08（万元）。

因为第一、二期累计工程款：

1800×180＝324 000（元）＝32.4（万元）＞95.4×30％＝28.62（万元），根据合同规定，累计工程款超过估算合同价的 30％以后的下一个月起至第 5 个月均匀扣除，可知预付工程款从第 3 个月开始扣留。

每月应扣预付工程款：19.08/3＝6.36（万元）。

3）第 1 个月工程款：800×180＝144 000（元）＝14.4（万元）；

本月应扣留质量保证金：14.40×0.05＝0.72（万元）；

本月应签证的工程款：14.40×0.95＝13.68（万元）＜15（万元）（本月不予付款）。

第 2 个月工程款：1000×180＝180 000（元）＝18（万元）；

本月应扣留质量保证金：18×0.05＝0.9（万元）；

本月应签证的工程款：18×0.95＝17.10（万元）；

本月应签发的工程款：17.10＋13.68＝30.78（万元）。

第3个月工程款：1200×180＝216 000（元）＝21.60（万元）；

本月应扣留质量保证金：21.60×0.05＝1.08（万元）；

本月应扣预付款：6.36（万元）；

本月应签证的工程款：21.60×0.95－6.36＝14.16（万元）＜15（万元）（本月不予付款）。

第4个月工程款：1200×180＝216 000（元）＝21.60（万元）；

本月应扣留质量保证金：21.60×0.05＝1.08（万元）；

本月应扣预付款：6.36（万元）；

本月应签证的工程款：21.60×0.95－6.36＝14.16（万元）；

本月应签发的工程款：14.16＋14.16＝28.32（万元）。

第5个月累计完成5400m³比原估算的工程量超过100m³，但未超过估算10%，仍按原价估算工程价款：1200×180＝216 000（元）＝21.60（万元）；

本月应扣留质量保证金：21.60×0.05＝1.08（万元）；

本月应扣预付款：6.36（万元）；

本月应签证的工程款：21.60×0.95－6.36＝14.16（万元）＜15（万元）（本月不予付款）。

第6个月累计完成5900m³比原估算的工程量超过600m³，已超过估算10%，对超过部分应调整单价。应调整单价的工程量：5900－5300×(1＋10%)＝70（m³）；

本月完成的工程价款：70×180×0.9＋(500－70)×180＝88 740（元）＝8.874（万元）；

本月应扣留质量保证金：8.874×0.05＝0.4437（万元）；

本月应签证的工程款：8.874－0.4437＝8.43（万元）；

本月应签发的工程款：14.16＋8.43＝22.59（万元）。

7.4 公路工程竣工决算

学习目标

知道公路建设项目工程决算的含义和编制依据及工程决算文件的组成。

7.4.1 交通基本建设项目竣工决算

1. 建设项目竣工决算的概念

竣工决算是以实物数量和货币指标为计量单位，综合反映竣工项目从筹建开始到项目竣工交付使用为止的全部建设费用、投资效果和财务情况的总结性文件，是竣工验收报告的重要组成部分。竣工决算是正确核定新增固定资产价值，考核分析投资效果，建立健全经济责任制的依据，是反映建设项目实际造价和投资效果的文件。通过竣工决算，既能够反映建设工程的实际造价的投资结果；又通过竣工决算与概算、预算对比分析，考核投资控制的工作成效，为工程建设提供重要的技术经济方面的基础资料，提高未来工程建设的投资效益。按照国家关于基本建设项目竣工验收的规定，所有的新建、扩建、改建和恢复项目竣工后都要编制竣工决算。根据建设项目规模的大小，可分为大、中型建设项目竣工决算和小型建设项目竣工决算两大类。

竣工决算的编制，是以建设单位为主，在监理工程师和施工单位的配合下共同完成的，它是建设工程所特有的多次性计价环节中的最后一次计价。

2. 竣工决算的编制

原交通部结合交通部门的实际情况，制定了《交通基本建设项目竣工决算报告编制办法》（交财发［2000］207号），下面对其重点内容进行介绍。

（1）竣工决算的内容

交通基本建设项目竣工决算报告按建设项目类型分公路建设项目、桥梁隧道建设项目、内河航运建设项目、港口（码头）建设项目和不能归入上述四类的其他建设项目等分别编报。编制竣工决算时，必须填制本类项目工程概况专用表和全套财务通用表。

交通基本建设项目竣工决算分为竣工工程决算和财务竣工决算，竣工工程决算是竣工财务决算的编制基础。

交通基本建设项目竣工决算报告由四个部分组成，即竣工决算报告的封面、目录，竣工工程平面示意图，竣工决算报告说明书和竣工决算表格。

（2）竣工决算报告的编制依据

竣工决算报告应当依据以下资料编制：

1）经批准的可行性研究报告、初步设计、概算或调整概算、变更设计及开工报告等文件。

2）历年的年度基本建设投资计划。

3）经审核批复的历年年度基本建设财务决算。

4）编制的施工图预算、承包合同、工程结算等有关资料。

5）历年有关财产物资、统计、财务会计核算、劳动工资、审计及环境保护等有关资料。

6）工程质量鉴定、检验等有关文件，工程监理有关资料。

7）施工企业交工报告等有关技术经济资料。

8）有关建设项目附产品、简易投产、试运营（生产）、重载负荷试车等产生基本建设收入的财务资料。

9）有关征地拆迁资料（协议）和土地使用权确权证明。

10）其他有关的重要文件。

（3）竣工决算的编制步骤

1）收集、整理和分析有关依据资料。在编制公路工程竣工决算文件前，必须准备一套完整齐全的资料。这是准确、迅速编制竣工决算的必要条件。在工程的竣工验收阶段，应注意收集资料，系统地整理所有的技术资料、工程结算的经济文件、施工图样，审查施工过程中各项工程变更、索赔、价格调整、暂定金额等支付项目是否符合合同件规定，签证手续是否完备；审查各中期支付和最终支付是否与竣工图表资料、合同文件相符。

2）清理各项账务、债务和结余物资。在收集、整理和分析有关资料中，要特别注意建设工程从筹建到竣工投产（或使用）的全部费用的各项账务、债权和债务的清理，做到工完账清。既要核对账目，又要查点库存实物的数量，做到账与物相等，账与账相符，对结余的各种材料、工器具和设备要逐项清点核实，妥善管理，并按规定及时处理，收回资金。对各种往来款项要及时进行全面清理，为编制竣工决算提供准确的数据和结果。

3）填写竣工决算报表。按照公路工程决算表格中的内容，根据编制依据中的有关资料进行统计或计算各个项目的数量，并将其结果填到相应表格的栏目，完成所有报表的填写。它是编制建设工程竣工决算的主要工作。

4）编写建设工程竣工决算说明书。按照公路工程竣工决算说明的要求，根据编制依据和填写在报表中的结果编写说明。

5）按规定上报主管部门审批、存档。

7.4.2　公路建设项目工程决算的编制

为加强对公路建设项目工程决算编制工作的指导，加强公路建设项目投资管理，严格控制建设成本，提高投资效益，原交通部发布了《公路建设项目工程决算编制办法》（交公路发［2004］507 号），对公路建设项目工程决算的编制工作进行了规范。

1. 公路建设项目工程决算的含义及有关规定

（1）公路工程决算的含义

公路建设项目工程决算是指项目实际完成的工程量、采用的单价和费用支出，以及与批准的概（预）算对比情况。工程决算总费用由建设安装工程费，设备、工具及器具购置费，工程建设其他费用三部分构成。对于概（预）算编制办法规定的项目及批准概（预）算文件中未列明且不能列入第一、二部分的费用列入第三部分。

（2）公路工程决算的有关规定

1）工程决算是建设项目竣工验收工作的重要组成部分。未编制工程决算的建设项目，不得组织竣工验收。

2）工程决算文件由项目法人在交工验收后负责组织编制，竣工验收前编制完成，并将工程决算文件及工程决算数据软盘各 1 份上报交通主管部门，同时抄送工程造价管理部门。

3）建设项目法人应加强建设项目投资管理工作，配备具有相应资格的公路工程造价人员，做好工程决算资料的收集、整理和分析工作，工程决算文件的编制应真实、准确和完整。

4）公路建设项目工程决算文件应严格按照交通部交公路发［2004］507 号《公路建设项目工程决算编制办法》进行编制。

5）工程决算文件应简明扼要、字迹清晰、数据真实、计算正确、符合规定。

6）工程决算通过工程决算表进行计算。

2. 公路建设项目工程决算的目的和作用

公路建设项目工程决算，作为建设项目完成后从工程投资控制角度形成的成果，是工程估、概、预、决算管理环节中的重要一环，同时满足不同管理部门对工程造价管理信息的需求。政府主管部门，作为投资宏观控制的主体，需从中得到的是造价管理的最终结果，即控制目标的实现程度；审计监督部门的工作重点是对资金的流向及使用的合法性的判断，但需以其使用的必要性及形成的实物工程量为基础；造价管理部门，作为多次计价的最后一次确定造价，需要了解的重点是项目过程管理计价的必要性、合理性，并为造价资料的积累提取信息；建设单位则需从中总结管理经验，提高管理水平。

通过工程决算的编制，能够真实地反映项目费用形成，考核各项费用支出的必要性和合理性，与批准的概（预）算对比反映概（预）算执行情况，从而达到规范管理，堵塞漏洞的目的，使竣工财务决算的编制有一个良好的基础，同时为进一步修订计价依据和建立造价数据库积累造价资料。

3. 公路建设项目工程决算的编制依据

1）经交通主管部门批准的设计文件，以及批准的概（预）算或调整概（预）算文件。
2）招标文件、标底（如果有）及与各有关单位签订的合同文件。
3）建设过程中的文件及有关支付凭证。
4）竣工图样。
5）其他有关文件、资料、凭证等。

4. 工程决算与财务决算的关系

交通基本建设项目竣工决算分为竣工工程决算（简称工程决算）和财务竣工决算（简称财务决算），竣工工程决算是竣工财务决算的编制基础。

工程决算和财务决算是从不同的侧面对建设单位在项目管理过程中费用支出情况的反映，是对项目建设成果的反映。但两者之间存在着一定的差异。

工程决算是从工程管理的角度出发，侧重于工程实体形成过程中"量"、"价"、"费"的分析，以建安工程费用为重点，以签订的合同为基础，以实施工程量、合同单价及合同相关条款为核算依据，同时反映工程管理过程中量的变化引起的费用变化和非量变化引起的费用变化，最终形成以建设项目的费用构成为表现形式并反映项目分部、分项工程的工程量大小及综合单价的高低。

财务决算则是从财务管理的角度出发，侧重于对资金的流向、大小和在时间上分布的分析，以现行的财税制度为依据，通过对资金的流动情况为重点进行分析，形成符合基本建设财务管理办法的科目体系，来反映竣工工程从开始建设起至竣工为止的全部资金来源和运用情况，达到核定使用资产价值的目的。

作为工程建设过程中缺一不可的两个管理体系，工程管理和财务管理是紧密联系、相互制约的，那么同为对管理成果的直接反映，工程决算和财务决算也是相辅相成的。工程决算是在基础数据表所反映的内容的基础上对工程管理过程的监督，在一定程度上满足了工程管理人员对有关造价信息的需求，也是编制财务决算的基础和依据；而财务决算是通过对财务管理过程中日常费用支出的监督检查，达到规范管理的目的，同时也是对工程决算的归纳和总结。

5. 工程决算文件的组成

工程决算文件包括工程决算编制说明和工程决算表。工程决算数据软盘包括工程决算文件和基础数据表。

（1）工程决算编制说明

工程决算编制说明应包括以下内容：工程决算概况；工程概（预）算执行情况说明，其应说明招标方式、结果及重大设计变更情况；设备、工具、器具购置情况的说明；工程建设其他费用使用情况的说明（包括征地拆迁费、建设单位管理费、监理费等）；预留费用使用情况的说明；工程决算编制中有关问题处理的说明；造价控制的经验与教训总结；工程遗留问题；其他需要说明的事项。

（2）工程决算表

工程决算表包括：建设项目概况表（01表），投资控制情况比较表（02表），工程数量情况比较表（03表），概（预）算分析表（04表），标底及合同费用分析表（05表），项目总决算（分析）表（06表），建安工程决算汇总表（07表），设备、工具及器具购置费用支出汇总表（08表），工程建设其他费用支出汇总表（09表）。

（3）基础数据表

基础数据表包括以下内容：合同段工程决算表（10表）、工程合同登记表（11表）、变更设计登记表（12表）、变更引起调整金额登记表（13表）、工程项目调价登记表（14表）、工程项目索赔登记表（15表）、计日工支出金额登记表（16表）、收尾工程登记表（17表）、报废工程登记表（18表）、工程支付情况登记表（19表）。

思 考 题

1. 简述工程变更的范围。
2. 试分析工程变更产生的原因。
3. 工程变更单价的确定原则有哪些？
4. 工程变更单价如何确定？
5. 何谓工程索赔？按索赔的目的（或内容）可以将施工索赔分为哪几种？
6. 试分析引起工程索赔的原因主要有哪些？
7. 试述工程索赔费用的内容？
8. 索赔金额的计算方法有哪几种？
9. 公路工程施工结算的含义是什么？施工结算有哪些费用项目？
10. 何谓工程计量？工程计量的条件是什么？

11. 工程计量的依据是什么？

12. 简述施工结算（工程进度付款）的程序。

13. 建设项目竣工决算的含义是什么？它由几部分组成？

14. 说明工程决算与财务决算的关系。

习　题

某施工合同约定，施工现场主导施工机械一台，由施工企业租得，台班单价为300元/台班，租赁费用为140元/台班，人工工资为40元/工日，窝工补贴为15元/工日，综合费率为35%（以人工费为基数）。在施工过程中，发生了如下事件：

1）出现异常恶劣天气导致停工2天，人员窝工30个工日。

2）因恶劣天气导致场外道路中断，抢修道路用工20工日。

3）场外大面积停电，造成停工2天，人员窝工10工日。

为此，施工企业可向业主索赔费用为多少？

案例练习题

案例题一

背景材料：某二级公路工程，里程桩号为K0+000～K9+000，长9km，施工单位投标时编制出的预算总价为25 673 362元，为了中标，在调价函中将总价下浮10%（所有项目预算单价平均下浮10%），中标的合同造价为23 106 026元，中标的工程量清单见表7.7。

表7.7　工程量清单表

子目号	子目名称	单位	数量	单价	合价
100	第100章　总则	元			3 296 102
200	第200章　路基	元			9 546 611
202-1	清理与掘除				
-a	清理现场	公路公里	8.95	15 539.17	139 076
203-1	路基挖方				
-a	挖土方	m³	146 714	7.71	1 131 165
-b	挖石方	m³	174 205	24.44	4 257 570
-c	挖除淤泥	m³	4593.1	23.68	108 765
204-1	路基填筑				
-a	换填土	m³	4593.1	13.52	62 099
-b	利用土方（含清表20cm回填量）	m³	69 628	3.82	265 979
-c	利用石方	m³	99 300	6.07	602 751
-g	结构物台背回填	m³	2433.5	55.63	135 376
207-1	7.5级砂浆砌片石边沟				
-a	500mm×500mm	m	5273.7	112.16	591 498

子目号	子目名称	单位	数量	单价	合价
207-2	7.5级砂浆砌片石排水沟				
-a	500mm×500mm	m	1519.3	111.19	168 931
207-3	7.5级砂浆砌片石截水沟				
-a	500mm×500mm	m	1429.32	131.50	187 956
208-2	7.5级浆砌片石护坡				
-a	7.5级砂浆砌片石	m³	40	110.99	4440
-b	7.5级砂浆砌片石肋带	m³	189.4	117.51	22 256
208-4	护面墙				
-a	7.5级砂浆砌片石	m³	1089.2	116.71	127 121
-b	7.5级砂浆砌片石平台	m³	31.1	114.39	3558
209-1	挡土墙				
-a	7.5级砂浆砌片石	m³	3452.6	123.46	426 258
-b	7.5级砂浆砌块石	m³	1469	132.41	194 510
215-5	7.5级浆砌片石锥坡	m³	323.94	120.81	39 135
216-1	护肩、护脚				
-a	7.5级砂浆砌片石	m³	1690.7	111.00	187 668
300	第300章 路面	元			5 621 296
304-4	5%水泥稳定碎石基层				
-a	厚180mm	m²	76 220	22.30	1 699 706
306-1	级配碎石底基层				
-a	厚150mm	m²	50 420	12.20	615 124
309-1	沥青表面处治				
-a	厚40mm	m²	9674	18.62	180 130
311-1	水泥混凝土面板				
-a	厚220mm（混凝土弯拉强度5.0MPa）	m²	51 769.1	60.39	3 126 336
400	第400章 桥梁与涵洞	元			2 351 249
401-419	中桥	m	56	16 256.64	910 372
420-1	钢筋混凝土盖板涵…m×…m				
-g	1.0×1.5	m	65	907.51	58 988
-j	1.6×2	m	75	2431.14	182 336
-k	1.6×2.5	m	126	2774.34	349 567
421-1	拱涵…m×…m				
-b	3×3	m	62.4	6486.88	404 781
-c	3×3.5	m	46	5800.17	266 808
-d	4×3	m	20.45	8723.55	178 397
600	第600章 交通安全设施	元			145 827
700	第700章 绿化及环境保护	元			21 611
	暂定金额	元			3 013 829
	总计	元			23 106 026

在工程施工过程中，发生了以下工程变更事件：

1）挖方土石成份及总量发生变化，挖土方数量减少 35 000m³，而挖石方数量增加 38 000m³。

2）K1+200～K1+350 段软基减少换填土 1060m³，增加抛填石 1560m³（抛填石预算单价为 78 元/m³）。

3）全段共增加 500mm×500mm 7.5 级砂浆砌片石截水沟 230m，7.5 级砂浆砌片石护脚 555m³，7.5 级砂浆砌片石护面墙 235m³。

4）厚 180mm 5% 水泥稳定碎石基层变更为厚 200mm。

5）取消 K5+790 处 1.6×2.5m 钢筋混凝土盖板涵，长为 13m。

6）全线增设单孔 φ1.0m 钢筋混凝土圆管涵 35.8m/3 道（圆管涵预算单价为 620 元/m）。

7）K6+300 处 3×3m 拱涵增大为 4×3m，长度不变，仍为 11.5m。

合同双方在《项目专用合同条款》第 15 款中有如下约定："如果合同的工程量清单中某一个支付细目所列金额或合价超过签约时合同价格的 2%，而且该支付细目变更后的工程实际数量超过或少于工程量清单中所列数量的 25%，则该支付细目的单价或总价额予以调整"。

问题：请根据《项目专用合同条款》，确定以上变更工程的单价及及相应变更金额？

案例题二

背景材料：某工程项目，业主与施工单位签订了施工承包合同。施工合同中规定：

1）设备由业主采购，施工单位安装。

2）业主原因导致的施工单位人员窝工，按 18 元/工日补偿，业主原因导致的施工单位设备闲置，按表 7.8 中所列标准补偿。

表 7.8 设备闲置补偿标准表

项目	台班单价/（元/台班）	补偿标准
大型起重机	1060	台班单价的 60%
自卸汽车（5t）	318	台班单价的 40%
自卸汽车（8t）	458	台班单价的 50%

3）施工过程中发生的设计变更，其价款按建标［2003］206 号文件的规定以工料单价法计价程序计价（以直接费为计算基础），间接费费率为 15%，利润率为 5%，税率为 3.41%。

该工程在施工过程中发生以下事件：

事件 1：施工单位在土方工程填筑时，发现取土区的土壤含水量过大，必须经过晾晒后才能填筑，增加费用 30 000 元。

事件 2：基坑开挖深度为 3m，施工组织设计中考虑的放坡系数为 0.3（已经监理工程师批准）。施工单位为避免坑壁塌方，开挖时加大了放坡系数，使土方开挖量增加，导致费用超支 10 000 元。

事件 3：施工单位在主体钢结构吊装安装阶段，发现钢筋混凝土结构上缺少相应的预埋件，经查实是由于土建施工图样遗漏该预埋件的错误所致。返工处理后，增加费用 20 000 元。

事件 4： 业主采购的设备没有按计划时间到场，施工受到影响，经监理工程师确认，施工单位一台大型超重机、两台自卸汽车（载重 5t、8t 各一台）闲置 5 天，工人窝工 86 工日。

事件 5： 某分项工程由于业主提出使用功能的调整，须进行设计变更。设计变更后，经监理工程师确认直接费增加 20 000 元。

上述事件发生后，施工单位及时按合同规定的程序向业主提出索赔要求。

问题：

1）分析以上各事件中造价工程师是否应该批准施工单位的索赔要求？为什么？

2）造价工程师应批准的索赔金额是多少？

案例题三

背景材料： 某工程项目，业主与承包商签订了施工承包合同，合同中含有两个子项工程，估算工程量甲项为 2300m³，乙项为 3200m³。甲项单价为 180 元/m³，乙项单价为 160 元/m³，合同工期 4 个月。承包合同规定：

1）开工前业主应向承包商支付工程合同价 20% 的预付款。

2）业主自第一个月起，从承包商的工程款中，按 5% 的比例扣留质量保证金。

3）当子项工程累计实际工程量超过估算工程量 10% 时，可进行调价，调价系数为 0.9。

4）每月签发付款证书最低金额为 25 万元。

5）预付款在最后两个月平均扣除。

承包商每月实际完成并经签证确认的工程量见表 7.9。

表 7.9　每月实际完成并经签证确认的工程量（m³）

项　目　＼　月　份	1	2	3	4
甲项	500	800	800	600
乙项	700	900	800	600

问题：

1）估算合同总价是多少？预付工程款是多少？

2）每月工程价款是多少？应签证的工程款是多少？实际应签发的付款凭证金额是多少？

第八章　人工、材料、施工机械台班消耗量标准的确定

8.1　施工定额人工、材料、施工机械台班消耗量的确定

─ 学习目标 ─

1. 知道工人工作时间和机械工作时间分类；
2. 确定施工定额工料机消耗量。

8.1.1　施工定额概述

1. 施工定额的概念及作用

施工定额是在正常的施工条件下，为完成一定计量单位的某一施工过程或工序所需的人工、材料和施工机械台班消耗的数量标准。施工定额由劳动定额、材料消耗定额和机械台班消耗定额三部分组成。

施工定额属于企业定额性质的生产性定额，施工定额是企业计划管理工作的基础，也是工程建设定额体系的基础。施工定额在企业生产经营活动中的基础作用主要表现为：①企业编制施工组织设计、施工作业计划的依据；②组织和协调生产的有效工具，企业对施工班组或工人下达施工任务书和限额领料单，并对施工班组或工人进行生产考核均以施工定额为依据；③编制施工预算，加强企业经济核算和成本管理的依据；④企业推行新技术、新材料、新工艺的有利保证；⑤编制预算定额、补充定额的基础资料。

2. 施工定额的编制原则

1）定额水平平均先进。定额水平，是指规定的单位产品上的活劳动和物化劳动的消耗水平。定额水平与消耗量成反比关系——消耗量越少，定额水平越高；反之亦然。平均先进水平，就是在正常的施工条件下，多数生产者可以达到或超过，少数生产者可接近的水平的。贯彻平均先进原则，有利于促进企业的科学管理，提高劳动生产率和降低材料消耗。

2）内容、形式简明适用。这是为了方便定额的贯彻的执行。简明，可以保证其易于为工人群众掌握，便于查阅、计算等；适用，是指可以满足不同用途的需要。

3. 施工定额的编制依据

对于公路工程施工定额，其编制依据为

1）交通部颁发的各项建安工程施工及验收技术规范。

2）施工操作规程和安全操作规程。

3）建筑安装工人技术等级标准。

4）技术测定资料，经验统计资料，有关半成品配合比资料等。

8.1.2 施工过程的研究

1. 施工过程的含义

施工过程就是在建设工地范围内所进行的生产过程。其最终目的是建造、改建、修复或拆除建筑物或构筑物的全部或一部分，如公路工程中挖土方、填筑路基、预制钢筋混凝土构件等。

建筑安装施工过程与其他物质生产过程一样，也包括生产力的三要素，即劳动者、劳动对象、劳动工具。劳动者是指不同工种、不同技术等级的建筑安装工人；劳动对象是指施工过程中所使用的建筑材料、半成品、成品、构件和配件等；劳动工具是指在施工过程中工人用以改变劳动对象的手动工具、小型机具和施工机械等。

每个施工过程的结束，获得了一定的产品，这种产品或者改变了劳动对象的外表（如加工钢筋）、内部结构或性质（如浇筑混凝土），或者是改变了劳动对象的空间位置（如运输材料、安装构件）。

2. 施工过程的分解

通过对施工过程组成部分的分解，按其不同的劳动分工、不同的工艺特点、不同的复杂程度，来区别和认识施工过程的性质和内容，将施工过程分解到一道道工序，从而正确地制定完成一定工程量的工序工作所必需的工时消耗和材料消耗。

任何工程结构物的施工过程（或生产过程）由小到大可以分为：动作、操作、工序、操作过程和综合过程等五个进程。而前一进程为后一进程的组成部分。例如，工序是由若干个操作所组成，而操作又可划分为若干动作，等等。

1）动作。动作是指劳动时一次完成的最基本的活动，如抓取工具或材料、动手开动机械等。

2）操作。若干个细小动作就组成所谓操作，以安装模板时"将模板放在工作台上"这一操作为例，可大致划分为：①取部分模板；②走至工作台处；③将模板放在工作台上等三个动作。显然，动作和操作并不能完成产品，在技术上亦不能独立存在。

3）工序。工序是指在施工组织上不可分割和施工技术上相同的生产活动过程，它由若干个操作所组成。工序的特征是劳动者、劳动对象、劳动工具和工作地点均不发生变化。以"预制钢筋混凝土构件"为例，其中包括：①安装模板；②安置钢筋；③浇灌混凝土；④捣实；⑤拆模；⑥养生等若干工序。其中"浇灌混凝土"这一工序是由运送混凝土料、摊铺混凝土、振捣、抹光、成形等操作，"安装模板"这一工序由运送模板、将模板放在工作台上、拼装模板等操作组成。而"安置钢筋"这一工序则由钢筋的除锈、整直、切断、弯曲和绑扎，以及钢筋的移运等操作和动作组成。

在编制施工定额时，工序是基本的施工过程，是主要的研究对象。测定定额时只要分解和标定到工序为止。如果进行某项先进技术或新技术的工时研究，就要分解到操作甚至动作为止，从中研究可加以改进操作或节约工时。

工序可以由一个人来完成，也可以由小组或施工队内的几名工人协同完成；可以由手动完成，也可以由机械操作完成。在机械化的施工工序中，又可以包括由工人自己完成的各项操作和由机器完成的工作两部分。

4）操作过程。操作过程由若干技术相关联的工序所组成。操作过程中各个工序，是由不同的工种、使用不同的工具和机械依次地或平行地来完成。例如，"铲运机修筑路堤"这一操作过程是由铲运土、分层铺土、空回、整理卸土四个工序所组成。

5）综合过程。综合过程是同时进行的，在组织上是有机地联系在一起的，能最终获得一种产品的操作过程的总和。例如，用铲运机修筑路堤时，除"铲运机修筑路堤"外，还必须同时经过"土壤压实"、"路堤修整"等操作过程。

施工过程按以上五个进程划分，有助于编制不同种类的定额，施工定额可具体到工序和操作；预算定额则以操作过程或工序为依据；而概算定额则以综合过程或操作过程为依据。

依上面所述，对浆砌片石挡墙施工过程的分解，如图8.1所示。

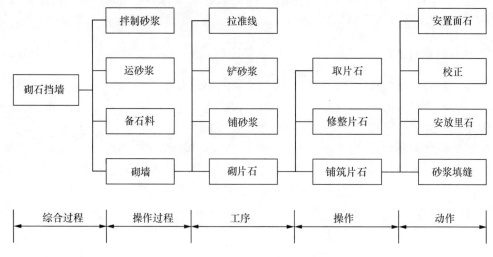

图 8.1　施工过程划分示意图

3. 施工过程的影响因素

对施工过程的影响因素进行研究，其目的是为了正确确定单位施工产品所需的作业时间消耗。施工过程的影响因素包括技术因素、组织因素和自然因素。

1）技术因素。包括产品的种类和质量要求，所用材料、半成品、构配件的类别、规格和性能，所用工具和机械设备的类别、型号、性能及完成好情况等。

2）组织因素。包括施工组织与施工方法，劳动组织，工人技术水平、操作方法和劳动态度，工资分配方式、劳动竞赛等。

3）自然因素。包括酷暑、大风、雨、雪、冰冻等。

8.1.3 工作时间分类

1. 工作时间的概念

工作时间，是指工作班的延续时间，它是由工作班制度决定的，其单位是工日。目前我国公路建设行业实行 8 小时工作制度，所以 1 个工日的工作时间一般为 8 小时，个别特殊工作，如：潜水，规定一个工作班为 6 小时；隧道，一个工作班为 7 小时。

研究施工中的工作时间最主要的目的是确定施工的时间定额和产量定额，其前提是对工作时间按其消耗性质进行分类，以便研究工时消耗的数量及其特点。工作时间分为工人工作时间和机械工作时间。

2. 工人工作时间的分类

工人在工作班内消耗的工作时间，按其消耗的性质可分为必需消耗的时间和损失的时间两大类，如图 8.2 所示。

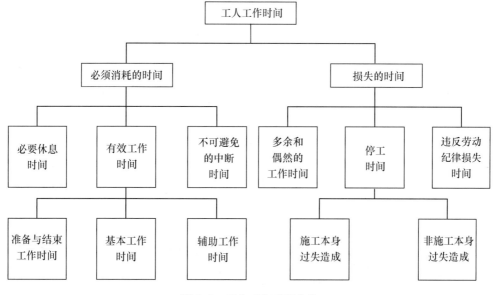

图 8.2 工人工作时间分类

（1）必需消耗的工作时间

必需消耗的工作时间是指在正常施工条件下，为完成一定合格产品（工作任务）所消耗掉的时间，是制定定额的主要依据，包括有效工作时间、必要休息时间和不可避免的中断时间。

1）有效工作时间。指与完成产品有直接关系的工作时间消耗，包括：

① 准备与结束工作时间。指工人在执行任务前的准备工作和完成任务后的结束工作所需消耗的时间。准备和结束工作时间的长短，一般说来与工作量的大小无直接关系，而与工作任务的复杂程度（工作内容）直接有关。它分为经常性的准备与结束工作时间和任务

性的准备与结束工作时间。

经常性的准备如领取材料工具，工作地点布置，检查安全技术措施，调整、保养机械；结束工作时间，如清理工作地点，退回工具、余料，产品交验，工作交接班等具有经常的或每天的工作时间消耗的特性。

任务性的准备与结束工作时间，如接受任务时技术交底，熟悉施工图样等不具有经常性，但发生在接受新任务时。

② 基本工作时间。指工人直接用于施工过程中完成产品的各个工序所消耗的时间。基本工作时间的长短和工作量的大小成正比例。通过基本工作，如钢筋弯曲成型、浇筑混凝土构件等可以使劳动对象发生直接变化。

基本工作时间与以下因素有关：a. 生产工艺；b. 操作工序；c. 工人的技术熟练程度；d. 产品的难易程度；e. 操作工具、机械化程度；f. 任务大小等。基本工作时间是产品生产中消耗得最多的时间，认真分析其有关因素，对降低完成单位产品生产的时间消耗有着重要的作用。

③ 辅助工作时间。指为保证基本工作能顺利完成所消耗的时间。辅助工作时间的长短和工作量大小有关。辅助性工作不直接导致产品的形态、性质、结构位置发生变化。例如，搭设踏板、修理便道、施工放线、自行检查等均属辅助性工作。

2）必要休息时间。指工人在工作过程中，为了恢复体力所必须的短暂休息和生理的需要的时间消耗，这种时间是为了保证工人精力充沛地进行工作，所以定额时间中必须进行计算在内。休息时间的长短和劳动条件、劳动强度有关，劳动越繁重紧张、劳动条件越差（如高温），则休息时间需越长。

3）不可避免的中断时间。是由于施工工艺和技术的要求而引起工作中断的所必需时间消耗，如混凝土脱模时等待初凝的时间、汽车司机等候装卸货物时的工作中断所消耗的时间。与施工过程工艺特点有关的工作中断时间，应包括在定额时间内，但应尽量缩短此项时间消耗。

（2）损失时间

是指与完成产品无关，而与施工组织和技术上的缺点有关，与工人在施工过程的个人过失或某些偶然因素有关的时间消耗。包括多余和偶然工作损失时间、停工时间和违反劳动纪律的损失时间的消耗。

1）多余和偶然的工作时间。多余工作，就是工人进行了任务以外而又不能增加产品数量的工作，如重砌质量不合格的墙体。多余工作的工时损失，一般都是由于工程技术人员和工人的差错而引起的，因此，不应计入定额时间中。偶然工作也是工人在任务外进行的工作，但能够获得一定产品，如抹灰工不得不补上偶然遗留的墙洞等。由于偶然工作能获得一定产品，拟定定额时要适当考虑它的影响。

2）停工时间。是工作班内停止工作造成的工时损失。停工时间按其性质可分为施工本身造成的停工时间和非施工本身造成的停工时间。施工本身造成的停工时间是由于施工组织不善、材料供应不及时、工作面准备工作做得不好、工作地点组织不良等情况引起的停工时间。非施工本身造成的停工时间，是由于水源、电源中断引起的停工时间。

3）违反劳动纪律损失时间。是指工人不遵守劳动纪律而造成的时间损失，如上班迟到、早退，擅自离开岗位，工作时间内聊天，以及由于个别人违犯劳动纪律而使别的工人无法工作等时间损失。

3. 机械工作时间的分类

在机械化施工过程中，对工作时间消耗的分析和研究，除了要对工人工作时间的消耗进行分类研究之外，还需要分类研究机械工作时间的消耗。机械工作时间的消耗和工人工作时间的消耗虽然具有许多共同点，但也具有其特点：

机械工作时间的消耗，按其性质也分为必须消耗的时间和损失时间两大类，如图 8.3 所示。

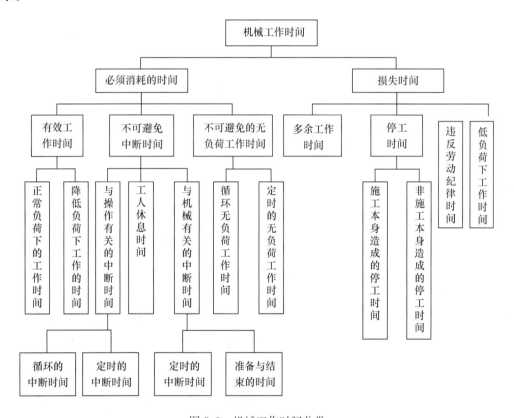

图 8.3 机械工作时间分类

（1）必须消耗的时间

1）有效工作时间。包括正常负荷下和降低负荷下的两种工作时间消耗。

① 正常负荷下的工作时间。是指机械在与机械说明书规定的负荷相符的情况下进行工作的时间。

② 降低负荷下的工作时间。也称有根据地降低负荷下的工作时间，是在个别情况下由于技术上的原因，机械在低于其计算负荷下工作的时间。例如，汽车运输重量轻而体积大的货物时，不能充分利用汽车的载重吨位；起重机吊装轻型结构时，不能充分利用其起重

能力，因而不得不降低其计算负荷。

2）不可避免的无负荷工作时间。是指由于施工过程的特性和机械结构的特点所造成的机械无负荷工作时间，一般分为循环的和定时的两类。

① 循环的不可避免无负荷工作的时间。是指由于施工过程的特性所引起的空转所消耗的时间，如吊机返回到起吊重物地点所消耗的时间，在机械工作的每一个循环中重复一次。

② 定时的不可避免无负荷工作时间。主要是指发生在施工活动中的无负荷工作时间，如工作班开始和结束时自行式机械无负荷的空行往返或工作地段转移所消耗的时间，如铲运机、装载机从驻地到施工地点的往返时间。

3）不可避免的中断时间。是由于施工过程技术和组织的特性而造成的机械工作中断时间，通常分为与操作有关的和与机械有关的两类不可避免中断时间。

① 与操作有关的不可避免中断时间。又分为有循环的和定时的两种。循环的是指在机械工作的每一个循环中重复一次，如汽车装载、卸货的停歇时间。定时的是指经过一定时间重复一次，如振捣混凝土从一个工作地点转移到另一个工作地点时工作中断时间。

② 与机械有关的不可避免中断时间。是指用机械进行工作的工人在准备与结束工作时使机械暂停的中断时间，或者在维护保养机械时必须停转所发生的中断时间，如沥青混合料摊铺机的预热工作和停机前清料工作、推土机的中间加油工作。前者属于准备与结束工作的不可避免中断时间，后者属于定时的不可避免中断时间。

③ 工人休息时间。指操作工人必需的休息时间。

（2）损失时间

1）多余工作时间。多余的工作有两种情况：一是可避免的机械无负荷工作，如工人没有及时供料而引起机械空运转的时间；二是机械在负荷下所做的多余工作，如混凝土拌和机在搅拌混凝土时超过规定的搅拌时间，即属于多余工作时间。

2）停工时间。是由于施工组织不当和外部原因所引起的机械停运转的损失时间。按其性质也可分为施工本身造成和非施工本身造成的停工。前者是由于施工组织得不好而引起的停工现象，如由于未及时供给机器燃料而引起的停工。后者是由于气候条件所引起的停工现象，如暴雨时压路机的停工。上述停工中延续的时间，均为机器的停工时间。

3）违反劳动纪律所损失的时间。是指由于工人迟到早退或擅离岗位等原因引起的机械停工时间。

4）低负荷下的工作时间。是由于工人或技术人员的过错所造成的施工机械在降低负荷的情况下工作的时间。例如，工人装车的砂石数量不足引起的汽车在降低负荷的情况下工作所延续的时间。此项工作时间不能作为计算时间定额的基础。

8.1.4　测定时间消耗的基本方法——计时观察法

1. 计时观察法概述

工作时间消耗的测定是制定定额的一个主要步骤，它是用科学的方法观察、记录、整理和分析施工过程，为制定工程定额提供可靠依据。

计时观察法，是研究工作时间消耗的一种技术测定方法。它以研究工时消耗为对象，以观察测时为手段，通过密集抽样和粗放抽样等技术进行直接的时间研究。计时观察法运用于建筑施工中时，以现场观察为主要技术手段，所以也称之为现场观察法。

计时观察法能够把现场工时消耗情况和施工组织技术条件联系起来加以考察，它不仅能为制定劳动定额和机械定额提供基础数据，而且也能为改善施工组织管理、改善工艺过程和操作方法、消除不合理的工时损失和进一步挖掘生产潜力提供技术根据。

2. 计时观察前的准备工作

（1）确定需要进行计时观察的施工过程

计时观察之前的第一个准备工作，是研究并确定有哪些施工过程需要进行计时观察。对于需要进行计时观察的施工过程要编出详细的目录，拟定工作进度计划，制定组织技术措施，并组织编制定额的专业技术队伍，按计划认真开展工作。

（2）对施工过程进行预研究

对于已确定的施工过程的性质应进行充分的研究，目的是为了正确地安排计时观察和收集可靠的原始资料。研究的方法是全面地对各个施工过程及其所处的技术组织条件进行实际调查和分析，以便设计正常的（标准的）施工条件和分析研究测时数据。

1）熟悉与该施工过程有关的现行技术规范和技术标准等文件和资料。

2）了解新采用的工作方法的先进程度，了解已经得到推广的先进施工技术和操作，还应了解施工过程存在的技术组织方面的确定和由于某些原因造成的混乱现象。

3）注意系统地收集完成定额的统计资料和经验资料，以便与计时观察所得的资料进行对比分析。

4）把施工过程划分为若干个组成部分（一般划分到工序）。施工过程划分的目的是便于计时观察。

5）确定定时点和施工过程产品的计量单位。所谓定时点，即是上下两个相衔接的组成部分之间的分界点。确定定时点，对于保证计时观察的精确性是不容忽略的因素。确定产品计量单位，要能具体地反映产品的数量，并具有最大限度的稳定性。

（3）选择施工的正常条件

绝大多数企业和施工队、组，在合理组织施工的条件下所处的施工条件，称之为施工的正常条件。选择施工的正常条件是技术测定中的一项重要内容，也是确定定额的依据。

（4）选择观察对象

所谓观察对象，就是对其进行计时观察的施工过程和完成该施工过程的工人。所选择的施工过程要完全符合正常施工条件；所选择的建筑安装工人，应具有与技术等级相符的工作技能和熟练程度，所承担的工作与其技术等级相等，同时应该能够完成或超额完成现行的施工劳动定额。

（5）调查所测定施工过程的影响因素

施工过程的影响因素包括技术、组织及自然因素，如产品和材料的特征（规格、质量、性能等），工具和机械性能、型号，劳动组织和分工，施工技术说明（工作内容、要求等）等。

（6）其他准备工作

此外，还必须准备好必要的用具和表格。如测时用的秒表或电子计时器，测量产品数量的工、器具，记录和整理测时资料用的各种表格等。如果有条件并且也有必要，还可配备电影摄像和电子记录设备。

3. 计时观察法的分类

计时观察法可分为测时法、写实记录法和工作日写实法等三种主要方法。

（1）测时法

测时法是精确度比较高的一种计时观察法，主要适用于测定定时重复的循环工作的工时消耗。测时法只用来测定施工过程中循环组成部分的工作时间消耗，不研究工人休息、准备与结束及其他非循环的工作时间。

1）测时法的分类。根据具体测时手段不同，可将测时法分为选择法测时和连续法测时两种。

① 选择法测时。选择法测时也称为间隔法测时，它不是连续地测定施工过程的全部循环组成部分，是有选择地进行测定。

采用选择法测时，当被观察的某一循环工作的组成部分开始，观察者立即开动秒表，当该组成部分终止，则立即停止秒表。然后把秒表上指示的延续时间记录到选择法测时记录（循环整理）表上，并把秒表拨回到零点。下一组成部分开始，再开动秒表，如此依次观察，并依次记录下延续时间。

采用选择法测时，应特别注意掌握定时点。记录时间时仍在进行的工作组成部分，应不予观察。当所测定的各工序或操作的延续时间较短，连续测定比较困难，用选择法测时比较方便而简单。

选择法测时记录（循环整理）表，既可记录观察资料，又可进行观察资料的整理。测时开始之前，先把表头部分和各组成部分的名称填好，观察时再依次填入各组成部分的延续时间，观察结束再进行整理，求出平均修正值。选择测时法所用的表格和具体实例，见表 8.1。

表 8.1 选择法测时记录表示例

观察对象：机械吊装预制涵板			施工单位		工地		日期		开始时间	终止时间	延续时间	观察号次	页次
时间精度：1s			施工过程名称：汽车式起重机（QY20 型）吊装预制涵板										
序号	工序名称	定时点	每次循环的工作消耗 单位：s/块										时间整理			产品数量	附注

序号	工序名称	定时点	1	2	3	4	5	6	7	8	9	10	正常延续时间总和	正常循环次数	算术平均值	产品数量	附注
1	挂钩	挂钩后松手离开吊钩	31	32	33	32	43	30	33	33	33	32	289	9	32.1	每循环一次吊装预制涵板块	①挂了两次钩；②吊钩

续表

观察对象：机械吊装预制涵板	施工单位	工地	日期	开始时间	终止时间	延续时间	观察号次	页次

时间精度：1s			施工过程名称：汽车式起重机（QY20型）吊装预制涵板												

序号	工序名称	定时点	每次循环的工作消耗 单位：s/块										时间整理		算术平均值	产品数量	附注
			1	2	3	4	5	6	7	8	9	10	正常延续时间总和	正常循环次数			
2	上升回转	回转结束后停止	84	83	82	86	83	84	85	82	82	86	837	10	83.7	一块，每块吊装重量1.5t	下降高度不够，第一次未脱钩
3	下落就位	就位后停止	56	54	55	57	57	69	56	57	56	54	502	9	55.8		
4	脱钩	脱钩后开始回升	41	43	40	41	39	42	42	38	41	41	408	10	40.8		
5	空钩回转	空钩回至构件堆放处	50	49	48	49	51	50	50	48	49	48	492	10	49.2		
													合计		261.6		

② 连续法测时。连续法测时又叫接续法测时，它是对施工过程循环的组成部分进行不间断的连续测定，不能遗漏任何一个循环的组成部分。连续法测时每次要记录各工序或操作的终止时间，并计算出本工序的延续时间。

连续法测时比选择法测时准确、完善，但观察技术也较之复杂。它的特点是：在工作进行中和非循环组成部分出现之前一直不停止秒表，秒针走动过程中，观察者根据各组成部分之间的定时点，记录它的终止时间，再用各定时点终止时间的差值表示各组成部分的延续时间。

连续法测时使用连续法测时记录表（表8.2），其特点是：每一组成部分的基本计时资料，分为互相平行的两行来填写，第一行记录组成部分的终止时间，第二行记录观察后计算出的组织部分延续时间。

2）测时法的观察次数。由于测时法是属于抽样调查的方法，因此为了保证选取样本的数据可靠，需要对同一施工过程进行重复测时。一般来说，观测的次数越多，资料的准确性越高，但要花费较多的时间和人力，这样即不经济也不现实。确定观测资料较为科学的方法，应该是依据误差理论和经验数据相结合的方法来判断。表8.3所示为测时所得数据的算术平均值精度与观测次数和稳定系数之间的关系，可供测定时检查所测次数是否满足需要的参考。表中稳定系数 K_p 由下式求出：

表 8.2　连续法测时记录表示例

观察对象：人力胶轮架子车运送混凝土预制砌块		施工单位		工地		日期		观察号次		页次
时间精度：1s		开始时间 8:00		终止时间 10:13		延续时间 2h13min				

施工过程名称：人力胶轮架子车运送混凝土预制砌块（运距 25m）

终止时间栏数值为 min:s；延续时间、时间总和、算术平均值单位为 s。

序号	工序名称	时间	1	2	3	4	5	6	7	8	9	10	时间总和	观察次数	算术平均值	产品数量 / 备注
1	装车	终止时间	5:50	19:25	32:43	46:18	59:44	12:57	26:13	39:29	53:03	6:22				车运送 10 块混凝土预制砌块
		延续时间	350	360	345	353	348	347	351	340	355	352	3501	10	350.1	
2	运送	终止时间	6:50	26:33	33:41	47:19	0:43	13:55	27:15	40:29	54:02	7:24				
		延续时间	60	61	58	61	59	58	65	60	59	62	600	10	60	
3	卸车	终止时间	12:30	26:01	39:29	53:00	6:15	19:28	32:54	46:12	59:33	12:58				
		延续时间	340	335	348	341	332	333	339	343	331	344	3376	10	337.6	
4	空回	终止时间	13:25	26:58	40:25	53:56	7:10	20:22	33:49	47:08	0:30	13:53				
		延续时间	55	57	56	56	55	54	55	56	57	55	556	10	55.6	
		合计													803.3	

$$K_p = \frac{t_{\max}}{t_{\min}} \tag{8.1}$$

式中，$t_{\max}$——最大观测值；

　　　$t_{\min}$——最小观测值。

算术平均值精确度计算公式为

$$E = \pm \frac{1}{\overline{X}} \sqrt{\frac{\sum \Delta^2}{n(n-1)}} \tag{8.2}$$

式中，E——算术平均值精确度；

　　　$\overline{X}$——算术平均值；

　　　n——观测次数；

　　　Δ——每一次观测值与算术平均值的偏差；

$$\sum \Delta^2 = \sum (X_i - \overline{X})^2 \tag{8.3}$$

表 8.3　测时法所必需的观察次数

精确度要求 稳定系数K_p	算术平均值精确度 E				
	5%以内	7%以内	10%以内	15%以内	20%以内
	观察次数				
1.5	9	6	5	5	5
2	16	11	7	5	5
2.5	23	15	10	6	5
3	30	18	12	8	6
4	39	25	15	10	7
5	47	31	19	11	8

【例 8.1】　根据表 8.1 所测数据，试计算该施工过程的算术平均值、算术平均值精确度和稳定系数，并判断观测此数是否满足要求。

【解】　以汽车式起重机（QY20 型）吊装预制涵板挂钩工序为例：

$$\overline{X} = \frac{1}{9}(31+32+33+32+30+33+33+33+32) \approx 32.1$$

$$\sum \Delta^2 = (31-32.1)^2 + (32-32.1)^2 + (33-32.1)^2 + (32-32.1)^2 + (30-32.1)^2$$
$$+ (33-32.1)^2 + (33-32.1)^2 + (33-32.1)^2 + (32-32.1)^2 \approx 8.89$$

$$E = \pm \frac{1}{32.1} \sqrt{\frac{8.89}{9(9-1)}} \approx \pm 1.09\%$$

$$K_p = \frac{33}{30} = 1.10$$

查表 8.3 可知，观测次数满足要求。

用同样方法可计算出上升回转、下落就位、脱钩、空钩回转等其他各道工序的算术平均值、算术平均值精确度和稳定系数（此处略），根据计算结果可判断各道工序的观察次数均能满足要求。

3）测时数据的整理。观测所得数据的算术平均值，即为所求延续时间。为使算术平均值更加接近于各组成部分延续时间的正确值，必须删去那些显然是错误及误差极大的值。通过清理后所得出的算术平均值，通常称为算术平均修正值。

在清理测时数列时，应首先删掉完全是由于人为因素影响而出现的偏差，如工作时间闲谈，材料供应不及时造成的等候，以及测定人员记录时间的疏忽而造成的错误等所测得的数据，都应全部删掉。

其次，应删去由于施工因素的影响而出现的偏差极大的延续时间。如挖掘机挖土时挖斗的边齿刮到大石块上等。此类误差大的数值还不能认为完全无用，可作为该项施工因素影响的资料，进行专门研究。

清理误差较大的数值时，不能单凭主观想象，也不能预先规定出偏差的百分比。为了妥善清理这些误差，可参照下列调整系数表（表 8.4）和误差极限算式进行。

表 8.4 误差调整系数表

观察次数	调整系数	观察次数	调整系数
5	1.3	11～15	0.9
6	1.2	16～30	0.8
7～8	1.1	31～53	0.7
9～10	1.0	53 以上	0.6

误差极限算式如式（8.4）和式（8.5）所示。

$$\lim_{\max} \overline{X} + K\ (t_{\max} - t_{\min}) \tag{8.4}$$

$$\lim_{\min} \overline{X} + K\ (t_{\max} - t_{\min}) \tag{8.5}$$

式中，$\lim_{\max}$——根据误差理论得出的最大极限值；

$\lim_{\min}$——根据误差理论得出的最小极限值；

$t_{\max}$——测时数值中经整理后的最大值；

$t_{\min}$——测时数值中经整理后的最小值；

$\overline{X}$——算术平均值；

K——调整系数，见表 8.4。

清理的方法：首先，从测得的数据中删去人为因素的影响而出现的偏差极大的数值，然后，再从保留下来的测时数据中删去偏差极大的可疑数值，用表 8.4 及式（8.4）和式（8.5）求出最大极限和最小极限之外的偏差极大的可疑数值。

例如，从表 8.1 中第一道工序（挂钩）测时数列中的数值为 31、32、33、32、43、30、33、33、33、32。在这个数列中偏差大的可疑数值为 43。根据上述方法，先删去 43 这个数值，然后用极限算式计算其最大极限。计算过程如下：

$$\overline{X} = \frac{1}{9}\ (31+32+33+32+30+33+33+33+32) \approx 32.1$$

$$\lim_{\max} = \overline{X} + K \ (t_{\max} - t_{\min}) \ = 32.1 + 1.0 \times \ (33 - 30) \ = 35.1$$

由于 $43 > 35.1$，显然应该从数列中删去可疑数值 43，所求算术平均修正值为 32.1。

如果一个测时数列中有两个误差大的可疑数值，应从最大的一个数值开始连续校验（每次只能删去一个数值）。测时数列中如果有两个以上可疑数值，应予抛弃，重新进行观测。

测时数列经过整理后，将保留下来的数值计算出算术平均值，填入测时记录表的算术平均值栏内，作为该组成部分在相应条件下所确定的延续时间。

测时记录表中的"时间总和"栏和"循环次数"栏，也应按清理后的合计数填入。

（2）写实记录法

写实记录法是一种研究各种性质的工作时间消耗的方法，包括基本工作时间、辅助工作时间、不可避免的中断时间、准备与结束时间及各种损失时间。采用这种方法，可以获得分析工作时间消耗和制定定额的全部资料。这种测定方法比较简单、易于掌握，并能保证必需的精确度。因此，写实记录法在实际中得到广泛应用。

写实记录法的观察对象，可以是一个工人，也可以是一个工人小组。测时用普通表进行。写实记录法按记录时间的方法不同分为数示法、图示法和混合法三种。

1）数示法。数示法的特征是用数字记录工时消耗，是三种写实记录法中精确度较高的一种，可以同时对两个工人进行观察，适用于组成部分较少而比较稳定的施工过程。数示法则用来对整个工作班或半个工作班进行长时间观察，因此能反映工人或机器工作日全部情况。

2）图示法。图示法是在规定格式的图表上用时间进度线条表示工时消耗量的一种记录方式，可同时对 3 个以内的工人进行观察。这种方法的主要优点是时间记录清晰易懂，记录简便，整理图表简易。

3）混合法。混合法吸取数示法和图示法两种方法的优点，以时间进度线条表示工序的延续时间，在进度线的上部加写数字表示各时间区段的工人数。混合法适用于 3 个以上工人的小组工时时消耗的测定与分析。

（3）工作日写实法

工作日写实法，是一种研究整个工作班内的各种工时消耗的一种方法。

运用工作日写实法主要有两个目的，一是取得编制定额的基础资料；二是检查定额的执行情况，找出缺点，改进工作。当用于第一个目的时，工作日写实的结果要获得观察对象在工作班内工时消耗的全部情况，以及产品数量和影响工时消耗的影响因素。其中，工时消耗应该按工时消耗的性质分类记录。当用于第二个目的时，通过工作日写实应该做到：①查明工时损失量和引起工时损失的原因，制订消除工时损失、改善劳动组织和工作地点组织的措施；②查明熟练工人是否能发挥自己的专长，确定合理的小组编制和合理的小组分工；③确定机器在时间利用和生产率方面的情况，找出使用不当的原因，订出改善机器使用情况的技术组织措施；④计算工人或机器完成定额的实际百分比和可能百分比。

工作日写实法与测时法、写实记录法比较，具有技术简便、费力不多、应用面广和资料全面的优点，在我国是一种采用较广的编制定额的方法。

8.1.5 人工定额消耗量的确定

1. 人工定额的表现形式

时间定额和产量定额是人工定额的两种表现形式。

1）时间定额。系指某种专业、某种技术等级的工人班组或个人，在合理的劳动组织和正常施工条件下，完成单位合格产品所必需的工作时间。

时间定额的计量单位，一般以完成产品的单位（如 m^3、m^2、m、t、根等）和工日表示，如工日/m^3（或 m^2、t、根等），每一工日按现行规定为潜水作业 6h，隧道作业 7h，其余均为 8h 计算。其计算方法如下：

$$S=D/Q \qquad (8.6)$$

式中，S——时间定额（劳动量单位/产品单位）；

D——耗用劳动量数量（如工日）；

Q——完成合格产品数量（产品实物量单位）。

2）产量定额。系指某种专业、某种技术等级的工人班组或个人，在合理的劳动组织和正常施工条件下，在单位时间（工日）内，所应完成合格产品的数量。其计算方法如下：

$$C=Q/D \qquad (8.7)$$

式中，C——产量定额（产品单位/劳动量单位）；

Q、D 同前。

时间定额与产量定额互为倒数，即：时间定额×产量定额＝1。

2. 确定人工定额消耗量的计时观察法

确定人工定额消耗量的方法有计时观察法、经验估计法和统计分析法等，计时观察法是确定人工定额消耗量的基本方法。

拟定出时间定额，也就可以计算产量定额。在全面分析了各种影响因素的基础上，通过计时观察资料，我们可以获得定额和各种必须消耗的时间。将这些时间进行归纳，有的是经过换算，有的是根据不同的工时规范附加，最后把各种定额时间加以综合和类比就是整个工作过程的人工消耗的时间定额。

（1）拟定基本工作时间

基本工作时间在必须消耗的工作时间中占的比重最大。在确定基本工作时间时，必须细致、精确。基本工作时间消耗一般应根据计时观察资料来确定。其做法是，首先确定工作过程每一组成部分的工时消耗，然后再综合出工作过程的工时消耗。如果组成部分的产品计量单位和工作过程的产品计量单位不符，就需先求出不同计量单位的换算系数，进行产品计量单位的换算，然后再相加，求得工作过程的工时消耗。

（2）拟定辅助工作时间和准备与结束工作时间

辅助工作和准备与结束工作时间的确定方法与基本工作时间相同。如果在计时观察时不能取得足够的测定资料，也可采用工时规范或经验数据来确定。如具有现行的工时规范，可以直接利用工时规范中规定的辅助工作时间和准备与结束工作时间占工作日或作业时间的百分比来计算。

（3）拟定不可避免中断时间

必须注意区别两种不同的工作中断情况：

1）由于小组施工人员所担负的任务不均衡引起的，这种工作中断应该通过改善小组人员编制、合理进行劳动分工来克服，不能列入时间定额。

2）是由工艺特点所引起的不可避免中断，应列入工作过程的时间定额。

不可避免中断时间也需要根据测时资料通过整理分析获得，也可以根据经验数据或工时规范，以占工作日的百分比表示此项工时消耗的时间定额。

（4）拟定休息时间

休息时间应根据工作班作息制度、经验资料、计时观察资料，以及对工作的疲劳程度做全面分析来确定。同时，应考虑尽可能利用不可避免中断时间作为休息时间。

（5）拟定定额时间

确定的基本工作时间、辅助工作时间、准备与结束工作时间、不可避免中断时间和休息时间之和，就是劳动定额的时间定额。根据时间定额可计算出产量定额，时间定额和产量定额互为倒数。

【例 8.2】　人工挖二类普通土，测时资料表明，挖 $1m^3$ 需消耗基本工作时间的 60min，辅助工作时间占工作班延续时间 2%，准备与结束工作时间占工作班延续时间 2%，不可避免中断时间占 1%，休息占 20%。求人工挖二类普通土方的时间定额和产量定额。

【解】

$$定额时间＝基本工作＋辅助工作＋准备与结束工作＋不可避免中断＋休息$$
$$＝基本工作＋定额时间×（2\%＋2\%＋1\%＋20\%）$$

$$时间定额＝\frac{基本工作时间}{1－规范时间\%}＝\frac{60}{1－（2\%＋2\%＋1\%＋20\%）}＝80（min）$$

$$时间定额＝80÷60÷8≈0.167（工日/m^3）$$

$$产量定额＝1/0.167≈5.99（m^3/工日）$$

3. 确定人工定额消耗量的统计分析法

统计分析法是利用过去同类工程项目或生产同类产品的实际工时消耗的资料，经过分析整理，结合当前的施工（生产）技术组织条件的变化因素制定劳动定额的一种方法。

统计分析法的优点是以统计资料为依据，有一定说服力，较能反映实际劳动效率，并且不需专门进行测定即可取得工时消耗数据，因而工作量小，简单易行，能满足定额制定的快和全的要求。其缺点是定额水平一般偏于保守。其次在使用本方法时，应有足够多的统计资料，以满足统计分析的要求。

统计分析法的计算方法主要算术平均法（或加权平均法）、二次平均法、概率测算法。

（1）算术平均法（或加权平均法）

用统计分析法制定定额时，其平均实耗工时 $\bar{t}$ 可按下式计算：

1）算术平均值。

$$\bar{t} = \sum_{i=1}^{n} t_i \tag{8.8}$$

式中，t_i——统计资料所提供的完成单位合格产品的实耗时间；

n——提供数据中的数值个数

2）加权平均值。

$$\bar{t} = \frac{\sum t_i \cdot f_i}{\sum f_i} \tag{8.9}$$

式中，f_i——统计资料所提供的各次完成产品数量。

（2）二次平均法

用算术平均法（或加权平均法）制定的定额偏于保守，为了体现定额的平均先进水平，可采用"二次平均法"计算平均先进定额。其步骤如下：

1）计算平均实耗工时（算术平均值或加权平均值）。

2）计算先进平均的实耗工时：计算小于平均实耗工时的各个数据（实耗时间）的平均值。

3）计算平均先进工时消耗。计算公式为

$$\bar{t}_0 = \frac{\bar{t} + \bar{t}_n}{2} \tag{8.10}$$

式中，$\bar{t}_0$——二次平均后的先进平均值；

$\bar{t}$——全数平均值；

$\bar{t}_n$——小于全数平均值的各个数值的平均值。

【例8.3】 已知某施工过程工时消耗的各次统计数据为38、41、43、40、45、50、44、42、43、44，试用二次平均法计算其平均先进值。

【解】

a. 平均实耗工时：

$$\bar{t} = \frac{1}{10}(38+41+43+45+50+44+42+43+44) = 43$$

b. 先进平均工时：

$$\bar{t}_n = \frac{38+41+40+42}{4} = 40.25$$

c. 平均先进工时：

$$\bar{t}_0 = \frac{\bar{t} + \bar{t}_n}{2} = 41.63$$

（3）概率测算法

概率测算法可以运用统计资料确定出多少百分比的工人可能达到或超过的定额水平来制定定额。其计算公式及步骤如下：

1）确定有效数据。对取得某施工过程的若干次工时消耗数据进行整理分析，剔除明显偏低或偏高的数据。

2）计算工时消耗的平均值 $\bar{t}$。

3）计算工时消耗数据的样本标准差：

$$S = \sqrt{\frac{1}{n-1}\sum_{i=1}^{n}(t_i - \bar{t})^2} \qquad (8.11)$$

式中，S——样本标准差；

　　　n——数据个数；

　　　t_i——工时消耗数据（$i=1,2,3,\cdots,n$）；

　　　$\bar{t}$——工时消耗平均值。

4）运用正态分布公式确定定额水平。根据正态分布公式得出的确定定额的公式为

$$t = \bar{t} + \lambda S \qquad (8.12)$$

式中，t——定额工时消耗；

　　　$\bar{t}$——工时消耗的平均值；

　　　λ——S 的系数，从正态分布表（表 8.5）中可以查到对应于 λ 值的概率 $P(\lambda)$；

　　　S——样本标准差。

表 8.5　正态分布概率函数表

λ	$P(\lambda)$	λ	$P(\lambda)$	λ	$P(\lambda)$	λ	$P(\lambda)$	λ	$P(\lambda)$
-2.5	0.01	-1.5	0.07	-0.5	0.31	0.5	0.69	1.5	0.93
-2.4	0.01	-1.4	0.08	-0.4	0.34	0.6	0.73	1.6	0.95
-2.3	0.01	-1.3	0.10	-0.3	0.38	0.7	0.76	1.7	0.96
-2.2	0.01	-1.2	0.12	-0.2	0.42	0.8	0.79	1.8	0.96
-2.1	0.02	-1.1	0.14	-0.1	0.46	0.9	0.82	1.9	0.97
-2.0	0.02	-1.0	0.16	-0.0	0.50	1.0	0.84	2.0	0.98
-1.9	0.03	-0.9	0.18	0.1	0.54	1.1	0.86	2.1	0.98
-1.8	0.04	-0.8	0.21	0.2	0.58	1.2	0.88	2.2	0.98
-1.7	0.04	-0.7	0.24	0.3	0.62	1.3	0.90	2.3	0.99
-1.6	0.06	-0.6	0.27	0.4	0.66	1.4	0.92	2.4	0.99

【例 8.4】　已知某施工过程工时消耗的各次统计值为 38、41、43、40、45、50、44、42、43、44（同例 8.3，试用概率测算法确定使 86％ 的工人能够达到的定额值和超过平均先进值的概率各为多少。

【解】

1）求算术平均值。

$$\bar{t} = \frac{1}{10}(38+41+43+40+45+50+44+42+43+44) = 43$$

2）计算样本标准差。

$$S = \sqrt{\frac{1}{10-1}\left[\begin{array}{l}(38-43)^2 + (41-43)^2 + (43-43)^2 \times 2 + (40-43)^2 \\ + (45-43)^2 + (50-43)^2 + (44-43)^2 \times 2 + (42-43)^2\end{array}\right]} \approx 3.23$$

3）确定使 86％ 的工人能够达到的工时消耗定额由正态分布表（表 8.5）查得，当

$P(\lambda)=0.86$时，$\lambda=1.1$，故使86%的工人能达到的工时消耗定额为

$$t=\bar{t}+\lambda S$$
$$=43+1.1\times3.23\approx46.55$$

4）确定能超过平均先进值的概率

由例8.3求出的平均先进值41.63，计算出能达到此值的概率：

$$\lambda=\frac{\bar{t}_0-\bar{t}}{S}=\frac{41.63-43}{3.23}\approx-0.42$$

查表8.5得$P(-0.42)=0.334$，即有33.4%的工人能达到此水平。

8.1.6 机械台班定额消耗量的确定

1. 机械台班定额的表现形式

机械台班定额同人工定额一样，也有时间定额和产量定额之分。为了与人工定额中的时间定额与产量定额相区别，通常把机械作业的时间定额叫做机械时间定额，其产量定额叫做机械产量定额。

机械时间定额的常用单位是"台班"。机械产量定额常指在一个"台班"下的产量，所以又叫机械台班产量定额。一个台班是指一个工作班的延续时间，我国现行规定一般条件下施工时间为8小时。

1）机械时间定额。机械时间定额是指在正常施工条件和劳动组织的条件下，使用某种规定的机械，完成单位合格产品必须消耗的台班数量。

2）机械台班产量定额。机械台班产量定额是指在正常施工条件和劳动组织的条件下，某种机械在一个台班时间内必须完成的单位合格产品的数量。

机械台班产量定额与机械时间定额互为倒数。

应当注意，机械台班定额是指劳动者（即工人）个人或小组使用机械工作时的机械时间消耗的一种数量标准，也就是说，机械作业定额与使用机械作业的工人的人工定额之间存在既有相似性，又有一定区别。具体地说它们之间具有互换性，但又不能混淆，其互换性在于：

$$人工时间定额=机械时间定额\times定员人数 \tag{8.13}$$

【例8.5】 用6t塔式起重机吊装某种混凝土构件，由1名吊车司机、7名安装起重工，两名电焊工组成的施工小组共同完成。已知机械台班产量定额为40块，试求吊装每块构件的机械时间定额和人工时间定额。

【解】

1）吊装一块混凝土构件的机械时间定额。

$$机械时间定额=\frac{1}{机械台班产量定额}=\frac{1}{40}=0.025（台班/块）$$

2）吊装一块混凝土构件的人工时间定额。

① 分工种计算。

$$吊车司机时间定额=1\times0.025=0.025（工日/块）$$

安装起重工时间定额＝7×0.025＝0.175（工日/块）

电焊工时间定额＝2×0.025＝0.050（工日/块）

② 按施工小组计算。

人工时间定额＝0.025×（1＋7＋2）＝0.25（工日/块）

2. 机械台班定额消耗量的确定方法

（1）确定机械一小时纯工作正常生产率

机械纯工作时间，就是指机械的必需消耗时间。机械一小时纯工作正常生产率，就是在正常施工组织条件下，具有必需的知识和技能的技术工人操纵机械一小时的生产率。

根据机械工作特点的不同，机械一小时纯工作正常生产率的确定方法，也有所不同。施工机械作业分为两类：循环性的作业和连续动作作业两种。下面分别对这两种作业的小时生产率的确定进行讨论。

1）循环动作机械一小时纯工作正常生产率的确定。对于按照同样次序，定期重复着固定的工作与非工作组成部分的循环动作机械，确定机械纯工作一小时正常生产率的计算公式如下：

$$d = \frac{60\text{min}（或 3600\text{s}）}{t_j} \times q \tag{8.14}$$

式中，d——小时生产率；

t_j——每循环的延续时间（分或秒）；

q——每循环的产品数量。

每循环延续时间由循环的有效工作时间、循环的不可避免的无负荷运转时间和循环的不可避免中断时间组成。计算循环机械纯工作一小时正常生产率的步骤是：

① 根据现场观察资料和机械说明书确定各循环组成部分的延续时间。

② 将各循环组成部分的延续时间相加，减去各组成部分之间的交叠时间，求出循环过程的正常延续时间，即计算 t_j。

$$t_i = \sum_{i}^{n} t_i - t_c \tag{8.15}$$

式中，t_i——循环内各组成材料部分延续时间；

t_c——循环内重叠时间。

③ 计算机械纯工作一小时的正常循环次数，即 60min（3600s）/t_j。

④ 计算循环机械纯工作一小时的正常生产率，即计算 d。

2）连续动作机械一小时纯工作正常生产率的确定。对于工作中只做某一动作的连续动作机械，确定机械纯工作一小时正常生产率时，要根据机械的类型和结构特征，以及工作过程的特点来进行。确定纯工作一小时正常生产率，计算公式如下：

$$d = \frac{60\text{min}（或 3600s）}{t_j} \tag{8.16}$$

式中，d——小时生产率；

t_j——完成单位产品的净工作时间。

对于同一机械进行作业属于不同的工作过程，如挖掘机所挖土壤的类别不同，碎石机所破碎的石块硬度和粒径不同，均需分别确定其纯工作一小时的正常生产率。

（2）确定施工机械的正常利用系数

确定施工机械的正常利用系数，是指机械在工作班内对工作时间的利用率。机械的利用系数和机械在工作班内的工作状况有着密切的关系。所以，要确定机械的正常利用系数。首先要拟定机械工作班的正常工作状况，保证合理利用工时。机械正常利用系数计算公式如下：

$$K_B = \frac{T_j}{T} \tag{8.17}$$

式中，K_B——机械正常利用系数；

$\quad\quad T_j$——机械的净工作时间；

$\quad\quad T$——工作班延续时间。

（3）计算施工机械台班定额

计算施工机械定额是编制机械定额工作的最后一步。在确定了机械工作正常条件、机械一小时纯工作正常生产率和机械正常利用系数之后，采用式（8.18）计算施工机械的产量定额。

$$D_C = d \times T \times K_B \tag{8.18}$$

式中，D_C——机械台班的产量定额；

$\quad\quad D$——小时生产率；

$\quad\quad T$——一个工作班延续时间；

$\quad\quad K_B$——机械正常利用系数。

机械时间定额按下式计算：

$$D_S = \frac{1}{D_C} \tag{8.19}$$

式中，D_S——机械台班的时间定额；

$\quad\quad D_C$——机械台班的产量定额。

8.1.7 材料定额消耗量的确定

1. 材料消耗定额量的组成

完成单位合格建筑产品所必需的材料消耗量由单位合格产品生产中所必需的净用量及其合理损耗量两部分组成。

净用量是指用于合格产品上的实际数量，合理损耗量是指材料从现场仓库领出到完成产品的过程中的合理损耗数量。包括场内搬运的合理损耗、加工制作的合理损耗、施工操作的合理损耗。用公式表示为

$$材料总耗用量＝材料净用量＋材料损耗量 \tag{8.20}$$

材料损耗量可用下式计算：

$$材料损耗量＝材料净用量×材料损耗率 \tag{8.21}$$

材料的损耗率是通过观测和统计得到的，是由国家有关部门所确定的。

利用上述两式，经整理后得：

$$材料总耗用量＝材料净用量×（1＋材料损耗率）\tag{8.22}$$

在现行《公路工程预算定额》中，没有单独列出材料损耗量，只列出了材料总耗用量。表 8.6 及下面的说明是摘录的预算定额材料消耗。

表 8.6　砌筑工程石料及砂浆消耗

项目	单位	浆砌工程（单位：10m³）				
		片石	块石	粗料石	细料石	青砖
片石	m³	11.5				
块石	m³		10.5			
粗料石	m³			9.0		
细料石	m³				9.2	
青（红）砖	1000 块					5.31
砂浆	m³	3.5	2.7	2.0	1.3	2.4

注：1）砌筑工程中的砂浆用量不包括勾缝用量；

　　2）砌筑混凝土预制块同砌筑细料石；

　　3）表列用量包括场内运输及操作损耗在内。

2. 材料定额消耗量的确定方法

根据材料与工程实体的关系，可以将工程建设中的材料划分为实体材料和非实体材料。实体材料，是指直接构成工程实体的材料，包括原材料（如钢筋、水泥、砂、碎石等）、辅助材料（如土石方爆破中所需的炸药、导火线、雷管等）、构配件、半成品等。非实体材料，是指在施工中必须使用但又不构成工程实体的施工措施性材料。非实体材料主要是指周转性材料，如模板、脚手架等。

（1）实体材料定额消耗量的确定

实体材料定额消耗量的确定方法主要包括：

1）现场技术测定法，又称观测法。是在施工现场对生产某一产品的材料消耗量进行实际的观察测定，通过测定的数据，确定该产品的材料损耗量或损耗率。现场技术测定法主要适用于确定材料损耗量。

2）实验室试验法。是在实验室内通过专门的仪器设备测定材料消耗量的一种方法。利用实验室试验法，主要是编制材料净用量定额。通过试验，能够对材料的结构、化学成分和物理性能及按强度等级控制的混凝土、砂浆、沥青等配比做出科学的结论，给编制材料消耗定额提供有技术根据的、比较精确的计算数据。其缺点是无法估计到施工现场的某些因素对材料消耗的影响。

3）现场统计法。是以施工现场积累的分部分项工程使用材料数量、完成产品数量、完成工作原材料的剩余数量等统计资料为基础，经过整理分析，获得材料消耗的数据。这种由于不能分清材料消耗的性质，因而不能作为确定材料净用量定额和材料消耗定额的依据，只能用于笼统地确定总的消耗量，作为编制定额的辅助性方法使用。

4）理论计算法。是根据施工图直接计算材料耗用量的方法。它只能算出单位产品的材料净用量。材料的损耗量仍要在现场通过实测取得。计算法主要用于块、板类建筑材料的消耗定额。

（2）周转性材料定额消耗量的确定

周转性材料，就是多次周而复始进行使用的材料，如工程中的模板、脚手架等，它只在施工生产过程中参与工程的修建，而不构成工程的主要实体。周转性材料定额消耗量的确定，应按多次使用、分次摊销的方法确定。

周转性材料使用一次，在单位产品上的消耗量，称为摊销量。周转性材料的摊销量与周转次数有直接关系。

各种材料的周转及摊销定额，可按下式进行计算：

$$Q = \frac{A(1+k)}{nV} \tag{8.23}$$

式中，Q——周转性材料的单位定额用量；

A——周转性材料的图样一次使用总数量；

k——场内运输及操作损耗率（％）；

n——周转次数或摊销次数，通过施工实践测定；

V——工程设计实体（如 m^3、m^2 等）。

周转材料的图样一次使用量是指为完成某种规格的产品每一次生产时所需用的周转材料数量，如浇筑一定尺寸的混凝土构件的一套模板的用量。

场内运输及操作损耗率在这里是指周转性材料每次使用后因场内运输及操作过程中造成的损坏不能重复使用的数量占一次使用量的百分数。

周转次数是指周转材料从第一次使用起可重复使用的次数。

工程设计实体是根据使用周转材料施工的工程结构构件的设计尺寸计算得到的体积。

确定周转性材料定额消耗量，基本上是以设计图样或施工图样为依据的。首先计算出建筑工程的体积和各种周转材料的图样一次使用量，然后按实测的周转及摊销次数进行计算。

确定某一种周转材料的周期次数，是确定周转性材料定额消耗量的关键，但它不能用计算的方法确定，而是采用长期的现场观察和大量的统计资料用统计分析法确定。

由于公路工程的结构形式不一，情况各异，所以能充分周转使用的次数也不尽相同，这是实际工作中比较难以确定的一个参数。由于这样，通常是以实际施工生产经验资料，结合工程的具体情况，在适当留有余地的基础上，分别对各种周转材料预计可能达到的周转次数，作为计算确定周转材料的消耗定额。公路工程中各种材料的周转及摊销次数和场内运输及操作损耗率，一般通过施工实践测定。

8.1.8 公路工程施工定额的主要内容

现行《公路工程施工定额》（2009 年 7 月第 1 版）是原交通部 2007 年公布的《公路工

程概算定额》（JTG/TB06—01—2007）劳动、机械定额水平确定的基础依据，是在原交通部 1997 年公布的《公路工程施工定额》的基础上，通过调查研究及综合分析各省、自治区、直辖市交通厅（局、委员会）及部分大型公路施工企业提供公路工程施工定额资料，并参照其他有关部门的劳动定额，由权威机构——交通公路工程定额站组织编制的。

现行公路工程施工定额共有 18 章，分别为：准备工作；路基工程；路面工程；隧道工程；基础工程；打桩工程；灌注桩造孔工程；砌筑工程；模板、架子及木作工程；钢筋及钢丝束工程；混凝土及钢筋混凝土工程；预制构件工程运输工程；安装工程；钢结构工程；杂项工程；临时工程；备料；材料运输。另外，还有附录等。其内容包括文字说明、分节定额和附录三部分。

（1）文字说明

文字说明部分又分为总说明和章说明。

1）总说明。总说明的基本内容有：定额编制的依据；所有定额表均包括的工作内容；工程质量要求；有关规定和计算方法。

例如，总说明第三条，说明除各章节另有说明外，"均包括：准备、结束、熟悉施工图样、检查安全技术措施、布置操作地点、领退料具、工序交接、队组自检互检、机械加水加油、排除一般机械故障、保养机具、操作完毕后的场地清理、操作过程中的次要工序，以及汽车在 5km、其他自行式机械在 1km 内由停车场至工作地点的往返空驶"。这样就使得定额的确定和计算更为明确。

2）章说明。章说明的基本内容有：术语说明；施工方法；本章定额表均包括的工作内容；定额调整规定；工程计量方法；质量要求等。

（2）定额表部分

定额表又可分为表头、表格和表注。

1）表头。表头包括表号及表名、工作内容和定额计量单位。

2）表格。表格包括劳动定额表机械定额表。

① 劳动定额。劳动定额包括时间定额和产量定额，当用分式表示时，分子为时间定额，分母为产量定额。时间定额以工日为单位。

② 机械定额。机械定额包括时间定额和产量定额，当用分式表示时，分子为时间定额，分母为产量定额。时间定额以工日为单位。

3）表注。有些定额表下面有附注，主要是根据施工条件变更的情况，规定定额的调整方法。表注是对定额表的补充，也是对定额使用的限制（表 8.7）。

表 8.7 3-2 全部挖除旧路面

工作内容：人工翻撬或机械推挖，清除废料至路基外堆放，场地清理、平整。

每 100m² 的劳动、机械定额

	项目	人工挖清	推土机挖清	挖掘机挖清	序号
	劳动定额	$\dfrac{8}{0.125}$	$\dfrac{0.33}{3.03}$	$\dfrac{0.135}{7.407}$	一
机械定额	135kW 以内推土机	—	$\dfrac{0.096}{10.417}$	—	二

续表

项目		人工挖清	推土机挖清	挖掘机挖清	序号
机械定额	2m³以内液压挖掘机	—	—	$\dfrac{0.09}{11.111}$	三
	4t以内自卸汽车	—	—	$\dfrac{0.18}{5.556}$	四
	编号	1	2	3	

注：1）废渣清除后，底层如需碾压，每100m²可增加15t以内振动压路机0.0152台班。
    2）挖掘机挖清废料清运，适用于运距600m以内，如需超运，每100m²增运1km增加4t以内自卸汽车0.039台班。

（3）附录部分

在《公路工程施工定额》定额表中没有材料消耗定额。在附录中列了爆破材料单位耗用量、砌筑工程石料及砂浆消耗、勾缝及抹面砂浆消耗、砌筑砂浆配合比表、水泥混凝土配合比表、钢材焊接与切割单位材料耗用量、加工碎石的片石耗用量、土石分类表、锯材分类表等部分材料消耗定额。

案例8.1

背景材料：用工作日写实法测算某项工作的测时数据见表8.8。

表8.8　工作日写实法测算某项工作的测时数据表

项目	测时编号									
	1	2	3	4	5	6	7	8	9	10
工程量/件	15	24	30	20	10	15	20	40	20	25
耗时/h	20.4	25.2	26.4	39.8	17.7	18.6	18.8	28.8	21.4	21.5

问题：（计算时均取三位小数）

1）计算该工作完成一件产品的平均实耗工时和平均先进实耗工时。

2）假定该工作的非工作耗时（指准备工作时间、合理中断、休息时间及结束整理时间）占定额时间的15%，请确定施工定额。

答案：

1）完成每件产品的耗时见表8.9。

表8.9　每件产品耗时表

项目	测时编号									
	1	2	3	4	5	6	7	8	9	10
完成每件产品耗时/h	1.36	1.05	0.88	1.99	1.77	1.24	0.94	0.72	1.07	0.86

2）完成每件产品平均耗时。

$(1.36+1.05+0.88+1.99+1.77+1.24+0.94+0.72+1.07+0.86)\div10=1.188(\text{h/件})$

3）完成每件产品的先进平均耗时。

$(1.05+0.88+0.94+0.72+1.07+0.86)\div6=0.92(\text{h/件})$

4）完成每件产品的平均先进耗时。

$$(1.188+0.92)\div2=1.054(\text{h}/\text{件})$$

5）完成每件产品的施工定额。

$$1.054\div(1-15\%)\div8=0.155(\text{工日}/\text{件})$$

案例8.2

背景材料： 用测时法进行人工挖基坑土方定额的测定，现场测定情况见表8.10。

表8.10 测时法人工挖基坑土方定额现场测定表

观察项目	工种	时间产量	观察资料			
			第一次	第二次	第三次	第四次
挖土出坑	普通工	工人数量	7	11	6	8
		耗时/min	446	258	262	368
		产量/m³	27	24.1	13.5	25.2
清理整修坑底、坑壁	普通工	工人数量	7	5	6	4
		耗时/min	25	26	28	20
		产量/m²	35	25	30	15
手推车运20m	普通工	工人数量	7	8	6	4
		耗时/min	110	120	121	128
		产量/m³	19.8	25.9	18.7	13.4

假定基坑体积为75m³，清理整修坑底、坑壁面积为36m²，运土体积为回填后多余的土体，体积为32m³，不考虑运土便道。

据经验，估计非工作耗时（指准备工作时间、合理中断和休息及结束整理时间）占定额时间的15%。

问题： 请用上述资料计算人工挖基坑土方的劳动定额，定额单位取10m³。工作内容为：人工挖、装基坑土方并运出坑处，20m内弃土，清理基底、坑壁。

答案： 设按加权平均的方法计算。

1）计算挖土出坑的定额时间。

挖土出坑基本时间消耗：

$$(7\times446+11\times285+6\times262+8\times368)\div(27+24.1+13.5+25.2)=116.659(\text{min}/\text{m}^3)$$

挖土出坑定额时间耗时：$116.659\div(1-15\%)\approx137.246(\text{min}/\text{m}^3)$

2）计算清理整修坑底、坑壁的定额时间。

清理整修坑底、坑壁基本时间消耗：

$$(7\times25+5\times26+6\times28+4\times20)\div(35+25+30+15)\approx5.267(\text{min}/\text{m}^2)$$

清理整修坑底、坑壁定额时间耗时：$5.267\div(1-15\%)\approx6.196(\text{min}/\text{m}^2)$

3）计算手推车运土的定额时间。

手推车运土基本时间消耗：

$(7 \times 110 + 8 \times 120 + 6 \times 121 + 4 \times 128) \div (19.8 + 25.9 + 18.7 + 13.4) \approx 38.149 (\text{min/m}^3)$

手推车运土定额是时间消时：$38.149 \div (1 - 15\%) \approx 44.881 (\text{min/m}^3)$

4）计算挖基坑土方的劳动定额。

挖基坑定额时间：$137.246 \times 75 + 6.196 \times 36 + 44.881 \times 32 \approx 11\ 952.698 (\text{min/m}^3)$

挖基坑的劳动定额：$11\ 952.698 \div 60 \div 8 \div 75 \times 10 \approx 3.320$（工日/10m³）

案例8.3

背景材料： 用工作量写实法，确定自卸汽车运输路基土方（装载机装车）的机械定额。已知各项基础参数见表8.11。

表8.11　工作量写实法确定机械定额各项基础参数表

项目	装车时间	卸车时间	调位时间	等待时间	运行时间	
					重载	空车
时间消耗/min	3.305	1.325	1.250	1.000	11.952	10.676

问题：

1）假定时间利用系数为0.9，请问其循环工作时间和台班循环数是多少？

2）假定自卸汽车的车厢容积为8m³，每天施工12h，每天准备机具和保养等消耗的时间为10min，试计算其每1000m³时间定额。

答案：

1）计算循环工作时间。

循环工作时间＝装车、卸车、调位、等待、运行所消耗的时间之和，即

$3.305 + 1.325 + 1.250 + 1.000 + 11.952 + 10.676 = 29.508$（min）

2）计算台班循环次数。

台班循环次数＝台班工作时间×时间利用系数÷循环工作时间，即

$8 \times 60 \times 0.9 \div 29.508 \approx 14.64$（次）

3）计算时间定额。

每天施工12h，自卸汽车的循环次数：

$(12 \times 60 - 10) \times 0.9 \div 29.508 \approx 21.655$（次）

每天完成的土方数量为：$21.655 \times 8 = 173.240$（m²）

时间定额为：$12 \div 8 \div 173.24 \times 1000 \approx 8.658$（台班/1000m³）

8.2　企业定额的编制

学习目标

了解企业定额的作用和编制。

8.2.1 企业定额的概念及作用

企业定额是企业根据自身的技术水平和管理水平所确定的完成单位合格产品必需的工、料、机的数量标准，以及企业在特定工程的实施过程中所耗费的其他生产经营要素的数量标准。企业定额是在一定时期内，对企业管理水平、生产技术水平和劳动生产率水平的综合反映。

企业定额满足了工程量清单计价模式的要求。工程量清单计价模式是由招标方列出所有工程量清单，由投标人根据自身情况自主确定报价。依据企业定额对工程量清单实施报价，能够较准确地体现施工企业的实际管理水平和施工水平。企业定额也符合我国《招标投标法》的要求和国际惯例。我国《招标投标法》第三十三条规定："投标人不得以低于成本的报价竞标……"，这是所指的"成本"理应是企业的个别成本，只能通过企业定额来衡量。要做到国际惯例中的"合理低价中标"，也要求企业建立企业定额。

企业定额源于生产实践，又指导当前的生产实践，并在生产实践中加以完善与提高，它凝结着企业生产经营管理的综合素质。企业定额作为企业管理的一项基础性工作，具有极其重要的意义和重大作用：①企业定额是实现企业自主报价的需要，是企业投标报价的重要依据；②企业定额的建立和运用可以提高企业的管理水平和生产力水平；③企业定额是业内推广先进技术和鼓励创新的工具；④企业定额的编制和使用可以规范发包承包行为，规范建设市场秩序。

8.2.2 企业定额与施工定额

通常是指的施工定额（也称为行业施工定额）是由各专业部门或行业所编制的施工定额（如原交通部的《公路工程施工定额》），属于社会意义上的施工定额，要求按照社会平均先进水平编制，它是编制行业统一预算定额的基础，也可作为施工企业编制企业定额的参照；企业定额则是企业根据自身条件编制的，仅用于企业内容的定额，代表了企业生产建设者的平均先进水平。企业层面的施工定额是反映企业个别水平的生产管理性定额，它要求按企业内部平均先进水平编制。企业定额与施工定额的比较见表 8.12。

表 8.12　企业定额与施工定额的比较

比较内容	企业定额	施工定额
编制主体	企业	各行业、各部门
使用范围	企业内部	社会范围
主要作用	对内：施工管理 对外：投标报价	编制行业统一预算定额的基础；编制企业定额的参照
定额水平	企业平均先进	社会平均先进
定额性质	企业施工定额：生产性定额 企业预算定额：计价性定额	生产性定额

可见，企业定额不能等同于目前所说的施工定额，但两者同属于工程定额体系，也不能相互替代。

8.2.3　企业定额的编制

1. 企业定额的编制原则

1）执行国家、行业的有关规定，适应《建设工程工程量清单计价规范》的原则。各类相关法律、法规、标准等是制订企业内部定额的前提和必备条件，在编制企业定额的过程中，细分工程项目、明确工艺组成、确定定额消耗构成都必须以此为前提。同时，企业定额的编制必须与《建设工程工程量清单计价规范》的具体要求相统一，以保证投标报价的实用性和可操作性。

2）真实、平均先进性原则。企业定额应当能够真实地反映企业管理现状，真实地反映企业人工、机械装备、材料储备情况；同时还要依据成熟的及推广应用的先进技术和先进经验确定定额水平，它应该是大多数的生产者必须经过努力才能达到或超过的水平，以促使生产者努力提高技术操作水平，并起到鼓励先进、勉励中间、鞭策后进的作用。

3）具有时效性和相对稳定性原则。企业定额是一定时期内企业技术发展和管理水平的反映，所以在一段时期内表现出稳定的状态。这种稳定性又是相对的，当企业定额不再适应市场竞争和成本监控的需要时，就要重新进行编制和修订，否则就会产生负效应。所以，持续改进是企业定额能否长期发挥作用的关键。同时，由于应及时地将新技术、新结构、新材料、新工艺的应用编入定额中，满足实际施工需要，因此也体现了时效性原则。

2. 企业定额编制的内容

从表现形式上看，企业定额的编制内容包括：编制方案、总说明、工程量计算规则、定额划项、定额水平的测定（工、料、机消耗水平和管理成本费的测算和制定）、定额水平的测算（类似工程的对比测算）、定额编制基础资料的整理归类和编写。

按《建设工程工程量清单计价规范》要求，编制的内容包括：

1）工程实体消耗定额，即构成工程实体的分部（项）工程的工、料、机的定额消耗量。实体消耗量就是构成工程实体的人工、材料、机械的消耗量，其中人工消耗量要根据本企业工人的操作水平确定。材料消耗量不仅包括施工材料的净消耗量，还应包括施工损耗。

2）措施性消耗定额，即有助于工程实体形成的临时设施、技术措施等定额消耗量。措施性消耗量是指为保证工程正常施工所采用的措施的消耗，是根据工程当时当地的情况以及施工经验进行的合理配置，应包括模板的选择、配置与周转，脚手架的合理使用与搭拆，各种机械设备的合理配置等措施性项目。

3）由计费规则、计价程序、有关规定及相关说明组成的编制规定。各种费用标准，是为施工准备、组织施工生产和管理所需的各项费用，包括企业管理人员的工资，各种基金、保险费、办公费、工会经费、财务费用、正经常费用等。

3. 企业定额的编制方法

编制企业定额的方法与其他定额的编制方法基本一致。概括起来，主要有定额修正法、经验统计法、现场观察测定法、理论计算法等。

1）定额修正法。其思路是以已有的全国（地区）定额、行业施工定额等为蓝本，结合企业实际情况和工程量清单计价规范等的要求，调整定额的结构、项目范围等，在自行测算的基础上形成企业定额。这种方法的优点是继承了全国（地区）定额、行业施工定额的精华，使企业定额有模板可依，并有改进的基础。

2）经验统计法。是企业对在建和完工项目的资料数据，运用抽样统计的方法，对有关项目的消耗数据进行统计测算，最终形成自己的定额消耗数据。这种方法充分利用了企业的实际数据，对于常见的项目有较高的准确性。但这种方法对于企业历史资料和数据的要求较高，依赖性较强，一旦数据有误，造成的误差相当大。

3）现场观察测定法。是我国多年来专业测定定额的常用方法。这种方法的特点是能够把现场工时消耗情况和施工技术条件联系起来加以观察、测时、计量和分析，以获得该施工过程的技术组织条件下工时消耗的有技术依据的基础资料。这种方法技术简单、应用面广、资料全面，适用于影响工程造价大的主要项目及新技术、新工艺、新施工方法的劳动力消耗和机械台班消耗的测定。但这种方法费时、费工，需要大量的人力、物力，需要较长的周期才能建立起企业定额。

4）理论计算法。是根据施工图样、施工规范及材料规格，用理论计算的方法求出定额中的理论消耗量，将理论消耗量加材料的合理损耗，得出定额实际消耗水平的方法。实际的损耗量又要经过现场实际统计测算才能获得。所以理论计算法在编制定额时不能独立使用，只有与统计分析法（用来测算损耗率）相结合才能共同完成定额子目的编制。所以，理论计算法编制施工企业定额有一定的局限性。但这种方法也可以节约大量的人力、物力和时间。

上述这些方法各有优缺点，也不是绝对独立的，实际工作过程中可以结合起来使用，互为补充，互为验证。企业应根据实际需要，确定适合自己的方法体系。

8.3 预算定额人工、机械台班、材料消耗量的确定

> **学习目标**
>
> 了解预算定额的作用和编制。

8.3.1 预算定额的概念及作用

1. 预算定额的概念

预算定额，是指在合理的施工组织设计、正常施工条件下，完成一定计量单位质量合格的分项工程或结构构件所需的人工、材料和机械台班消耗量的数量标准。预算定额是在施工定额的基础上，按照国家的方针、政策编制的，经过国家或授权机关批准的、具有权威性质的一种指标性文件。预算定额是一种具有广泛用途的计价性定额。

2. 预算定额的作用

预算定额是工程建设中一项重要的技术经济文件，其作用主要体现在：

1）预算定额是编制施工图预算、确定建筑安装工程造价的基础。施工图设计一经确定，工程预算造价就取决于预算定额水平和人工、材料及机械台班的价格，从而确定工程项目的预算造价。预算定额起着控制劳动消耗、材料消耗和机械台班使用的作用，进而起着控制建筑产品价格水平的作用。

2）预算定额是编制施工组织设计的依据。施工组织设计的重要任务之一，是确定施工中所需人力、物力的供求量，并做出最佳安排。施工单位在缺乏本企业的施工定额的情况下，根据预算定额，亦能够比较精确地计算出施工中各项资源的需要量，为有计划地组织材料采购和预制件加工、劳动力和施工机械的调配提供了可靠的计算依据。

3）预算定额是工程结算的依据。工程结算是建设单位和施工单位按照工程进度对已完成的分部分项工程实现货币支付的行为。按进度支付工程款，需要根据预算定额将已完成分项工程的造价算出。单位工程验收后，再按已竣工工程量、预算定额和施工合同规定进行结算，以保证建设单位建设资金的合理使用和施工单位的经济收入。

4）预算定额是施工单位进行经济活动分析的依据。预算定额规定的物化劳动和劳动消耗指标，是施工单位在生产经营中允许消耗的最高标准。施工单位可根据预算定额对施工中的劳动、材料、机械的消耗情况进行具体的分析，以便找出并克服低功效、高消耗的薄弱环节，提高竞争能力。只有在施工中尽量降低劳动消耗、采用新技术、提高劳动者素质、提高劳动生产率，才能取得较好的经济效果。

5）预算定额是编制概算定额的基础。概算定额是在预算定额基础上综合扩大编制的。利用预算定额作为编制依据，不但可以节省编制工作的大量人力、物力和时间，起到事半功倍的效果，还可以使概算定额在水平上与预算定额保持一致，以免造成执行中的不一致。

6）预算定额是合理编制招标控制价、投标报价的基础。在市场经济不断深化的改革中，预算定额的指令性作用将日益削弱，而施工单位按照工程个别成本报价的指导性作用仍然存在，因此，预算定额作为业主编制招标控制价的依据和施工企业投标报价的基础性作用仍将存在，这也是由于预算定额本身的科学性和权威性决定的。

8.3.2 预算定额的种类

（1）按专业性质分类

按专业性质分，预算定额可分为建筑工程定额和安装工程定额两大类。

建筑工程定额按专业对象分为公路工程预算定额、市政工程预算定额、铁路工程预算定额、建筑工程预算定额、房屋修缮工程预算定额、矿山井巷预算定额等。

安装工程预算定额按专业对象分为电气设备安装工程预算定额、机械设备安装工程预算定额、通信设备安装工程预算定额、化学工业设备安装工程预算定额、工业管道安装工程预算定额、工艺金属结构安装工程预算定额、热力设备安装工程预算定额等。

（2）按管理权限和执行范围分类

从管理权限和执行范围划分，预算定额可以分为全国统一定额、行业统一定额和地区统一定额等。

（3）按资源要素分类

预算定额按资源要素分为劳动定额、机械定额和材料消耗定额，它们相互依存形成一个整体，作为编制预算定额的依据，各自不具有独立性。

8.3.3　预算定额的编制

1. 预算定额的编制原则

为保证预算定额的质量，充分发挥预算定额的作用，使实际使用简便，在编制工作中应遵循以下原则：

1）按社会平均水平确定预算定额的原则。预算定额是确定和控制建设工程造价的主要依据，因此，它必须遵照价值规律的客观要求，即按生产过程中所消耗的社会必要劳动时间确定定额水平。所以预算定额的平均水平，是在正常的施工条件、合理的施工组织和工艺条件、平均的劳动熟练程度和劳动强度下，完成单位分项工程基本构造要素所需的劳动时间。

2）简明适用的原则。一是指在编制预算定额，对于那些主要的、常用的、价值量大的项目，分项工程划分宜细；次要的、不常用的、价值量相对较小的项目则可以粗一些。二是指预算定额要项目齐全。要注意补充好那些因采用新技术、新结构、新材料而出现的新的定额项目。三是要求合理确定预算定额的计算单位，简化工程量的计算，尽量减少定额附注和换算系数。

3）坚持统一性和差别性相结合的原则。所谓统一性，就是从培育全国统一市场、规范计价行为为出发点，计价定额的制定规划和组织实施由国务院建设行政主管部门归口，并负责全国统一定额制定或修订，颁发有关工程造价管理的规章制度等。所谓差别性，就是在统一性的基础上，各部门和省、自治区、直辖市主管部门可以在自己的管辖范围内，根据本部门和地区的具体情况，制定部门和地区性定额、补充性制度和管理办法，以适应我国幅员辽阔，地区、部门间的经济发展不平衡和差异大的实际情况。

2. 预算定额的编制依据

1）定额类资料。包括现行劳动定额、施工定额和预算定额。预算定额中的人工、材料、机械台班消耗水平，需要根据劳动定额或施工定额做出相应调整后取定；预算定额的计量单位的选择也要以施工定额为参考，以保证两者的协调和可比性，减轻预算定额的编制工作量，缩短编制时间；现行预算定额编制过程中积累的基础资料，是编制预算定额的依据和参考。

2）技术类资料。包括现行设计规范、施工及验收规范、质量评定标准和安全操作规程，以及具有代表性的典型工程施工图及有关标准图。

3）其他资料。新技术、新结构、新材料和先进的施工方法等这类资料是调整定额水平和增加新的定额项目所必需的依据；有关科学试验、技术测定的统计、经验资料是确定定额水平的重要依据；此外，还包括现行工资标准、材料预算价格、施工机械台班预算单价及有关文件规定等。

3. 预算定额的编制程序及要求

预算定额的编制，一般分为准备工作、收集资料、编制定额、报批和修改定稿五个阶段。各阶段工作互有交叉，有些工作还有多次重复。其中，预算定额编制阶段的主要工作如下：

1) 确定编制细则。主要包括：统一编制表格及编制方法；统一计算口径、计量单位和小数点位数的要求；有关统一性规定，统一名称、用字、专业用语、符号代码，文字简练明确。

确定预算定额的计量单位应以满足计量单位与相应工程项目内容相适应，便于计算工程量，能反映分项工程最终产品形态和实物量，使用方便为原则。一般情况下，计量单位按下述方法取定：

① 物体厚度一定时，以平方米为单位（m²），如路基垫层、基层、路面面层（沥青混凝土除外）等。

② 物体截面积一定时，以延米为单位（m），如管道、输电线、伸缩缝、栏杆等。

③ 形状为任意时，以立方米为单位（m³），如混凝土工程、砖石工程、土石方工程等。

④ 金属结构以质量为单位（t 或 kg）。如钢筋工程等。

⑤ 零星工程以个、套为单位，如泄水管等。

2) 确定定额的项目划分和工程量计算规则。计算工程量的目的，是为了通过计算典型设计图样所包括的施工过程的工程量，以便在编制预算定额时，有可能利用施工定额的人工、机械台班和材料消耗指标确定预算定额所含工序的消耗指标。

3) 定额人工、材料、机械台班耗用量的计算、复核和测算。

4. 预算定额消耗量的确定方法

确定预算定额人工、材料、机械台班消耗指标时，必须先按施工定额的分项逐项计算出消耗指标，然后，再按预算定额的项目加以综合。但是，这种综合不是简单的合并和相加，而需要在综合过程中增加两种定额之间的适当的水平差。预算定额的水平，首先取决于这些消耗量的合理确定。

人工、材料和机械台班消耗量指标，应根据定额编制原则和要求，采用理论与实际相结合、图样计算与施工现场测算相结合、编制人员与现场工作人员相结合等方法进行计算和确定，使定额既符合政策要求，又与客观情况一致，便于贯彻执行。

（1）人工工日消耗量的确定

人工的工日数可以有两种确定方法。一种是以施工定额的劳动定额为基础确定；另一种是以现场观察测定资料为基础确定，主要用于遇到劳动定额缺项时，采用现场工作日写实等测时方法确定定额的人工耗用量。

预算定额中的人工工日消耗量是指在正常施工条件下，生产单位合格产品所必须消耗的人工工日数量，是由分项工程所综合的各个工序劳动定额所包括的基本用工、超运距用工、辅助用工以及人工幅度差所组成。

1) 基本用工。基本用工是指完成单位合格的分项工程或结构构件的各项工作过程的施工任务所必须消耗的技术工种的用工。按技术工种相应劳动定额的时间定额计算，以不同工种列出定额工日。基本用工包括：

① 完成定额计量单位的主要用工。按综合取定的工种量和相应劳动定额进行计算，计算公式如下：

$$基本用工 = \sum（劳动定额 \times 综合取定的工程量） \tag{8.24}$$

例如，现浇钢筋混凝土基础工程综合了模板制作安装、浇筑混凝土两个施工过程，应将这些用工数累计后，才是预算定额的基本用工数。

② 按劳动定额规定应增（减）计算的用工量。由于预算定额是在施工定额子目的基础上综合扩大的，包括的工作内容较多，施工的工效视具体部位而不一样，所以需要另外增加（或减少）人工消耗，列入基本用工中。

2）超运距用工。超运距用工是指编制预算定额时，材料、半成品等在施工现场的合理运输距离超过劳动定额规定的运距时，应增加的运输用工量。

$$超运距 = 预算定额取定的运距 - 劳动定额已包括的运距 \tag{8.25}$$

超运距用工量应按各种超运距的材料数量和相应的超运距时间定额进行计算。计算公式如下：

$$超运距用工 = \sum（时间定额 \times 超运距材料数量） \tag{8.26}$$

在预算定额中，超运距用工量列入其他用工量中。

3）辅助用工。辅助用工是指技术工种劳动定额内不包括而在预算定额内又必须考虑的用工。例如，机械土方工程配合用工、材料加工配合用工（如筛砂、洗石子）等。计算公式如下：

$$辅助用工 = \sum（材料加工数量 \times 相应加工材料的劳动定额） \tag{8.27}$$

在预算定额中，辅助用工量列入其他用工量中。

4）人工幅度差。人工幅度差即预算定额与劳动定额的差额，主要是指劳动定额中未包括而在正常施工条件下不可避免但又很难准确计量的各种零星用工和各种工时损失。人工幅度差的内容包括：

① 各工种之间的工序搭接及交叉作业互相配合或影响所需停歇的时间。

② 施工机械在单位工程之间转移及临时水电线路在施工过程中移动所发生的不可避免的工作间歇时间。

③ 工程质量检查与隐蔽工程验收而影响工人的操作时间。

④ 班组操作地点转移而影响工人的操作时间。

⑤ 工序交接时对前一工序不可避免的修整用工。

⑥ 施工中不可避免的其他零星用工。

人工幅度差的计算公式为

$$人工幅度差 =（基本用工 + 超运距用工 + 辅助用工） \times 人工幅度差系数 \tag{8.28}$$

人工幅度差系数一般为 10%～15%。在预算定额中，人工幅度差的用工量列入其他用工量中。

综上所述，预算定额中的人工消耗量为

人工消耗量＝（基本用工＋超运距用工＋辅助用工）×（1＋人工幅度差系数）（8.29）

人工幅度差系数的取值与不同专业和不同分项工程而异，《公路工程预算定额》制定时取用的人工幅度差系数见表 8.13。

表 8.13　人工幅度差系数表

预算定额工程项目	系数
准备工作、土方、石方、安全设施、材料采集加工、材料运输	1.04
路面、临时工程、纵向排水、整修路基、其他零星工程	1.06
砌筑、涵管、木作、支拱架、混凝土及钢筋混凝土、沿线房屋	1.08
隧道、基坑、围堰、打桩、造孔、沉井、安装、预应力、刚桥	1.10

《公路工程预算定额》的人工幅度差考虑了下述因素：

① 工序搭接及转移工作面的间断时间。

② 各工种交叉作业的相互影响。

③ 工作开始及结束时由于放样交底及任务不饱满而影响产量。

④ 配合机械施工及移动管线时发生的操作间歇。

⑤ 检查质量及验收隐蔽工程时影响工时利用。

⑥ 因雨雪或其他原因需排除故障。

⑦ 其他零星工作。如临时交通指挥、安全警戒、现场挖沟排水、修路材料整理堆放、场地清扫等。

⑧ 由于图样或施工方法的差异需增加的工序及工作项目。

应当指出：上述人工幅度差系数与其他专业的取值的含义不同，如一般土建工程预算定额的人工幅度差系数是个小于 1 的百分数。因此，公路工程某分项工程的预算定额用工为

预算定额用工数＝（基本用工＋超运距用工＋辅助用工）×人工幅度差系数　　（8.30）

（2）材料消耗量的确定

材料消耗定额，是指在节约与合理使用材料的条件下，完成单位合格产品所必须消耗的原材料、成品、半成品、构配件、燃料及水、电等动力资源的数量标准。

预算定额的材料消耗量由材料的净用量和各种合理损耗组成。各种合理损耗是指场内运输损耗和操作损耗，而场外运输损耗和工地仓库保管损耗则计入材料预算价格之中。预算定额中的材料消耗量确定方法与施工定额中材料消耗量的确定方法基本一致。

根据作用不同，公路工程预算定额中材料消耗指标的表现形式和计算方法也不同。

1）主要材料。是指直接构成工程实体的各种使用量大或昂贵的材料，如钢材、水泥、石油沥青、砂、石料等。计算公式为

材料消耗量＝净用量×（1＋场内运输及操作损耗率）　　（8.31）

2）周转性材料。是指多次周转使用的不构成工程实体的材料，如模板、脚手架、支架、拱盔、铁件等。

材料消耗量＝周转摊销量，即

$$Q = \frac{A(1+k)}{nV} \tag{8.32}$$

式中，Q——周转性材料的单位定额用量；

  A——周转性材料的图样一次使用总数量；

  K——场内运输及操作损耗率（％）；

  n——周转次数或摊销次数，通过施工实践测定；

  V——工程设计实体（如 m³、m² 等）。

3）其他材料。是指用量较少、难以计量的零星材料，如胶模剂、油毛毡等。

$$其他材料＝\sum（材料预算单价×数量） \tag{8.33}$$

4）设备。是指属于固定资产的金属设备，包括万能杆件、装配式钢桥桁架及有关配件拼装的金属架桥设备。

$$设备摊销费＝90 元×设备重量(t)×施工期(月) \tag{8.34}$$

其中包括设备本身的折旧费用和维修、保养等费用。

（3）机械台班消耗量的确定

预算定额中的施工机械台班消耗量是指在正常施工条件下，完成单位合格产品（分部分项工程或结构构件）必须消耗的某种型号施工机械的台班数量。

1）根据施工定额确定机械台班消耗量的计算。这种方法是指用施工定额中机械台班产量加机械幅度差计算预算定额的机械台班消耗量。

机械台班幅度差是指在施工定额中所规定的范围内没有包括，而在实际施工中又不可避免产生的影响机械或使机械停歇的时间。机械台班幅度差一般包括：正常施工组织条件下不可避免的机械空转时间，施工技术原因的中断及合理停滞时间，因供电供水故障及水电线路移动检修而发生的运转中断时间，因气候变化或机械本身故障影响工时利用的时间，施工机械转移及配套机械相互影响损失的时间，配合机械施工的工人因与其他工种交叉造成的间歇时间，因检查工程质量造成的机械停歇时间，工程收尾和工作量不饱满造成的机械停歇时间等。

《公路工程预算定额》的机械台班幅度差考虑了下列因素：

① 正常施工组织情况下不可避免的机械空转、技术中断及合理停置时间。

② 必要的备用台数造成的闲置台班。

③ 由于气候关系或排除故障影响台班的利用。

④ 工地范围内机械转移的台班数及非自行式机械转移时所需的运载牵引工具。

⑤ 配套机械相互影响所损失的时间及停车场至工作地点超定额运距所需的时间。

⑥ 施工初期限于条件所造成的效率差及结尾时工程量不饱满所损失的时间。

⑦ 因供电、供水故障及水电路线的移动检修而发生的运转中断。

⑧ 不同厂牌机械的效率差、机械不配套造成的效率低。

⑨ 工程质量检查的影响。

综上所述，预算定额的机械台班消耗量按式（8.35）计算：

预算定额机械耗用台班消耗量＝施工定额机械耗用台班×(1＋机械幅度差系数)　　(8.35)

2）以现场测定资料为基础确定机械台班消耗量。如遇施工定额缺项者，则需依单位时间完成的产量测定。

公路工程预算定额按定额综合范围将施工机械分为主要机械和小型机具。主要机械是指用量大、对工程造价影响大的机械，如推土机、压路机、摊铺机等。小型机具是指对工程造价影响不大、自重较小的机械，如电钻、电锯等。主要机械按上述方法来确定机械台班消耗量。对于小型机具，则以费用的形式来表现，按下式来计算。

$$小型机具使用费用＝\sum（小型机具台班预算单价×台班数）\qquad(8.36)$$

案例8.4

背景材料： 某浆砌料石桥台工程，定额测定资料如下。

1）完成每立方米浆砌料石桥台的基本工作时间为7.9h。

2）辅助工作时间、准备与结束时间、不可避免的中断时间和休息时间分别占浆砌料石桥台的定额时间的3%、2%、2%和16%。

3）每10m³浆砌料石桥台需要M7.5水泥砂浆3.93m³，勾缝M10水泥砂浆0.25m³，细料石11.0m³，水0.79m³，200L砂浆搅拌机0.66台班。

4）人工幅度差系数为1.1，机械幅度差系数为1.5。

问题：

1）确定砌筑每立方米浆砌料石桥台的人工时间定额和产量定额。

2）若预算定额的其他用工占基本用工12%，试编制该分项工程的补充预算定额（定额单位为10m³）。

答案：

1）确定砌筑每m³浆砌料石桥台的人工时间定额和产量定额：

① 人工时间定额的确定。

假定砌筑每m³浆砌料石桥台的定额时间为X，则

$$X＝7.9＋(3\%＋2\%＋2\%＋16\%)X$$
$$X＝7.9/(1－23\%)≈10.26(工时)$$

每工日按8工时计算，则

$$砌筑浆砌料石桥台的人工时间定额＝X/8＝10.26/8≈1.283工日(/m³)$$

② 人工产量定额的确定。

$$浆砌料石桥台的人工产量定额＝1/1.283≈0.779(m³/工日)$$

2）编制浆砌料石桥台的补充预算定额（计量单位为10m³）。

① 人工消耗量。

预算定额的人工消耗指标＝基本用工（1＋其他用工比例）×人工幅度差系数×定额计量单位
$$＝1.283×(1＋12\%)×1.1×10≈15.81(工日/10m³)$$

② 材料消耗。

32.5 级水泥数量：$0.266 \times 3.93 \times (1+2.0\%) + 0.311 \times 0.25 \times (1+4\%) \approx 1.147$ （$t/10m^3$）

水数量：0.79（$m^3/10m^3$）

细料石数量：$11 \times (1+1\%) = 11.11$（$m^3/10m^3$）

中（粗）砂数量：$1.09 \times 3.93 \times (1+2.0\%) + 1.07 \times 0.25 \times (1+4\%) \approx 4.648$（$m^3/10m^3$）

③ 机械消耗。

200L 砂浆搅拌机数量为

$$0.66 \times 1.5 = 0.99 （台班/10m^3）$$

注：2.0%、4%及1%分别为砌筑砂浆和勾缝砂浆及细料石的场内运输及操作损耗（见《公路工程预算定额》附录四）。

思 考 题

1. 施工定额的性质是什么？其编制原则是什么？
2. 施工过程中的工序含义是什么？
3. 工人工作时间消耗包括哪两类？其中必须消耗时间（定额的时间）包括哪些内容？
4. 机械的必须消耗的时间（定额的时间）包括哪些内容？
5. 计时观察法主要有哪三种方法？
6. 人工定额和机械台班定额的表现形式有几种？
7. 何谓施工机械的正常利用系数？
8. 材料消耗定额测定方法有哪几种？
9. 何谓企业定额？企业定额的编制方法有哪几种？
10. 预算定额的含义是什么？
11. 预算定额的编制原则是什么？
12. 预算定额的编制依据有哪些？
13. 何谓人工幅度差和机械台班幅度差？

案例练习题

案例题一

背景： 某混凝土混凝土工程的观察测时，对象是 6 名工人，符合正常的施工条件，整个过程完成的工程量为 32m³ 混凝土。基本工作时间 300min，因没有水泥而停工时间为 15min，因停电耽误时间 12min，辅助工作时间占基本工作时间 1%，准备结束时间为 20min，工人上班迟到时间 8min，不可避免中断时间为 10min，休息时间占定额时间的 20%，下班早退时间 5min。

问题：试计算时间额定和产量定额。

案例题二

背景：用工作日写实法测算某项工作的测时数据见表 8.14。

表 8.14　工作日写实法测算某项工作的测时数据表

项目	测时编号							
	1	2	3	4	5	6	7	8
完成的工作量/件	12	24	32	10	15	20	20	25
消耗时间/h	19.2	25.8	32.8	14.9	18.3	18.9	21.3	23.5

问题：（计算时均取三位小数）

1）计算该工作完成一件产品的平均实耗工时和平均先进实耗工时。

2）假定该工作的非工作耗时（指准备工作时间、合理中断、休息时间及结束整理时间）占定额时间的 15%，请确定施工定额。

附录一 概（预）算项目表

项目	目	节	细目	工程或费用名称	单位	备 注
				第一部分 建筑安装工程费	公路公里	建设项目路线总长度（主线长度）
				临时工程	公路公里	
	1			临时道路	km	新建便道与利用原有道路的总长
		1		临时便道的修建与维护	km	新建便道长度
		2		原有道路的维护与恢复	km	利用原有道路长度
				……		
一	2			临时便桥	m/座	指汽车便桥
	3			临时轨道铺设	km	
	4			临时电力线路	km	
	5			临时电信线路	km	不包括广播线
	6			临时码头	座	按不同的形式划分节或细目
						扣除桥梁、隧道和互通立交的主线
				路基工程	km	长度，独立桥梁或隧道为引道或接线长度
	1			场地清理	km	
		1		清理与掘除	m²	
			1	清除表土	m³	按清除内容的不同划分细目
			2	伐树、挖根、除草	m²	
				……		
		2		挖除旧路面	m²	
			1	挖除水泥混凝土路面	m²	按不同的路面类型和厚度划分细目
二			2	挖除沥青混凝土路面	m²	
			3	挖除碎（砾）石路面	m²	
				……		
		3		拆除旧建筑物、构筑物	m³	
			1	拆除钢筋混凝土结构	m³	按不同的构筑材料划分细目
			2	拆除混凝土结构	m³	
			3	拆除砖石及其他砌体	m³	
				……		
	2			挖方	m³	
		1		挖土方	m³	

项	目	节	细目	工程或费用名称	单位	备　　注
			1	挖路基土方	m³	按不同的地点划分细目
			2	挖改路、改河、改渠土方	m³	
				……		
		2		挖石方	m³	
			1	挖路基石方	m³	
			2	挖改路、改河、改渠石方	m³	
				……		
		3		挖非适用材料	m³	
		4		弃方运输	m³	
		3		填方	m³	
			1	路基填方	m³	
			1	换填土	m³	
			2	利用土方填筑	m³	
			3	借土方填筑	m³	
			4	利用石方填筑	m³	
			5	填砂路基	m³	
			6	粉煤灰及填石路基	m³	
				……		
二		2		改路、改河、改渠填方	m³	按不同的填筑材料划分细目
			1	利用土方填筑	m³	
			2	借土方填筑	m³	
			3	利用石方填筑	m³	
				……		
		3		结构物台背回填	m³	按不同的填筑材料划分细目
			1	填碎石	m³	
				……		
		4		特殊路基处理	km	指需要处理的软弱路基长度
			1	软土处理	km	按不同的处治方法划分细目
			1	抛石挤淤	m³	
			2	砂、沙砾垫层	m³	
			3	灰土垫层	m³	
			4	预压与超载预压	m²	
			5	袋装沙井	m	
			6	塑料排水板	m	
			7	粉喷桩与旋喷桩	m	
			8	碎石桩	m	
			9	砂桩	m	
			10	土工布	m²	
			11	土工格栅	m²	

项	目	节	细目	工程或费用名称	单位	备　注
			12	土工格室	m²	
				……		
			2	滑坡处理	处	按不同的处理方式划分细目
			1	卸载土石方	m³	
			2	抗滑桩	m³	
			3	预应力锚索	m	
				……		
			3	岩溶洞回填	m³	按不同的回填材料划分细目
			1	混凝土	m³	
				……		
			4	膨胀土处理	km	按不同的处理方式划分细目
			1	改良土	m³	
				……		
			5	黄土处理	m³	按黄土的不同特性划分细目
			1	陷穴	m³	
			2	湿陷性黄土	m²	
				……		
			6	盐渍土处理	m²	按不同的厚度划分细目
				……		
二	5			排水工程	km	按不同的结构类型分节
		1		边沟	m³/m	按不同的材料、尺寸划分细目
			1	现浇混凝土边沟	m³/m	
			2	浆砌混凝土预制块边沟	m³/m	
			3	浆砌片石边沟	m³/m	
			4	浆砌块石边沟	m³/m	
				……		
		2		排水沟	处	按不同的材料、尺寸划分细目
			1	现浇混凝土排水沟	m³/m	
			2	浆砌混凝土预制块排水沟	m³/m	
			3	浆砌片石排水沟	m³/m	
			4	浆砌块石排水沟	m³/m	
				……		
		3		截水沟	m³/m	按不同的材料、尺寸划分细目
			1	浆砌混凝土预制块截水沟	m³/m	
			2	浆砌片石截水沟	m³/m	
				……		
		4		急流槽	m³/m	按不同的材料、尺寸划分细目
			1	现浇混凝土急流槽	m³/m	
			2	浆砌片石急流槽	m³/m	

项	目	节	细目	工程或费用名称	单位	备　注
				……		
		5		暗沟	m³	按不同的材料、尺寸划分细目
				……		
		6		渗（盲）沟	m³/m	按不同的材料、尺寸划分细目
				……		
		7		排水管	m	按不同的材料、尺寸划分细目
				……		
		8		集水井	m³/个	按不同的材料、尺寸划分细目
				……		
		9		泻水槽	m³/个	按不同的材料、尺寸划分细目
				……		
		6		防护与加固工程	km	按不同的结构类型分节
			1	坡面植物防护	m²	按不同的材料划分细目
			1	播种草籽	m²	
			2	铺（植）草皮	m²	
			3	土工织物植草	m²	
二			4	植生袋植草	m²	
			5	液压喷播植草	m²	
			6	客土喷播植草	m²	
			7	喷混植草	m²	
				……		
			2	坡面圬工防护	m³/m²	按不同的材料和形式划分细目
			1	现浇混凝土护坡	m³/m²	
			2	预制块混凝土护坡	m³/m²	
			3	浆砌片石护坡	m³/m²	
			4	浆砌块石护坡	m³/m²	
			5	浆砌片石骨架护坡	m³/m²	
			6	浆砌片石护面墙	m³/m²	
			7	浆砌块石护面墙	m³/m²	
				……		
			3	坡面喷浆防护	m²	按不同的材料划分细目
			1	抹面、捶面护坡	m²	
			2	喷浆护坡	m²	
			3	喷射混凝土护坡	m³/m²	
				……		
			4	坡面加固	m²	按不同的材料划分细目

续表

项	目	节	细目	工程或费用名称	单位	备 注
			1	预应力锚索	t/m	
			2	锚杆、锚钉	t/m	
			3	锚固板	m³	
			……			
		5		挡土墙	m³/m²	按不同的材料和形式划分细目
			1	现浇混凝土挡土墙	m³/m²	
			2	锚杆挡土墙	m³/m²	
			3	锚啶板挡土墙	m³/m²	
			4	加筋土挡土墙	m³/m²	
			5	扶壁式、悬臂式挡土墙	m³/m²	
二			6	桩板墙	m³/m²	
			7	浆砌片石挡土墙	m³/m²	
			8	浆砌块石挡土墙	m³/m²	
			9	浆砌护肩墙	m³/m²	
			10	浆砌（干砌）护脚	m³/m²	
			……			
		6		抗滑桩	m³	按不同的规格划分细目
			……			
		7		冲刷防护	m³	按不同的材料和形式划分细目
			1	浆砌片石河床铺砌	m³	
			2	导流坝	m³/处	
			3	驳岸	m³/m	
			4	石笼	m³/处	
			……			
		8		其他工程	km	根据具体情况划分细目
			……			
				路面工程	km	按不同的材料分节
	1			路面垫层	m²	按不同的厚度划分细目
		1		碎石垫层	m²	按不同的厚度划分细目
		2		沙砾垫层	m²	按不同的厚度划分细目
三			……			
	2			路面底基层	m²	按不同的材料分节
			1	石灰稳定类底基层	m²	按不同的厚度划分细目
			2	水泥稳定类底基层	m²	按不同的厚度划分细目
			3	石灰粉煤灰稳定类底基层	m²	按不同的厚度划分细目
			4	级配碎（砾）石底基层	m²	按不同的厚度划分细目

项	目	节	细目	工程或费用名称	单位	备　注
				……		
	3			路面基层	m²	按不同的材料分节
		1		石灰稳定类基层	m²	按不同的厚度划分细目
		2		水泥稳定类基层	m²	按不同的厚度划分细目
		3		石灰粉煤灰稳定类基层	m²	按不同的厚度划分细目
		4		级配碎（砾）石基层	m²	按不同的厚度划分细目
		5		水泥混凝土基层	m²	按不同的厚度划分细目
		6		沥青碎石混合料基层	m²	按不同的厚度划分细目
	4			透层、黏层、封层	m²	按不同的形式分节
		1		透层	m²	
		2		黏层	m²	
		3		封层	m²	按不同的材料划分细目
			1	沥青表处封层	m²	
			2	稀浆封层	m²	
				……		
			4	单面烧毛纤维土工布	m²	
			5	玻璃纤维格栅	m²	
				……		
三	5			沥青混凝土面层	m²	指上层面积
		1		粗粒式沥青混凝土面层	m²	按不同的厚度划分细目
		2		中粒式沥青混凝土面层	m²	按不同的厚度划分细目
		3		细粒式沥青混凝土面层	m²	按不同的厚度划分细目
		4		改性沥青混凝土面层	m²	按不同的厚度划分细目
		5		沥青玛蹄脂碎石混合料面层	m²	按不同的厚度划分细目
				……		
	6			水泥混凝土面层	m²	按不同的材料分节
		1		水泥混凝土面层	m²	按不同的厚度划分细目
		2		连续配筋混凝土面层	m²	按不同的厚度划分细目
		3		钢筋	t	按不同的类型分节
	7			其他面层	m²	按不同的厚度划分细目
		1		沥青表面处治面层	m²	按不同的厚度划分细目
		2		沥青贯入式面层	m²	按不同的厚度划分细目
		3		沥青上拌下贯式面层	m²	按不同的厚度划分细目
		4		泥结碎石面层	m²	按不同的厚度划分细目
		5		级配碎（砾）石面层	m²	按不同的厚度划分细目
		6		天然沙砾面层	m²	按不同的厚度划分细目
				……		
	8			路槽、路肩及中央分隔带	km	

续表

项	目	节	细目	工程或费用名称	单位	备　注
		1		挖路槽	m^2	按不同的土质划分细目
			1	土质路槽	m^2	
			2	石质路槽	m^2	
		2		培路肩	m^2	按不同的厚度划分细目
		3		土路肩加固	m^2	按不同的加固方式划分细目
			1	现浇混凝土	m^2	
			2	铺砌混凝土预制块	m^2	
			3	浆砌片石	m^2	
				……		
		4		中央分隔带回填土	m^3	
		5		路缘石	m^3	按现浇和预制安装划分细目
				……		
	9			路面排水	km	按不同的类型分节
		1		拦水带	m	按不同的 材料划分细目
			1	沥青混凝土	m	
			2	水泥混凝土	m	
				……		
四		2		排水沟	m	按不同的类型划分细目
			1	路肩排水沟	m	
			2	中央分隔带排水沟	m	
		3		排水管	m	按不同的类型划分细目
			1	纵向排水管	m	
			2	横向排水管	m/道	
				……		
		4		集水井	m^3/个	按不同的规格划分细目
				……		
				桥梁涵洞工程	km	指桥梁长度
	1			漫水工程	m/处	
		1		过水路面	m/处	
		2		混合式过水路面	m/处	
	2			涵洞工程	m/道	按不同的结构类型分节
		1		钢筋混凝土管涵	m/道	按管径和单、双孔划分细目
			1	1—ϕ1.0m 圆管涵	m/道	
			2	1—ϕ1.5m 圆管涵	m/道	
			3	倒虹吸管	m/道	
				……		
		2		盖板涵	m/道	按不同的材料和涵径划分细目

项目	节	细目	工程或费用名称	单位	备注
		1	2.0m×2.0m 石盖板涵	m/道	
		2	2.0m×2.0m 钢筋混凝土盖板涵	m/道	
			……		
		3	箱涵	m/道	按不同的涵径划分细目
		1	4.0m×4.0m 钢筋混凝土箱涵	m/道	
			……		
		4	拱涵	m/道	按不同的材料和涵径划分细目
		1	4.0m×4.0m 石拱涵	m/道	
		2	4.0m×4.0m 钢筋混凝土拱涵	m/道	
			……		
	3		小桥工程	m/座	按不同的结构类型分节
		1	石拱桥	m/座	按不同的跨径划分细目
		2	钢筋混凝土矩形板桥	m/座	按不同的跨径划分细目
		3	钢筋混凝土空心板桥	m/座	按不同的跨径划分细目
		4	钢筋混凝土 T 形梁桥	m/座	按不同的跨径划分细目
		5	预应力混凝土空心板桥	m/座	按不同的跨径划分细目
			……		
四	4		中桥工程	m/座	按不同的结构类型或桥名分节
		1	钢筋混凝土空心板桥	m/座	按不同的跨径或工程部位划分细目
		2	钢筋混凝土 T 形梁桥	m/座	按不同的跨径或工程部位划分细目
		3	钢筋混凝土拱桥	m/座	按不同的跨径或工程部位划分细目
		4	预应力混凝土空心板桥	m/座	按不同的跨径或工程部位划分细目
			……		
	5		大桥工程	m/座	按桥名或不同的工程部位分节
		1	××大桥	m^2/m	按不同的工程部位划分细目
		1	天然基础	m^3	
		2	桩基础	m^3	
		3	沉井基础	m^3	
		4	桥台	m^3	
		5	桥墩	m^3	
		6	上部构造	m^3	注明上部构造跨径组成及结构形式
			……		
		2	……		
	6		××特大桥工程	m^2/m	按桥名分目，按不同的工程部位分节
		1	基础	m^2/m	
		1	天然基础	m^3	按不同的形式划分细目

续表

项	目	节	细目	工程或费用名称	单位	备　　注
			2	桩基础	m³	
			3	沉井基础	m³	
			4	承台	m³	
				……		
		2		下部构造	m³/座	按不同的形式划分细目
			1	桥台	m³	
			2	桥墩	m³	
			3	索塔	m³	
				……		
		3		上部构造	m³	按不同的形式划分细目，并注明其跨径组成
			1	预应力混凝土空心板	m³	
			2	预应力混凝土T形梁	m³	
			3	预应力混凝土连续梁	m³	
			4	预应力混凝土连续刚构	m³	
			5	钢管拱桥	m³	
			6	钢箱梁	t	
			7	斜拉索	t	
四			8	主缆	t	
			9	预应力钢材	t	
				……		
		4		桥梁支座	个	按不同规格划分细目
			1	矩形板式橡胶支座	dm³	
			2	圆形板式橡胶支座	dm³	
			3	矩形四氟板式橡胶支座	dm³	
			4	圆形四氟板式橡胶支座	dm³	
			5	盆式橡胶支座	个	
				……		
		5		桥梁伸缩缝	m	指伸缩缝长度，按不同的规格划分细目
			1	橡胶伸缩装置	m	
			2	模数式伸缩装置	m	
			3	填充式伸缩装置	m	
				……		
		6		桥面铺装	m³	
			1	沥青混凝土桥面铺装	m³	按不同的材料划分细目
			2	水泥混凝土桥面铺装	m³	
			3	水泥混凝土垫平层	m³	
			4	防水层	m³	

续表

项	目	节	细目	工程或费用名称	单位	备　　注
				……		
		7		人行道系	m^3/m	
			1	人行道及栏杆	m	指桥梁长度，按不同的类型划分细
			2	桥梁钢防撞护栏	m	目
			3	桥梁波形梁护栏		
			4	桥梁水泥混凝土防撞墙	m	
四			5	桥梁防护网	m	
				……		
		8		其他工程	m	指桥梁长度，按不同类型划分细目
			1	看桥房及岗亭	座	
			2	砌筑工程	m^3	
			3	混凝土构件装饰	m^2	
				……		
				交叉工程	处	按不同的交叉形式分目
		1		平面交叉道	处	按不同的类型分节
			1	公路与铁路平面交叉	处	
			2	公路与公路平面交叉	处	
			3	公路与大车道平面交叉	处	
				……		
		2		通道	m/处	按结构类型分节
			1	钢筋混凝土箱式通道	m/处	
			2	钢筋混凝土箱式通道	m/处	
				……		
		3		人行天桥	m/处	
			1	钢结构人行天桥	m/处	
五			2	钢筋混凝土结构人行天桥	m/处	
		4		渡槽	单/处	按结构类型分节
			1	钢筋混凝土渡槽	m/处	
			2	……		
		5		分离式立体交叉	处	按交叉名称分节
			1	××分离式立体交叉	处	按不同的工程内容划分细目
				1　路基土石方	m^3	
				2　路基排水防护	m^3	
				3　特殊路基处理	km	
				4　路面	m^2	
				5　涵洞及通道	m^3/m	

项	目	节	细目	工程或费用名称	单位	备　注
五			6	桥梁	m²/m	
				……		
		2		……		
	6			××互通式立体交叉	处	按互通名称分目（注明其类型），按不同的分部工程分节
		1		路基土石方	m³/km	
			1	清理与掘除	m²	
			2	挖土方	m³	
			3	挖石方.	m³	
			4	挖非适用材料	m³	
			5	弃方运输	m³	
			6	换填土	m³	
			7	利用土方填筑	m³	
			8	借土方填筑	m³	
			9	利用石方填筑	m³	
			10	结构物台背回填	m³	
		2		特殊路基处理	km	
			1	特殊路基垫层	m	
			2	预压与超载预压	m	
			3	袋装砂井	m	
			4	塑料排水板	m	
			5	粉喷桩与旋喷桩	m	
			6	碎石桩	m	
			7	砂桩	m	
			8	土工布	m²	
			9	土工格栅	m²	
			10	土工格室	m²	
				……		
		3		排水工程	m³	
			1	混凝土边沟、排水沟	m³/m	
			2	砌石边沟、排水沟	m³/m	
			3	现浇混凝土急流槽	m³/m	
			4	浆砌片石急流槽	m³/m	
			5	暗沟	m³	
			6	渗（盲）沟	m³/m	
			7	拦水带	m	
			8	排水管	m	

公路工程定额与造价（第三版）

续表

项	目	节	细目	工程或费用名称	单位	备　　注
			9	集水井	m³/个	
				……		
		4		防护工程	m³	
			1	播种草籽	m²	
			2	铺（植）草皮	m²	
			3	土工织物植草	m²	
			4	植生袋植草	m²	
			5	液压喷播植草	m²	
			6	客土喷播植草	m²	
			7	喷混植草	m²	
			8	现浇混凝土护坡	m³/m²	
			9	预制块混凝土护坡	m³/m²	
			10	浆砌片石护坡	m³/m²	
			11	浆砌块石护坡	m³/m²	
			12	浆砌片石骨架护坡	m³/m²	
			13	浆砌片石护面墙	m³/m²	
五			14	浆砌块石护面墙	m³/m²	
			15	喷射混凝土护坡	m³/m²	
			16	现浇混凝土挡土墙	m³/m	
			17	加筋土挡土墙	m³/m	
			18	浆砌片石挡土墙	m³/m	
			19	浆砌块石挡土墙	m³/m	
				……		
		5		路面工程	m²	
			1	碎石垫层	m²	
			2	沙砾垫层	m²	
			3	石灰稳定类底基层	m²	
			4	水泥稳定类底基层	m²	
			5	石灰粉煤灰稳定类底基层	m²	
			6	级配碎（砾）石底基层	m²	
			7	石灰稳定类基层	m²	
			8	水泥稳定类基层	m²	
			9	石灰粉煤灰稳定类基层	m²	
			10	级配碎（砾）石基层	m²	
			11	水泥混凝土基层	m²	
			12	透层、黏层、封层	m²	

续表

项	目	节	细目	工程或费用名称	单位	备　注
			13	沥青混凝土面层	m²	
			14	改性沥青混凝土面层	m²	
			15	沥青玛蹄脂碎石混合料面层	m²	
			16	水泥混凝土面层	m²	
			17	中央分隔带回填土	m³	
			18	路缘石	m³	
				……		
		6		涵洞工程	m/道	
			1	钢筋混凝土管涵	m/道	
			2	倒虹吸管	m/道	
			3	盖板涵	m/道	
五			4	箱涵	m/道	
			5	拱涵	m/道	
		7		桥梁工程	m²/m	
			1	天然基础	m³	
			2	桩基础	m³	
			3	沉井基础	m³	
			4	桥台	m³	
			5	桥墩	m³	
			6	上部构造	m³	
				……		
		8		通道	m/处	
				隧道工程	km/座	按隧道名称分目，并注明其形式
	1			××隧道	m	按明洞、洞门、洞身开挖、衬砌等分节
		1		洞门及明洞开挖	m³	
			1	挖土方	m³	
			2	挖石方	m³	
				……		
六		2		洞门及明洞修筑	m³	
			1	洞门建筑	m³/座	
			2	明洞衬砌	m³/m	
			3	遮光棚（板）	m³/m	
			4	洞口坡面防护	m³	
			5	明洞回填	m³	
				……		
		3		洞身开挖	m³/m	

项	目	节	细目	工程或费用名称	单位	备　注
			1	挖土石方	m³	
			2	注浆小导管	m	
			3	管棚	m	
			4	锚杆	m	
			5	钢拱架（支撑）	t/榀	
			6	喷射混凝土	m³	
			7	钢筋网	t	
				……		
		4		洞身衬砌	m³	
			1	现浇混凝土	m³	
			2	仰拱混凝土	m³	
			3	管、沟混凝土	m³	
				……		
		5		防水与排水	m³	
			1	防水板	m²	
			2	止水带、条	m	
			3	压浆	m³	
六			4	排水管	m	
				……		
		6		洞内路面	m²	按不同的路面结构和厚度划分细目
			1	水泥混凝土路面	m²	
			2	沥青混凝土路面	m²	
				……		
		7		通风设施	m	按不同的设施划分细目
			1	通风机安装	台	
			2	风机启动柜洞门	个	
				……		
		8		通风设施	m	按不同的设施划分细目
			1	消防室洞门	个	
			2	通道防火闸门	个	
			3	蓄（集）水池	座	
			4	喷防火涂料	m²	
				……		
		9		照明设施	m	按不同的设施划分细目
			1	照明灯具	m	
				……		

项	目	节	细目	工程或费用名称	单位	备　注
		1		供电设施	m	按不同的设施划分细目
		0		其他工程	m	按不同的内容划分细目
		1	1	卷帘门	个	
		1	2	检修门	个	
			3	洞身及洞门装饰	m²	
				……		
	2			××隧道	m	
				公路设施及预埋管线工程	公路公里	
	1			安全设施	公路公里	按不同的设施分节
			1	石砌护栏	m³/m	
			2	钢筋混凝土防撞护栏	m³/m	
			3	波形钢板护栏	m	按不同的形式划分细目
			4	隔离栅	km	按不同的材料划分细目
			5	防护网	km	
			6	公路标线	km	按不同的类型划分细目
七			7	轮廓标	根	
			8	防眩板	m	
			9	钢筋混凝土护柱	根/m	
			10	里程碑、百米桩、公路界碑	块	
			11	各类标志牌	块	按不同的规格和材料划分细目
			12	……		
	2			服务设施	公路公里	按不同的设施分节
			1	服务区	处	按不同的内容划分细目
			2	停车区	处	按不同的内容划分细目
			3	公共汽车停靠站	处	按不同的内容划分细目
	3			管理、养护设施	公路公里	按不同的设施分节
		1		收费系统设施	处	按不同的内容划分细目
			1	设备安装	公路公里	
			2	收费亭	个	
			3	收费天棚	m²	
			4	收费岛	个	
			5	通道	m/道	
			6	预埋管线	m	
			7	架设管线	m	
				……		
		2		通信系统设施	公路公里	按不同的内容划分细目

续表

项目	目	节	细目	工程或费用名称	单位	备　注
			1	设备安装	公路公里	
			2	管道工程	m	
			3	人（手）孔	个	
			4	紧急电话平台	个	
				……		
		3		监控系统设施	公路公里	按不同的内容划分细目
			1	设备安装	公路公里	
			2	光（电）缆敷设	km	
				……		
		4		供电、照明系统设施	公路公里	按不同的内容划分细目
			1	设备安装	公路公里	
				……		
		5		养护工区	处	按不同的内容划分细目
			1	区内道路	km	
				……		
八	4			其他工程	公路公里	
			1	悬出路台	m/处	
			2	渡口码头	处	
			3	铺道工程	km	
			4	支线工程	km	
			5	公路交工前养护费	km	按附录-计算
				绿化及环境保护工程	公路公里	
	1			撒播草种和铺植草皮	m²	按不同的内容分节
		1		撒播草种	m²	按不同的内容划分细目
		2		铺植草皮	m²	按不同的内容划分细目
		3		绿地喷灌管道	m	按不同的内容划分细目
	2			种植乔、灌木	株	按不同的内容分节
		1		种植乔木	株	按不同的树种划分细目
			1	高山榕	株	
			2	美人蕉	株	
				……		
		2		种植灌木	株	按不同的树种划分细目
			1	夹竹桃	株	

续表

项	目	节	细目	工程或费用名称	单位	备　注
八			2	月季	株	
				……		
			3	种植攀缘植物	株	按不同的树种划分细目
			1	爬山虎	株	
			2	葛藤	株	
				……		
			4	种植竹类植物	株	按不同的内容划分细目
			5	种植棕榈类植物	株	按不同的内容划分细目
			6	栽植绿篱	m	
			7	栽植绿色带	m²	
	3			声屏障	m	按不同的类型分节
			1	消声板声屏障	m	
			2	吸音砖声屏障	m³	
			3	砖墙声屏障	m³	
				……		
	4			污水处理	处	按不同的内容分节
	5			取、弃土场防护	m³	按不同的内容分节
				……		
九				管理、养护及服务房屋	m²	
	1			管理房屋	m²	
			1	收费站	m²	
			2	管理站	m²	
			3	……		
	2			养护房屋	m²	按房屋名称分节
			1	……		
	3			服务房屋	m²	按房屋名称分节
			1	……		
一				**第二部分　设备及工具、器具购置费**	公路公里	
				设备购置费	公路公里	
	1			需安装的设备	公路公里	
			1	监控系统设备	公路公里	按不同的设备分别计算
			2	通信系统设备	公路公里	按不同的设备分别计算
			3	收费系统设备	公路公里	按不同的设备分别计算
			4	供电照明系统设备	公路公里	按不同的设备分别计算
	2			不需安装的设备	公路公里	

项	目	节	细目	工程或费用名称	单位	备　　注
		1		监控系统设备	公路公里	按不同的设备分别计算
		2		通信系统设备	公路公里	按不同的设备分别计算
		3		收费系统设备	公路公里	按不同的设备分别计算
		4		供电照明系统设备	公路公里	按不同的设备分别计算
		5		养护设备	公路公里	按不同的设备分别计算
二				工具、器具购置	公路公里	
三				办公及生活用家具购置	公路公里	
				第三部分　工程建设其他费用	公路公里	
一				土地征用及拆迁补偿费	公路公里	
二				建设项目管理费	公路公里	
		1		建设单位（业主）管理费	公路公里	
		2		工程质量监督费	公路公里	
		3		工程监理费	公路公里	
		4		工程定额测定费	公路公里	
		5		设计文件审查费	公路公里	
		6		竣（交）工验收试验检测费	公路公里	
三				研究试验费	公路公里	
四				建设项目前期工作费	公路公里	
五				专项评价（估）费	公路公里	
六				施工机构迁移费	公路公里	
七				供电贴费	公路公里	
八				联合试运转费	公路公里	
九				生产人员培训费	公路公里	
十				固定资产投资方向调节税	公路公里	
十一				建设期贷款利息	公路公里	
				第一、二、三部分费用合计	公路公里	
				预备费	元	
				1、价差预备费	元	
				2、基本预备费	元	预算实行包干时列系数包干费
				概（预）算总金额	元	
				其中：回收金额	元	
				公路基本造价	公路公里	

附录二 概 (预) 算表格样

总概 (预) 算表

建设项目名称：

编制范围：

第　页　共　页　01表

项	目	节	细目	工程或费用名称	单位	数量	概 (预) 算金额/元	技术经济指标	各项费用比例/%	备注

编制：　　　　　　　　　　　　　　　　　　　　复核：

人工、主要材料、机械台班数量汇总表

建设项目名称：

编制范围：

第　页　共　页　02表

序号	规格名称	单位	总数量	编制范围		场外运输损耗
						数量

编制：　　　　　　　　　　　　　　　　　　　　复核：

建筑安装工程费计算表

第 页 共 页 03 表

建设项目名称：

编制范围：

序号	工程名称	单位	工程量	直接费/元						间接费/元	利润/元 费率/%	税金/元 综合税率/%	建筑安装工程费	
				直接工程费				其他直接费	合计				合计/元	单价/元
				人工费	材料费	机械使用费	合计							
1	2	3	4	5	6	7	8	9	10	11	12	13	14	15

编制： 复核：

其他工程费及间接费综合费率计算表

第 页 共 页 04 表

建设项目名称：

编制范围：

序号	工程类别	其他工程费费率/%											间接费费率/%													
		冬季施工增加费	雨季施工增加费	夜间施工增加费	高原地区施工增加费	风沙地区施工增加费	沿海地区施工增加费	行车干扰工程施工增加费	安全及文明施工措施费	临时设施费	施工辅助费	工地转移费	综合费率		养老保险费	失业保险费	医疗保险费	住房公积金	工伤保险费	综合费率	基本费用	主副食运费补贴	职工探亲路费	职工取暖补贴	财务费用	综合费率
													I	II	规费											
1	2	3	4	5	6	7	8	9	10	11	12	13	14	15	16	17	18	19	20	21	22	23	24	25	26	27

编制： 复核：

设备、工具、器具购置费计算表

建设项目名称：

编制范围：

第　页　共　页　05表

序号	设备、工具、器具规格名称	单位	数量	单价/元	金额/元	说明

编制：　　　　　　　　　　　　　　复核：

功能工程建设其他费用及回收金额计算表

建设项目名称：

编制范围：

第　页　共　页　06表

序号	费用名称及回收金额项目	说明及计算式	金额/元	备注

编制：　　　　　　　　　　　　　　复核：

人工、材料、机械单价汇总表

建设项目名称：

编制范围：

第　页　共　页　07表

序号	名称	单位	代号	预算单价/元	备注	序号	名称	单位	代号	预算单价/元	备注

编制：　　　　　　　　　　　　　　复核：

建筑安装工程费计算数据表

建设项目名称：　　　　　　编制范围：　　　　　　公路等级：
路线或桥梁长度（Km）：
路基或桥梁宽度（m）：　　　数据文件编号：

第　页　共　页　08-1表

项目的代号	目的代号	节的代号	本项目数	本节细目数	定额个数	费率编号	定额代号	项或节细目或定额的名称	单位	数量	定额调整情况

编制：　　　　　　复核：

分项工程预算表

编制范围：
工程名称：

第　页　共　页

序号	工程项目	工程细目	定额单位	工程数量	定额表号	工料机名称	单位	单价/元	定额	数量	金额/元	定额	数量	金额/元	定额	数量	金额/元	项或节细目或定额的名称	单位	定额	数量	金额/元
																		合计				

直接工程费	元
其他工程费 Ⅰ	元
其他工程费 Ⅱ	元
间接费 规费	元
间接费 企业管理费	元
利润及税金	元
建筑安装工程费	元

编制：　　　　　　复核：

材料预算单价计算表

09表

建设项目名称：
编制范围：

第　页　共　页

序号	规格名称	单位	原价/元	运杂费			单位运输/元	原价运费合计/元	场外运输损耗		采购及保管费		预算单价/元
	供应地点			运输方式、比重及运距	毛重系数或单位毛重	运杂费构成说明或计算式			费率/%	金额/元	费率/%	金额/元	

编制：　　　　　　　　　　　　复核：

自采材料料场价格计算表

10表

建设项目名称：
编制范围：

第　页　共　页

序号	定额号	材料规格名称	单位	料场价格/元	人工/工日		间接费/元（占人工费%）	（　）			（　）			合计	
					定额	金额		定额	单价/元	金额/元	定额	单价/元	金额/元	单价/元	金额/元

编制：　　　　　　　　　　　　复核：

机械台班单价计算表

11表

建设项目名称：
编制范围：

第　页　共　页

序号	定额号	机械规格名称	单位	台班单价/元	不变费用/元		可变费用/元										合计
					调整系数		人工/（元/工日）		柴油/（元/kg）		汽车/（元/kg）		……				
					定额	调整值	定额	金额	定额	金额	定额	金额	定额	金额			

编制：　　　　　　　　　　　　复核：

附录三 全国冬季施工气温区划分表

省、自治区、直辖市	地区、市、自治州、盟（县）	气温区	
北京	全境	冬二	I
天津	全境	冬二	I
河北	石家庄、邢台、邯郸、衡水市（冀洲市、枣强县、故城县）	冬一	II
	廊房、保定（涞源县及以北除外）、衡水市（冀洲市、枣强县、故城县除外）、沧州市	冬二	I
	唐山、秦皇岛市		II
	承德（围场县除外）、张家口（沽源县、张北县、尚义县、康保县除外）、保定市（涞源县及以北），	冬三	
	承德（围场县），张家口市（沽源县、张北县、尚义县、康保县）	冬四	
山西	运城市（万荣县、夏县、绛县、新绛县、稷山县、闻喜县除外）	冬一	II
	运城市（万荣县、夏县、绛县、新绛县、稷山县、闻喜县）、临汾（尧都区、侯马市、曲沃县、冀城县、襄汾县、洪洞县）、阳泉（盂县除外）、长治（黎城县）、晋城市（城区、泽州县、沁水县、阳城县）	冬二	I
	太原（娄烦县除外）、阳泉（盂县）、长治（黎城县除外）、晋城市（城区、泽州县、沁水县、阳城县除外），晋中（寿阳县、和顺县、左权县除外）、临汾地区（尧都区、侯马市、曲沃县、冀城县、襄汾县、洪洞县除外）、吕梁市（孝义市、汾阳市、文水县、交城县、柳林县、石楼县、交口县、中阳县）		II
	太原（娄烦县）、大同（左云县除外）、朔州（右玉县除外）、晋中（寿阳县、和顺县、左权县）、忻州、吕梁市（离石区、临县、岚县、方山县、兴县）	冬三	
	大同（左云县）、朔州市（右玉县）	冬四	
内蒙古	乌海市、阿拉善盟（阿拉善左旗、阿拉善右旗）	冬二	I
	呼和浩特（武川县除外）、包头（固阳县除外）、赤峰、鄂尔多斯、巴彦卓尔、乌兰察布市（察哈尔右翼中旗除外）、阿拉善盟（额济纳旗）	冬三	
	呼和浩特（武川县）、包头（固阳县）、通辽、乌兰察布市（察哈尔右翼中旗）、锡林郭勒（苏尼特右旗、多伦县）、兴安盟（阿尔山市除外）	冬四	
	呼伦贝尔市（海拉尔区、新巴尔虎右旗、阿荣旗）、兴安（阿尔山市）、锡林郭勒（冬四区以外各地）	冬五	
	呼伦贝尔市（冬五区以外各地）	冬六	
辽宁	大连（瓦房店市、普兰店市、庄河市除外）、葫芦岛市（绥中县）	冬二	I
	沈阳（康平县、法库县除外）、大连（瓦房店市、普兰店市、庄河市）、鞍山、本溪（桓仁县除外）、丹东、锦州、阜新、营口、辽阳、朝阳（建平县除外）、葫芦岛市（绥中县除外）、盘锦市	冬三	
	沈阳（康平县、法库县）、抚顺、本溪（桓仁县）、朝阳（建平县）、铁岭市	冬四	

省、自治区、直辖市	地区、市、自治州、盟（县）	气温区	
吉 林	长春（榆树市除外）、四平、通化（辉南县除外）、辽源、白山（靖宇县、抚松县、长白县除外）、松原市（长岭县）、白城县（通榆县除外）、延边自治州（敦化市、汪清县、安图县除外）	冬四	
	长春（榆树市）、吉林、通化（辉南县）、白山（靖宇县、抚松县、长白县）、白城县（通榆县除外）、松原市（长岭县除外）、延边自治州（敦化市、汪清县、安图县）	冬五	
黑龙江	牡丹江市（绥芬河市、东宁县）	冬四	
	哈尔滨市（依兰县除外）、齐齐哈尔（讷河市、依安县、富裕县、克山县、克东县、拜泉县除外）、绥化（安达市、肇东市、兰西县）、牡丹江（绥芬河市、东宁县除外）、双鸭山（宝清县）、佳木斯（桦南县）、鸡西、七台河、大庆市	冬五	
	哈尔滨市（依兰县）、佳木斯（桦南县除外）、双鸭山（宝清县除外）、绥化（安达市、肇东市、兰西县除外）、齐齐哈尔（讷河市、依安县、富裕县、克山县、克东县、拜泉县）、黑河、鹤岗、伊春市、大兴安岭地区	冬六	
上海	全境	准二	
江苏	徐州、连云港市	冬一	I
	南京、无锡、常州、淮安、盐城、宿迁、扬州、泰州、南通、镇江、苏州市	准二	
浙江	杭州、嘉兴、绍兴、宁波、湖州、衢州、舟山，金华、温州、台州、丽水市	准二	
安徽	亳州市	冬一	I
	阜阳、蚌埠、淮南、滁州、合肥、六安、马鞍山、巢湖、芜湖、铜陵、池州、宣城、黄山市	准一	
	淮北、宿州市	准二	
福建	宁德（寿宁县、周宁县、屏南县）、三明市	准一	
江西	南昌，萍乡、景德镇、九江、新余、上饶、抚州、宜春市	准一	
山东	全境	冬一	I
河南	安阳、商丘、周口（西华县、淮阳县、鹿邑县、扶沟县、太康县）、新乡、三门峡、洛阳、郑州、开封、鹤壁、焦作、济源、濮阳、许昌市	冬一	I
	驻马店、信阳、南阳、周口（西华县、淮阳县、鹿邑县、扶沟县、太康县除外）、平顶山、漯河市	准二	
湖北	武汉、黄石、荆州、荆门、鄂州、宜昌、咸宁、黄岗、天门、潜江、仙桃市、恩施自治州	准一	
	孝感、十堰、襄樊、随州市、神农架林区	准二	
湖南	全境	准一	
四川	阿坝（黑水县）、甘孜自治州（新龙县、道浮县、泸定县）	冬一	I
	甘孜自治州（甘孜县、康定县、白玉县、炉霍县）	冬二	I
	阿坝（壤塘县、红原县、松潘县）、甘孜自治州（德格县）		II
	阿坝（阿坝县、若尔盖县、九寨沟县）、甘孜自治州（石渠县、色达县）	冬三	
	广元市（青川县）、阿坝（汶川县、小金县、茂县、理县）、甘孜（巴塘县、雅江县、得荣县、九龙县、理塘县、乡城县、稻城县）、凉山自治州（盐源县、木里县）	准一	
	阿坝（马尔康县、金川县）、甘孜自治州（丹巴县）	准二	
贵州	贵阳、遵义（赤水市除外）、安顺市、黔东南、黔南、黔西南自治州	准一	
	六盘水市、毕节地区	准二	

续表

省、自治区、直辖市	地区、市、自治州、盟（县）	气温区	
云南	迪庆自治州（德钦县、香格里拉县）	冬一	II
	曲靖（会泽县、宣威市）、丽江（玉龙县、宁蒗县）、昭通市（昭阳区、大关县、威信县、彝良县、镇雄县、鲁甸县）、迪庆（维西县）、怒江（兰坪县）、大理自治州（剑川县）	准一	
西藏	拉萨市（当雄县除外）、日喀则（拉孜县）、山南（浪卡子县、错那县、隆子县除外）、昌都（芒康县、左贡县、类乌齐县、丁青县、洛隆县除外）、林芝地区	冬一	I
	山南（隆子县）、日喀则地区（定日县、聂拉木县、亚东县、拉孜县除外）		II
	昌都地区（洛隆县）	冬二	I
	昌都（芒康县、左贡县、类乌齐县、丁青县）、山南（浪卡子县）、日喀则（定日县、聂拉木县）、阿里地区（普兰县）		II
	拉萨市（当雄县）、那曲（安多县除外）、山南（错那县）、日喀则（亚东县）、阿里地区（普兰县除外）	冬三	
	那曲地区（安多县除外）	冬四	
陕西	西安、宝鸡、渭南、咸阳（彬县、旬邑县、长武县除外），汉中（留坝县、佛坪县）、铜川市（耀州区）	冬一	I
	铜川（印台区、王益区）、咸阳市（彬县、旬邑县、长武县）		II
	延安（吴起县除外）、榆林（清涧县）、铜川市（宜君县）	冬二	II
	延安（吴起县）、榆林（清涧县除外）、	冬三	
	商洛、安康、汉中市（留坝县、佛坪县除外）	准二	
甘肃	陇南市（两当县、徽县）	冬一	II
	兰州、天水、白银（会宁县、靖远县），定西、平凉、庆阳、陇南市（西和县、礼县、宕昌县）、临夏、甘南自治州（舟曲县）	冬二	II
	嘉峪关、金昌、白银（白银区、平川区、景泰县）、酒泉、张掖、武威市，甘南自治州（舟曲县除外）	冬三	
	陇南市（武都区、文县）	准一	
	陇南市（成县、康县）	准二	
青海	海东地区（民和县）	冬二	II
	西宁市、海东地区（民和县除外）、黄南（泽库县除外）、海南、果洛（班玛县、达日县、久治县）、玉树（囊谦县、杂多县、称多县、玉树县）、海西自治州（德令哈市、格尔木市、都兰县、乌兰县）	冬三	
	海北（野牛沟、托勒除外）、黄南（泽库县）、果洛（玛沁县、甘德县、玛多县）、玉树（曲麻莱县、治多县）、海西自治州（冷户、茫崖、大柴旦、天峻县）	冬四	
	海北（野牛沟、托勒）、玉树（清水河）、海西自治州（唐古拉山区）	冬五	
宁夏	全境	冬二	II
新疆	阿拉尔市、喀什（喀什市、伽师县、巴楚县、英吉沙县、麦盖提县、莎车县、叶城县、泽普县）、哈密（哈密市沁城镇）、阿克苏（沙雅县、阿瓦提县）、和田地区、伊犁（伊宁市、新源县、霍城县霍尔果斯镇）、巴音郭楞（库尔勒市、若羌县、且末县、尉犁县铁干里可）、克孜勒苏自治州（阿图什市、阿克陶县）	冬二	I
	喀什地区（岳普湖县）		II

续表

省、自治区、直辖市	地区、市、自治州、盟（县）	气温区
新疆	乌鲁木齐市（牧业气象试验站、达板城区、乌鲁木齐县小渠子乡）、塔城（乌苏市、沙湾县、额敏县除外）、阿克苏（沙雅县、阿瓦提县除外）、哈密（哈密市十三间房、哈密市红柳河、伊吾县淖毛湖）、喀什（塔什库尔干县）、吐鲁番地区、克孜勒苏（乌恰县、阿合奇县）、巴音郭楞（和静县、焉耆县、和硕县、轮台县、尉犁县、且末县塔中）、伊犁自治州（伊宁市、霍城县、察布查尔县、尼勒克县、巩留县、昭苏县、特克斯县）	冬三
	乌鲁木齐市（冬三区以外各地）、塔城（额敏县、乌苏县除外）、阿勒泰（阿勒泰市、哈巴河县、吉木乃县）、哈密地区（巴里坤县）、昌吉（昌吉市、米泉市、木垒县、奇台县北塔山镇、阜康市天池）、博尔塔拉（温泉县、精河县、阿拉山口口岸）、克孜勒苏自治州（乌恰县吐尔尕特口岸）	冬四
	克拉玛依、石河子市、塔城（沙湾县）、阿勒泰地区（布尔津县、福海县、富蕴县、青和县）、博尔塔拉（博乐市）、昌吉（阜康市、玛纳斯县、呼图壁县、吉木萨尔县、奇台县、米泉市蔡家湖）、巴音郭楞自治州（和静县巴音布鲁克乡）	冬五

注：表中行政区划以 2006 年地图出版社出版的《中华人民共和国行政区划简册》为准。为避免繁冗，各民族自治州名称予以简化，如青海省的"海西蒙古族藏族自治州"简化为"海西自治州"。

附录四 全国雨季施工雨量区及雨季期划分表

省、自治区、直辖市	地区、市、自治州、盟（县）	雨量区	雨季期（月数）
北京	全境	II	2
天津	全境	I	2
河北	张家口、承德市（围场县）	I	1.5
河北	承德（围场县除外）、保定、沧州，石家庄、廊坊、邢台、衡水、邯郸、唐山、秦皇岛市	II	2
山西	全境	I	1.5
内蒙古	呼和浩特、通辽、呼伦贝尔（海拉尔区、满洲里市、陈巴尔虎旗、鄂温克旗）、鄂尔多斯（东胜区、准格尔旗、伊金霍洛旗、达拉特旗、乌审旗）、赤峰、包头、乌兰察布市（集宁区、化德县、商都县、兴和县、四王子旗、察哈尔右翼中旗、察哈尔右翼后旗、卓资县及以南）、锡林郭勒盟（锡林浩特市、多伦县、太仆寺旗、西乌珠穆沁旗、正蓝旗、正镶白旗）	I	1
内蒙古	呼伦贝尔市（牙克石市、额尔古纳市、鄂伦春旗、扎兰屯市及以东）、兴安盟		2
辽宁	大连（长海县、瓦房店市、普兰店市、庄河市除外）、朝阳市（建平县）		2
辽宁	沈阳（康平县）、大连（长海县）、锦州（北宁市除外）、营口（盖州市）、朝阳市（凌原市、建平县除外）		2.5
辽宁	沈阳（康平县、辽中县除外）、大连（瓦房店市）、鞍山（海城市、台安县、岫岩县除外）、锦州（北宁市）、阜新、朝阳（凌原市）、盘锦、葫芦岛（建昌县）、铁岭市	I	3
辽宁	抚顺（新宾县）、辽阳市		3.5
辽宁	沈阳（辽中县）、鞍山（海城市、台安县）、营口（盖州市除外）、葫芦岛市（兴城市）		2.5
辽宁	大连（普兰店市）、葫芦岛市（兴城市、建昌县除外）	II	3
辽宁	大连（庄河市）、鞍山（岫岩县）、抚顺（新宾县除外）、丹东（凤城市、宽甸县除外）、本溪市		3.5
辽宁	丹东（凤城市、宽甸县）		4
吉林	辽源、四平（双辽市），白城、松原市	I	2
吉林	吉林、长春、四平（双辽市除外）、白山市、延边自治州	II	2
吉林	通化市		3
黑龙江	哈尔滨市（市区、呼兰区、五常市、阿城市、双城市）、佳木斯（抚远县）、双鸭山（市区、集贤县除外）、齐齐哈尔（拜泉县、克东县除外）、黑河（五大连池市、嫩江县）、绥化（北林区、海伦市、望奎县、绥棱县、庆安县除外）、牡丹江、大庆、鸡西、七台河、大兴安岭地区（呼玛县除外）	I	2
黑龙江	哈尔滨市（市区、呼兰区、五常市、阿城市、双城市除外）、佳木斯（抚远县除外）、双鸭山（市区、集贤县）、齐齐哈尔（拜泉县、克东县）、黑河（五大连池市、嫩江县除外）、绥化（北林区、海伦市、望奎县、绥棱县、庆安县）、鹤岗、伊春市、大兴安岭地区（呼玛县）	II	2

续表

省、自治区、直辖市	地区、市、自治州、盟（县）	雨量区	雨季区（月数）
上海	全境	II	4
江苏	徐州、连云港市	II	2
	盐城市		3
	南京、镇江、淮安、南通、宿迁、扬州、常州、泰州市		4
	无锡、苏州市		4.5
浙江	舟山市	II	4
	嘉兴、湖州市		4.5
	宁波、绍兴市		6
	杭州、金华、温州、衢州市，台州、丽水市		7
安徽	亳州、淮北、宿州、蚌埠、淮南、六安、合肥市	II	1
	阜阳市		2
	滁州、巢湖、马鞍山、芜湖、铜陵、宣城市		3
	池州市		4
	安庆、黄山市		5
福建	泉州市（惠安县崇武）	I	4
	福州（平潭县）、泉州（晋江市）、厦门（同安区除外）、漳州市（东山县）	II	5
	三明（永安市）、福州（市区、长乐市）、莆田市（仙游县除外）		6
	南平（顺昌县除外）、宁德（福鼎市、霞浦县）、三明（永安市、尤溪县、大田县除外）、福州（市区、长乐市、平潭县除外）、龙岩（长汀县、连城县）、泉州（晋江市、惠安县崇武、德化县除外）、莆田（仙游县）、厦门（同安区）、漳州市（东山县除外）		7
	南平（顺昌县）、宁德（福鼎市、霞浦县除外）、三明（尤溪县、大田县）、龙岩（长汀县、连城县除外）、泉州市（德化县）		8
江西	南昌、九江、吉安市	II	6
	萍乡、景德镇、新余、鹰潭，上饶、抚州、宜春、赣州市		7
山东	济南、潍坊、聊城市	I	3
	淄博、东营、烟台、济宁、威海、德州、滨州市		4
	枣庄、泰安、莱芜、临沂、荷泽市		5
	青岛市	II	3
	日照市		4
河南	郑州、许昌、洛阳、济源、新乡、焦作、三门峡、开封、濮阳、鹤壁市	I	2
	周口、驻马店、漯河、平顶山、安阳、商丘市		3
	南阳市		4
	信阳市	II	2
湖北	十堰、襄樊、随州市、神农架林区	I	3
	宜昌（秭归县、远安县、兴山县）、荆门市（钟祥市、京山县）	II	2
	武汉、黄石、荆州、孝感、黄岗、咸宁、荆门（钟祥市、京山县除外）、天门、潜江、仙桃、鄂州、宜昌市（秭归县、远安县、兴山县除外）、恩施自治州		6

省、自治区、直辖市	地区、市、自治州、盟（县）	雨量区	雨季区（月数）
湖南	全境	II	6
广东	茂名、中山、汕头、潮州市	I	5
	广州、江门、肇庆、顺德、湛江、东莞市		6
	珠海市	II	5
	深圳、阳江、汕尾、佛山、河源、梅州、揭阳、惠州、云浮、韶关市		6
	清远市		7
广西	百色、河池、南宁、崇左市	II	5
	桂林、玉林、梧州、北海、贵港、钦州、防城港、贺州、柳州、来宾市		6
海南	全境	II	6
重庆	全境	II	4
四川	甘孜自治州（巴塘县）	I	1
	阿坝（若尔盖县）、甘孜自治州（石渠县）		2
	乐山（峨边县）、雅安市（汉源县）、甘孜自治州（甘孜县、色达县）		3
	雅安（石棉县）、绵阳（千武县）、泸州（古蔺县）、遂宁市、阿坝（若尔盖县、汶川县除外）、甘孜自治州（巴塘县、石渠县、甘孜县、色达县、九龙县、得荣县除外）		4
	南充（高坪区）、资阳市（安岳县）		5
	宜宾市（高县）、凉山自治州（雷波县）	II	3
	成都、乐山（峨边县、马边县除外）、德阳、南充（南部县）、绵阳（平武县除外）、资阳（安岳县除外）、广元、自贡、攀枝花、眉山市、凉山（雷波县除外）、甘孜自治州（九龙县）		4
	乐山（马边县）、南充（高坪区、南部县除外）、雅安（汉源县、石棉县除外）、广安（邻水县除外）、巴中、宜宾（高县除外）、泸州（古蔺县除外）、内江市		5
	广安（邻水县）、达州市		6
贵州	贵阳、遵义市、毕节地区	II	4
	安顺市、铜仁地区、黔东南自治州		5
	黔西南自治州		6
	黔南自治州		7
云南	昆明（市区、嵩明县除外）、玉溪、曲靖（富源县、师宗县、罗平县除外）、丽江（宁蒗县、永胜县）、思茅（墨江县）、昭通市、怒江（兰坪县、泸水县六库镇）、大理（大理市、漾濞县除外）、红河（个旧市、开远市、蒙自县、红河县、石屏县、建水县、弥勒县、泸西县）、迪庆、楚雄自治州	I	5
	保山（腾冲县、龙陵县除外）、临沧市（凤庆县、云县、永德县、镇康县）、怒江（福贡县、泸水县）、红河自治州（元阳县）		6
	昆明（市区、嵩明县）、曲靖（富源县、师宗县、罗平县）、丽江（古城区、华坪县）、思茅市（翠云区、景东县、镇沅县、普洱县、景谷县）、大理（大理市、漾濞县）、文山自治州	II	5
	保山（腾冲县、龙陵县）、临沧（临祥区、双江县、耿马县、沧源县）、思茅市（西盟县、澜沧县、孟连县、江城县）、怒江（贡山县）、德宏、红河（绿春县、金平县、屏边县、河口县）、西双版纳自治州		6

续表

省、自治区、直辖市	地区、市、自治州、盟（县）	雨量区	雨季区（月数）
西藏	那曲（索县除外）、山南（加查县除外）、日喀则（定日县）、阿里地区	I	1
	拉萨市、那曲（索县）、昌都（类乌齐县、丁青县、芒康县除外）、日喀则地区（拉孜县）、林芝地区（察隅县）		2
	昌都（类乌齐县）、林芝地区（米林县）		3
	昌都（丁青县）、林芝地区（米林县、波密县、察隅县除外）		4
	林芝地区（波密县）		5
	山南（加查县）、日喀则地区（定日县、拉孜县除外）	II	1
	昌都地区（芒康县）		2
陕西	榆林、延安地区	I	1.5
	铜川、西安、宝鸡、咸阳，渭南市、杨凌区		2
	商洛、安康、汉中市		3
甘肃	天水（甘谷县、武山县）、陇南市（武都区、文县、礼县）、临夏（康乐县、广河县、永靖县）、甘南自治州（夏河县）	I	1
	天水（北道区、秦城区）、定西（渭源县）、庆阳（西峰区）、陇南市（西和县）、临夏（临夏市）、甘南自治州（临潭县、卓尼县）		1.5
	天水（秦安县）、定西（临洮县、岷县）、平凉（崆峒区）、庆阳（华池县、宁县、环县）、陇南市（宕昌县）、临夏（临夏县、东乡县、积石山县）、甘南自治州（合作市）		2
	天水（张家川县）、平凉（静宁县、庄浪县）、庆阳（镇原县）、陇南市（两当县）、临夏（和政县）、甘南自治州（玛曲县）		2.5
	天水（清水县）、平凉（泾川县、灵台县、华亭县、崇信县）、庆阳（西峰区、合水县、正宁县）、陇南市（徽县、成县、康县）、甘南自治州（碌曲县、迭部县）		3
青海	西宁市（湟源县）、海东地区（平安县、乐都县、民和县、化隆县）、海北（海晏县、祁连县、刚察县、托勒）、海南（同德县、贵南县）、黄南（泽库县、同仁县）、海西自治州（天峻县）	I	1
	西宁市（湟源县除外）、海东地区（互助县）、海北（门源县）、果洛（达日县、久治县、班玛县）、玉树自治州（称多县、杂多县、囊谦县、玉树县）、河南自治县		1.5
宁夏	固原地区（隆德县、泾源县）	I	2
新疆	乌鲁木齐市（小渠子乡、牧业气象试验站、大西沟乡）、昌吉地区（阜康市天池）、克孜勒苏（吐尔尕特、托云、巴音库鲁提）、伊犁自治州（昭苏县、霍城县二台、松树头）	I	1
台湾	（资料暂缺）		

注：1）表中未列的地区除西藏林芝地区墨托县因无资料未划分外，其余地区均因降雨天数或平均日降雨量未达到计算雨季施工增加费的标准，故未划分雨量区及雨季期。

　　2）行政区划依据资料及自治州、市的名称列法同冬季施工气温区划分说明。

主要参考文献

交财发［2000］207号文. 交通基本建设项目竣工决算报告编制办法.

交公路发［2004］507号文. 公路建设项目工程决算编制办法.

交通部公路工程定额站. 2007. 公路工程概算定额（JTG/T B06—01—2007）. 北京：人民交通出版社.

交通部公路工程定额站. 2007. 公路工程机械台班费用定额（JTG/T B06—03—2007）. 北京：人民交通出版社.

交通部公路工程定额站. 2007. 公路工程基本建设项目概算预算编制办法（JTG B06—2007）. 北京：人民交通出版社.

交通部公路工程定额站. 2007. 公路工程预算定额（JTG/T B06—02—2007）. 北京：人民交通出版社.

交通运输部. 2009. 公路工程标准施工招标文件（2009版）. 北京：人民交通出版社.

交通运输部. 2011. 公路工程估算指标（JTG/T M21—2011）. 北京：人民交通出版社.

交通运输部. 2011. 公路工程基本建设项目投资估算编制办法（JTG M20—2011）. 北京：人民交通出版社.

交通运输部. 2011. 关于公布公路工程基本建设项目概算预算编制办法局部修订的公告（2011年第83号）. 北京：人民交通出版社.

交通运输部职业资格中心. 2011. 公路工程造价案例分析. 北京：人民交通出版社.

交通运输部职业资格中心. 2011. 公路工程造价的计价与控制. 北京：人民交通出版社.

柯洪. 2009. 工程造价计价与控制. 北京：中国计划出版社.

雷书华，高伟，马涛. 2013. 公路工程预算与工程量清单计价. 2版. 北京：人民交通出版社.

刘燕，涂忠仁，沈其明. 2009. 公路工程造价编制与管理. 2版. 北京：人民交通出版社.

全国造价工程师执业资格考试培训教材编审委员会. 2013. 建设工程计价. 北京：中国计划出版社.

赵晞伟. 2007. 公路工程定额应用释义. 北京：人民交通出版社.